U0459146

企业经济管理模式规范化与创新研究

吕振威　李力涛　王惠荣 ◎ 著

吉林科学技术出版社

图书在版编目（CIP）数据

企业经济管理模式规范化与创新研究 / 吕振威，李力涛，王惠荣著. -- 长春 ： 吉林科学技术出版社，2021.6

ISBN 978-7-5578-8250-1

Ⅰ．①企… Ⅱ．①吕… ②李… ③王… Ⅲ．①企业管理－经济管理－管理模式－研究 Ⅳ．①F272

中国版本图书馆 CIP 数据核字（2021）第 116873 号

企业经济管理模式规范化与创新研究

著	吕振威　李力涛　王惠荣
出 版 人	宛　霞
责 任 编 辑	朱　萌
封 面 设 计	舒小波
制　　版	舒小波
幅 面 尺 寸	185 mm×260 mm
开　　本	16
印　　张	21.375
字　　数	470 千字
页　　数	342
印　　数	1-1500 册
版　　次	2021 年 6 月第 1 版
印　　次	2022 年 1 月第 2 次印刷

出　　版	吉林科学技术出版社
发　　行	吉林科学技术出版社
地　　址	长春市福祉大路 5788 号
邮　　编	130118

发行部电话／传真　0431-81629529　81629530　81629531
　　　　　　　　　　81629532　81629533　81629534

储运部电话　0431-86059116

编辑部电话　0431-81629518

印　　刷	保定市铭泰达印刷有限公司
书　　号	ISBN 978-7-5578-8250-1
定　　价	90.00 元

前　言 Preface

　　企业经济管理工作是企业发展的重要支撑，企业要想在激烈的市场环境中存活下来，必须要有充足的资金链支撑和完整的资金链保护。企业经济管理工作可以对企业资金进行有效地管理和控制，为企业发展提供充足的资金支撑，避免企业经营发展过程中出现资金链断开的情况。对于一个企业来说，资金相当于企业内部流淌的血液，是企业发展的根本支撑来源和动力来源。企业经济管理工作是保障企业正常运营和蓬勃发展的前提，当前我国企业在经济管理工作中还普遍存在很大的不足，虽然现代化经济管理模式已经用到各大企业当中，但仍有相当数量的企业采用传统的管理模式进行经济管理和资金配置，造成企业内部组织机构和资源配置不能发挥应有的作用，存在严重的经济风险，影响企业自身的经济效益。因此，必须要加强企业内部经济管理模式创新工作，应用新型的经济管理模式，使企业发展更加稳固，以适应现代化市场发展的需求。进行企业内部经济管理模式的创新，也可以使企业在市场中得到更好的发展，更为清晰地认识到企业当前存在的问题和不足，针对性地进行企业优化和升级，为企业日后的发展奠定坚实的基础。

　　《企业经济管理模式规范化与创新研究》一书通过对企业各个方面的管理工作进行探究，指出新形势下创新经济管理工作的重要意义，并对当前企业如何进一步完善经济管理创新工作进行探讨，希望能够促进企业进一步发展，建立创新型企业，使企业能够在新形势下获得更强大的生命力和竞争力。

　　本书由开滦能源化工股份有限公司物管办吕振威、开滦集团煤炭运销分公司资金结算中心李力涛、开滦（集团）有限责任公司房地产管理中心王惠荣共同编写完成。具体编写分工如下：吕振威编写了第二章至第五章（共计17万字）；李力涛编写了第七章至第九章（共计15万字）；王惠荣编写了第一章、第六章和第十章（共计15万字）。

2021.4

目 录 Contents

第一章 导论

第一节 研究背景

一、高质量发展是我国经济发展进入新时代的最鲜明特征

习近平在庆祝海南建省办经济特区 30 周年大会上的讲话中指出，"我国经济已由高速增长阶段转向高质量发展阶段，这是党中央对新时代我国经济发展特征的重大判断"。在党的十九大报告中，习近平就已经指出，"我国经济发展正处在转变发展方式、优化经济结构、转换增长动力的关键时期，建设现代化经济体系是跨越关口的迫切要求和我国发展的战略目标"。

高质量发展要求意味着在今后的经济工作中，要进一步解决经济发展不平衡不充分的一些突出问题，"我们要在继续推动发展的基础上，着力解决好发展不平衡不充分问题，大力提升发展质量和效益，更好地满足人民在经济、政治、文化、社会、生态等方面日益增长的需要，更好推动人的全面发展、社会全面进步"。习近平总书记在《共建创新包容的开放型世界经济—在首届中国国际进口博览会开幕式上的主旨演讲》中指出，我国经济发展健康稳定的基本面没有改变，支撑高质量发展的生产要素条件没有改变，长期稳中向好的总体势头没有改变，同主要经济体相比，我国经济增长仍居世界前列。中国宏观调控能力不断增强，全面深化改革不断释放发展动力。中国具有保持经济长期健康稳定发展的诸多有利条件。

高质量发展要求推动经济发展的质量变革、效率变革、动力变革。"当前，我们正处在转变发展方式、优化经济结构、转换增长动力的攻关期，经济扩张速度会放缓，但消费结构全面升级，需求结构快速调整，对供给质量和水平提出了更高要求。因此要以提高发展质量和效益为中心，以支撑供给侧结构性改革为主线，把提高供给体系质量作为主攻方向，推动经济发展质量变革、效率变革、动力变革，显著增强我国经济质量优势。要通过补短板、挖潜力、增优势，促进资源要素高效流动和资源优化配置，

推动产业链再造和价值链提升，满足有效需求和潜在需求，实现供需匹配和动态均衡发展，改善市场发展预期，提振实体经济发展信心"。

高质量发展需要增强消费对经济发展的基础性作用，消费呈现出新的变化和需求，实现真正的供需动态平衡需要在需求变化的事实基础上，合理调整供给，促进整个经济全面的均衡和进一步发展。"我国拥有巨大的发展韧性、潜力和回旋余地，我国有13亿多人口的内需市场，正处于新型工业化、信息化、城镇化、农业现代化同步发展阶段，中等收入群体扩大孕育着大量消费升级需求，城乡区域发展不平衡蕴藏着可观发展空间"。"中国将顺应国内消费升级趋势，采取更加积极有效的政策措施，促进居民收入增加、消费能力增强，培育中高端消费新增长点，持续释放国内市场潜力"。完善促进消费体制机制，要顺应居民消费新趋势，"从供需两端发力，积极培育重点消费领域细分市场，营造安全放心消费环境，提升居民消费能力，引导形成合理消费预期，切实增强消费对经济发展的基础性作用"。

二、提供高质量的科技供给

"充分认识创新是第一动力，提供高质量科技供给，着力支撑现代化经济体系建设。世界正在进入以信息产业为主导的经济发展时期。我们要把握数字化、网络化、智能化融合发展的契机，以信息化、智能化为杠杆培育新动能。要突出先导性和支柱性，优先培育和大力发展一批战略性新兴产业集群，构建产业体系新支柱。要推进互联网、大数据、人工智能同实体经济深度融合，做大做强数字经济。要以智能制造为主攻方向推动产业技术变革和优化升级，推动制造业产业模式和企业形态根本性转变，以'鼎新'带动'革故'，以增量带动存量，促进我国产业迈向全球价值链中高端"。

当前中国科技领域仍然存在一些亟待解决的突出问题。中国科技在视野格局、创新能力、资源配置、体制政策等方面存在诸多不适应的地方，"基础科学研究短板依然突出，企业对基础研究重视不够，重大原创性成果缺乏，底层基础技术、基础工艺能力不足，工业母机、高端芯片、基础软硬件、开发平台、基本算法、基础元器件、基础材料等瓶颈仍然突出，关键核心技术受制于人的局面没有得到根本性改变，人才发展体制机制还不完善，激发人才创新创造活力的激励机制还不健全，顶尖人才和团队比较缺乏，科技管理体制还不能完全适应建设世界科技强国的需要，科技体制改革许多重大决策落实还没有形成合力，科技创新政策与经济、产业政策的统筹衔接还不够，全社会鼓励创新、包容创新的机制和环境有待优化"。

因此我们应达到如下要求："①充分认识创新是第一动力，提供高质量科技供给，着力支撑现代化经济体系建设。要以提高发展质量和效益为中心，以支撑供给侧结构性改革为主线，把提高供给体系质量作为主攻方向。实现供需匹配和动态均衡发展，改善市场发展预期，提振实体经济发展信心。②矢志不渝自主创新，坚定创新信心，着力增强自主创新能力。要增强'四个自信'，以关键共性技术、前沿引领技术、现代工程技术、颠覆性技术创新为突破口，努力实现关键核心技术自主可控。③全面深化科技体制改革，提升创新体系效能，着力激发创新活力。④深度参与全球科技治理，贡献中国智慧，着力推动构建人类命运共同体。深化国际科技交流合作，在更高起点上推进自主创新，主动布局和积极利用国际创新资源，努力构建合作共赢的伙伴关系。⑤牢固确立人才引领发展的战略地位，全面聚集人才，着力夯实创新发展人才基础"。

"要瞄准世界科技前沿，强化基础研究，实现前瞻性基础研究、引领性原创成果重大突破。加强国家创新体系建设，强化战略科技力量。深化科技体制改革，建立以企业为主体、市场为导向、产学研深度融合的技术创新体系，加强对中小企业创新的支持，促进科技成果转化"。

为促进创新在经济发展中发挥重要作用，中国要在经济发展各个方面鼓励创新。要激发和保护企业家精神，鼓励更多社会主体投身创新创业。"建设知识型、技能型、创新型劳动者大军，弘扬劳模精神和工匠精神，营造劳动光荣的社会风尚和精益求精的敬业风气"；必须"加强研判，统筹谋划，协同创新，稳步推进，把增强原创能力作为重点，以关键核心技术为主攻方向，夯实新一代人工智能发展的基础，发挥人工智能在产业升级、产品开发、服务创新等方面的技术优势，促进人工智能同一、二、三产业深度融合，形成适应智能经济、智能社会需要的基础设施体系"；要"集聚创新要素，积极发展新一代信息技术产业和数字经济，推动互联网、物联网、大数据、卫星导航、人工智能同实体经济深度融合，整体提升海南综合竞争力"；要深度参与全球科技治理，贡献中国智慧，着力推动构建人类命运共同体。"要坚持以全球视野谋划和推动科技创新，积极主动融入全球科技创新网络，提高国家科技计划对外开放水平，积极参与和主导国际大科学计划和工程，鼓励我国科学家发起和组织国际科技合作计划"；各国应该坚持创新引领，加快新旧动能转换。"各国应该把握新一轮科技革命和产业变革带来的机遇，加强数字经济、人工智能、纳米技术等前沿领域合作，共同打造新技术、新产业、新业态、新模式"。

三、提高全要素生产率，优化结构

"用改革的办法推进结构调整，减少无效和低端供给，扩大有效和中高端供给，增强供给结构对需求变化的适应性和灵活性，提高全要素生产率。""提高全要素生产率要求优化现有生产要素配置和组合，提高生产要素利用水平，促进全要素生产率提高，不断增强经济内生增长动力。"

对于长期积累的体量很大、风险很多、动能疲软、沿袭传统发展模式和路径的惯性巨大的传统落后产能，如果不能得到积极稳妥地化解，变革创新传统发展模式和路径，"不仅会挤压和阻滞新动能培育壮大，而且处理不好还会引发'黑天鹅'事件、'灰犀牛'事件。应以壮士断腕、刮骨疗伤的决心，积极稳妥腾退化解旧动能，破除无效供给，彻底摒弃以投资和要素投入为主导的老路，为新动能发展创造条件、留出空间，进而致力于培育发展先进产能，增加有效供给，加快形成新的产业集群，孕育更多吃得少、产蛋多、飞得远的好'鸟'，实现腾笼换鸟、凤凰涅槃。"

要"支持传统产业优化升级，加快发展现代服务业，瞄准国际标准提高水平。促进我国产业迈向全球价值链中高端"。国际贸易中不能以转口贸易和加工制造为重点，而要"以发展旅游业、现代服务业、高新技术产业为主导，更加注重通过人的全面发展充分激发发展活力和创造力"要"采取提高环保标准、加大执法力度等多种手段倒逼产业转型升级和高质量发展"。

四、完善市场体制机制，扩大开放

加快完善社会主义市场经济体制，为高质量发展提供体制保障。"经济体制改革必须以完善产权制度和要素市场化配置为重点，实现产权有效激励、要素自由流动、价格反应灵活、竞争公平有序、企业优胜劣汰"；为充分发挥市场活力，要"完善市场主体退出制度，遵循市场化、法治化原则，坚持约束与激励并举，尊重和保障市场主体自主经营权，有效保护各方合理权益。同时正确发挥政府作用，创新调控、监管、服务方式，合理运用公共政策给予引导和支持，提高市场重组、出清的质量和效率。这对推进供给侧结构性改革、完善优胜劣汰的市场机制、激发市场主体竞争活力、推动经济高质量发展具有重要意义"。

在中国的经济发展进入新时代之际，为维护和巩固市场公平，需"健全以公平为核心原则的产权保护制度，加强对各种所有制经济组织和自然人财产权的保护，清理有违公平的法律法规条款"。同时改革国有企业工资决定机制，"建立健全同劳动力市场基本适应、同国有企业经济效益和劳动生产率挂钩的工资决定和正常增长机制，完善国有企业工资分配监管体制，充分调动国有企业职工的积极性、主动性、创造性，以维护市场效率"。国家保护各种所有制经济产权和合法利益，坚持权利平等、机会平等、规则平等，废除对非公有制经济各种形式的不合理规定，消除各种隐性壁垒，能有效激发非公有制经济的活力和发展潜能，促进经济的健康发展。

主动参与和推动经济全球化进程，发展更高层次的开放型经济，不断壮大我国经济实力和综合国力。要"继续发挥好经济特区作为改革开放窗口的作用，坚持打开国门搞建设，坚持引进来和走出去并重，同各国扩大双向贸易和投资往来，共建开放型世界经济。大幅度放宽市场准入，加强国际人文交流，促进民心相通、文化相融"；

要增进战略互信，同有重建需求的国家加强合作，按照商业化原则推进就业面广、促稳效益好的项目。"如推动油气合作、低碳能源合作'双轮'转动，打造互惠互利、长期友好的中阿能源战略合作关系。努力实现金融合作、高新技术合作'两翼'齐飞，探索适合中东需求、体现中东特色的金融、科技合作模式。建立产能合作金融平台，推进园区服务、企业成长、金融支持三位一体发展"；要促进金砖国家之间的合作，"坚持合作共赢、建设开放经济，坚持创新引领、把握发展机遇，坚持包容普惠、造福各国人民，坚持多边主义、完善全球治理。要坚定支持多边贸易体制，继续推进全球经济治理改革；要携手打造责任共担、合作共赢、幸福共享、文化共兴、安全共筑、和谐共生的中非命运共同体"；要加强同俄方的合作，"拓展基础设施建设、能源、农业、旅游等重点领域合作，广泛调动中小企业积极性，努力提高双方合作技术含量和产品附加值，实现优势互补，互利共赢，推动中俄远东合作取得更多成果"；要推动形成全面开放新格局。"以'一带一路'建设为重点，坚持引进来和走出去并重，遵循共商共建共享原则，加强创新能力开放合作，形成陆海内外联动、东西双向互济的开放格局"。主要在以下几方面加大推进力度：（1）激发进口潜力。顺应国内消费升级趋势，"进一步降低关税，削减进口环节制度性成本，加快跨境电子商务等新业态新模式发展"。（2）"持续放宽市场准入"。进一步精简外商投资准入负面清单，减少投资限制，提升投资自由化水平。（3）"营造国际一流营商环境"。加快出台外商投资法规，完善公开、透明的涉外法律体系，全面深入实施准入前国民待遇加负面清单管理制度。四是"打造对外开放新高地"。支持自由贸易试验区深化改革创新，持续深化差别化探索，加大压力测试，发挥自由贸易试验区改革开放试验田作用。五是"推动多边和双边合作深入发展"。

五、更好发挥政府作用

推动经济高质量发展是当前和今后一个时期确定发展思路、制定经济政策、实施宏观调控的根本要求，"要加快创建和完善制度环境，协调建立高质量发展的指标体系、政策体系、标准体系、统计体系、绩效评价和政绩考核办法"。要"抓紧研究制定制造业、高技术产业、服务业以及基础设施、公共服务等重点领域高质量发展政策，把维护人民群众利益摆在更加突出位置，带动引领整体高质量发展"。

为促进经济的高质量发展，需进一步释放一些政策效应。面对经济运行存在的突出矛盾和问题，要坚持稳中求进工作总基调，坚持新发展理念，坚持以供给侧结构性改革为主线，加大改革开放力度，抓住主要矛盾，有针对性地加以解决。要切实办好自己的事情，坚定不移推动高质量发展，"实施好积极的财政政策和稳健的货币政策，做好稳就业、稳金融、稳外贸、稳外资、稳投资、稳预期工作，有效应对外部经济环境变化，确保经济平稳运行。要坚持'两个毫不动摇'，促进多种所有制经济共同发展，研究解决民营企业、中小企业发展中遇到的困难。围绕资本市场改革，加强制度建设，激发市场活力，促进资本市场长期健康发展。继续积极有效利用外资，维护在华外资企业合法权益。要改进作风，狠抓落实，使已出台的各项政策措施尽快发挥作用"。

要完善政策执行方式。"各地区各部门要从实际出发，提高工作艺术和管理水平，加强政策协调性，细化、量化政策措施，制定相关配套举措，推动各项政策落地、落细、落实，让民营企业从政策中增强获得感"；要把积极参与国际宏观经济政策协调作为以开放促发展促改革的重要抓手，坚持以我为主、为我所用、有所贡献，"以'一带一路'建设为统领，以多边机制和平台为重点，运用好财政、货币、结构性改革等政策工具，统筹发挥好政府、企业、行业协会等各方力量，逐步形成参与国际宏观经济政策协调新机制"；"要建立更加有效的区域协调发展新机制，坚决破除地区之间的利益藩篱和政策壁垒，加快形成统筹有力、竞争有序、绿色协调、共享共赢的区域发展新机制；要支持自由贸易试验区深化改革创新，营造优良投资环境、提升贸易便利化水平；要完善系统重要性金融机构监管，加强金融监管的集中统一、协调配合，形成监管合力，有效维护金融体系稳健运行"。

"实现经济的高质量发展要突出抓重点、补短板、强弱项，特别是要坚决打好防范化解重大风险、精准脱贫、污染防治的攻坚战，使全面建成小康社会得到人民认可、经得起历史检验"。

打好防范化解金融风险攻坚战，要坚持底线思维，坚持稳中求进，抓住主要矛盾。"要以结构性去杠杆为基本思路，努力实现宏观杠杆率稳定和逐步下降。要稳定大局，推动高质量发展，提高全要素生产率，在改革发展中解决问题。要统筹协调，形成工作合力，把握好出台政策的节奏和力度。要分类施策，根据不同领域、不同市场金融风险情况，采取差异化、有针对性的办法。要集中力量，优先处理可能威胁经济社会稳定和引发系统性风险的问题。要强化打好防范化解金融风险攻坚战的组织保障，发挥好金融稳定发展委员会重要作用。要抓紧协调建立中央和地方金融监管机制，强化地方政府属地风险处置责任"。对于在防范化解金融风险过程中，金融机构对民营企业借贷不敢贷甚至直接抽贷断贷，造成企业流动性困难甚至停业等问题，要根据实际情况加以解决，为民营企业发展营造良好环境；设立金融法院，完善金融审判体系，营造良好金融法治环境。要围绕金融工作服务实体经济、防控金融风险、深化金融改革的任务，推进金融审判体制机制改革，提高金融审判专业化水平，"建立公正、高效、权威的金融审判体系；加强非金融企业投资金融机构监管，加强实业与金融业的风险隔离，防范风险跨机构跨业态传递"。

打好精准脱贫攻坚战，要咬定总攻目标，"严格坚持现行扶贫标准，不能擅自拔高标准，也不能降低标准。要整合创新扶持政策，引导资源要素向深度贫困地区聚焦，精准施策，有效帮扶特殊贫困群体。产业扶贫、易地搬迁、就业扶贫、教育扶贫、健康扶贫等均要落到实处"。要"以更大的力度、更实的措施保障和改善民生，加强和创新社会治理，坚决打赢脱贫攻坚战，促进社会公平正义，让实现全体人民共同富裕在广大人民现实生活中更加充分地展示出来"。

打好污染防治攻坚战，要明确目标任务，到 2020 年使主要污染物排放总量大幅减少，生态环境质量总体改善。在保护和改善生态环境的具体措施方面，"要细化打好污染防治攻坚战的重大举措，要坚持源头防治，调整'四个结构'，做到'四减四增'"；"构建归属清晰、权责明确、监管有效的自然保护地体系。要完善以绿色发展为导向的考核评价体系，建立健全形式多样、绩效导向的生态保护补偿机制"。因此，为打好污染防治攻坚战，从源头控制污染并有效治理污染应做到，"推进绿色发展。加快建立绿色生产和消费的法律制度和政策导向，建立健全绿色低碳循环发展的经济体系；着力解决突出环境问题。坚持全民共治、源头防治，持续实施大气污染防治行动，打赢蓝天保卫战；加大生态系统保护力度。实施重要生态系统保护和修复重大工程，优化生态安全屏障体系，构建生态廊道和生物多样性保护网络，提升生态系统质量和稳定性；改革生态环境监管体制。加强对生态文明建设的总体设计和组织领导，设立国有自然资源资产管理和自然生态监管机构，构建国土空间开发保护制度，完善主体功能区配套政策"；"要坚持人与自然和谐共生，推动国际社会全面落实《巴黎协定》，加快构筑尊崇自然、绿色发展的生态体系"。

第二节 研究综述

一、国内企业经济管理研究分析

随着全世界范围内经济的快速发展和科学技术水平的不断提高，全新的经济时代已经到来，但是随着经济的进步，发现传统的企业经济管理模式已经不能适应当前快速变化的经济发展趋势，导致企业无法跟随社会的发展，使企业的社会经济竞争能力下降，减少企业的既得利益。为了提高企业的经济效益，必须转变企业经济管理模式，采取现代化方法，对经济管理进行创新，跟随时代潮流，把握经济发展的发展趋势，提升企业发展能力，推动企业进入上升时期。

中国自从改革开放以来，经济发展就进入了稳定且快速发展的时期，经过近几十年的探索发展和努力，中国的经济在正确的道路上激情向前，目前中国的经济水平在世界上也是不容小觑的，随着中国经济的不断壮大，最终将会与世界经济洪流融为一体，与世界经济互相促进，互相影响。在国内经济发展的前期，因为国家政策的开放，国外的企业开始不断地向中国发展，开辟中国市场，在中国内地星半了许多的企业，并雇用国内廉价的劳动力，赚取大量的利润，目前许多国际上知名的企业都在中国开有分公司，力求在中国市场占有立足之地。因改革开放带来的经济效益极大地促进了国内企业的发展，在经历了几十年的拼搏之后，中国的许多实力强大的企业也开始纷纷走出国门，走向世界，在其他国家开办分公司，促进其他国家的经济发展，其中最具有代表性的便是国内的建筑业，在世界上也是享有名誉的。并且中国制造这一名词已经被世界所知，世界上任何一项产业都有着中国制造的身影。在这种经济发展的趋势下，中国经济融入世界便是板上钉钉了，为了中国经济在融入世界经济后能够依旧保持前进的劲头，必须对传统的经济管理模式进行创新，使其能够符合世界经济的发展趋势，为中国企业创造有利的发展环境。

国内传统的企业经济管理模式已经不能适用于当前世界经济的发展，许多的管理理念已经不符合现在的经济发展趋势，企业思维转变过于迟钝，管理理念有待更新。企业的管理理念是一个公司长远发展的思想主线，也是一个公司发展过程的方向标，每一个优秀的企业家都会有自己优秀的管理理念，使得企业能够长远地发展壮大下去，及时预测到经济未来的发展趋势，为企业未来的发展方向做好准备工作。而国内目前的中小型企业的经济管理理念过于钝化，只强调公司领导个人的权力，导致权力过于集中，无法做出科学正确的决策，对企业未来的发展方向充满疑惑，导致企业发展停滞不前。或者是对于企业的人员管理不当，无法合理有效地使用企业人力资源，导致大量的人力资源浪费，甚至会出现因人设岗的现象。又或者企业的效益分配机制不合理，无法激发企业员工的进取心和竞争力，导致企业内部工作环境死气沉沉，整个企业都没有向上发展的活力。这说明一个良好的管理理念影响着企业未来一生的发展前途，只有适应时代发展的变化，才能实现企业的长远发展。

建立新的管理理念。企业的发展离不开创新，借鉴他人的管理理念只能一直跟在别人的背后慢慢发展，必须结合企业内部的实际情况，进行管理理念的创新，树立符合企业自身发展情况的管理理念，只有创新，才能加大企业自身的价值，推动企业在经济和社会中的发展。培养企业的大局观和前瞻能力，掌握时代的变化，积极转变企业的发展理念，了解并充分利用当前火热的互联网，将企业的设备、工厂等各个方面紧密地联系在一起。如何紧跟时代的变化需要依靠企业领导人的决策能力和长远分析

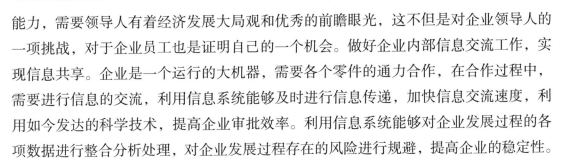

能力，需要领导人有着经济发展大局观和优秀的前瞻眼光，这不但是对企业领导人的一项挑战，对于企业员工也是证明自己的一个机会。做好企业内部信息交流工作，实现信息共享。企业是一个运行的大机器，需要各个零件的通力合作，在合作过程中，需要进行信息的交流，利用信息系统能够及时进行信息传递，加快信息交流速度，利用如今发达的科学技术，提高企业审批效率。利用信息系统能够对企业发展过程的各项数据进行整合分析处理，对企业发展过程存在的风险进行规避，提高企业的稳定性。

在经济飞速发展，世界经济一体化的背景下，对国内企业传统的经济管理进行改革创新是必然的，只有适应时代的发展，才能在经济发展越加繁荣的国际市场上占有立足之地，通过树立新的企业管理理念，提高企业竞争力，扩大经济市场，创造更大的经济效益。

二、学术界对中国经济发展新时代的研究综述

1. 我国经济发展进入高质量发展阶段

进入新时代，我国经济总量规模空前，人均收入水平进入新阶段，经济结构发生了深刻的演进。有学者认为，我国经济发展呈现出新的特点，面临着一系列与低收入阶段不同的重大发展问题。

（1）传统发展动力衰减、资源环境承载能力已经达到或接近极限，长期保持的经济高速增长不可持续。

（2）我国面临着避免出现收入差距过大、环境生态破坏、发展陷入停滞，跨越"中等收入陷阱"的严峻挑战。

（3）发展面临的深层次问题，人民群众需要由数量转向质量，经济发展得不充分不平衡凸显。这些要求经济从高速增长转向高质量发展。中国特色社会主义进入新时代，我国的经济发展也进入了新时代，从高速增长阶段转向高质量发展阶段。高质量发展，就是"能够更好满足人民日益增长的美好生活需要的发展，是体现新发展理念的发展，是创新成为第一动力、协调成为内生特点、绿色成为普遍形态、开放成为必由之路、共享成为根本目的的发展。"

2. 高质量发展的特点和要求

有学者认为，进入经济高质量发展阶段，经济发展各个方面特点不再和经济高速发展阶段相同，各经济发展要素之间的关系呈现出新的变化。因此，"高质量发展涵义的多维性体现为政策目标的多元化，多元化是高质量的本质特征"。

（1）推动供求平衡，着重于供给侧结构性改革。中国特色社会主义进入新时代后的经济新常态，面对消费需求升级等变化，需要重新调整供给和需求的关系以实现

经济稳定和平衡。"要着力推动我国市场产能由低水平供需平衡向高水平供需平衡、由静态供需平衡向动态供需平衡的转变，不断提高我国实体经济的创新能力和市场竞争能力。""推进供给侧结构性改革，它的难点不在于增加有效供给，而在于化解产能过剩，淘汰落后和低端产能。"因此，在优化供给方面要注重创造迎合新时代需求的产能，从而提高供给侧体系质量。即"经济结构调整须从增量扩能为主，转向调整存量、做优增量并举，进行去产能、去库存等方面的存量结构调整"。

（2）提高全要素生产率，提升投资质量。"所谓高质量发展，就是要坚持质量第一，效率优先，提高全要素生产率，不断增强创新力和竞争力。"提高全要素生产率，优化投入和产出的关系，就要实现以最小的资源投入获得最大的生产产出，即实现更高的经济效率。经济高速发展阶段，"我国经济发展形成了对资源消耗和资金投入的惯性依赖，导致生产力发展的代价过高，而实际产出的效率又过低"。在高质量增长阶段，投资的高质量发展是重要因素。提高投资质量一方面在于完善资本市场建设，提高其相关资本投入的配置效率，提高经济供给体系的质量并且推进质量变革，从而增强金融体系相关服务更好地助力实体经济发展的能力。另一方面，提高投资质量也要大力破除行政性垄断、大力放宽市场准入，为民间资本创造经济机会。"从某种意义上讲，不激发民间资本活力就不可能实现高质量发展。"由于非公有制经济在稳定经济增长、促进创新、增加社会就业、改善民生等方面都发挥着重要作用，是稳定经济的重要基础，是国家税收的重要来源，在技术创新方面起重要作用；同时，金融和经济持续健康的发展离不开非公有制经济的存在，此外，"非公有制经济比重的提高能提升全社会劳动和资本的效率，尤其是提高全要素生产率"，因此，对基本经济制度的完善和对非公有制经济的支持是优化投入和产出关系的有效措施。

（3）使市场在资源配置中起决定性作用，更好发挥政府作用。新时代经济思想突破了传统的社会主义市场经济界定。"第一，回归到市场经济的本义，对市场配置资源的作用由'基础性'改为'决定性'。第二，明确市场对资源配置起决定性作用，同更好发挥政府作用是一个整体。"尤其在经济发展的新时代，为促进经济的高质量发展，理应充分释放市场的潜力，支持市场在经济发展中的关键作用。市场的决定性作用论断具有坚实的理论基础，"①市场经济规律，包括价值规律、供求规律和竞争规律，是支配资源配置的决定性因素；②市场机制，主要是价格机制、供求机制和竞争机制是调节资源配置的决定性手段；③追求经济利益是驱动资源配置的决定性动力"。充分发挥市场在资源配置中的决定性作用，是市场主体能够积极有效地参与创业创新的重要动力，也是推动生产率提高的重要举措。

有学者认为，经济实现高质量的发展，要求更好地发挥政府作用，社会经济发展

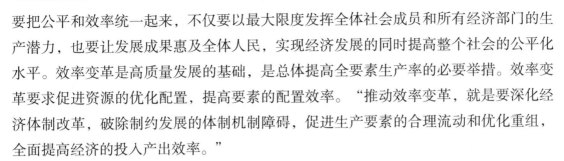

要把公平和效率统一起来，不仅要以最大限度发挥全体社会成员和所有经济部门的生产潜力，也要让发展成果惠及全体人民，实现经济发展的同时提高整个社会的公平化水平。效率变革是高质量发展的基础，是总体提高全要素生产率的必要举措。效率变革要求促进资源的优化配置，提高要素的配置效率。"推动效率变革，就是要深化经济体制改革，破除制约发展的体制机制障碍，促进生产要素的合理流动和优化重组，全面提高经济的投入产出效率。"

同时要注重社会公平，"主要通过调整优化社会收入分配结构，完善市场经济条件下的社会保障制度，缩短低收入群体生存需要的'必要劳动时间'，增加个体发展的'自由时间'，实现协调发展和共享发展"。

3. 如何提高经济发展质量

有学者认为，"'更高质量'体现价值理性原则。这是由经济发展的本真性质决定的。如果背离高质量发展的目标和基本法则，经济发展就失去了根本意义"。在市场经济条件下，质量是企业存在和发展的根本所在，只有实现了对质量的绝对保证，"才能把生产产品或提供服务的'个别劳动时间'转化为'社会必要劳动时间'的凝结，才能赢得消费者认可，从而在激烈的市场竞争中掌握主动"。

（1）推动结构性变革

有学者认为在中国经济发展进入新时代之际，传统的发展动力被弱化，"约束经济增长的条件发生了系统性变化，必须根本转变经济发展方式，从要素投入量扩张为主拉动规模扩张的增长方式，转变为主要依靠质量变革、效率变革、动力变革的调结构发展"。

在提高发展质量方面，有学者认为，供给侧体系的改革是重中之重，"把坚持以质量和效益为中心的要求贯穿到经济社会发展的各方面、各环节、全过程，着力改变过去主要靠要素投入、外需拉动、规模扩张的思维定式、行为惯性、路径依赖，以及由此产生的产能过剩、库存过多、杠杆过高、风险加大、效益低下、竞争力不足等问题"。企业要提高自身要求，以国际先进质量标准为目标，追求质量卓越，在企业实现自身发展过程中使得中国的产品和服务成为高质量的代名词；此外，要"推动企业和产品优胜劣汰，资源向优质企业和产品集中；鼓励旨在提高产品和服务质量的各类创新，使创新成为质量提高的强大动能；把绿色发展作为质量提高的重要内容"。

经过改革开放 40 年，我国经济规模迅速扩张，供给侧出现部分产能严重过剩，结构性供求失衡的矛盾日益突出。从制造业看，"一方面，200 多种工业产品的产量高居世界第一，大量产品出现产能过剩；另一方面，包括高端装备和集成电路芯片等高端零部件、高端材料、高端消费品在内的高端制成品，由于国内生产水平的局限，不得不依靠进口"。为改观供需结构的不合理，需调整现有的供需结构，以实体经济特别是制造业为重点，减少过剩产能的无效供给，扩大优质产能的供给量，实现更高水平和更高质量的供需动态平衡。

在结构改革方面，供给侧结构性改革是政策主线，其主要是由需求管理到注重供给侧的相关改革：供给侧结构性改革的立足点在供给侧而非需求侧。"更加注重在供给侧发力，注重激发经济增长活力，努力实现供求关系新的动态平衡，是其着力的基本出发点；供给侧结构性改革的聚焦点是解决结构性而非总量性问题，因此短期的'对冲性'逆向操作尽管不可或缺，但已不再是主要选项"。在供给侧结构相关改革中，要注重供给质量的提升，优化供给结构，促进经济发展的动力从传统的要素投入转移到优秀质量和更高的效率上来，从而纠正结构的失衡。

（2）创新引领发展

有学者认为创新是引领发展的第一动力。"经济发展的阶段不同，驱动力也不同。在低收入条件下，最初阶段为要素驱动，主要依靠土地、资源、劳动力等生产要素的投入推动经济增长。第二阶段为投资驱动，靠持续的高投资（以低消费为条件）推动经济增长和起飞。进入中等收入阶段，经济发展需要从要素驱动、投资驱动转向创新驱动。向高收入阶段过渡，创新须成为经济发展的第一动力。"无疑，中国的经济发展已经进入一个新的阶段，单一依靠要素驱动经济发展将会造成更加严重的低效率并逐步失去竞争能力。在经济发展的新时代，势必要激发创新活力，促进创新替代要素成为推动经济发展的新动力。

创新应以现实需要为导向，使得创新成果应用于实践中。因此，国家创新体系建设尤其要重视基础研究，"引导从事基础研究的研究型大学的科研方向瞄准世界科技前沿出世界一流的成果，在此基础上，打通从科技强到产业强、经济强、国家强的通道，解决好从'科学'到'技术'转化，建立有利于出创新成果、有利于创新成果产业化的机制，着力发展基于科学的新型产业"。

（3）建设现代化经济体系

新时代促进经济的高质量发展，现代化经济体系是关键。"只有形成现代化经济体系，才能更好顺应现代化发展潮流和赢得国际竞争主动，也才能为其他领域现代化提供有力支撑"，须推动落实以下工作任务："①大力发展实体经济，筑牢现代化经济体系的坚实基础，深入推进供给侧结构性改革。②加快实施创新驱动国际竞争力，更好利用全球资源和市场，继续积极推进'一带一路'框架下的国际交流合作"。

4. 打好"三大攻坚战"

在经济发展进入新时代之际，经济政策要切合实际需要，更好更高效地推动经济高质量发展。"第一，坚持稳中求进工作总基调。在'稳'的前提下推进结构性调整和各项改革，才能保持经济持续稳定健康发展。第二，以供给侧结构性改革为主线。在'三去一降一补'的基础上提出'破''立''降'，即破除无效供给、培育新动能、降低实体经济成本及制度性交易成本，推动中国制造向中国创造转变、中国速度向中国质量转变、制造大国向制造强国转变。"第三，要积极促进实体经济的做大做强，优化产业结构，为基层企业改革效果的实现提供框架保障。第四，"建设现代化经济体系，特别是加快建设实体经济、科技创新、现代金融、人力资源协同发展的产业体系，着力构建市场机制有效、微观主体有活力、宏观调控有度的经济体制，形成优势突出、结构合理、创新驱动、区域协调、城乡一体的发展新格局。第五，跨越两大关口。其中，第一个关口就是非常规的我国经济发展现阶段特有的关口，特别是要打好防范化解重大风险、精准脱贫、污染防治三大攻坚战"。

打好三大攻坚战，其中防风险是新时代我国经济工作重点。从政府工作报告来看，"2013年提出正确处理好经济增长、稳定物价和防范金融风险之间的平衡关系，2014年提出防范和化解地方政府债务风险，2015年提出创新金融风险监管，2016年、2017年继续强调稳增长保就业防风险，坚决守住不发生区域性系统性风险的底线。2018年政府工作报告明确提出要标本兼治，有效消除风险隐患"。防范金融风险至关重要，因为"金融是国家重要的核心竞争力，金融安全是国家安全的重要组成部分，金融制度是经济社会发展的重要的基础性制度"。

"共享发展理念的现实体现就是脱贫攻坚。""我们在做精准脱贫工作的过程中，一定要避免形式主义、官僚主义，要做到脱真贫、真脱贫。"在中国经济发展过程中，"我们的经济发展始终强调的是共同富裕的发展"，为此要坚持努力确保经济发展成果由全体人民共享，"坚持以农村贫困人口全部脱贫作为全面建成小康社会的标志性指标"。目前我国民生领域的发展仍然面临"存在短板，脱贫攻坚任务艰巨，城乡区域发展和收入分配差距依然较大，群众在就业、教育、医疗、居住、养老等方面面临不少难题"的考验。为解决脱贫攻坚任务，①强调要确保在我国现行标准下实现脱贫，要以现实情况为依据，不能降低要求，也不能过分要求；②强调"瞄准精准脱贫的难点即特定贫困群众和深度贫困地区，对特定贫困群众精准帮扶，向深度贫困地区聚焦发力"；③强调注重激发贫困人口内生动力。除了发挥政府的引导和协同社会的共同帮扶作用，也要注重调动待脱贫人口的自身力量，激发贫困群众的积极性和创造性，可通过培育群众一定的工作技能来发展战略，强化现代化经济体系的战略支撑。第三，积极推动城乡区域协调发展，优化现代化经济体系的空间布局，实施好区域协调发展战略。第四，深化经济体制改革，完善现代化经济体系的制度保障，加快完善社会主义市场经济体制，坚决破除各方面体制机制弊端，激发全社会创新创业活力。第五，着力发展开放型经济，提高现代化经济体系的国促进他们自食其力，逐步自立于外界帮助，实现自身发展的同时也达到整体脱贫的目标。

没有绿色发展体系的建构，就没有高质量发展的现代化经济体系。"走经济高质量发展之路，①加快绿色引导基金、发展基金、绿色政策制度供给，建立完善的绿色发展供给体系，从根本上改变目前粗放型经济发展方式，并从源头上进行根治。②通过顶层设计，加快制定和完善绿色发展引导政策，促进我国产业整体向绿色产业发展体系转变，建立完善的绿色产业发展供给体系，充分挖掘'绿色动力源'，从而形成新的动力主体。""坚决打好污染防治攻坚战，在全面建成的小康社会，绿色发展应当日益成为高质量发展现代化经济体系的普遍形态。"

第二章　现代企业经济管理的基本内涵

第一节　现代企业经济管理的含义

对于现代企业经济管理来说，其基本含义是实现企业所拥有资产和资源价值以及企业经济的实际操作管理的实现，并且在现代企业经济发展过程中，能够对有关企业的经济活动进行科学有效的管理和组织，通过采取相应的控制性措施，提高企业经济效益，促进企业能够科学稳定的发展。现代企业发展过程中，做好经济管理的根本目的是通过企业进行科学有效的经济管理，提高企业的竞争能力，从而保证企业的金贵效益能够持续提升。现代企业经济管理的主要任务是企业结合自身发展实际和生产经营特点，制定出科学、有效、合理的企业经济管理模式，通过对企业产品的市场价格进行科学调整，保证企业更好的控制升级生产经营成本，实现企业资源的优化配偶和高效利用，以此来降低现代企业生产经营过程中的成本花费。从现代企业经济操作管理角度分析，现代企业经济管理还需要做好企业日常资金的预算工作，做好生产过程中资金核算，从而促进企业经济管理效益提升，提升企业经济管理的效率和质量。

一、经济管理体系的含义

近年来，随着我国市场经济的快速发展，日益激烈的市场竞争已由国内逐渐扩充至国际。为应对日趋激烈的竞争环境，我国实施了一系列的经济管理体制改革，推进我国企业经济管理工作的整体、持续提升，使企业的综合竞争力得到全面提升。科学合理的经济管理体系是顺利完成企业各项经济活动的基本保证，因此，现代企业若想在竞争极其激烈地环境下生存下来，科学的经济管理体系是非常必要的。建立科学的经济管理体系的目的在于对企业各项经济活动进行统一规划、监控、组织与协调，并在现有条件下令人力、物力资源得到最大化发挥，并通过开展一系列企业经济管理活动确保各项经济行为的有序与顺利完成。经济管理体系的科学与否将直接影响到企业在市场上运作状况，在计划经济的传统管理模式下，我国企业在经营过程中片面地追求利润最大化，在企业的发展中没有意识到科学地经济管理体系对企业健康发展的重要性。为了企业能够实现可持续发展，现代企业应当积极主动地去构建、完善经济管理体系，只有这样才能提高企业的核心竞争力，实现企业可持续的全面发展。

1. 经济管理体制的内涵

（1）经济管理体制的概念

经济管理体制的概念，可以从广义和狭义上去理解。

广义的经济管理体制，是指经济体制。社会主义经济体制是指某一个社会主义国家在一定时期所存在的具体的社会主义生产关系的总和。这里所说的具体的社会主义生产关系的总和，包括两部分内容：①社会主义所有制结构；②社会主义经济管理体制。社会主义所有制结构，是指社会主义经济体制中都存在哪些所有制形式，以及它们之间的相互关系如何。所有制结构状况，是确定经济管理体制的基础。

狭义的经济管理体制比经济体制的范围要窄，它是经济体制的一个重要组成部分，是指管理经济活动所采取的组织形式、管理制度、管理方法和运行机制的总称。

（2）经济管理体制与生产关系

经济管理体制与生产关系是密切相连的。体现社会经济本质特征的生产关系，总是在一定经济管理体制中得到实现的，而经济管理体制则反映生产关系的本质规定性。生产关系决定经济管理体制的根本性质，经济管理体制是生产关系的具体形式。

经济管理体制与生产关系本质上的一致性并不排除非本质方面的不一致性。这种不一致性主要表现在两个方面：一方面是二者变动的不一致性。社会生产关系或经济制度具有较强的稳定性。虽然随着生产力的发展，生产关系的某些方面也要做些必要的调整，但是其基本特征在这个社会的历史命运没有结束之前不会发生根本改变。而经济管理体制虽然也不能过于频繁变动，但是它要随着生产力同生产关系、经济基础同上层建筑之间矛盾的发展变化而变化，随着国家政治、经济形势的重大变化或经济发展战略目标的改变而调整。同生产关系和社会经济制度比较起来，经济管理体制某些具体内容，则具有较多的可变性。另一方面，是模式的不同一性。作为一种特定的生产关系或经济制度，无论在什么样的国度里，从本质到基本特征都是一致的。但是经济管理体制的模式却具有多样性，同时社会主义经济管理体制，却可以采取多种形式。即使是同一国家，在其基本制度不变的情况下，在不同的时期、不同经济发展阶段，经济管理体制也可以有很大的变化。

（3）经济管理体制的内容

广义的经济管理体制包括如下一些内容：

1）所有制形式和经营形式

生产资料所有制是指生产资料归谁所有的问题。同一生产资料所有制可以采取不同的经营形式。例如，同是社会主义全民所有制，在经营形式上可以采取国家集中统一经营，可以采取承包制、租赁制和股份制等形式。

2）经济管理权力的划分

经济管理权力的划分，主要是解决集权和分权的关系问题，是指经济权力在国家政权和经济实体之间的划分，经济权力在中央、地方、部门等各层次之间的划分。

3）经济运行机制

经济机制是指在经济生活中各种要素之间的内在联系和制约关系。由于它是运动的，所以，也称经济运动机制。经济运行机制是经济管理体制的主轴和精髓，是经济管理体制的重要内容，其核心问题是正确处理计划与市场的关系。

4）经济管理手段

组织和领导经济建设是社会主义国家政权的主要职能之一。国家以什么方式、什么手段调节、控制经济活动，也是经济管理体制的重要内容。任何经济管理体制，都必须认真研究和解决经济手段、法律手段和行政手段的运用程度问题。

5）利益结构和分配方式

在社会主义公有制基础上，劳动者的根本利益是一致的，但是还存在着利益差别。中央和地方、国家和企业、地方和企业、企业与企业、企业同劳动者个人之间的关系，归根到底是利益关系。经济管理体制中的利益结构和分配方式，就是处理和调整上述利益关系的方式、手段及形成的利益格局。

6）经济管理机构的设置

经济管理机构的设置包括国家管理机构的设置和各经济实体管理机构的设置。经济管理机构的设置状况对经济活动的决策和运行有很大影响。因此，在经济管理体制改革中必须合理设置经济管理机构。

（4）经济管理体制的范围

对于经济管理体制的范围，可以从不同的角度进行研究。

1）从局部和整体上看，有国民经济管理体制和企业内部管理体制。企业管理体制包括工、农、商等各类企业的管理体制。

2）从社会再生产的过程上看，有生产方面的管理体制，包括工业管理体制、农业管理体制、建筑业管理体制等；有流通方面的管理体制，包括商业管理体制、金融管理体制、价格管理体制等。

3）从"条条"上看，有农业、工业、建筑业、交通业、商业和服务业等各个部门的管理体制。

4）从"块块"上看，有地区经济管理体制，有以大中城市为依托的各个层次经济区的管理体制。

5）从经济管理的环节上看，有计划、劳动工资、财政、金融、价格等各个环节的管理体制。

6）从经济组织形式上看，有总公司与分公司、国有企业和集体企业等经济组织的管理体制。

总之，经济管理体制包括各个过程、部门、层次、环节和经济组织等方面的管理体制。这些方面是互相交错、互相联系的，形成了一个有机的经济管理体制的总体。

（5）我国经济管理体制建立的条件

我国的经济管理体制是在一定的政治、经济、历史条件下建立的。

1）社会化大生产是我国经济管理体制形成的物质前提

社会化大生产是指集中的、大规模的社会生产。它表现在：生产资料使用是社会化的，不是分散的个体生产者使用的细小的生产资料，而是许多劳动者集中在一起使用的、大规模的生产资料；生产过程是社会化的，不是互不联系地、"小而全"地进行生产，而是社会分工愈来愈细，专业化程度愈来愈高；绝大多数商品不是一个企业为自己需要独自生产的，而是许多企业为社会需要共同生产的。人类社会生产活动已经有了几十万年的历史，但是能够把计划与市场结合起来组织社会经济活动，则是在社会化大生产条件下，在商品经济高度发展的基础上产生的。

2）生产资料公有制是我国经济管理体制形成的经济前提

我国的经济管理体制是同社会主义基本制度结合在一起的，是在生产资料公有制基础上建立的。新中国刚建立的时候，我国虽然存在着社会主义全民经济、资本主义经济、农民和手工业者的个体经济等三种所有制形式。但是，全民经济居于领导地位，国家已经掌握了经济命脉，所以，具备了建立社会主义经济管理体制的条件。

3）人民民主专政是我国经济管理体制形成的政治前提

我国的经济管理体制是在无产阶级夺取政权之后建立起来的。从资本主义私有制转变为社会主义公有制，首要的条件是打碎资产阶级国家机器，建立人民民主专政的国家政权。我国人民在中国共产党的领导下，推翻了国民党反动政权，建立了中华人民共和国，实现了对官僚买办资本的剥夺和资本主义工商业的社会主义改造，从而形成了强大的全民经济。如果没有人民民主专政的国家，也就不会有社会主义生产资料公有制，也就不可能建立起社会主义的经济管理体制。

此外，我国原有经济管理体制的建立，受到了一定的历史条件的限制和外来的影响。我国在长期的革命战争中，形成了供给制的传统，这种传统对经济管理体制的形成有一定影响。建国初期，我们缺乏管理经济的经验，在许多方面曾经借鉴了原苏联当时的一些做法。

2. 社会主义经济管理体制的模式

（1）社会主义基本经济制度的重要内容

经济制度是经济关系在制度上的反映，经济关系是在生产、交换、分配和消费等社会再生产过程中形成的，其中最基本的是生产关系。一定的生产关系往往是一个复杂的系统，可以分为两个层次：一是生产资料所有制结构；二是在生产资料所有制结构既定的前提下，人们在生产、分配、交换、消费等过程中形成的具体制度。基本经济制度就是生产关系在制度上的表现，具有长期性和稳定性，对经济制度属性和经济发展方式具有决定性影响。

中国共产党把马克思主义基本原理和中国具体实际相结合，在社会主义革命、建设和改革的伟大实践中，不断探索、丰富和完善我国社会主义基本经济制度。党的十九届四中全会提出了"公有制为主体、多种所有制经济共同发展，按劳分配为主体、多种分配方式并存，社会主义市场经济体制等社会主义基本经济制度"。理解起来，"公有制为主体、多种所有制经济共同发展""按劳分配为主体、多种分配方式并存""社会主义市场经济体制"，三者相互联系、相互支撑、相互促进，内在统一于社会主义基本经济制度。其中，公有制为主体、多种所有制经济共同发展反映了生产资料的归属关系，不仅规定了我国社会主义基本经济制度的性质，也对分配制度和市场经济体制起着决定性的作用；按劳分配为主体、多种分配方式并存是由我国生产力状况、所有制关系决定的，是所有制关系在收入分配领域中的实现，反映了生产方式、生产成果的分配方式，对所有制关系及其实现方式具有重要影响；社会主义市场经济体制以所有制关系为前提和基础，体现所有制关系、交换方式和资源配置方式，并受所有制关系、生产力发展水平等影响，对所有制关系及其实现形式也有重要影响。

（2）社会主义基本经济制度的中国特色

新时代我国社会主义基本经济制度的完善和发展，体现了鲜明的中国特色。

1）同我国社会主义初级阶段社会生产力发展水平相适应

评价经济制度必须结合现实生产力发展水平。只有适应现实生产力发展水平的经济制度才能解放生产力、发展生产力。纵览我国社会主义革命、建设和改革开放不同时期的实践可见，只要经济制度适应了生产力的发展水平，就能促进生产力发展；相反，就会阻碍生产力的发展。例如，新中国成立后，确立了社会主义基本制度，为中国发展富强、中国人民生活富裕奠定了坚实基础。

改革开放后，我们党立足我国基本国情，总结了社会主义建设过程中正反两个方面的经验，确立了我国社会主义初级阶段的基本经济制度。在改革开放进程中，坚持公有制为主体、多种所有制经济共同发展，坚持按劳分配为主体、多种分配方式并存，加快完善社会主义市场经济体制，使我国生产力得到了巨大发展，人民生活水平有了显著提高。在公有制为主体、多种所有制经济共同发展作为基本经济制度的基础上，把按劳分配为主体、多种分配方式并存和社会主义市场经济体制上升为社会主义基本经济制度，是同我国社会主义初级阶段社会生产力发展水平相适应的，必将进一步促进我国生产力的发展。

2）充分体现了社会主义制度优越性

在坚持和完善同社会主义初级阶段生产力发展水平相适应的基本经济制度的过程中，党始终坚持社会主义的价值目标和制度追求。根据马克思主义经济理论，只有坚持公有制和按劳分配为主体，才能保证共同富裕和人民共享发展成果目标的实现。在一定的生产力水平下，收入分配制度主要取决于生产资料所有制。只有坚持公有制主体地位，才能保证劳动者相对平等地占有生产资料，从而形成有利于劳动者的分配制度，防止两极分化，实现共同富裕。建立和完善社会主义市场经济体制，是为了解放和发展生产力，为实现社会主义的共同富裕目标奠定物质基础。实践表明，市场经济和不同的社会制度相结合就会有不同的制度特征。社会主义市场经济是市场经济和社会主义制度的结合，既发挥市场经济的效率优势，也彰显社会主义的制度优势；既体现市场经济的特征，也体现社会主义性质特别是基本经济制度的性质要求。因此，我国社会主义基本经济制度的新概括，充分体现了社会主义制度优越性。

（3）社会主义基本经济制度不断发展完善

与时俱进既是马克思主义的理论品质，也是党永葆生机活力的源泉。我国社会主义基本经济制度的形成、发展和完善，体现了党的制度创新和理论创新，这种制度创新和理论创新是在改革开放的实践中逐步形成和不断发展的。

长期以来，我们党一直强调坚持和完善公有制为主体、多种所有制经济共同发展的基本经济制度。对按劳分配为主体、多种分配方式并存和社会主义市场经济体制作为社会主义基本经济制度的认识，经历了一个过程。党的十四大报告明确提出，"我国经济体制改革的目标是建立社会主义市场经济体制""社会主义市场经济体制是同社会主义基本制度结合在一起的""在所有制结构上，以公有制包括全民所有制和集体所有制经济为主体，个体经济、私营经济、外资经济为补充，多种经济成分长期共同发展""在分配制度上，以按劳分配为主体，其他分配方式为补充"。党的十五大报告提出，"公有制为主体、多种所有制经济共同发展，是我国社会主义初级阶段的一项基本经济制度""非公有制经济是我国社会主义市场经济的重要组成部分""坚持按劳分配为主体、多种分配方式并存的制度"。党的十六大报告强调，"坚持和完善公有制为主体、多种所有制经济共同发展的基本经济制度""必须毫不动摇地巩固和发展公有制经济""必须毫不动摇地鼓励、支持和引导非公有制经济发展"。党的十七大报告强调，"坚持和完善公有制为主体、多种所有制经济共同发展的基本经济制度，毫不动摇地巩固和发展公有制经济，毫不动摇地鼓励、支持、引导非公有制经济发展""要坚持和完善按劳分配为主体、多种分配方式并存的分配制度，健全劳动、资本、技术、管理等生产要素按贡献参与分配的制度"。党的十八大报告指出，"要加快完善社会主义市场经济体制，完善公有制为主体、多种所有制经济共同发展的基本经济制度，完善按劳分配为主体、多种分配方式并存的分配制度""要毫不动摇巩固和发展公有制经济""毫不动摇鼓励、支持、引导非公有制经济发展""完善劳动、资本、技术、管理等要素按贡献参与分配的初次分配机制"。党的十八届三中全会强调"两个毫不动摇"，并明确指出：公有制为主体、多种所有制经济共同发展的基本经济制度，是中国特色社会主义制度的重要支柱，也是社会主义市场经济体制的根基。公有制经济和非公有制经济都是社会主义市场经济的重要组成部分，都是我国经济社会发展的重要基础。这一论断体现了公有制经济和非公有制经济在我国经济发展和促进就业等方面的作用，以及社会主义市场经济和基本经济制度之间相互支撑的关系。党的十九大报告强调，"必须坚持和完善我国社会主义基本经济制度和分配制度，毫不动摇巩固和发展公有制经济，毫不动摇鼓励、支持、引导非公有制经济发展，使市场在资源配置中起决定性作用，更好发挥政府作用"。党的十九届四中全会首次将按劳分配为主体、多种分配方式并存和社会主义市场经济体制纳入我国社会主义基本经济制度，提出"公有制为主体、多种所有制经济共同发展，按劳分配为主体、多种分配方式并存，社会主义市场经济体制等社会主义基本经济制度"，标志着我国社会主义基本经济制度更加成熟、更加定型，也充分体现了社会主义基本经济制度的不断完善。

总之，理论来源于实践，社会主义基本经济制度的完善，建立在改革开放以来特别是党的十八大以来坚持和发展中国特色社会主义的实践基础上。从发展趋势看，当今世界正经历百年未有之大变局，适应国际形势的复杂多变、我国社会主要矛盾的变化，中国特色社会主义制度体系中某些具体制度也要不断调整和变化，社会主义基本经济制度也要随着实践发展而不断发展和完善。

二、经济管理体系的基本内容

企业的经济管理体系是非常庞大的，存在于企业经济活动的每一个环节，在不同的经济环境下、面对不同的经济问题时、经济活动处于不同阶段时经济体系所起到的作用也不相同。科学合理的经济管理体系能够有效保证企业的可持续发展，因此，有必要对经济管理体系内容做必要的介绍。

1. 企业经济管理体系的组织机构协调及其评审

企业的经济管理体系是由企业的管理者的企业管理模式和方式组成的。企业的管理者的职责是向企业的全体成员传达经济法律法规和企业内部的经济规章制度并阐明其重要性。同时企业管理者还肩负着制定完善的经济管理政策，拟定合适的经济目标，并对经济活动进行评审，以此来确保经济管理体系的完整性，保证企业经济活动计划在变更时仍能够顺利完成。企业管理者所制定的经济管理政策不仅应当与企业的宗旨相一致，同时还要有利于经济管理体系的改进。企业在按照既定的经济管理方案和经济发展目标运行时，企业的管理者应当注意对经济管理进行实时的评审，以确保现行的经济管理体系能够得到相应的建设。

2. 企业经济活动的内部控制和审核

对经济管理进行评审是十分重要的，这是一种验证经济管理成效的有效手段。企业管理者应当对经济活动的整个实施过程进行全面系统的评审，以此来实现对经济活动的有效控制，以确保企业能实现可持续发展。因此，采用合适的方式方法对企业经济管理体系进行监测和测量是十分必要的，其能够有效的验证企业经济管理过程中策划结果的能力。如果企业的经济活动没能够按照设定的计划前进，采取何种措施来保证经济目标的实现，就需要对企业经济活动进行内部控制和审核。企业还应当在经济目标的适当的实现阶段以策划为依据对经济管理结果进行检测和测量，以此来验证企业经济目标的实现程度。当然，企业在运行经济计划的实际过程中往往会遇到和策划不同的情形，此时便需要管理者能够及时地采取措施以消除不利因素，并对这种不符合策划的现象进行相应的记录和分析，以防止其蔓延。

3. 企业资源管理和优化

企业的资源包含两方面，人力资源和基础设施资源。首先是人力资源，在现代企业竞争中，人才的得失起到了至关重要的作用。一个竞争力强大的企业，必然有着素质出众的人才，以及对人才的强大凝聚力。在现代企业竞争中，只有不断的培养人才，向员工提供必要的教育培训和技能训练，才能够使员工具备足够的能力来胜任经济管理工作。其次是基础设施资源，企业应当提供和保障经济活动所需的基础设施资源能够得到很好地利用，这些基础设施资源主要包括建筑物、工作场所和相关的设施、经济活动过程所需设备以及一些支持性的服务等。

4. 企业的生产和服务提供过程的管理和改进

企业经济管理者所制定的经济管理体系在生产服务过程中应当确保程序、方法、设备和施工人员符合企业项目的经济要求。企业在生产和提供服务的过程中，对于那些全新的产品、服务等，应当进行专题策划，以确保顺利实施。同时企业也应该对企业生产过程所需的工具和采购的物资提供一个良好的安放场所，使其保持良好的状态。

第二节 现代企业经济管理的特点

现代企业是按投资者、国家和社会所赋予的受托责任，从事生产、流通或服务性等活动，为满足社会需要并获得盈利，进行自主经营，自负盈亏，独立核算，独立地享有民事权利和承担民事责任的团体法人，是现代市场经济社会中代表企业组织的最先进形式和未来主流发展趋势的企业组织形式。所有者与经营者相分离、拥有现代技术、实施现代化的管理和企业规模呈扩张化趋势是现代化企业的四个最显著的特点。从现代企业制度角度讲，现代企业的特点是产权明晰、权责明确、政企分开、管理科学。

一、产权明晰

产权明晰是现代企业制度的首要特征，主要从西方新制度经济学理论入手，就产权清晰问题对现代企业制度的特征进行了分析。

1. 西方新制度经济学对"交易费用"的理论阐释

西方新制度经济学产生于20世纪初的美国，至今大致经历了三个演变时期：第一，20世纪20年代至30年代的旧制度经济学派时期；第二，30年代及战后新旧制度经济学派过渡时期；第三，战后至今的新制度经济学派时期，包括以加尔布雷斯为代表的新制度经济学派和以科斯为代表的新制度经济学派。

西方新制度经济学引入交易费用和抽象化制度概念，并利用正统经济学理论全面、深入地分析了制度的构成和运行。"交易"在正统经济学中主要指一种买卖活动，或者是交换过程。科斯引入了交易费用的概念，并用经济学的方法分析认为，企业的显著特征是作为价格机制的替代物，利用价格机制是有成本的，而通过价格机制组织生产得最明显的成本就是所有发现相对价格的工作。市场上发生的每一笔交易的谈判签约的费用也必须考虑在内，这就是交易费用。

沿着科斯的思路，威廉姆森将交易费用分为两部分：①事先的交易费用，即为签订契约、规定交易双方的权利、责任等所花费的费用；②签订契约后，为解决契约本身所存在的问题、从改变条款到退出契约所花费费用。最后交易费用概念扩展到包括度量、界定和保证产权的费用，发现交易对象和交易价格的费用，讨价还价的费用，执行交易的费用，监督违约行为并对立制裁的费用，维护交易秩序的费用等等。科斯、威廉姆森的交易费用理论说明，交易费用的存在必然导致制度的产生，制度的运作又有利于降低交易费用。没有制度约束，"斯密看不见的手"的作用带来的可能不是繁荣，而是社会经济生活的混乱。当有交易费用时，制度就会起作用，或者说，制度至关重要。

2. 新制度经济学的产权理论

（1）产权对资源配置的影响

产权理论起因于科斯对外部性问题的重新研究。科斯通过引入产权概论，论证了在交易费用为零的前提下，市场机制仍是有效地在零交易费用前提下，权利的初始界定并不影响资源优化配置的最终结果，这就是科斯第一定理。这一定理揭示出传统经济学理论市场机制而不涉及产权制度所产生的逻辑悖论，从而推翻了庇古的外部性理论，说明经济学分析必须引入产权因素。

但"零交易费用"是不现实的，当交易费用大于零时，产权的界定、产权的交易都必须花费一定的成本，只有当产权界定和交易带来的收益大于所需成本时，产权的调整方能实现；若收益小于成本，即使产权调整能带来更优化的资源配置，但因无利可图，也不可能实现。

（2）企业产权理论与委托—代理理论

正如科斯所指出的，由于市场交易费用的存在，产生了企业这种可节约交易费用的组织，但企业的出现又使得原有的产权状况变得更为复杂，企业产权理论正是研究和解决企业制度中因产权复杂化而带来的各种问题。企业产权问题实质上就是一个剩余索取权问题。

为了保证企业的效率，剩余索取权应归监督者（即企业管理者）所有，而在企业内部，管理者既可是一个独立的经济主体，又可为资本所有者或劳动者同时兼任。因此，按剩余索取权归属的主体不同，企业可划分为企业家企业、资本家企业、工人管理企业三种类型。而具体采取何种形式，则取决于各生产要素的市场环境，因为企业作为一种特定的交易组织形式，出于节约交易费用的考虑，会根据具体的资本、劳动及管理的市场交易费用的比较，避免所需交易费用过高要素的直接市场交易。若违背这一原则，企业效率必然低下。

在现代股份公司中，所有者即股东的利益是企业利润的最大化，而经营者由于掌握实际的经营权，可能会谋取私利，这就产生了一个委托—代理问题。若没有有效的制度控制代理成本，则股份公司将无法有效运转。委托—代理理论正是研究如何设计一种机制，使之最大限度减少代理成本，同时又给予经营者以最大激励。首要的措施就是必须使经营者拥有一定的剩余索取权，把经营者的报酬与企业利润联系起来，或直接让经营者拥有企业部分股票。由于剩余索取权的激励作用是有限的，因此还必须采取一定的市场约束。①经理市场，当代理成本过高时，股东可通过合法程序重聘经营者；②股票市场，当股东利益受损，而单个股东又无法影响董事会决策时，他可抛售其股票，从而约束经营者。

3. 以"产权明晰"为核心的现代企业制度

国有企业改革的正确方向：建立现代企业制度。现代企业制度所应具有的本质规定概括为"产权清晰、权责明确、政企分开、管理科学"，这四句话是一个有机联系的统一体，其中，产权明晰处于最重要的地位，它是实现后三个方面的前提、基础和必要条件，是有效建立现代企业制度的关键性环节。

（1）权责明确是以理顺产权关系为基础的

强有力的产权约束必然造成严格的与自觉的从而也是充分的责任。一系列的放权措施使企业经营者有了生产经营和其他方面的权利。但松弛的产权关系的缺陷因为这种放权而失去了行政约束的屏障。所以，权责明确的前提是理顺产权关系，建立对于企业经营者形成强有力约束的产权制度。

（2）产权关系不顺，无法理顺政企关系

政府与企业的关系涉及到两个方面：①建立在非资产基础上的关系即政府作为社会经济管理者对企业实行的管理；②建立在资产基础上的关系即政府作为企业资产的拥有者而对企业实行的管理。处理前一种关系较为容易，而后一种政企关系的处理则较为困难，原因在于政府的后一种管理具有刚性：既然国有企业的资产属于国家，那么作为投资者的国家就必然要对其实施管理。无论是国家必须保持的对一定的领域、一些企业的控制，还是政资分开，都是理顺产权关系的基本内容。

（3）科学管理要求必须理顺产权关系

在产权关系明晰的公司制下，董事会是所有者的代表，出于维护和增进自身利益的需要，将管理者的经营能力作为主要标准择优录用，并在实践中加以考评。通过这种强有力的产权约束机制，使管理岗位上永远立着优秀的管理者。因此，优秀的管理者和良好的企业管理可以说是建立在产权明晰基础上的一种派生效果。事实上，良好的产权关系本身蕴含着遴选优秀管理者的机制。由此可见，产权明晰是责权明确、政企分开、管理科学的基础。以上从新制度经济学角度对现代企业制度基本特征的分析，充分说明：产权明晰是现代企业制度的核心。

4. 关于产权明晰的几个问题

（1）我国有企业的产权不明晰

所谓产权清晰便应当包括两方面的内容：一是在投资主体多元化的情况下，在狭义所有权层次上进行产权界定，根据谁投资谁所有的原则弄清所有权归谁；二是狭义所有权与其他产权拥有主体的产权界定，笼统地讲，也就是划分出资人所有权与企业法人财产权。如果以上几方面的产权都界定清楚了，就可以说国有企业的产权清晰基本完成了。产权清晰在明确投资者所有权和法人财产权之后，也许对国有企业产权明晰更重要更复杂的一个方面，就是明确企业与政府的权利边界，国有企业的产权不清归根结底就是这个边界不清。

国有企业产权明晰就是要在三个层次上明确责权利的关系。第一是国家与公民和法人企业的关系，第二个层次是投资者之间及其与企业的产权关系；第三个层次就是员工与企业的关系。

（2）引入多元投资主体是否就明晰了产权

产权明晰中有一个误解，就是引入多元投资主体后，产权就明晰了。引入多元投资主体，在提到的第三个层次上明晰投资者与人力资本投资者之间的产权无疑提供了动力，但这增加了产权明晰的复杂性。因为在第二个层次上的各个投资者的产权也需要明晰，这在市场经济里是通过投资时的谈判与资产评估以及今后增资或减资的博弈完成的，政府作为投资主体的虚伪或对其产权代表的激励和约束不力将影响其在博弈中的成绩或产生资产流失。无疑通过资产评估可以明确企业的资产占用数量，强化经营者的责任意识，有利于明晰第二个层次上的产权关系。而通过引进私人资本或外资，不仅可以解决国有企业的资金困难，还因为私人资本的存在，有利于明晰所有三个层次的产权关系，但这同样要付出成本。

现有的保人不保体制的改革思路，就是一种理性的选择。但是旧体制不会自行消失，产权明晰也就不可能很快完成。

（3）产权明晰是动态的博弈过程

产权明晰是一个过程，而且是一个动态的市场化过程，动态博弈的过程。从历史上看财产权也是一个逐步明晰、逐步具体化的过程。从原始社会发展到现代，产权观念从单一的所有权观念分解为具体的所有、使用、收益和让渡等权利概念。可见产权权利意识是在历史的长河中逐步形成并具体化的动态过程。从短时间看，产权清晰也不是一成不变的，企业的状况在变，资产结构的不同及债权结构的不同，产权也有不同的权属内容。一般在企业正常经营里有满意的回报时，企业经营者有充分的自主权；而在回报不满意时，投资者的介入经营常常发生，职业经理的权力受到限制；当经营出现问题，影响职工利益或债权人利益时，他们也有参与管理甚至接管企业经营者的权力。总之，产权明晰是一个持久的动态过程，市场化的改革是解决这个问题的有效途径。

二、权责明确

企业法人财产权是指企业作为独立法人拥有的法人财产，可以独立享有民事权利，承担民事责任，依法自主经营，自负盈亏。它对企业的这些财产有充分的支配、占有、使用的自主权。企业作为法人实体，它与政府部门不再有行政隶属关系，也不再套用行政级别。

1. 表现

现代企业制度中权责明确的表现是，出资者按投入企业的资本额享有所有权的权益，即资产收益、重大决策和选择管理者等权利，但当企业亏损或破产时，出资者只对企业的债务承担以出资额为限的有限责任；出资者不直接参与企业的具体经营活动，不直接支配企业的法人财产。企业拥有法人财产权，享有自主经营的权利，但要以全部法人财产承担自负盈亏，照章纳税的责任，企业以自己的名义和全部法人财产享有民事权利，但同时也要以全部法人财产承担民事责任。企业行使自主权必须对出资者履行义务，依法维护出资者权益，对出资者资产承担保值增值的责任，而不是损害出资者的权益。

2. 含义

具体来说，权责明确有三层含义：

（1）产权人的权力要到位

谁拥有产权，谁就拥有所有权及在产权束没有分解前提下的支配权、占有权和收益权。这是天经地义、毫无争议的。然而，这种权力并不可无限滥用。我们不仅要明确权责的一致，还要明确权力的有限。在任何产权制度下，完全不受限制的产权是不存在的。产权权力的行使总是限定在一定范围内，比如，一些特殊领域的投资限制，涉足"黄、赌、毒、黑"领域的被法律所禁止等。

（2）产权人利益要明确

在产权一元化却产权束没有分解的情况下，产权人的利益并不需要进一步明确。在所有权与使用权相分离、产权收益需分割情况下，利益明确的问题，就客观地摆上了议程。产权的所有人与产权的使用人，要通过契约等方式，要把产权利益各方应获得的利益事先明确下来，使各项权能执行主体在产权运营过程中知道自己应获得的收益。

（3）产权人责任要落实

有权无责和有责无权都不是健全的现代产权制度条件下应看到的现象。产权人权力和利益的明确，客观上已经产生用相应责任相互制衡的必要。权责明确中已明示责任应在明确之中。这里的责任既包括出资人的责任，也包括行使经营权的经营者的责任。

3. 权责明确

权责明确是从两个层次上讲的，是在两个层次上明确相应的权利和责任。一个层次，从出资者和企业的关系而言，它要求明确出资者通过成为投资主体，所对企业资产能够行使相应的所有者权利，承担所有者的义务。也就是说，按投入企业的资本额，享有资产收益、重大决策和选择管理者等权利。企业破产时，各投资主体只以他投入到该企业中的资本额，对企业债务担负相应的有限责任。

第二个层次的权责明确是就企业内部关系而言的，虽然企业的经营者不完全是甚至没有出资因而不是这个企业的出资人，但企业一旦成立而成为法人企业后，企业本身便获得了一定的独立地位，拥有包括国有资本投资主体在内的各类投资者投资所形成的企业法人财产，并可在市场中依法运作这些财产，对这些资产享有着占有、使用、处置和收益的权利，并在破产时以全部法人财产对其债务承担责任。

三、政企分开

"政企分开"的基本含义是政府行政管理职能、宏观和行业管理职能与企业经营职能分开。

1. 什么是政企分离

政企分离是指将政府的行政管理职能、宏观调控职能与企业的经营管理职责划分开来。

2. 政企分离的内容

最初的政企分离是指企业所有权与经营权分离，随机管理职能时，政府调节资源配置、熨平经济波动、公着对政府职能认识的加深，其内涵已变化为社会管理者平收入分配，首先想到的是通过控制下的国有企业去执的政府和企业的关系。

政府一身兼具社会管理者和国有行，如历次的投资增长，均首先且主要体现在国有经济资本所有者两种身份，前者是政府存在的目的，后者是让国有企业充当改革的"急先锋"，这时社会管理者政府实行社会管理职能的物质手段和经济基础。政企关系的角色被资本所有者所代替；另一方面，政府作为所有系是作为社会管理者的政府对所有企业而言的，并不因者管理企业时，常常不由自主地给企业附加许多条件，企业主体是国有性质而改变它的基础性地位。这是因为：强调宏观效益和社会效益，剥夺了企业的主体地位，市场经济中的每个行为主体都是平等的，并不因有资产管理职能附属于社会经济管理职能。

它的内涵主要包括：一是政府不再是微观经济活动的实体，只做国家或全民代表，维护人民的根本利益，企业成为真正意义上的经济活动的实体和主体。二是在经济运行机制中，国有资产实行所有权和经营权分离：凡是国家法令规定属于企业行使的职权，各级政府都不得干预；凡是下放给企业的权利，中央政府部门和地方政府都无权截留；凡是市场能够解决的问题，都交由市场调节，政府部门不能再干预企业的生产、经营管理等具体过程。

3. 政企分离的目标

政企分离改革的目标主要包括：政府从干预企业经营活动的事务中退出来，促使企业经营权的本位回归；解决政府与市场之间的关系问题，让市场机制发挥应有的资源配置优化作用；尊重客观规律，还原企业部门在私人产品生产和提供上的主体地位。政府不再是企业的"独裁者"、"唯一权威者"，企业也从原来的行政控制型向市场主导型转型，但改制前与改制后的企业仍以经济利益为其终极价值取向。因此改制后的企业的价值取向与私人企业的价值取向并没有什么本质的区别。

政企分离改革的对象是企业部门，主要包括城市的工商、运输、建筑等企业，也包括乡村的各种农业生产单位。政事分开改革的对象则是事业单位，主要包括文化、教育、科研、卫生、文艺、体育、出版、气象、环保等提供公共产品的单位。由于企业和事业的概念和内涵均不相同，一个是纯粹的商品生产者，以获取盈利为主要目的；一个是为生产建设服务，属于非营利性组织范畴，更为强调的是自身的公益性。因此它们改革的切入点也各不相同。政企分离改革的切入点是政府对企业管理体制的变革。这样做有两个好处：①可以理清企业与政府的上下级关系，把企业放到自由竞争的市场上，让企业在市场机制调节下发挥出自己最大的潜能，这样企业可以根据市场情况进行自主决策、自主经营、自负盈亏、自我发展，促进社会资源的"帕累托最优"，并承担起自己应有的职责。②把政府从管理企业的纷繁事务中解放出来，把精力放在构建、完善市场体系和发展社会经济，更好地生产和提供各种公共产品。

四、管理科学技术

"管理科学"是一个含义宽泛的概念。从较宽的意义上说，它包括了企业组织合理化的含义；从较窄的意义上说，"管理科学"要求企业管理的各个方面，如质量管理、生产管理、供应管理、销售管理、研究开发管理、人事管理等方面的科学化。管理致力于调动人的积极性、创造性，其核心是激励、约束机制。要使"管理科学"，当然要学习、创造，引入先进的管理方式，包括国际上先进的管理方式。对于管理是否科学，虽然可以从企业所采取的具体管理方式的"先进性"上来判断，但最终还要从管理的经济效率上，即管理成本和管理收益的比较上做出评判。

1. 企业技术中心的基本概念

（1）企业技术中心的概念

企业是技术创新的主体，企业技术中心建设是企业技术创新能力的关键环节和重要内容，也是企业自我发展、提高竞争力的内在需求和参与市场竞争、成为技术创新主体的必然选择。建立企业技术中心的目的，就是要形成适应市场竞争要求和企业发展需要的企业技术开发体系及其有效运行机制，提高企业的市场反应能力、协调、运用资源的能力和自主创新能力，从根本上提高企业的市场竞争能力和发展后劲。

技术中心是企业设立的具有较高层次和较高水平的研究开发机构，是企业技术创新体系的核心，是企业技术进步和技术创新的主要技术依托。它是一种集中型产品开发模式。它将新产品开发、老产品改造等一系列开发任务集中到企业的一个部门来完成，形成相对独立、完整的技术中心、研究中心。由于这种形式突出了以产品开发为中心的战略重点，因而成为许多跨国公司、大中型企业追求的一种组织类型。它有利于充分利用技术开发的人力、物力和财力，实现基础研究与应用研究结合、产品设计与工艺设计结合、软技术与硬技术结合，极大地提高企业产品开发的能力和水平。

技术中心是在原有的企业开发机构基础上按照"人员要精干、素质要高、知识结构要合理、研开发条件要好"的要求进行组建，企业按照一定的程序向政府相关部门申报各级技术中心。称它为技术中心，原因在于：技术中心实事求是，符合企业实际。中国技术水平低，企业研究开发刚刚起步，从事基础研究是若干年以后的事情。即便是发达国家的大企业，也只从事定向基础研究，且所占份额很小。因此叫技术中心是合适的。

我国企业技术中心分为国家和省市两个层次。国家和各省市都制定了国家级、省市级技术中心认定标准及申报程序。由国家经贸委等部门认定的技术中心为国家级技术中心，由各省、市、自治区认定的技术中心为省级技术中心。凡被认定为国家级或省市级的企业技术中心，各级政府给予相应的政策扶持。

企业研究开发机构各国称谓不一，同一个国家内各企业也常常称谓不一。美国称实验室较流行，日本叫研究所比较流行。

企业技术中心是市场经济发展的产物，其规模、水平和作用与市场经济的发达程度正相关。我国企业技术中心将随着市场经济的兴起而兴起，发展而发展，成熟而成熟。

目前，我国处于市场经济的起步阶段，自然，技术中心的建设和管理也处在摸索和试验阶段，是我国实现现代化亟待探索和解决的重大课题。它关系到我国现代化技术支撑体系的构建和完善，关系到"科学技术是第一生产力"的具体实现途径，关系到整个国家科技工作战略重点的转移，关系到国家科技方针和政策的调整。

（2）企业技术中心的任务

技术中心是大型企业集团从事重大关键技术、超前技术和重大项目的研究开发的组织保障。它是提高企业的技术创新能力，促进科技成果向现实生产力转化，整合各种资源，协调各种关系，促进创新技术和产品的商业应用，特别是对于企业形成有效的技术创新机制、获得持续稳定发展的保证，是一项重要举措。建立企业技术中心，其中心任务就是为企业本身提供技术服务、技术支持和技术咨询等具体来说，可从下面七个方面来理解：

1）开展有市场前景的、较长远的基础性技术、关键技术、高新技术，以及新一代产品的研究与开发。

2）开展有市场需求的新产品、新技术、新工艺、新材料的开发和应用，以及生产过程中重大技术难题的攻关。

3）开展将重大科技成果转化为生产技术和产品的中间试验。

4）参与本企业（集团）技术进步发展规划和计划的制定和执行。

5）参与组织引进技术的论证和消化创新。

6）进行国际国内的交流与合作。

7）承担企业（集团）赋予的技术管理和服务的职能。

（3）技术中心的特点

与独立科研院所和高校相比，企业技术中心有以下一系列特点：

1）市场信息丰富

在市场经济条件下，企业是市场活动的主体，是独立的商品生产者和经营者，唯有了解市场，开拓市场，适应市场，满足市场，才能创造效益。每个企业都有比较发达的市场信息系统，为企业的研究开发，生产经营导航。"先研究市场，后研发技术"是企业的特点。企业的市场调研开发系统、销售系统、售后服务系统所获得的大量市场信息，使企业研究开发机构的研究开发工作具有坚实的市场基础。企业通过市场调查，把获得的各种市场信息进行深加工，去粗取精，去伪存真，确定新产品的消费层次和对象，即市场定位，再研究开发。因此，企业的研究方向十分明确，研究任务十分具体，绝不是像有些独立科研院所和高校，先研发技术，后找市场。

2）技术人才齐全

现代新产品、新技术无一不是多学科技术的集成，无一不是多工种劳动的结晶，因此，研究开发需要多学科、多工种联合作战。企业正是一个多学科技术人员、多工种工人集合的群体。从机械、电子、光学、新材料、计算机……到技术原理研究、设计、工艺，各种人才齐全，为企业研究开发打下了良好的基础。

3）熟悉生产的全过程

和企业个性企业的研究开发任务除了要有明确的市场定位外，还要与企业的生产实际相结合，否则，很难成功。企业研究开发机构处在科技与经济、市场与生产的结合点上，不少人来自生产第一线，既了解科技发展趋势，又了解市场需求；既了解技术的共性，又了解企业的个性，熟悉生产的全过程，对设计、工艺、原材料、设备、职工素质了如指掌，研究开发的针对性强，研究内容具体，为研究成果试制和转产打下了良好的基础。工艺技术先进与落后，直接关系到产品的质量和成本。工艺技术落后，产品的质量和外观形态就无法得到有效保证。

4）试验、试制条件优越

从研究成果到实现商业利润是一个复杂的技术创新过程，要经过开发—设计—实验—试制—工业性试验—试生产—试销—生产—销售—售后服务等一系列环节。其中，试验，尤其是工业性试验，对研究成果转化为生产力和变为受消费者欢迎的产品，具有重要意义，为科研成果向生产转化打下了坚实的基础。大部分技术中心都有较好的研究开发条件，都有自己的实验室，设备先进，条件优越，不少企业还有专门的新产品试制中心，用来进行新产品的小批量生产，在试制过程中不断发现问题，改进产品，直到产品达到预期目的，才投入大批量生产。

2. 技术中心的组建

（1）技术中心的组建方式

我国企业技术中心的组建是充分借鉴了发达国家的先进经验。国家经贸委曾两次组团赴法国、德国、美国和加拿大进行考察，系统地了解了企业技术中心和技术开发体系的组织结构、管理模式、运行机制以及政府促进企业技术开发工作的政策措施。建立企业技术中心是企业发展的需要，是企业自身的行为。国家根据国民经济发展的需要，对在技术开发和研究工作方面有基础，在研究开发人才、手段和科技成果等方面在国内同行业中具有优势，并具备其他基本条件的企业集团和大中型企业，优先支持建立和完善企业技术中心。目前尚不具备条件的大中型企业，应尽快建立与健全企业的技术开发或产品开发机构。具体操作上，鼓励专业对口的独立技术开发机构、有较强科技力量的组织或高级科技开发力量和管理人才进入企业技术中心，积极支持高等院校、科研院所的科技力量以多种形式进入企业技术中心。有雄厚实力的大型企业可吸收产品开发类研究所的整体或一部分进入，并与企业已有技术开发机构，建立技术中心。

我国企业技术中心的组建大致有下述几种类型：

1）在原有的企业科研机构的基础上，对原有的企业科研机构的职能进行完善和补充，加强其技术创新的功能。特别是一些国营大中型企业，以前已有自己的科研开发机构，则可以在现有的基础上组建企业技术中心。

2）科研院所的改制是我国科研体制改革的重要组成部分，科研院所走向市场是科技体制改革的必然趋势。有的科研院所通过改制并入企业，组建成技术中心。

3）合作型企业技术中心，则是企业通过与国内外的企业、高校、研究机构合作，利用其他企业、高校、研究机构的人才、设备等资源优势，共同组建技术中心，为企业的技术创新服务。

4）复合型企业技术中心，是以上三种类型的企业技术中心的综合体。

（2）技术中心与原有科研机构的异同

从发达国家企业研究开发机构的产生中可以看出，我国大型企业建立技术中心，是我国社会主义市场经济体制不断完善，市场竞争日益规模化、国际化、技术商业化的必然要求。但是，目前我国大型企业技术中心的建立在很大的程度上是在政府的推动下完成的，虽然市场经济和技术进步的双重压力使技术中心的出现成为必然，但我国大中型国有企业还没有完全摆脱对各级政府部门的依附性，企业自身对通过技术中心建设促进企业长远发展的重要意义还缺乏足够的认识。目前，不少企业技术中心仅仅是在原有企业的研究所或技术科、设计科、工艺科的基础上组建，甚至只是原有研究所的"翻牌"，企业的自主技术创新能力并未真正形成并得到大幅度提高。

由于我国大中型工业企业在成立技术中心之前均设有研究与开发机构，因此新的技术中心与原有研究与开发机构如何组织与协调管理是企业面临的一个重大问题。根据企业调研掌握的情况，大致存在三种类型：①将技术中心作为原R＆D机构（如研究院）的下属单位，技术中心实行项目管理制，而原R＆D机构实行专业研究室管理制。②技术中心与原R＆D机构并列存在，但在管理上将技术中心的项目纳入各专业研究所（室）进行统一管理。③将企业原有独立的研究所作为技术中心的下属单位，各研究所保留原有运行模式和管理体制。同时，技术中心又设有管理（决策）委员会，负责技术中心的项目遴选及战略决策工作。

第一种类型存在两个弊病。①技术中心与原有研究所（室）的相互协调与沟通存在体制上的障碍；②技术中心与原有研究所（室）互相争夺科研资源，使有限的资源不能实现最优使用。第二种类型的产生，是企业科研管理部门认识到了第一种类犁的不足，因而将技术中心科研纳入到原研究所（室）进行管理。这种做法实际上是将技术中心的科研项目按专业划归相应的研究所（室）管理，技术中心的科研从立项、研发过程到评价等均受控于原科研机构，尽管表面上看技术中心仍是独立体制的中心单位，实际上它已被原机构"吞没"，无法实现技术中心本应具备的作用。第三种类型的形成，应该说是由于企业科研管理部门认识到技术中心作为从事（定向）基础研究、应用研究和开发（设计）研究的机构，在组织与管理上应保持协调统一，以便实现企业的科技战略并完成企业的各项 R & D 任务。显然，在上述三种类型中，第三种是最佳的。

技术中心的建立是通过对企业原有科研机构进行有机的整合、改组重建，但不能简单拼凑。因为它不是一个纯技术组织，需要强化与市场营销、生产部门有关人员的交流、合作和相互流动，项目的选择坚持以市场为导向，以效益为中心的原则，长中期课题统筹考虑，合理布局。为什么企业原有的科研机构不能承担起技术中心这一任务呢？技术中心较之过去的技术部门，涉及的范围更宽，对企业发展的影响更大。技术中心是企业设立的具有较高层次和水平的技术研究和开发机构，它的中心任务是为本企业的技术进步服务，是企业技术创新和技术进步的主要依托。企业技术中心不同于企业原来的科技开发机构和技术管理机构，它是一个与有关决策、管理机构相协调的综合性组织。企业是技术创新的主体，技术中心是企业技术创新体系的核心，是企业进行研究与开发工作的载体和支撑，在企业与市场之间起着重要的桥梁作用。

技术中心应该是一个开放型的体系结构，能够吸纳、整合、调动企业内、外部的技术资源为企业发展服务，成为产学研联合和对外合作交流的中心。研究开发只是技术中心一项最基本的职能。技术中心的各项基本职能与活动构成了企业技术创新链的主体，技术中心本身则成为企业各项技术创新活动的管理者、组织者、实施者，在企业技术开发体系中的作用非常突出。技术中心对企业内其他技术开发机构的工作提供系统的指导、咨询、评价和服务，对科技成果进行技术经济评估，促进科技成果在企业内外的推广应用，成为技术服务和辐射的中心。

（3）企业技术中心的管理体制和运行机制

企业技术中心的管理体制宜实行企业厂长（总经理）领导下的中心主任负责制。中心内部实行主任领导下的研究所（室）主任或课题组长负责的分层管理制度。企业技术中心主任可由分工负责技术的副厂长（副总经理）或总工程师担任。企业技术中心主任有相应的人、财、物支配权，真正做到有职、有责、有权。企业技术中心的机构根据企业科研、技术开发、市场需求和生产需要而设置，可设立专业研究所或专业研究室、工程部、信息标准室、中试基地、新产品推广科等机构。技术中心还可设专家委员会，由企业及高等院校、研究院所的有关专家、学者组成。负责进行技术开发的审题、克题，对项目进行中间评估，参与项目的验收等咨询工作。

　　企业技术中心要建立人人参与竞争的科技开发激励机制。鼓励科技人员合理流动，实行优胜劣汰。企业厂长（总经理）对技术中心主任定期进行考核，分别不同情况，给予奖励或处罚。企业技术中心应建立严格的技术保密制度。凡参与关键技术研究开发、掌握关键技术成果的人员，不准向外透露企业的技术机密。调离企业技术中心的人员，在规定年限内，不得向他人透露本企业的技术秘密。否则，企业可通过行政与法律手段予以制裁。

第三章　现代企业经济管理的重要内容

企业经济管理就是对企业经济活动的管理。现代企业经济活动主要是筹资活动、投资活动和经营活动，因此企业经济管理模式中的管理理念、组织结构、管理工具、管理程序、管理制度和管理方法也主要围绕这些内容展开。

第一节　筹资活动

是企业为达到生产经营的目的而进行的筹集资金的活动。企业从事生产经营活动的基本条件是拥有一定数量的资金，通过资金的运用，如买进原材料和机器设备、雇用职工等进行产品生产与销售，达到盈利的目的。因此，筹集资金是企业进行经营活动的首要环节。

一、企业筹资活动的定义

企业融资是以企业的资产、权益和预期收益为基础，筹集项目建设、营运及业务拓展所需资金的行为过程。企业的发展，是一个融资、发展、再融资、再发展的过程。一般企业都要经过产品经营阶段、品牌经营阶段及资本运营阶段。随着现代企业自身的不断发展，企业与社会专业机构协作，解决企业自身问题的现象越来越普遍。会计师事务所、律师事务所、财经公关、融资顾问等专业机构的出现，为企业发展的各个阶段提供专业化服务。随着社会分工的不断细化，企业发展也从此走上了一条规范化的道路。

1. 剖析

企业融资是指企业从自身生产经营现状及资金运用情况出发，根据企业未来经营与发展策略的需要，通过一定的渠道和方式，利用内部积累或向企业的投资者及债权人筹集生产经营所需资金的一种经济活动。资金是企业体内的血液，是企业进行生产经营活动的必要条件，没有足够的资金，企业的生存和发展就没有保障。企业融资是指企业向外部有关单位和个人以及从企业内部筹措生产经营所需资金的财务活动。组织创新是指组织规则、交易的方式、手段或程序的变化。

企业融资一般是指非金融企业的长期资金来源问题，在市场经济条件下，企业融资的方式总的说来分为两种：一是内源融资，即将自己的积累可供使用资金转化为投资的过程。另一种是外源融资，是指企业外部投资人或投资机构资金注入，将资金转化为股份的过程。企业的发展主要取决于能否获得稳定的资金来源，企业融资主要是指企业在金融市场上的筹资行为。因此，企业融资与资金供给制度、金融市场、金融体制和债信文化有着密切的关系。

2. 狭义

融资即是一个企业的资金筹集的行为与过程。也就是公司根据自身的生产经营状况、资金拥有的状况，以及公司未来经营发展的需要，通过科学地预测和决策，采用一定的方式，从一定的渠道向公司的投资者和债权人去筹集资金，组织资金的供应，以保证公司正常生产需要，经营管理活动需要的理财行为。公司筹集资金的动机应该遵循一定的原则，通过一定的渠道和一定的方式去进行。我们通常讲，企业筹集资金无非有三大目的：企业要扩张、企业要还债以及混合动机（扩张与还债混合在一起的动机）。

广义融资也叫金融，就是货币资金的融通，当事人通过各种方式到金融市场上筹措或贷放资金的行为。融资可以分为直接融资和间接融资。直接融资是不经金融机构的媒介，由政府、企事业单位，及个人直接以最后借款人的身份向最后贷款人进行的融资活动，其融通的资金直接用于生产、投资和消费。间接融资是通过金融机构的媒介，由最后借款人向最后贷款人进行的融资活动，如企业向银行、信托公司进行融资等等。

企业竞争的胜负最终取决于企业融资的速度和规模，无论你有多么领先的技术，多么广阔的市场。

融资可比作一个商品项目，交易的标的是项目，买方是投资者，卖方是融资者，融资的诀窍是设计双赢的结果。

中国人融资喜欢找关系，其实关系不重要，重要的是找对门。融资有商务模式划分，还有专业分工，程序分工，融资者需根据投资者的特点，去设计自己的融资模式。

融资不是一锤子买卖，是一个过程，关于融资的战术，房西苑老师列举了八个战术，同时介绍了自己的看家本领—围点打援。

3. 融资方式

企业的资金来源主要包括内源融资和外源融资两个渠道，其中内源融资主要是指企业的自有资金和在生产经营过程中的资金积累部分；协助企业融资即企业的外部资金来源部分，主要包括直接融资和间接协助企业融资两类方式。直接协助企业融资是指企业进行的首次上市募集资金（IPO）、配股和增发等股权协助企业融资活动，所以也称为股权融资；间接融资是指企业资金来源于银行、非银行金融机构的贷款等债权融资活动，所以也称为债务融资。随着技术的进步和生产规模的扩大，单纯依靠内部协助企业融资已经很难满足企业的资金需求。外部协助企业融资成为企业获取资金的重要方式。外部协助企业融资又可分为债务协助企业融资和股权协助企业融资。

4. 快速渠道

企业快速融资渠道是指从企业内部开辟资金来源。从企业内部开辟资金来源有三个方面：

企业自有快速融资渠道资金、企业应付税利和利息、企业未使用或未分配的快速融资渠道专项基金。一般在企业并购中，快速融资渠道企业都尽可能选择这一渠道，因为这种方式保密性好，快速融资渠道企业不必向外支付借款成本，因而风险很小，但资金来源数额与企业利润有关。

快速融资渠道主要是指向金融机构（如银行）进行融资，其成本主要是利息负债。向银行的借款利息一般可以在税前冲减企业利润，从而减少企业所得税。向非金融机构及企业筹资操作余地很大，但由于透明度相对较低，国家对快速融资渠道有限额控制。若从纳税筹划角度而言，快速融资渠道企业借款即企业之间拆借资金效果最佳。向社会发行债券和股票属于直接融资，避开了快速融资渠道中间商的利息支出。由于借款利息及债券利息可以作为财务费用，即企业成本的一部分而在税前冲抵利润，减少所得税税基，而股息的分配应在快速融资渠道企业完税后进行，股利支付没有费用冲减问题，这相对增加了纳税成本。所以一般情况下，快速融资渠道企业以发行普通股票方式筹资所承受的税负重于向银行借款所承受的税负，而借款筹资所承担的税负又重于向社会发行债券所承担的税负。快速融资渠道企业内部集资入股筹资方式可以不用缴纳个人所得税。从一般意义上讲，企业以自我积累方式筹资所承受的税收负担重于向金融机构贷款所承担的税收负担，而贷款融资方式所承受的税负又重于企业借款等筹资方式所承受的税负，快速融资渠道企业间拆借资金方式所承担的税负又重于企业内部集资入股所承担的税负。

申请方式和办理流程。

（1）申请方式

1）投融资行为的介入程度：直接投资，间接投资。

2）投融资申请投入领域：生产性投融资申请，非生产性投融资申请。

3）投融资申请方式：对内投融资申请，对外投融资申请。

4）投融资办理内容：固定资产投融资申请，无形资产投融资办理，流动资产投融资申请，房地产投融资申请，保险投融资办理，信托投融资办理等。

（2）办理流程

1）投融资办理企业向审批机关提交董事会决议和董事长签署的申请书等文件。

2）审批机关在接到投融资办理申请文件后，以书面形式作出是否同意的答复。

3）审批机关进行投融资申请审核。

4）经审批机关审核同意后，投融资办理企业按照变更登记的有关规定，向工商行政机关申请变更登记。

5）投融资办理完成。

二、企业筹资活动的分类

企业融资按照有无金融中介分为两种方式：直接融资和间接融资。

1. 直接融资

企业融资是指不经过任何金融中介机构，而由资金短缺的单位直接与资金盈余的单位协商进行借贷，或通过有价证券及合资等方式进行的资金融通，如企业债券、股票、合资合作经营、企业内部融资、借贷等。间接融资是指通过金融机构为媒介进行的融资活动，如银行信贷、非银行金融机构信贷、委托贷款、项目融资贷款等。直接融资方式的优点是资金流动比较迅速，成本低，受法律限制少；缺点是对交易双方筹资与投资技能要求高，而且有的要求双方会面才能成交。

2. 间接融资

相对于直接融资，间接融资则通过金融中介机构，可以充分利用规模经济，降低成本，分散风险，实现多元化负债。但直接融资又是发展现代化大企业、筹措资金必不可少的手段，故两种融资方式不能偏废。企业融资方式如下：

（1）股权融资

股权融资是指资金不通过金融中介机构，借助股票这一载体直接从资金盈余部门流向资金短缺部门，资金供给者作为所有者享有对企业控制权的融资方式。它具有以下特征：长期性、不可逆性、无负担性。

（2）债务融资

债务融资是指企业通过举债筹措资金，资金供给者作为债权人享有到期收回本期的融资方式。相对于股权融资，它具有以下特征：短期性、可逆性、负担性。

三、企业筹资活动的管理

1. 资源储备

不同企业融资渠道资源差别很大，有的企业规模已经很大了，但从没有与银行发生过融资业务，甚至不知道其贷款主办行是企业的首选融资渠道。业内人士认为当前普遍存在的问题是：重视银行类融资渠道的储备，不重视商业融资渠道的储备；重视外部融资渠道的储备，不重视内部融资渠道的储备；重视眼前融资渠道的储备，不重视长远融资渠道的储备；资金短缺时注重融资渠道的储备，资金充裕时不注重长远融资渠道的储备，着重眼前利益；渠道储备停留在口头上或者思想上，但没有资源的投入，没有人员投入和财务安排；储备资源过程中没有侧重点，没有根据企业的实际情况有选择性地储备资源。融资渠道的储备是企业在融资工作进行之前，对融资渠道的选择、跟踪了解过程。根据融资渠道资源，是企业融资过程中正在使用与潜在融资渠道的总称，融资渠道储备是完善融资基础的重要内容。融资主体的确定。不少企业的经营者通过直接或间接方式，控制着几家公司。这些公司有的已经建立产权关联关系，并形成母子公司体系，有的则是人员关联关系，实际控制人仍是企业经营者。也有很多是生意上的合作伙伴，融资时也可以使用。因此，企业在融资之前，需要对这些融资主体进行选择。业内人士表示，在确定融资主体时，以下几个原则可以借鉴：选择规模较大的企业，理论上，规模越大的企业，授信额度越大，银行类资金方一般规定授信额度的理论数值不超过企业净资产额的一定比例；选择营业期限较长的企业，尤其是银行贷款，一般有 3 年的经营业绩要求；选择现金流量较大的企业，银行贷款一般有自身综合收益的考虑，比如吸收存款、结算量规模等，同时也是银行等资金方风险控制的需要；选择符合产业政策支持的行业，无论是权益类资金方还是债权类资金方，都对行业有一定的要求，政策性资金扶持表现最突出；选择报表结构良好的企业，主要是针对银行融资而言；选择知名度较高的企业，知名度高的企业一般能让资金方树立信心；选择与融资方联系紧密的企业，主要适用于企业投资和银行融资，首选子公司，人员关联公司次之，再次是业务关联公司。

2. 报表规范

业内人士介绍，中小企业报表的常见问题主要是：报表时间短；资产、收入、利润规模太小，资产规模、收入规模和盈利规模不符合资金的要求；资产和负债结构不合理，资产负债率过高；报表不实，大多数企业报表"明亏实盈"；报表没有合并，很多企业实际上建立了母子公司运营体系，但没有合并报表；报表科目核算内容不规范，名不副实。资金方对报表一般来说都要求：会计报表的时间足够长，一般需要 3 年的报表；可信度高，必须经会计师事务所审计，抵押物要经过评估机构评估，有关收入以缴税证明为依据；具有偿还能力，主要考虑资产负债率、流动比率和现金流量表；具有盈利能力，主要考虑企业盈利额、收入利润率等；现金流量较好，尤其是经营性现金流量；成长性较好，业务要稳定增长，这可以从不同年度报表比较看出来；资产结构与负债结构匹配合理，主要关注长期资产适合率，即长期资产是否由长期负债和权益资金来满足；资产和负债内部结构要合理等。

3. 融资准则

在市场竞争和金融市场变化的环境下，企业融资决策和资本结构管理需要按照自身的业务战略和竞争战略，从可持续发展和为股权资本长期增值角度来考虑。其基本准则为：融资产品的现金流出期限结构要求及法定责任必须与企业预期现金流入的风险相匹配；平衡当前融资与后续持续发展融资需求，维护合理的资信水平，保持财务灵活性和持续融资能力；在满足上述两大条件的前提下，尽可能降低融资成本。融资工具不同，现金流出期限结构要求及法律责任就不同，对企业经营的财务弹性、财务风险、后续投资融资约束和资本成本也不同。例如，对企业来说，与股权资本相比，债务资本具有三个主要特点：首先，债务资本的还本付息现金流出期限结构要求固定而明确，法律责任清晰，因此，它缺乏弹性；其次，债务资本收益固定，债权人不能分享企业投资于较高风险的投资机会所带来的超额收益；再次，债务利息在税前列支，在会计账面盈利的条件下，可以减少纳税。尽管融资决策和资本结构管理的基本准则对所有企业都是一致的，但在实际中，由于企业产品市场的竞争结构不同，企业所处的成长阶段、业务战略和竞争战略有别，企业融资方式与资本结构也存在差异

4. 融资策略

企业首先要根据商业环境确定自己的业务发展战略，然后再确定融资决策和资本结构管理的具体原则和标准。在现实金融市场环境下，融资决策和资本结构管理策略的基本思想可以概括为：根据金融市场有效性状况，利用税法等政策环境，借助高水平的财务顾问，运用现代金融原理和金融工程技术，进行融资产品创新。利用税法进行融资创新如，在确定采用债务融资类型后，利用税法对资本收益和利息收益率的差异，可以发行零息票债券。

针对企业与资本市场投资者对金融市场利率变化的预期差异进行融资创新如，采用浮动利率，或者发行含有企业可赎回或投资者可赎回的债券。利用投资者与企业之间对企业未来成长性预测的差异，进行融资创新在股票市场低估公司投资价值时，企业可以首先选择内部融资；如果确实需要外部融资，可以采用可转换证券、认股权、可赎回股票等融资方式，降低融资成本。而在股票市场高估公司投资价值时，增发股票融资。

环境亟待优化企业融资决策和资本结构管理策略的实施，取决于良好的金融市场环境。我国金融系统提供的企业融资品种非常少，不能适应日益复杂的商业环境下的企业融资需求。随着企业和投资银行等中介机构融资创新需求的增强，政府印象鼓励技术创新那样，鼓励企业基本融资工具的创新。与此同时，应逐渐从没有明文规定的企业融资新品种报批模式，过渡到只要政府法律没有明文禁止，就可以退出企业融资品种的管理模式，使企业融资从选择余地非常有限，向选择余地大，最终自由选择的方向发展。

5. 融资难点

国内融资的难点，有三个瓶颈：①项目包装，②资金退路，③资产溢价，这三个难点，房老师认为是有融资者自身的弱点和我国经济体制存在的问题构成。

6. 融资对策

投资者退路上中下三策：上策是上市套现，中策是溢价转让，下策是溢价回购。

四、企业筹资活动的方式

第一种是基金组织，手段就是假股暗贷。所谓假股暗贷顾名思义就是投资方以入股的方式对项目进行投资但实际并不参与项目的管理。到了一定的时间就从项目中撤股。这种方式多为国外基金所采用。缺点是操作周期较长，而且要改变公司的股东结构甚至要改变公司的性质。国外基金比较多，所以以这种方式投资的话国内公司的性质就要改为中外合资。

第二种融资方式是银行承兑。投资方将一定的金额比如一亿打到项目方的公司账户上，然后当即要求银行开出一亿元的银行承兑出来。投资方将银行承兑拿走。这种融资的方式对投资方大大的有利，因为他实际上把一亿元变做几次来用。他可以拿那一亿元地银行承兑到其他的地方的银行再贴一亿元出来。起码能够贴现80%。但问题是公司账户上有一亿元银行能否开出一亿元的承兑。很可能只有开出80%~90%的银行承兑出来。就是开出100%的银行承兑出来，那公司账户上的资金银行允许你用多少还是问题。这就要看公司的级别和跟银行的关系了。另外承兑的最大的一个缺点就是根据国家的规定，银行承兑最多只能开12个月的。大部分地方都只能开6个月的。也就是每6个月或1年你就必须续签一次。用款时间长的话很麻烦。

第三种融资的方式是直存款。这个是最难操作的融资方式。因为做直存款本身是违反银行的规定的，必须企业跟银行的关系特别好才行。由投资方到项目方指定银行开一个账户，将指定金额存进自己的账户。然后跟银行签订一个协议。承诺该笔钱在规定的时间内不挪用。银行根据这个金额给项目方小于等于同等金额的贷款。注：这里的承诺不是对银行进行质押。是不同意拿这笔钱进行质押的。同意质押的是另一种融资方式叫做大额质押存款。当然，那种融资方式也有其违反银行规定的地方。就是需要银行签一个保证到期前 30 天收款平仓的承诺书。实际上他拿到这个东西之后可以拿到其他地方的银行进行再贷款的。

第五种融资的方式（第四种是大额质押存款）是银行信用证。国家有政策对于全球性的商业银行如花旗等开出地同意给企业融资的银行信用证视同于企业账户上已经有了同等金额的存款。过去很多企业用这个银行信用证进行圈钱。所以国家的政策进行了少许的变动，国内的企业很难再用这种办法进行融资了。只有国外独资和中外合资的企业才可以。所以国内企业想要用这种方法进行融资的话首先必须改变企业的性质。

第六种融资的方式是委托贷款。所谓委托贷款就是投资方在银行为项目方设立一个专款账户，然后把钱打到专款账户里面，委托银行放款给项目方。这个是比较好操作的一种融资形式。通常对项目的审查不是很严格，要求银行作出向项目方负责每年代收利息和追还本金的承诺书。当然，不还本的只需要承诺每年代收利息。

第七种融资方式是直通款。所谓直通款就是直接投资。这个对项目的审查很严格往往要求固定资产的抵押或银行担保。利息也相对较高。多为短期。个人所接触的最低的是年息 18。一般都在 20 以上。

第八种融资方式就是对冲资金。市面上有一种不还本不付息的委托贷款就是典型的对冲资金。

第九种融资方式是贷款担保。市面上多投资担保公司，只需要付高出银行利息就可以拿到急需的资金。

四、企业筹资活动的误区

在科学的投资决策作出以后，投资项目就马上产生了融资需求。融资是企业发展过程中的关键环节，不少民营企业在发展过程中把融资当作一个短期行为来看待，希望搞突击拿到银行贷款或股权融资，而实际上成功的机会很少。民营企业要想改变融资难的局面，需走出以下误区。

1. 过度包装或不包装

有些企业为了融资，不惜一切代价粉饰财务报表、甚至造假，财务数据脱离了企业的基本经营状况。另一些企业认为自己经营效益好，应该很容易取得融资，不愿意花时间及精力去包装企业，不知道资金方看重的不只是企业短期的利润，企业的长期发展前景及企业面临的风险是资金方更为重视的方面。

2. 缺乏长期规划

忽视企业内部管理，临时抱佛脚。多数企业都是在企业面临资金困难时才想到去融资，不了解资本的本性是逐利而不是救济，更不是慈善。企业在正常经营时就应该考虑，和资金方建立广泛联系。还有些企业融资时只想到要钱，一些基础工作也不及时去做。企业融资前，应该先将企业梳理一遍，理清企业的产权关系、资产权属关系、关联企业之间的关系，把企业及公司业务清晰地展示在投资者面前，让投资者和债权人放心。

3. 融资视野狭窄

只看到银行贷款或股权融资。企业融资的方式很多，不只是银行贷款和股权融资，租赁、信托、购并等方式都可以达到融资目的。

4. 只认钱，不认人；只想融资，不想规范化

民营企业急于融资，没有考虑融资后对企业经营发展的影响。民营企业融资时除了资金，还应考虑投资方在企业经营、企业发展方面对企业是否有帮助，是否能提升企业的价值。企业融资是企业成长的过程，也是企业走向规范化的过程。民营企业在融资过程中，应不断促进企业走向规范化，通过企业规范化来提升企业融资能力。

5. 只顾扩张，不建立合理的公司治理结构

很多民营企业通过融资不断扩张，但企业管理却依然粗放、松散，投资方面更是随意和冲动。随着企业扩张，企业应不断完善公司治理结构，使公司决策走上规范、科学的道路，通过规范化的决策和管理来规避企业扩张过程中的经营风险。

6. 低估融资难度，以为靠小圈子就可以拿到资金

民营企业都有很强的融资意愿，但真正理解融资的人很少，总希望打个电话投资人就把资金投入企业，常常把融资简单化，低估融资的难度，对出现在面前的个别资金方期望过大，也往往以为靠企业主或内部管理人员的私人小圈子就可以拿到资金。

第二节　投资活动

是指企业长期资产的构建和不包括在现金等价物范围的投资及其处置活动。企业筹资一定的资金后，就要开始进行投资以取得利润。投资活动按对象可分为对内投资和对外投资两类。对内投资主要包括长期资产的投资，如土地、房屋、设备等基本生产条件的取得、产品的研究与开发投资等。对外的投资分为短期与长期的投资，短期

的投资，在会计上称为交易性金融资产；长期的投资有持有至到期的投资、可供出售的金融资产和长期股权投资。

一、企业投资管理的概述

1. 投资的定义

有一位经济学家说过，当人们挣得一美元的时候，通常会做下面两件事情之一：要么消费掉这一美元；要么将它用于储蓄。投资和储蓄是有区别的，同样是将钱储存起来，但是投资是要承担风险的。所谓投资就是指货币转化为资本的过程。投资可分为实物投资、资本投资和证券投资。前者是以货币投入企业，通过生产经营活动取得一定利润。后者是以货币购买企业发行的股票和公司债券，间接参与企业的利润分配。

2. 投资的种类

（1）资产

资产是包括金融资本和实物资本两类。从资产负债表上最容易看出两者的区别，从某种程度讲，一项金融资产必然有相应的金融负债。举例来说，假如投资者购买了公司债券，那么它对投资者是资产而在公司的资产负债表上则表现为负债。假如投资者购买的是公司的股票，那么对投资者来讲仍是资产而出现在公司的资产负债表的右侧。因此，金融资产出现在所有者资产负债表的左侧，发行者资产负债表的右侧。虽然人们也可对实物资产进行融资，但该实物资产并没有相应的负债。

（2）证券

证券是表明所有者权益的法律文书。资产证券化是指将资产或者资产组合转化为更容易在市场上交易的形式。通常将金融资产归为三类：权益类证券、固定收益类证券和衍生资产。最重要的权益性证券是普通股。股票代表了在公司中的所有者权益。固定收益证券通常提供已知的现金流，但其收入流是不变的。从投资目的来看，优先股被认为是固定收益证券。衍生资产是不可能有一般性定义的，通常，衍生资产的价值来自于其他一些资产的价值或它们之间的联系，期货和期权合同是大家最熟悉的衍生资产。

3. 投资的作用

一般的，投资、消费、净出口被称为拉动经济的三驾马车。而投资则是启动经济的最快引擎，是宏观政策的重要工具。只要人们储蓄并将储蓄转化为生产性的投资，比如购买机器、用于教育、发明或生产技能的提高上都将增加未来的生产力，换句话说就是可以增加供给。

（1）中国刚刚开始向更加殷实的小康社会迈进，发展很不平衡，二元社会结构尚存，分工和专业化的水平还不高，投资作为发展分工的主要工具，对于中国经济的发展来说十分重要，即使在这次世界性的金融危机的后时代，也不能离开这一工具。

（2）投资本身也是一种消费。穆勒认为，投资其实是给生产工具的专家的消费品，因此它也是一种消费。所以，我们不能一味强调投资的生产性，投资就一定造成产能过剩，而要具体分析。比如，我们的民生工程、中西部的扶贫开发、生态保护、大部分基础建设等既有消费的一面，也是消费的基础。

（3）投资要提高生产力，必须提高交易效率，而提高交易效率的关键因素之一是制度的改善。这要求，法治国家的建设作为社会主义市场经济体制下既定的治国方略，不论有多难，必须长期坚持并逐步落实。当前，要改革政府管理体制，按照依法治国的要求做到高效、廉价、廉洁，使政府与市场有合理的边界，减少审批，维护公平正义。

（4）投资作为促进分工和专业化的工具，可以引起市场在广度和深度上的扩大，同时可以促进消费，这需要多元投资主体的参与，也同时会产生更多的投资主体。因此，国家要高度重视和鼓励民间投资、中小企业投资、个人投资，在制度上给予保障。

二、企业的投资管理

1. 投资风险和收益

（1）证券投资收益

收益和风险是并存的，通常收益越高，风险越大。投资者只能在收益和风险之间加以权衡，即在风险相同的证券中选择收益较高的，或在收益相同的证券中选择风险较小地进行投资。

1）股票收益

股票投资的收益是指投资者从购入股票开始到出售股票为止整个持有期间的收入，它由股息收入、资本利得和公积金转增收益组成。

①股息

股份有限公司在会计年度结算后，将一部分净利润作为股息分配给股东。其中，优先股股东按照规定的固定股息率优先取得固定股息，普通股股东则根据余下的利润分取股息。股东在取得固定的股息以后又从股份有限公司领取的收益，称为红利。股息的来源是公司的税后净利润。公司的税后净利润，按以下程序分配：从税后净利润中提取法定公积金、公益金后，剩余的部分先按固定股息率分配给优先股股东，再提取任意盈余公积金，然后再按普通股股数分配给普通股股东。可见，税后净利润是公司分配股息的基础和最高限额，但因要做必要的公积金和公益金的扣除，公司实际分配的股息总是少于税后净利润。

②资本利得股票买入价与卖出价之间的差额就是资本利得，或称资本损益。资本利得可正可负。

③公积金转增股本也采取送股的形式，但送股的资金不是来自于当年可分配盈利，而是公司提取的公积金。公司提取的公积金有法定公积金和任意公积金。

2）债券收益

债券的投资收益来自两个方面：一是债券的利息收益，二是资本利得。

①债息

债券的利息收益取决于债券的票面利率和付息方式。债券的票面利率是指1年的利息占票面金额的比率。

一次性付息的计息方式有三种：

第一种是单利计息。以单利计息，到期还本时一次支付所有应付利息。这种方式被称为利随本清。我国的一次还本付息债券即是单利计息债券。

第二种是复利计息。用这种方式付息的债券通常被称为无息债券或零息债券。运用这种复利计息的债券，投资者的实际收益率要高于与持有票面利率同水平的单利债券收益率。它是国际债券市场上的常见品种，我国到目前为止尚未发行过这类债券。

第三种是贴现方式计息。以贴现方式计息，投资者按票面额和应收利息之差价购买债券，到期按票面额收回本息。

②资本利得债券投资的资本利得是指债券买入价与卖出价或买入价与到期偿还额之间的差额。

（2）证券投资风险

一般而言，风险是指对投资者预期收益的背离，或者说是证券收益的不确定性。证券投资的风险是指证券预期收益变动的可能性及变动幅度。与证券投资相关的所有风险称为总风险，总风险可分为系统风险和非系统风险两大类。

1）系统风险

系统风险是指由于某种全局性的共同因素引起的投资收益的可能变动，这些因素来自企业外部，是单一证券无法抗拒和回避的，因此又叫不可回避风险。这些共同的因素会对所有企业产生不同程度的影响，不能通过多样化投资而分散，因此又称为不可分散风险。系统风险包括政策风险、经济周期性波动风险、利率风险和购买力风险等。

2）非系统风险

非系统风险是指只对某个行业或个别公司的证券产生影响的风险，非系统风险是可以抵消回避的，因此又称为可分散风险或可回避风险。非系统风险包括信用风险、经营风险、财务风险等。

（3）风险与收益的关系

收益以风险为代价，风险用收益来补偿。投资者投资的目的是为了得到收益，与此同时，又不可避免地面临着风险。收益与风险的基本关系是：收益与风险相对应。也就是说，风险较大的证券，其要求的收益率相对较高；反之，收益率较低的投资对象，风险相对较小。风险与收益共生共存，承担风险是获取收益的前提；收益是风险的成本和报酬。风险和收益的上述本质联系可以表述为下面的公式：预期收益率 = 无风险利率 + 风险补偿预期收益率是投资者承受各种风险应得的补偿。在短期国库券无风险利率的基础上，可以发现以下几个规律：

1）同一种类型的债券

长期债券利率比短期债券高这是对利率风险的补偿。如同是政府债券，都没有信用风险和财务风险，但长期债券的利率要高于短期债券，这是因为短期债券没有利率风险，而长期债券却可能受到利率变动的影响，两者之间利率的差额就是对利率风险的补偿。

2）不同债券的利率不同，这是对信用风险的补偿

通常，在期限相同的情况下，政府债券的利率最低，地方政府债券利率稍高，其他依次是金融债券和企业债券。在企业债券中，信用级别高的债券利率较低，信用级别低的债券利率较高，这是因为它们的信用风险不同。

3）在通货膨胀严重的情况下，债券的票面利率会提高或是会发行浮动利率债券这是对购买力风险的补偿。

4）股票的收益率

一般高于债券这是因为股票面临的经营风险、财务风险和经济周期波动风险比债券大得多，必须给投资者相应的补偿。在同一市场上，许多面值相同的股票也有迥然不同的价格，这是因为不同股票的经营风险、财务风险相差甚远，经济周期波动风险也有差别。投资者以出价和要价来评价不同股票的风险，调节不同股票的实际收益，使风险大的股票市场价格相对较低，风险小的股票市场价格相对较高。

2. 中国需要高素质风险投资管理人才

高素质风险投资管理人才决定风险投资的成败，防范和化解金融风险，引领中国的新经济涉险过关，应对入世后风险资本市场的严峻考验，需要善于驾驭风险的高素质人才。

（1）风险投资业发展呼唤风险投资高级管理人才

风险投资作为金融创新大潮中不断推陈出新的一个新兴投资品种，以其培育未来高成长型企业而获取巨额回报的特有职能和巨大魅力，吸引着众多职业化的投资精英

加盟。

中国风险投资业经历了几十年的缓慢发展之后，近几年迅速驶入快车道。各种渠道的产业资本、金融资本、自然人资金与高新技术融合，构成新的投资热点。跨国公司、国外专业风险投资基金正在不断进入中国风险投资业，并以其完善的管理制度、成熟的管理方式、雄厚的资金实力、严格的项目评价体系和职业化的风险投资家担纲领衔运作，使其在竞争中极具优势。与此同时，随着风险投资行业环境的变化，业内竞争日趋激烈。对项目资源的抢占与过度性争夺，正在扭曲着这个行业的定价规则；而短期内风险投资基金供给过剩与其高级管理人才的严重短缺，导致了风险投资行业发展中的盲目与过度竞争，引发了对风险投资高级管理人才的激烈争夺。

（2）风险投资高级管理人才的几种类型

1）风险资本运作主导型人才

风险投资高级管理人才首先应该是投资和融资材能兼备的资本运营家，既善于筹措风险资本、输出风险资本、推动风险资本循环、进行资本的收购、兼并，又长于风险资本的合理对接、风险投资资本变现的流程设计与运营；同时，还应该精通风险资本市场的运作、分析与管理，如对股票市场、期货市、债券市场的分析、运作、监管、调控、资本市场的风险防范等高级管理才能。

2）输出企业管理主导型人才

称职的风险投资高级管理人才应该比一般的企业管理者站得更高、看得更远、思维更加敏捷、信息更为灵通、管理方法和管理手段更为先进、更富于管理创新，对自己的投资领域与投资企业有与之相匹配的管理战略和经营策略。既是一个风险投资家，又是一个出色的企业家。

3）财务分析评价主导型人才

无论对企业还是对风险投资人才而言，进行财务分析与评价都是一项非常重要的工作，是职业化的风险投资人才驾驭投资风险所不可或缺的主要技能。而财务分析与评价功力是否深厚，则是衡量一个风险投资高级管理人才水平高低的基本尺度。类型四风险控制规避主导型人才风险投资一定要开发和造就大量的以风险防范为主要研究运作方向的高级管理人才，使引入的资金能够得到科学的规划、合理地使用，从而得到最大资本增值。

（3）风险投资高级管理人才资源开发

1）人才资源配置优化组合的"鸡尾酒效应"

风险投资人才资源的"鸡尾酒效应"，是借鉴鸡尾酒勾兑后增添耐人品尝味道的做法，比喻风险投资人才资源加以整合后增值的动因。即把才能单一的技术专家、管理专家、财务专家、营销专家及其人力资源网络等，通过组建专业化的风险投资公司或实施特定的风险投资项目，对其进行优化组合、合理配置，使之在风险投资中发挥各自的才能特长，形成人才互补后的合力与优势，进而把有限的资源，如资金、技术、人才、信息、管理、市场等生产要素进行有效组合，使其发挥最大效用，整体升值。

2）产、学、研链接的风险投资人才孵化

创建集风险投资的产业运作、教学培训、研究开发于一体的多功能人才孵化基地，对培养复合型风险投资高级管理人才将发挥重要作用。

3. 投资市场

股票市场是人类最伟大的发明之一；它们提高了每个人的生活水平。资本增长促进了就业机会的增加，增加了可支配收入，还增加了慈善赠予。由于资本市场允许我们随时间改变我们的消费方式，它们是我们能更好地利用手头的资源。

（1）经济功能

最重要的功能是经济功能。这一机制方便了把资金从储蓄者转移到贷款者手中。促进了资金从持有并且希望投资的人向需要并且希望贷款的人流动。

（2）连续定价功能

资本市场的第二个功能是连续定价功能。顾名思义，其含义是在连续的时刻上价格都是可以得到的—这对证券投资者有极大的好处。

（3）公平定价功能

三、我国投资管理存在的问题及发展

1. 我国投资率被高估的原因分析及反思

（1）投资的制度性漏出严重

在固定资产投资中，项目转包与虚报造成投资资金的大量流失。据专家估算，一个项目往往被转包数次。而每转一次，就被扣掉一部分管理费，最后到施工现场的工程费往往大打折扣。其次，项目虚报与价格虚报的情形仍然非常普遍。另外，为了成功获取项目而支出的公关费用、招标过程中发包方得到的回扣等等支出，往往也计入工程款项而被统计入固定资产投资。

（2）地下经济未被纳入统计

地下经济一般指由于现存的统计制度，没有申报或申报不足使得这类经济活动，从社会统计机关，最明显的是从国民总产值统计中漏掉了。而地下经济的大部分为消费。地下经济既有合法交易，也有非法交易。合法交易如职工从本单位获得的优惠实物、合法的以货易货等，非法交易如毒品、赃物交易等。据中信证券研究部的测算，我国的地下经济规模一般占到地上经济（即公布的 GDP）的 10% 以上，某些年份甚至高达 20% 以上。从周期上看，地下经济具有顺周期性，和地上经济呈正相关，因此，在经济增长较快（同时也是投资增长较快）同时，地下经济增长较快，因而未被统计的消费增长也较快。消费数据的低估是较为严重的。

（3）以"地王"价格为标志的土地价格虚高甚至泡沫，使土地购置价格被高估

土地购置投资只是用于资产价值的转移并没有形成新的资产，不应被计入固定资本形成。随着土地价格的上升，土地购置价格的歧高往往成为房地产投资歧高的主要原因。因此，投资更应关注的是投资的结构问题，破除垄断的问题，政府改革的问题，提高投资效率的问题，提高全社会的创新能力和营造良好的创新环境的问题。对于民营资本投资来说是法治框架内的鼓励、规范问题，对于国有企业来说是破除垄断、投资监管、投资责任落实的问题，对于政府来说是依法行政、公共服务、公共财政的问题，是做好裁判的问题。

2. 我国投资体制问题

由于我国的宏观经济管理脱胎于计划经济体制框架下政府对经济社会的直接控制，所以从投资领域改革的实际运行状况来看，我国的投资体制改革具有明显的局部性和非根本性的制度变迁特征。而在发达的市场经济国家，虽然没有"投资体制"这一专门称谓，但投资行为或活动是建立在市场配置资源的经济体制基础上，政府和市场的投资边界是清晰的，投资的运行及投资的秩序非常健全，投资的利益机制能够自发地形成较为合理的投资流向。在我国，由于市场投资机制的微观基础薄弱，所以政府的宏观调控政策信号暂时还难以作用于民营经济的投资决策。一方面，从以往投资的周期性波动来看，政府的调控措施能够较好地带动民间投资的启动，但这也还只是一种传统的投资规模的启动，对合理引导民营投资流向产业政策导向性行业作用不大；另一方面，行政性垄断和行业集团式垄断导致民营投资对高新技术行业、新兴服务业的进入存在壁垒，也是国家宏观调控不力的体制性障碍；再一方面，民营企业获得的政策支持较少，加之投资环境不理想等因素使得民营投资过分注重规避投资风险，从而减少了合理的投资。

3. 我国投资体制的发展改革

（1）以建立市场化投资体制为总体目标

具体而言，就是要改革政府对企业投资的管理制度，按照"谁投资、谁决策、谁收益、谁承担风险"的原则，落实企业投资自主权；合理界定政府投资职能，提高投资决策的科学化、民主化水平，建立投资决策责任追究制度；进一步拓宽项目融资渠道，发展多种融资方式；培育规范的投资中介服务组织，加强行业自律，促进公平竞争；

健全投资宏观调控体系，改进调控方式，完善调控手段；加快投资领域的立法进程；加强投资监管，维护规范的投资和建设市场秩序。

（2）改善民营企业的投资和融资环境

长期以来，我国民营企业的投资和融资环境都不是十分理想，特别是在民营企业投资的资金来源、市场准入、政策优惠等方面都未能列入各级政府的经济发展计划中。为了尽快改变这种状况，有必要借鉴国外的经验，专门制定民营企业（包括中小企业）的发展规划以及扶植民营企业发展的资金来源等具体政策，一方面，要重新整合现有的政策性金融机构，赋予其承担对民营企业和中小企业提供金融支持的功能，中央财政和地方财政可以向同级的金融机构提供一定比例的资金作为扶植民营企业的专项资金；另一方面，各级政府要做好向民营企业提供国内外市场信息、投资咨询、政策解释等方面的工作；再一方面，要尽快建立适应民营企业发展的多层次金融体系，建立高效率的银行信用体系和证券融资体系，从根本上缓解民营企业融资困难。

（3）完善与投资体制相关的配套改革

1）加大我国政治体制改革的力度，转换政府职能，将政府作为国有资本所有者的职能和社会经济管理的职能分离，未来的政府投资应遵循非盈利、适时诱导、保护消费者利益的原则，投资于外部经济项目、公益性项目、自然垄断项目以及弥补结构缺陷和总量不足并引导民间投资等领域。

2）积极推进金融体制改革，继续深化发展资本市场，既为投资主体资本投资提供稳定的、多渠道的资金来源，也为规范市场投资机制下投资主体的投资行为和防范投资风险提供有效的投资监控机制。

3）大力规范和发展投资项目社会咨询服务体系，培育和完善适应市场化投资体制需要的中介机构。为投资项目的决策和管理提供服务的中介机构体系在市场化投资体制框架中处于不可或缺的地位，目前我国投资项目社会咨询服务体系建设的主要任务，①严格从业登记和资质评定制度，②咨询服务单位要与政府部门真正脱钩，③制定合理的服务收费标准。总的来说，投资体制改革的深化，将有助于从根本上解决我国投资领域存在的一些深层次矛盾，更加充分地发挥市场配置资源的基础性作用，进一步提高政府投资决策的科学化和民主化水平，从而增强投资宏观调控和监管的有效性；同时，深化投资体制改革，完善政府投资体制，规范政府投资行为，加快政府职能的转变，也有利于突出政府经济调节、市场监管、社会管理和公共服务等工作重心；而且，深化投资体制改革，有利于消除我国长期存在的投资盲目扩张、低水平重复建设等痼疾，真正走出反复出现的投资和经济增长"一管就死，一放就乱"的怪圈，增强经济健康发展的内在活力和动力；当然，推进投资体制改革对当前加强和改善宏观调控、实现经济"软着陆"，促进国民经济持续健康稳定发展也有着特别重要的意义。

第三节　经营活动

经营活动是企业的基本经济活动，相对于筹资活动与投资活动，它构成企业经济活动的主要内容。主要包括原料的采购、产品的生产、产成品入库、产品销售、收回销售款，即完成了采购、生产和销售三个过程。另外，在采购、生产和销售过程中，还涉及税收的计算与缴纳，也就是财务活动。

一、企业经济活动的主要内容

1. 企业采购活动

对于企业来说，在平常的工作中，必须控制好企业的成本，只有控制好成本，才能最大限度地获得经济利润。所以说管理好公司的成本，才能在公司的产品生产和销售中实现公司的经济效益。这直接关系着公司和每位员工的切身效益。并且控制好了经济成本的投入，可以在同行业中更具有优势。

（1）采购成本控制对企业成本控制的重要性

1）采购成本控制直接影响到企业成本和利润的升降

采购成本是一个整体概念，它分为好几个部分。主要有：材料的费用、运费、人员务工费等等。假如能够有效控制各个本分的资金投入，就会在很大程度上实现公司整体利润。从大处讲，成本降低了，那么在同行业的发展上，会更加具有竞争优势。所以说，采取有效措施减少成本，对资金有效控制，关系着一个企业长远的发展。综上所述，当今社会经济迅速发展，格局日新月异，一个企业要想在同行中立于不败之地，必须通过各种方法减少成本投入，运用创新能力，探索新的渠道，在竞争中占据优势。

2）采购成本控制能直接影响企业的绩效

采购的资金投入影响着企业的财务规划，具体影响因素主要表现在下面几个方面：

①控制企业下属各层级财务收支活动，采购成本降低必须在法律规范的范围之内，不得超出这个界限，要以企业的宏观战略为标准，规矩进行，因此，内部财务控制制度要将下属财务收支行为的合法合规作为其主要控制标准。

②控制企业下属的预算执行，要想减少购买成本，必须注意基层管理者的日常活动，并且分周期对采购进行监督质检，这样对下面员工具有束缚作用，可有效地实现节约目标。所以说必须经常对采购成本进行定期的监督和核准，并提上工作日程。

③控制下属经营管理者和一般员工不当取得个人利益是采购成本控制的组成内容之一。所以说，对于一个企业的财务部门来说，一定要建立健全监督考核制度，完善监管体系，确保保障财务的评价反馈。

④对层层代理的经营管理者进行监督控制企业之所以要进行各部门的资金控制，究其主要原因就是要实现企业的宏观目标和宏观规划。所以说，公司的决策层和所有者要定期对基层管理者和员工进行思想培训和企业理念和企业文化的学习，提高他们的思想意识和道德水平，避免因这些低级的因素造成的不必要的麻烦和企业困境。

3）合理地利用资源，有效减少企业的经济损失

控制企业的采购成本的方法很多，其中有一条就是充分利用企业可以利用的资源，有些东西如果还需要采购的话就可以先不采购，这样就无形中利用了企业的一些可以利用资源，有效地减少了企业的经济损失。

4）实现企业成本控制目标的重要

影响因素资金的管理制度是以企业的宏观财政目标为基础的，不能离开企业终极目标这个主线。而企业终极目标就是实现公司的利润最大化，用最少地进入换取最大的经济效益。然而企业的中层人员处于过渡阶段，既不是公司拥有者，也不是运营方，所以个人的思想不能代替整体的战略规划，淫才构建一套完整的制度非常重要，这样无论于自己于公司都具有实际性的意义。从法人财产所有权角度看，其实从实际情况看来，企业的运营者和基层工作者他们的目标就是以实现公司的宏观效益然后获得自己的个体效益，所以说，必须建立健全企业的内部管理制度，实现对基层员工和中层管理者的监督制约，确保企业的整体利益不受损失。这是一个企业采购过程中的重中之重。采购成本控制对财务控制的影响主要包括：

①对内部财务控制环境的因素进行制度规范影响

要想实现公司的采购成本的降低，必须把相关的制度完善并且落实到实处。举个例子，一定要制定企业的内部员工道德规范，和工作职责，确保每个员工的基本道德素质得到提高，并且有章可依，当员工出现工作的错误时，可以根据规章进行惩罚；通过周期性的学习，不断培养员工的专业素养和岗位责任感；加强企业各部门各层级之间的信息交流，产所欲言，发表自己的独特感想，集思广益，听取多方好的意见，减少各部门之间的意见不统一；通过调查研究，评价反馈整个工作过程，为以后工作做铺垫。

②按采购成本控制最小化原则完善内部财务控制制度的组织机构

对于企业来说，必须精简部门机构，在确保顺利运营企业的前提下减少部门个数，因为部门越多，职责权限就会变得不明确，并且容易造成内部工作的责任推诿，财政

压力增大，整个企业的结构出现效率降低的情况。所以说，公司内部一定要减少不必要的部门和岗位。

③设计控制指令的传导机制和传导方式

减少公司内部的传达层级，增大管理幅度，减少管理深度，尽可能少地减少中间传达的步骤，实现上层对下层的直接管理，这样一来，不但效率提高了，而且同时在这个过程中减少了各个层次的资金投入，大大减少了公司财务的科学化管理，实现了由纵向传递向横向传递的转变。

（2）采购成本控制存在的问题及原因分析

1）采购成本控制存在的问题

①管理流程过于复杂

所有项目，无论大小，按照管理规定，都需要经过层层审批，手续繁杂，审批缓慢，涉及人员众多，大大增加了采购的管理成本。目前的实际采购流程中基本都涉及到审批流程，大到所级领导批示，小到计划员与采购员之间的互相审批。因此，就算是有些流程是看上去很简单的需求产生过程，常常也需要1个月甚至更长时间才能完成。除此之外，在采购方面的环节太复杂，程序太多，所以费时费力，无形之中在原料购买时增加资金投入例如：在采购过程中，按照规定，订单金额在一万元以上需要签订采购合同，采购合同中包括了采购物资的详细技术要求、产品价格、交付时间、付款方式及比例等条款。合同由使用部门领导、物资处领导、财务处领导共同审批，金额超过五十万的还需要所级领导审批。在合同执行的付款环节，即使是严格按照合同约定的比例和时间节点付款，依然需要履行付款审批手续，由审批合同的各个部门领导甚至所领导再次审批，如果合同约定付款分3次完成，则需要履行3次付款审批手续。每一次繁琐的审批流程都大大增加了采购管理的成本，严重影响采购工作效率。

②时效性差

由于审批手续复杂，导致工作效率低下，审批过程中如果有关键人物出差，则需要等待很久，严重影响采购进度。例如，某次XXX项目招标采购大批集成电路等元器件，数家供应商应标，由于集成电路类物资市场状况变化较大，各家报价时都标明了报价有效期5天或者1周。然而，在招标结束后，报领导审批时，耽误了大约10天左右，等到通知中标供应商供货时，那批货早已经没有了，前面招标所做的工作全部白费，又要重新询价。而且，最终采购价格也比中标价高出了约5%。

③缺乏有效的监督管理机制

虽然南京电子工程研究所的采购制度众多，看似没有什么漏洞，但是整个采购体系中却缺少有效的监督管理及奖惩机制。各种规章制度只是说明如何操作，并没有明确规定如果违反，如何惩罚。因此，采购相关人员在处理问题时，对规章制度的重视程度不够，主观随意性较大，常有违反规定的事情发生。

2）采购成本控制存在问题原因分析

在现在的形势下，每个企业的终极目标是获得利润，所以说对于企业必须尽最大努力减少采购成本，减少资金投入，运用创新思维，走出固有观念的束缚，从大局意识上下功夫，追求企业长远目标。更新采购理念，充分运用项目管理的相关的知识、技能、方法进行采购成本控制。针对前文提到的问题，以及这些问题对于采购过程中成本控制的影响，进一步进行具体分析。

①对项目管理的认识不够深入，管理方法不合适

一个企业是否具有前景，是否具有提升空间，关键是这个企业的项目有多少。而项目的产生是在创造力的前提下形成的。有了项目如果没有加强项目管理，将会导致项目不能达到预期的效果。所以说，公司的每个项目必须认真对待，提高重视度，无论着企业处在同行业的什么位置。在企业的所有活动中，采购项目是一个关键部分。所以说现在企业必须借鉴国内外先进的管理理念和理论，使得曾经的单一等价交换变为战略规划，提高企业的整体采购能力，增强采购效率，明确采购项目的具体远景，这样企业的交易成本在完善的管理制度下变得相对较低，对企业来说获得了更多的利润。所里领导参照了一些批量生产企业的管理方法，推进零库存管理、实时订单采购的模式，其实这种模式是不适合这种科研生产型企业的。由于所有的物资都没有库存，时常会发生因为某一种关键元器件或设备采购周期较长，导致项目延期交付的情况；也有碰到和甲方合同刚刚签订完成，就遇到原材料价格大幅度上涨，结果项目利润严重缩水的情况。而且在实际工作过程中，每一个项目的采购流程都是相对独立的，不能将资源合理整合，在采购的过程中造成了极大的浪费。结合项目管理理论，将采购过程视为一个项目来管理。则上述问题表现为项目的启动和计划阶段工作没有完善，对于项目的论证和策划不周全，导致实施过程中出现各种问题。

②企业整体管理模式不健全，缺乏全局观念

与之前的采购方式不同，当下的采购不再是简单的等价交换，而处于一种动态的商业交往之中。并且在国际上有着很大的影响力，现在的采购方和供应方不再是单纯的买卖关系，而是战略伙伴，彼此都作为一种资源，他们的目标集中于双方的合作和利益共享。供应链的管理模式的在管理学领域早就研究与提倡了，但在企业界真正被重视和应用的所占比例并不是很高，影响了供应链整体优势在采购控制方面的发挥，供需双方信息不能及时传达到对方，导致企业采购成本不能有效进行控制。由于各个研究部基本上独立完成项目任务，缺乏横向联系与管理，采购过程中的各个相关部门

缺乏全局观念，各自为政，遇到问题只能从自己的角度考虑，忽视了各部门之间是一个整体，而不是相互独立的部分，使得投入资金增多，购买原材料的资金大大增加了。

③对供应商的选择缺乏科学的选择方法，随意性比较强

在供应商管理方面，所里虽然有自己的合格供应商目录，但是对于此目录的管理没有明确的要求和制度，采购人员和供应商目录管理人员缺乏沟通，供应商的相关信息滞后，不能做到实时更新，选择供应商时提供的参考价值不足。在实际的招标询价过程中，采购人员往往本着价格第一的原则，将供应商的产品报价作为选择供方的唯一依据，而忽视了产品的性价比。一些实力雄厚、管理规范的优质供应商因此失去了很多和我所合作的机会。因此也常有在采购中节约了1%的资金，后续生产环节中却多花了10%的事情发生。

④采购人员的素质方面的问题

企业要想获得更多的经济效益，必须把好采购这道关。而采购人员的素质高低起到很关键的作用。采购的门槛并不高，不过想要做好这个行业的工作，如果没有过硬的知识和过人的能力真的没法完成。可是现阶段某些电子工程研究所对采购人员的素质重视程度不足，不论是学什么专业的都可以进入采购行列里，在对采购规则制度、法律法规、市场行情、产品检验、采购技能等等都不够了解与掌握的情况下，就开始进行采购管理工作。在实施采购操作时因为对采购业务和技巧不够熟悉，就无法与供应商和使用部门很好的沟通，采购过程中遇到问题全凭主观思维处理，或直接报送领导；对供应商的情况和产品质量把握不准，在选择供应商时就只能依据价格；对市场信息的搜集、分析能力不够强，就无法对采购物资的未来趋势做出正确判断；缺乏项目管理和采购管理的相关知识，就无法利用专业知识或方法来分析解决问题；没有较高的基本素质和职业操守，在采购过程中就很容易受到各种诱惑，甚至铸成大错。由此可见，采购管理人员对于采购成本控制的重要性。在采购管理的岗位上，有一批具备专业素质与能力的采购人员，能使得企业的采购管理和成本控制事半功倍，反之，就会使得本来就已经客观存在的采购风险不但没有得到控制，反而被放大。

3）企业采购成本控制的方法

①建立与完善采购制度

由于公司没有健全的体制约束企业员工的采购工作，所以这个工作非常混乱，并且会滋生员工的内部活动。采购制度不但应明确规定商品采购的申请、商品采购的流程、相关部门的责任和关系、各种商品采购的规定和方式、报价和价格审批等，还应注意完善采购体系。首先，搞好市场研究做好市场调查；其次，提前做好成本的预测；再次，根据实际需要进行采购；其四，确保供应主渠道畅通。

②科学规范地选择供应商，是降低采购成本的关键

采购开始于与哪一个供应商合作，双方既是战略合作伙伴，在；利益上又是彼此对立的。既然是博弈的双方，基于自利原则双方都想做出有利于自己的选择。具体来说，采购企业会根据自身需要有目的的选择最合适的供应方。这样一来，有些采购方没有在生产厂家进货而是选择了销售代理公司；价格上，弃低就高等现象。这一方面，要求采购部门作出合理的选择；另一方面，建筑企业应该像选择合作伙伴一样，选择供应商。在选择供应商时，首先，要注重供应商的综合素质。其次，按照需要及时调换供应商。再次，要与时俱进，对供应商的诚信展开调查。最重要的是，这些公司应该走出固有交易双方的模式，构建合作共赢的合作模式。

4）做好库存管理降低采购成本

对于企业采购部门来说，其工作的最高标准就是在不耽误企业运营的前提下减少因采购带来的资金占用。在当今社会，有一个理念就是实现企业的零库存，也就是没有压货压资金现象。与固有的采购方式相比，这种方式的明显特点就是货物原料所占的资金成本很少，不占用公司的资金，不影响企业的有效运转。其具体的做法有，其一是要求距离公司较近的供方按公司要求保持一定数量的成品库存。其次是对于企业来说比较重要的原料一定不能太少，也不能太空，要有一定的库存，这些库存成本为零，供应商无偿储存，减少企业的成本压力。这种管理模式的基础是公司有效运转，但是这种方法需要员工的素质达到一定的高度，不过一旦能够有效运用，必定会利于企业的长期发展。

2.企业的经营活动

企业一般是指以营利为目的，运用各种生产要素（土地、劳动力、资本、技术和企业家才能等），向市场提供商品或服务，实行自主经营、自负盈亏、独立核算的法人或其他社会经济组织。

（1）落实规章制度，严格安全管理

"安全来自长期警惕,事故源于瞬间麻痹",安全生产是一个公司常抓不懈的工作,不定期检查车间存在的安全隐患，发现问题及时解决，尤其对浸出车间进出管理制度方面，要严格控制，对外来人员严禁入内，确需进车间参观，须专人陪同，讲明应遵守的各项制度及注意事项。要定期举例安全消防培训和消防演习，使职工具有强烈的安全意识，要教育引导职工遵守操作规程，不得违章操作，严格遵守安全管理制度。

（2）加强劳动纪律，促进管理工作

要稳定正常生产，杜绝违章违纪现象发生，首先要加强劳动纪律的管理，使管理制度化、规范化，要求职工严格遵守公司及生产部各项规章制度，减少违章违纪现象

发生。对于个别违反制度，不服从管理者，都要及时给予处罚，并有针对性地培训和教育，情节严重者要坚决辞退，绝不手软。让班组长以上管理者起到带头表率作用，使员工具有良好的工作作风，从而保证车间各项工作顺利进行。

（3）保证设备维修质量，提高运转率

为保证设备维修质量，要加强维修工及操作工的责任心，把车间设备维修落实责任到人，制定巡回检查制度，做好检修记录，对于维修不及时或达不到要求而耽误生产者，要给予经济处罚，从而督促员工维修好每一台设备，提高设备运转率。

（4）降低生产成本，节约消耗

由于市场竞争激烈，在生产内部加强管理，降低生产成本，使产品价格在市场中占有优势，因此要杜绝车间内部浪费现象，减少配件更换次数，节约利用废旧材料，节省各种原辅料消耗，努力降低生产成本，做好节能减排工作。

（5）稳定产品质量，提高合格率

"质量就是效益、质量就是生命"等理念都深深地扎根于每个企业，任何产品都要经受市场无情的考验。"今天的质量"就是"明天的市场"，只有用合格的产品质量满足客户的需求，才有可能不断地扩大市份额，创造出更好的效益。产品质量的好坏，将直接影响到市场销路、产品价格及公司的声誉，因此，要把产品质量作为今年生产一项重要工作来抓，及时根据生产数据调整操作，针对生产具体情况加以分析，采取有效措施及时调整，努力提高产品合格率。

3. 企业的销售活动

销售组织是指企业销售部门的组织，它使构成企业销售能力的人、商品、金钱、信息等各种要素得到充分地利用和发挥。简而言之，就是将生产或经营的商品销售给客户的销售部门。

（1）特点

销售组织作为企业组织体系的重要组成部分，应具有以下特点。

1）组织的目标是通过各种销售活动完成企业销售目标，实现销售利润，提供令顾客满意的售后服务，并努力扩大产品和服务的市场占有率，为企业发展创造条件。

2）组织依据企业的产品特征、市场覆盖范围、流通渠道等因素构成不同的组织形式，有地区型组织、产品型组织、顾客型组织及复合型组织。

3）组织的管理，以顾客为导向，对人、财、物、信息等管理资源进行合理组织和充分利用。

4）组织是一个开放的系统，它与企业的战略和环境保持动态的适应，随着企业发展战略的调整和环境的变化，销售组织也要进行调整和变革，以保证较高的组织运行效率。

（2）功能

对个体力量的汇集和放大效应是组织的两个基本功能。构成企业销售功能的要素有多个，各个要素都有相对的独立性，把分散的各个要素汇集在一起，形成互相依托、互相补充的统一体，正是构建销售组织追求的目标。销售组织是一个多元素组合的系统，它可能出现"1+1=2"、"1+1<2"、"1+1>2"三种情况。而销售组织设计所追求的是"1+1>2"，即组织力量的放大效应。当然，这要依赖组织完备的沟通渠道和畅通的信息交流，依靠组织成员的良好协调和共同努力。

（3）原则

根据销售管理的需要和销售组织的目标特征，在设计销售组织时，必须遵循下列原则。

1）顾客导向的原则

在设计销售组织时，管理者必须首先关注市场，考虑满足市场需求，服务消费者。以此为基础，建立起一支面向市场的销售队伍。

2）精简与高效的原则

精简与高效是手段和目的的关系，提高效率是组织设计的目的，而要提高组织的运行效率，又必须精简机构。具体地说，精简高效包含三层含义：一是组织应具备较高素质的人和合理的人才结构，使人力资源得到合理而又充分地利用；二是要因职设人而不是因人设职，组织中不能有游手好闲之人；三是组织结构应有利于形成群体的合力，减少内耗。

3）管理幅度合理的原则

管理幅度是直接向一个经理汇报的下属人数。管理幅度是否合理，取决于下属人员工作的性质，以及经理人员和下属人员的工作能力。正常情况下，管理幅度应尽量小一些，一般为 6 ~ 8 人。但随着企业组织的变革，出现了组织结构扁平化的趋势，即要求管理层次少而管理幅度大。

4）稳定而有弹性的原则

组织应当保持员工队伍的相对稳定，这对增强组织的凝聚力、提高员工的士气是必要的，这就像每一棵树都有牢固的根系。同时，组织又要有一定的弹性，以保证不会被强风折断。组织的弹性，就短期而言是指因经济的波动性或业务的季节性而保持员工队伍的流动性。

（4）常见的问题

合理的销售组织不一定能保证销售的成功，但不合理的销售组织一定会阻碍成功。

有许多企业受到销售组织问题的困扰。

1）效率低下

有些企业在发展壮大的过程中，销售组织迅速扩张，但效率却日渐降低，最突出的表现就是人均销售额的下降。例如，某著名家电企业最近3年负责销售和营销方面的人员增加了15%，而销售额却下降了12%。在效率降低的同时，企业对市场的反应也变得迟钝，整个销售体系就像一个老态龙钟的老人一样举步维艰。

2）管理失控

有些企业在组织迅速扩张的过程中出现了管理失控的现象。如财务失控，营销费用持续上涨，但销售额并没有增加。有的销售人员或地区销售经理将产品销售收入挪作他用，形成体外资金；还有一些企业销货款大量呆滞，逐步形成死账、坏账。如信息失真，有些销售人员没有向总部及时传递市场和客户信息，甚至谎报军情，夸大竞争对手的竞争实力和促销力度，推卸责任，以掩盖自己的无能；有的甚至乘机要求公司提高奖励的比例，或要求加强广告或降价促销力度。如人员失信，有些销售人员功高自恃，把持客户和经销商，建立私人关系，形成独立王国；有的甚至在向总部施加压力，要求降价和促销的同时，还向经销商要回扣，损公肥私。如关系失控，有些企业规模大了之后，不注意与经销商和其他相关部门建立长期的合作关系，也没有建立一套市场危机处理系统，结果出现某些地区的经销商集体反水、消费者信用危机，这些情况直接危及整个销售体系和企业的形象。管理失控的结果使企业难以有效地运作，也难以快速地对现有的组织加以改造，最终使企业付出巨大的代价。

3）沟通不畅

由于企业发展速度很快，导致地区差异、顾客差异的出现，企业缺乏相应的反应能力，导致对市场信心把握不准，完全依赖于道听途说。例如，销售部门总是认为广告不够多、新产品入市不够快、价格不够低、质量不够好，却对顾客需要什么样的东西并不清楚，也不知道广告能产生多少效果、降价能产生多少销售增长。由于企业并不太清楚市场的情况，具体的销售人员和分销商往往对企业的销售政策起巨大的影响，从而使企业的销售政策具有极大的随意性和盲目性。极少有企业进行长期系统地调研和顾客档案资料的积累，当然对竞争对手信息也基本上是事后的了解。有些公司虽有这方面的资料，又不知道如何加以利用。掌握信息的人不做决策，决策者得不真实的信息，部门的利益冲突又会导致信息封锁。由于信息沟通不畅及部门间利益冲突，各种销售措施总是前后矛盾，影响销售效率的提高。

4）追求短期利益

由于企业在发展过程中，首先发展的是销售组织，企业也逐渐倚重于销售组织，但销售人员一般追求的是短期利益，结果导致企业整体销售追求短期利益，既不重视整体战略的发展，也不重视企业产品和服务的创新。当短期利益追求到一定程度，企业就面临困境，销售人员也会发现自己的传统技能已经不能适应新形势的需要。这样，当企业试图加强控制时，就会面临遭受巨大损失的风险，有时会导致企业内部人事上的巨大震荡和财务上的严重损失。

（5）组织的类型

销售组织结构的选择受到企业人力资源状况、财务状况、产品特性、消费者及竞争对手等因素的影响。企业应根据自身的实力及发展战略，选择适合自己的销售组织形式，用最少的管理成本获得最大的运营效益。

1）区域性销售组织

区域性组织是指在企业的销售组织中，各个销售人员被分派到不同地区，在该地区全权代表企业开展销售业务。

在该组织模式中，区域主管权力相对集中，决策速度快；地域集中，相对费用低；人员集中，易于管理。区域负责制提高了销售人员的积极性，激励他们去开发当地业务和培养人际关系。但销售人员要从事所有的销售活动，技术上可能不够专业，不适应种类多、技术含量高的产品。

销售区域可以按销售潜力相等或工作负荷相等的原则加以划定，但每种划分都会遇到利益和代价的两难处境。具有相等销售潜力的地区给每个销售人员提供了获得相同收入的机会，同时也给企业提供了一个衡量工作绩效的标准。如果各区销售额长期不同，则可判定为各销售人员能力或努力程度的不同所致。

2）产品型销售组织

企业按产品分配销售人员，每个销售人员专门负责特定产品或产品线的销售业务。

销售人员对产品的理解非常重要，随着产品管理的发展，许多企业根据产品或产品线来建立销售组织。特别是当产品技术复杂，产品之间联系少或数量众多时，按产品专门化构建销售组织比较合适。例如，乐凯公司就为它的普通胶卷产品和工业用胶卷及医用胶卷配备了不同的销售队伍，普通胶卷销售队伍负责密集分销的简单产品，工业用和医用胶卷销售队伍则负责那些需了解一定技术的产业用品。

当企业的产品种类繁多时，不同的销售人员会面对同一顾客群。这样不仅使销售成本提高，而且也会引起顾客的反感，产品型组织显示出极大的不足。例如，庄臣公司设有几个产品分部，每个分部都有自己的销售队伍。很可能，在同一天，几个庄臣公司的销售人员到同一家医院去推销。如果指派一个销售人员到该医院推销公司所有的产品，可以省下许多费用。

3）顾客型销售组织

企业也可以按市场或顾客类型来组建自己的销售队伍。例如一家计算机厂商，可以把它的客户按其所处的行业（金融、电信等）来加以划分。

近年来，按市场来划分建立销售组织的企业逐渐增多，而产品专业化组织在某些行业已经减少了。这种趋势还在蔓延，因为市场专业化与顾客导向理念一致，都强调了营销观念，按市场划分销售组织著名的公司有施乐、IBM、NCR、惠普、通用食品和通用电气公司等。

按市场组织销售队伍最明显的优点是每个销售人员都能了解到消费者的特定需要。有时还能降低销售人员费用，更能减少渠道摩擦，为新产品开发提供思路。但当主要顾客减少时，这种组织类型会给企业造成一定的威胁。

4）复合型销售组织

前面几种销售组织建设的基础都是假设企业只按照一种基础划分销售组织，如按区域或产品或顾客。事实上，许多企业使用的是这几种结构的组合。例如，可以按产品和区域划分组织，也可以按顾客和区域来划分，还可以按产品和顾客来划分。

如果企业在一个广阔的地域范围内向各种类型的消费者销售种类繁多的产品时，通常将以上几种结构方式混合使用。销售人员可以按区域—产品、产品—顾客、区域—顾客等方法加以组织，一个销售人员可能同时对一个或多个产品线经理和部门经理负责。

正如我们所看到的那样，销售组织专业划分的趋势仍在继续，销售组织划分的基础—区域、产品或顾客或者其组合会因企业而异。

5）大客户销售组织

企业的大部分销售额来自少数的大客户。这些交易量大的客户对企业显然非常重要，企业在设计销售组织时必须予以特别关注。大客户组织指以客户的规模和复杂性为划分依据的市场专业化销售组织，企业设立专门的机构和人员来负责大客户的销售业务。

对大客户的销售业务管理，企业通常实行销售人员负责制。建立一支独立的大客户销售队伍，由专门的销售人员专门负责对大客户的销售和服务，给大客户提供一些特殊的关照。每位大客户销售人员通常负责一个或多个大客户，并且负责协调企业与大客户的关系。

6）团队销售组织

未来销售发展的趋势是由个人销售发展为团队销售，企业团队销售组织的设计与建立成为必然。团队销售组织的设计应富于弹性，因企业性质的不同而不同，因销售性质的不同而不同，但基本上都是由销售人员和有关职能人员组成。

销售团队近来发展的趋势，是吸收来自客户公司的代表。通用电气公司为了更好地为重要客户服务，成立了跨职能和跨公司的大型销售团队。针对南加州爱迪生公司从通用公司购买蒸汽涡轮发电机项目，通用公司专门成立了140人的跨公司团队以减少停工期。这个团队包括60名来自通用的员工，其他成员则来自爱迪生公司。Baxter公司更为超前，它们甚至与客户共同协商设立组织目标，并分享与之有关的成本和盈余。

一个企业在选择采用团队销售组织时，必须考虑很多的因素，诸如确定团队的规模和职能，以及团队整体和个人的报酬机制问题。这些决策在很大程度上取决于团队的战略目标。如果团队的主要任务是提供大量的售后服务，通常在团队中要包括支持人员，因为支持人员能更好地理解售后服务的需要，促进销售的完成。另外，随着销售团队规模的增长，个人有减少努力的倾向，因而有必要限制团队的规模。

二、企业的经营税务管理

税务筹划是为了企业实现资金、成本、利润的最优效果，从而提高企业的经营管理水平。作为一个现代企业，如何在恪守税法和不违背企业发展的前提下，充分利用好现行的税收政策，以最大限度地控制成本、节约费用。企业税务筹划就是企业获得最大利益的必经途径，是每一个企业管理者必然关心的重要问题。企业的日常经营活动是企业得以长期生存发展的根本活动，对企业有着至关重要的影响。企业经营活动的税务筹划主要可以通过选择合适的采购方式、会计政策、会计估计、合理分摊费用等方式来实现。企业在进行纳税筹划的时候，不光要考虑到纳税的减少，还要考虑企业的整体效益，才能实现企业的价值最大化。

1. 企业采购的税务筹划

企业采购的税务筹划是建立在增值税销项税额、进项税额、进项税额转出以及应纳税额总体的分析和把握上。所以企业要求把不予抵扣的进项税额转变为可以抵扣的进项税额，降低采购成本。例如：某钢铁企业（增值税一般纳税人）下设原料部，除负责采购正常生产经营所需的原材料外。还负责向社会收购废钢，购进废钢经过加工、挑选整理后可以直接使用，挑选、整理、加工工程中的费用计入废钢成本。向社会收购的废钢一部分是从废旧物资公司购进，可取得废旧物资发票，抵扣10%的税金，降低了成本。一部分是从个体散户中购进，无发票，增加了成本。若企业设立控股的废旧物资公司，将废钢收购及挑选整理业务交由废旧物资公司承担，废旧物资公司按照废钢收购价加上挑选整理费的价格将整理好的废钢卖给该企业，并开具废旧物资发票，则企业购入的所有废钢进项税额均可以抵扣。

可见，通过设立废旧物资公司将不予抵扣的进项税额转化为可抵扣的进项税，降低了废钢的成本。

2. 加强会计核算的税务筹划，降低税收负担

利用会计处理方法的可选择性进行税务筹划。在现实经济活动中，同一经济事项有时存在着不同的会计处理方法，而不同的会计处理方法又对企业的财务状况有着不同的影响，同时这些不同的会计处理方法又都得到了税法的承认。所以，通过对有关会计处理方法筹划也可以达到获取税收收益的目的。具体从以下几个方面来阐述：

（1）存货计价方法的选择

存货计价的方法有多种，如先进先出法、加权平均法、移动平均法、个别计价法、计划成本法、毛利率法或零售价法等。不同的计价方法对货物的期末库存成本、销售成本影响不同，继而影响到当期应税所得额的大小。特别是在物价持续上涨或下跌的情况下，影响的程度会更大。纳税人就是利用其进行税务筹划的。如在物价持续下跌的情况下，采用先进先出法，税负会降低。由于不同的存货计价方法可以通过改变销售成本，继而影响应税所得额。因此，从税务筹划的角度，纳税人可以通过采用不同的计价方法对发出存货的成本进行筹划，根据自己的实际情况选择使本期发出存货成本最有利于税务筹划的存货计价办法。在不同企业或企业处于不同的盈亏状态下，应选择不同的计价方法。

1）盈利企业

由于盈利企业的存货成本可最大限度地在本期所得额中税前抵扣，因此，应选择能使本期成本最大化的计价方法。

2）亏损企业

亏损企业选择计价方法应与亏损弥补情况相结合。选择的计价方法，必须使不能得到或不能完全得到税前弥补的亏损年度的成本费用降低，使成本费用延迟到以后能够完全得到抵补的时期，保证成本费用的抵税效果得到最大限度地发挥。

3）享受税收优惠的企业

如果企业正处于企业所得税的减税或免税期，就意味着企业获得的利润越多，得到的减免税额就越多。因此，应选择减免税优惠期间内存货成本最小化的计价方法，减少存货费用的当期摊入，扩大当期利润。相反，处于非税收优惠期间时，应选择使得存货成本最大化的计价方法，将当期的存货费用尽量扩大，以达到减少当期利润，推迟纳税期的目的。

（2）固定资产折旧的税务筹划

固定资产价值是通过折旧形式转移到成本费用之中的，折旧额的多少取决于固定资产的计价、折旧年限和折旧方法。

1）固定资产计价的税务筹划

按照会计准则的要求，外购固定资产成本主要包括购买价款、相关税费、使固定资产达到可使用状态前所发生的可归属于该项资产的运输费、装卸费、安装费和专业人员服务费等。按照税法的规定，购入的固定资产，按购入价加上发生的包装费、运杂费、安装费，以及缴纳的税金后的价值计价。由于折旧费用是在未来较长时间内陆续计提的，为降低本期税负，新增固定资产的入账价值要尽可能地低。例如，对于成套固定资产，其易损件、小配件可以单独开票作为低值易耗品入账，因低值易耗品领用时可以一次或分次直接计入当期费用，降低了当期的应税所得额；对于在建工程，则要尽可能早地转入固定资产，以便尽早提取折旧。如整体固定资产工期长：在完工部分已经投入使用时，对该部分最好分项决算，以便尽早计入固定资产账户。

2）固定资产折旧年限的税务筹划

固定资产折旧年限取决于固定资产能够使用的年限，固定资产使用年限是一个估计的经验值，包含了人为的成分，因而为税务筹划提供了可能性。采用缩短折旧年限的方法，有利于加速成本回收，可以使后期成本费用前移，从而使前期会计利润发生后移。在税率不变的情况下，可以使企业所得税递延缴纳。需要注意的是，税法对固定资产折旧规定了最低的折旧年限，税务筹划不能突破关于折旧年限的最低要求。如果企业享受开办初期的减免税或者在开办初期享受低税率照顾，在税率预期上升的情况下购入的固定资产就不宜缩短折旧年限，以避免将折旧费用提前到免税期间或低税期间实现，减少企业享受税收优惠待遇。只有在税率预期下降时缩短折旧年限，才能够在实现货币时间价值的同时达到少纳税的目的。

3）固定资产折旧方法的税务筹划

按照会计准则的规定，固定资产折旧的方法主要有平均年限法、工作量法等直线法（或称平速折旧法）和双倍余额递减法、年数总和法的加速折旧法。不同的折旧方法对应税所得额的影响不同。虽然从整体上看，固定资产的扣除不可能超过固定资产的价值本身，但是，由于对同一固定资产采用不同的折旧方法会使企业所得税税款提前或滞后实现，从而产生不同的货币时间价值。如果企业所得税的税率预期不会上升，采用加速折旧的方法，一方面可以在计提折旧期间少缴企业所得税，另一方面可以尽快收回资金，加速资金周转。但是，税法规定在一般情况下纳税人可扣除的固定资产折旧费用的计算，应该采取直线法。只有当企业的固定资产由于技术进步等原因，确需加速折旧的，才可以缩短折旧年限或者采取加速折旧的方法。这与会计准则的规定是有区别的。纳税人应尽可能创造条件达到符合实行加速折旧法的要求，以便选择对自己有利的折旧计算方法，获取货币的时间价值。

采用直线法计提折旧，在折旧期间折旧费用均衡地在企业收益中扣除，对利润的影响也是均衡的，企业所得税的缴纳同样比较均衡。采用双倍余额递减法和年数总和法计提折旧，在折旧期间折旧费用会随着时间的推移而逐年减少，对企业收益的递减也是逐年递减的，企业所得税会随着时间的推移而逐年上升。从税务筹划的角度出发，为获得货币的时间价值，应尽量采用加速折旧法。但是需要注意的是，如果预期企业所得税的税率会上升，则应考虑在未来可能增加的税负与所获得的货币时间价值进行比较决策。同样的道理，在享受减免税优惠期内添置的固定资产，采用加速折旧法一般来讲是不合算的。

3. 费用列支的选择与税务筹划

在企业的日常经营活动中，企业还可以通过合理分摊费用进行纳税筹划。这里的费用主要指的是生产经营成本和期间费用。由于费用是产品成本的组成部分，当营业额一定时，成本增加，利润就会相应地减少，利润减少就使得税基减少，最终导致应税金额的减少，达到节税的目的，但是由于这个时候企业的利润也是减少的，所以企业在进行纳税筹划的时候，不光要考虑到纳税的减少，还要考虑企业的整体效益。对费用列支，税务筹划的指导思想是在税法允许的范围内，尽可能地列支当期费用，预计可能发生的损失，减少应交所得税和合法递延纳税时间来获得税收利益。

例如：对于已发生费用及时核销入账，如已发生的坏账、存货盘亏及毁损的合理部分都应及早列作费用；能够合理预计发生额的费用、损失，采用于增加后续税源。因此，企业应该重视税务筹划。提方式及时入账，如业务招待费、公益救济性捐赠等应准确掌握允许列支的限额，将限额以内的部分充分列支；尽可能地缩短成本费用的摊销期，以增大前几年的费用，递延纳税时间，达到节税目的。税务筹划对于我国企业来说有着重要的意义。企业通过科学合理的税务筹划可以降低企业纳税成本，提高企业财务管理水平，改善企业经营方式，增加企业收入和利润，同时还有助于提高企业的纳税意识。

三、企业的经营筹划利润

随着我国市场经济的不断发展，我国公司面临的市场竞争压力也越来越大，为了获得短期的利益，很多国内公司采用了关联方交易的方法来操纵利润，这样的财务舞弊行为严重影响到了公司债权人、投资人的利益，因此只有加强对公司关联方交易利润操纵的防控，才能有效地避免公司利用关联方交易进行利润操纵的财务舞弊行为发生。

1. 企业关联方交易利润操纵的动机

（1）操作利润，满足企业业绩要求

对于企业来说发行新股、增发新股是十分有意义的，发行股票的条件之一是提高净资产收益率的水平，因此企业为了满足发行新股、增发新股的条件，会在不满足盈利条件的情况下，通过关联方交易来对企业利润进行调整就是主要的手段，这样就可以满足企业发行新股的条件，符合企业业绩的需求。

（2）获得报酬，确保职位及升迁

企业利用关联方交易进行利润操纵的原因既有主观因素，也有客观因素，在我国大多数企业中员工的报酬通常都与企业的业绩相挂钩，然而考核企业业绩的指标通常有销售收入、投资报酬率、资产周转率、投资报酬率等指标，企业的一些激励机制往往与这些财务指标联系密切，在报酬的利益驱使下，很多经理人通过关联方交易的方式改变了经营业绩，对利润进行操纵。同时在一些企业的经理人看来，职位的升迁远远比获得报酬奖金要重要，因此为了获得保证职位和升迁，当企业的经营业绩不好的时候，一些企业经理人就会利用关联方交易来操纵利润，这样就可以达到保证职位和升迁的目的。

（3）减轻纳税负担

在国外的企业中进行关联方交易的目的很明确，主要是采用将企业中盈利的子企业利润向亏损的子企业转移，这样才能保证整体企业的盈余和经营业绩不变，大大地降低了企业的税负水平，达到了合理避税的目的。我国企业为了合理地减少税收，很多都采用了关联方交易利润操纵的方法，从实际情况来看在我国不同行业、不同地区的企业的免税条件和税率都有所差异，有的政府会对企业会采用一定的扶持政策，会给予企业税收优惠政策，因此就会通过关联方交易来将利润向税率较低的企业转移，最终达到减轻企业纳税负担的目的。

2. 企业关联方交易进行操控利润的方法

（1）转嫁费用负担

企业进行关联交易的过程中会发生许多费用，主要包括了员工的工资、医疗费用、福利费、广告费用、为退休员工支付的费用等，这些费用在进行关联交易的过程中由于缺乏相应的标准，因此也就存在着较大的弹性，当企业的经营不好的情况下，一些企业会调低缴纳费用的标准，甚至还会退回以前年度已经缴纳的费用，这样就可以达到提高利润、转移费用的目的。潜亏挂账，实现利润"增值"。这种处理主要将待处理流动资产损益、待处理固定资产损益、长期无法收回的应收账款、长期投资损失、重大或有负债及有关损失挂账，将原本属于当期的费用计入上述有关账户中留待以后处理，从而使资产"保值"，利润"增值"。债务重组交易将以公允价值计量并允许债务人确认重组收益、非货币性交易中以公允价值确认换入资产并确认置换收益等。

（2）资产租赁

一些企业为了实现短期的经营目标，采用了资产租赁的方式，资产租赁是现阶段企业在关联企业之间进行操纵利润的新方式。有的企业由于不是整体，因此就会与关联企业保持着资产租赁的关系，主要包括了租赁设备和厂房等固定资产、租赁土地使用权、租赁商标等无形资产，由于在很多情况下这些租赁费用是很难确定的，因此企业就会利用资产租赁来转移费用，还有一些企业每年需要向关联方大股东支付为数不少的房屋租赁费、管理费、专有技术使用费等。

（3）资产重组

资产重组是通过关联交易操纵利润的企业的主要方法之一，包括资产置换、资产重组、股权转让、资产重组的关联交易，而且在许多情况下已成为企业操纵利润的主要途径。在中国，更常见的是出售不良长期投资的集团企业，尤其是当市场价格很难恢复，并提升企业业绩，交易价格将交易与关联企业按照协议价格。这样，企业不仅可以收回投资成本，而且还可以获得一定的投资收益。如果企业年底已实现盈利，但一些二年前大八计提减值准备，未分配利润减少去年；当损失发生在操作结束，企业计提减值准备，以弥补现行成本，虚增利润在今年开始，又能作为会计差错更正的减值，冲回以前年度实现利润。

（4）利用地方政府政策操纵利润

1）优惠政策

为了帮助企业提高绩效，当地政府实施减免税政策，或其他名义收益税；支持企业早日做大做强，当地政府将大量土地自由转让或出售给的企业，在降低的企业的管理成本，等等。

2）批准提价

公用事业垄断或旅游资源的企业，如水、电、公路、景区索道，由于一个产品或经政府批准所需的服务价格，帮助企业提高绩效，地方政府往往通过提高价格，虽然性能的改善是真实的，但作为一种手段损害消费者的利益。

3）财政补贴

利用地方政府法规调整利润。当一家企业濒临亏损，无法获得配股或准备发行股票时，它需要业绩支持。地方政府通过财政补贴、所得税减免等手段的支持，明显表现出操纵利润的迹象。

（5）利用关联交易调整利润

企业关联交易是指企业与关联方关系的企业或个人之间的交易。关联方关系是一种特殊关系。关联方之间有控制权、共同控制权或重大影响。一方当事人有权决定或者参加对方的财务和经营政策。不可否认，关联交易的积极作用是客观存在的，存在着必然性。在关联交易中，信息成本和监管成本低于市场交易，管理成本低于企业内部交易。因此，关联交易降低了交易成本，降低了交易成本，具有节约交易成本的作用。但关联交易不同于单纯的市场行为。由于关联方之间的特殊关系，当交易发生时，利益动机会受到调整。交易条件、价格和方法经常出现异常，其结果往往违背"公平"，成为操纵利润的手段。关联交易通常有两种目的：一是利润分配，二是税收负担分配，其结果将影响市场经济正常的公平交易基础。

3.防范企业关联方交易利润操纵的对策

（1）提高对关联方交易利润操控的处罚力度

从实际情况来看，现阶段我国对企业利用关联方进行利润操控的处罚力度还不够，这就导致不能够约束企业的关联交易行为，大大地提高了企业利用关联方交易进行操纵利润的发生概率，因此我国要提高对关联方交易利润操控的处罚力度。应该对企业对关联方交易进行隐瞒和造假的行为，明确相应的处罚细则，对于企业利用关联交易操控利润的违法行为，不仅仅要对企业进行处罚，还需要对相关责任人进行严厉的处罚，对一些连带的评估和审计机构要给予相应的处罚，主要包括了注册资产评估师和注册会计师等。对于情节严重的部门和个人，要按照相关的法律法规给予一定的惩罚，必要的时候要追究相关责任人的法律责任。

（2）建立健全法律法规

为了有效地防止企业利用关联方交易来操控利润，要建立健全关于关联交易的法律法规，主要可以采用以下方法来建立健全相关法规：首先，不断完善信息披露制度。企业要对关联交易信息进行及时、准确的披露，保证信息披露的充分性和有效性，要严格按照《企业会计准则》的要求对关联交易的信息进行披露，这样才能保证关联方交易信息的准确性；其次，随着我国加入世界贸易组织，在制定关联交易法律法规的过程中，需要与国际相接轨，这样既可以提高企业于国际之间的业务往来，还可以借鉴外国企业利用关联方操纵利润的经验教训，有利于避免企业利用关联方交易进行操纵利润的财务舞弊行为。

（3）注册会计师

要提高审计的责任力度注册会计师可以及时地发现企业利用关联方操纵利润的行为，因此要加强注册会计师进行审计的责任力度。注册会计师要做到以下几点：

1）询问关联交易管理者全部关联人员的名称。

2）对董事会和股东大会的记录进行严格的检查。

3）询问高级职员、股东会、董事会与其他企业之间存在的隶属关系。

4）对被审计企业的财务报表进行严格的检查。

5）对非正常经济业务和大型经济业务进行检查，特别关注一些临近或是到报告期未经确认的经济业务。

6）对重大投资交易进行重点的审计，从关联交易的程度和性质出发，判断出是否存在着新的关联交易方。

7）在企业发生关联方交易的过程中，注册会计师要重点审查被审计单位的关联方交易类型、性质，以及相关的定价政策。

8）对合并的关联方交易信息披露进行审查，判断是否存在不当行为，这样就可以有效地避免发生财务报表使用者产生重大的误解。同时也要加强对会计师事务所和注册会计师的监管力度，主要可以采用以下方法：首先，要理顺对会计师事务所的监管体制，其关键在于要理顺政府监督与行业自律管理之间的关系，明确界定政府各监督部门的职能定位，并实行相互之间的有效协调与配合。其次，财政部门要主动与审计机关、税务机关、证券监管部门沟通，建立经常性、有效性的沟通机制，通过资源与信息共享，协调检查计划，相互抄送检查的处理决定，及时通报存在严重问题的会计师事务所并把其作为财政监管的重点。再次，过建立强有力的约束机制，保证独立审计准则、职业道德规范得以贯彻实施，从而提高注册会计师执业质量，防范职业风险。

（4）防止配股指标出现单一化

企业的净资产收益率会受到关联交易中一些因素的影响，不能将净资产收益率作为企业发行新股的主要条件，由于净资产收益率是我国股市评价体系中的一个核心指标，这样就会导致配股评价指标的单一化。企业的管理者要认识到对企业质量的考核，仅仅通过一个指标是不够的，主要的评价指标要包括与净资产收益率有关的一些实物指标，也应该包括了包括生产资料在内的相关指标，这样才能保证配股指标的多样化。

（5）防范企业操纵利润的常用手段

一般应注意企业是否通过一些更微妙的方式使用，如通过第三方进行关联交易，利润操纵，在有关企业会计政策、会计估计变更，以确定企业是否存在盈余管理，这种情况应在财务报告中说明。基于对阅读的分析，相关的变化是合理的，企业是否夸大了利润。会计报表是会计报表的编制基础、编制方法和在不包括在这些陈述，包括对企业的财务状况的会计政策和会计估计的重大变化和经营成果的主要问题、关联方及关联交易，这是我们分析企业用来操纵利润的手段。因此，使用者应仔细分析会计报表附注，确定其真实性，了解企业的整体情况，揭示企业是否存在利润操纵行为。应注意审计报告和管理层的指示，特别是审计意见解释段落中所指出的问题，必须认真地加以考虑和分析。非标准无保留审计报告往往意味着的企业存在严重的财务问题，与利润操纵的可能性是非常高的。

第四章 现代企业经济管理的模式

第一节 传统企业经济管理模式

我国传统的企业经济管理模式是以生产为主的经济管理模式，是在计划经济时期形成的一种管理模式，当时由于各种资源产品比较紧缺，企业主要以生产，主要任务是按照国家计划生产相应的产品，不需要考虑市场需求。其特点主要包含以下几个方面：

一、管理以内部和封闭式为主

企业对自身发展的重大问题没有决策权，在具体管理过程中主要是为了完成上级部门下达的生产任务，国家财政方面实现对企业的统收统支，生产资金依靠上级部门划拨，企业生产经营的利润全部上交国家，企业生产出现的亏损由国家补贴，企业只重视生产，并不重视经济效益。

1. 国有资产管理体制的历史

（1）"九龙治水"（1949～1988年）

所谓"九龙治水"，是指国有企业的资本金基础管理由财政部行使，投资职能由国家计委行使，监管职能由国家经贸委行使，经营者的任免与考核由中组部、人事部负责，国有企业的薪酬分配由劳动部监管，对国有企业的财务检查和监督由国务院派出的监事会行使。1949～1988年我国有企业的经营、计划、销售以及利润分配等，一切都依靠国家指令性计划完成。

在那个年代，国家实行"统收统支"的财政模式，除党中央和政务院以及各种职能部门外，国家只存在国有企业以及集体经济两种经济形式，而集体经济是指农村劳动群众的经济形式。在城市，国有企业成为工人阶级唯一的经济形式，整个国家的财政收入都依靠国有企业来完成。而且，新中国刚成立不久，百废待兴，国家通过工业、农业和手工业的社会主义改造，完成了社会主义国有经济的储备。在经济体制和管理模式上，我国有资产管理体制是参考苏联模式而建立的。因此，自然而然地形成了多头管理格局。

（2）国有资产管理局（1988～1998年）

"统收统支"的财政模式，在很大程度上缓解了中华人民共和国刚成立不久国家财政收入的不足。但是，高度集中的国有资产管理体制的弊端开始显现。其限制了国有企业的自主经营权，使国有企业丧失了生机和活力。因此，国家开始认识到"政企不分"是束缚国有企业活力不足的根本原因，进而着手对国有企业逐步试点"放权让利"改革。同时，改革国有资产管理体制也被提上了议事日程。

基于对国家社会公共管理者与国有资产所有者双重身份的认识，1988年1月我国成立了国有资产管理局。作为国有资产的专门管理机构，国有资产管理局的主要任务是代表国家行使国有资产所有者身份，履行国有资产所有者职责，代表国家参与国有企业经营和利润分配，对全国国有资产总量进行登记，并监督国有资产管理，防止国有资产流失。

随着国有资产管理局的成立，各地政府纷纷效仿，开始对政府在国有资产管理中的双重职能进行分离，地方各级政府国有资产管理局相继成立。根据国家对国有资产确立的"统一领导，分级管理"的原则，各地政府先后成立了省、市、区不同级别的国有资产管理机构。随即各地的国有资产管理局，对各地的国有资产管理开展了相应工作。比如，对国有产权、行政事业单位的国有资产、闲置的国有资产进行清点和整理。有数据表示，截至1992年，全国44个省、自治区、直辖市和计划单列市，共登记国有企业企业234，223户，登记国有资产总额为8507.6亿元。在国家统一领导下，为了配合国家国有资产经营的方针政策，结合本地的经济发展形势，各地国有资产管理局还制定了相应的国有资产经营管理法规，对保护国有资产和提高国有资产的经营效率做出了重大贡献。然而，由于国有资产管理局成立以后，我国的国有企业改革正处于火热化阶段，对国有企业试点现代企业制度、股份制改革等措施，导致国有资产专门管理难以为继。在实践中，国有资产管理局除对国有产权进行登记外，其他国有资产管理措施都没有得到实质性的实施。1998年国家将国有资产管理局并入财政部。

（3）"五龙治水"（1998～2003年）

自从党的十四大确立在我国建立市场经济体制以后，关于国有企业试点建立现代企业制度在全国开展。从1994年开始，我国选取了将近2000多家企业进行现代企业制度试点，经过3年多的试点，有84.8%的试点企业进行了公司制改组。其中，改为股份制公司得有540户，占试点企业总数的45%，改为国有独资公司的有909户，占试点企业总数的58.8%。1997年党的十五大对国有经济的公有制实现形式作出了新的重要论断。党的十五大报告指出："股份制是现代企业的一种资本组织形式，有利于所有权和经营权的分离，有利于提高企业和资本的运作效率，资本主义可以用，社会主义也可以用。"在这种时代背景下，我国有企业的现代企业制度建设向前迈进了一大步，从公司制升级为股份制，使股份制成为国有经济的主要实现形式。

具体到国有资产的管理上，在这段时期我国有资产管理体制滞后于国有企业的改革步伐。1993年党的十四届三中全会确立的国有资产管理的目标为"国家统一所有，政府分级管理"，而对国有企业的目标强调的是"自主经营、自负盈亏"。因而在国有企业的运营上，首次提出了"政资分开"的运营目标。尤其是党的十五届四中全会通过《中共中央关于国有企业改革和发展若干重大问题的决定》以后，国有企业股份制改革在全国开展得如火如荼。我国有企业从"资产"经营过渡到"资本"经营，也是从这个时期开始的。

按道理来说，这段时期应该是国有资产管理体制改革的深入时期，然而在国有资产管理局并入财政部以后，我国集中精力进行国有企业"抓大放小"改革，主要从战略上调整国有经济布局，以至于忽略了国有资产管理体制的同步变革。因此，这段时期的国有资产管理的职能由5个部门承担。财政部负责国有资本金基础，国家经贸委行使指导国企改革和管理职能，人事部和大型企业工委负责国有企业主要经营者的任免、考核，稽查特派员公署对国有企业进行财务检查和监督，俗称"五龙治水"模式。

2. 国有资产管理体制的现状

（1）国资委管理

社会主义市场经济体制的建立，在我国培育了市场配置资源的良好势头。国有经济战略调整以及国有企业现代企业制度改革，大大激活了国有经济的活力，国有企业股份制改革使国有资本的运营效率大幅提高。在这种时代背景下，"五龙治水"的国有资产管理体制，难以体现出国家作为国有资产所有者的出资人身份，在一定程度上制约了国有企业的公司化治理。因此，2002年党的十六大提出要进一步深化国有资产管理体制改革的重大任务，明确要建立新型国有资产管理体制的基本构想。国家要制定法律法规，建立中央与地方分别履行出资人职责，明确国有资产管理机构"管资产和管人、管事相结合"的改革目标。

为贯彻党的十六大精神，2003年我国中央和地方政府相继成立国资委。虽然为新型的国有资产管理机构，但实际上是由原来分散于国家经贸委、中央企业工委和财政部等各个部门国有资产管理职能机构的整合。国资委的成立，主要是为了克服国家在国有企业股份制改革过程中"政资不分""所有者"缺位的缺陷，由新成立的国资委代表国家履行出资人职责，即国有企业的所有者身份。同时，国资委还要承担监督国有资产管理的职责，防止国有资产流失。

国资委成立以后，中央层面和地方层面将各级政府名下适合国资委管理的企业，全部划归国资委管理。国资委积极履行出资人职责，对中央所属国有企业重新进行资产清查，出台了一系列举措，对国有企业高管进行业绩考核，规范高管的薪酬管理，并出台了《企业国有资产监督管理暂行条例》。成立之初，中央国资委直接监管的国有企业达 196 家，监管的国有资产总额达 6.9 万亿元。截至 2019 年 12 月 31 日，中央国资委监管企业为 96 家。根据国务院《关于 2018 年度国有资产管理情况的综合报告》，截至 2018 年 12 月 31 日，中央国有企业资产总额 80.8 万亿元、负债总额 54.7 万亿元、国有资本权益总额 16.7 万亿元，平均资产负债率 67.7%。2018 年地方国有企业资产总额 129.6 万亿元、负债总额 80.3 万亿元、国有资本权益总额 42.0 万亿元，平均资产负债率 62.0%。汇总中央和地方情况，2018 年全国国有企业资产总额 210.4 万亿元，负债总额 135.0 万亿元，国有资本权益总额 58.7 万亿元。

（2）财政部门管理

由于历史原因，也因为我国《企业国有资产法》允许国务院和地方政府根据需要，授权其他部门、机构代表本级人民政府履行出资人职责。因此，在我国除国资委监管的国有企业外，还有大量的中央国有企业归财政部以及其他部委或中央机构监管。目前，财政部共监管中央金融企业 23 家，还代表国务院对 118 家中央文化企业、中国烟草总公司、中国邮政集团、国家铁路集团 3 家企业履行出资人职责。此外，行政事业性国有资产也有财政部门管理。根据国务院《关于 2018 年度国有资产管理情况的综合报告》，截至 2018 年 12 月 31 日，全国国有金融企业资产总额 264.3 万亿元，负债总额 237.8 万亿元，形成国有资产 17.2 万亿元；中央行政事业性国有资产总额 4.7 万亿元，负债总额 1.0 万亿元，净资产 3.7 万亿元。其中，行政单位资产总额 0.8 万亿元，事业单位资产总额 3.9 万亿元；2018 年地方行政事业性国有资产总额 28.8 万亿元，负债总额 8.9 万亿元，净资产 19.9 万亿元。其中，行政单位资产总额 9.3 万亿元，事业单位资产总额 19.5 万亿元；汇总中央和地方情况，全国行政事业性国有资产总额 33.5 万亿元，负债总额 9.9 万亿元，净资产 23.6 万亿元。其中，行政单位资产总额 10.1 万亿元，事业单位资产总额 23.4 万亿元。

（3）其他部委管理

除国资委、财政部监管的中央国有企业外，还存在发改委、文化部、原银监会等管理部分国资及国企的现象。根据国务院《关于 2018 年度国有资产管理情况的综合报告》，截至 2018 年 12 月 31 日，全国国有土地总面积 50，552.7 万公顷，国有森林面积 8436.6 万公顷，全国水资源总量 27，462.5 亿立方米，内水和领海面积 38 万平方公里。

根据财政部数据统计，截至 2019 年 12 月 31 日，我国由不同中央部门以及机构监管的中央国有企业共计 611 户。分别为：最高人民检察院所属企业 2 家，教育部所属企业 387 家，工业和信息化部所属企业 85 家，民政部所属企业 3 家，司法部所属企业 1 家，自然资源部所属企业 2 家，生态环境部所属企业 2 家，水利部所属企业 8 家，农业农村部所属企业 5 家，商务部所属企业 1 家，文化和旅游部所属企业 12 家，卫生健康委所属企业 6 家，体育总局所属企业 44 家，国家林业和草原局所属企业 1 家，民航局所属企业 9 家，国家文物局所属企业 1 家，中宣部所属企业 1 家，网信办所属企业 1 家，中直管理局所属企业 3 家，共青团中央所属企业 1 家，中国文联所属企业 5 家，中国国际贸易促进委员会所属企业 29 家，全国老龄委所属企业 2 家。

3. 国有资产管理体制存在的问题

良好有序的国有资产管理体制，是运营国有资本的重要基础，也是促进国有企业充分参与市场经济的重要保障。纵观世界上其他国家的国有企业经营的成功经验，无不与稳定的国有资产管理体制密切相关。国资委的成立，既不是对原来国有资产管理局的简单恢复，也不是对"五龙治水"时期国有资产管理职能的物理拼接，而是具有全新目标与全新导向的新型国有资产管理体制。无论中央国资委还是地方国资委，初步理顺了国家在国有资产管理中的基础职能，较好地履行了国有资产所有者的代表职责。但是，国资委成立以来也出现了一些问题。

（1）"政资分开"的反思

"政资分开"，是指将政府在社会公共管理与国有资产管理中的职能予以分开。国有经济与民营经济都属于我国社会主义基本经济制度的重要组成部分，而社会主义与市场经济体制的融合决定了公共财政与国有资本财政的双元结构财政将长期共存。因此，我国在国有企业改革进程中，将政府在国有资本运营中的社会公共管理职能与国有资产所有者职能进行区分，既是历史的必然，也是现实的需要，我国也为此进行了不断的探索。但是，无论是之前的国有资产管理局，还是当前的国资委管理，我国"政资分开"的现实路径离理想还有一定的距离。

1）"政资分开"不是绝对的分开

实际上，"政资分开"并非我国有资产管理的必然。只要存在国有企业的国家，政府在国有企业经营过程中均需要区分社会公共管理与国有资产管理两种职能。但是，"政资分开"并不是绝对的分开，在现代国家也无法做到截然分开。换言之，政府并非不能成为国有企业的出资者，只要能够处理好政府股东在国有企业经营过程中的定位即可。追求"政资分开"，不过是为了加强管理，也是为了避免国有资产流失，杜绝利益寻租现象。因此，世界上很多国家并不追求绝对的"政资分开"。

2）我国"政资分开"是形式上的分开

我国生产资料社会主义公有制的性质，决定了国有经济在我国必须占有主导地位。而社会主义市场经济体制，又促使国有企业与民营经济在市场经济中展开平等竞争。为了实现公有制经济与非公有制经济共同发展的目标，我国的国有资产管理体制多次调整，终于明确了"政资分开"的管理格局。新型国有资产管理体制创新在国资委的身份定位。作为特设机构，国资委代表国家履行对国有资产的所有者职责。但是，国资委兼具国有资产管理者与监督者一身，在实践中又形成了"婆婆加老板"的局面。正如有学者所言，国资委的设立确实在形式上解决了国有企业"政资不分"的问题（政府直接管理国有资本的问题）。但此后的事实表明，国资委仍然是"国务院特设机构"，它的组织机构形式和运行管理方式与其他政府部委没有实质性区别。换言之，国资委的成立，形式上解决了国有资产所有者身份缺位的问题，但是又在另一个层面对国有企业形成了新的行政干预。因此，我国"政资分开"尚处于形式上的分开。

3）我国"政资分开"缺乏法律规制

如何对政府的这种角色进行明确和切换，法律规制无疑是最好的措施。世界上存在国有企业的国家，大多对政府在国有资产管理中的作用和身份进行了法律规制。这不仅是防止政府随意干预国有企业经营的有效措施，也是对政府适度干预国有企业经营的保护边界。如法国，与我国类似，采取专门机构对国有资产进行管理，同时，法国国有企业在实际经营过程中，也有几个主管部门进行相应的监管。但是，法国议会对国有资产管理制定了较为完备的法律，对国有企业主管部门的监管职责进行了明确区分，并且对国有企业制定了严格的财务审计制度和法律责任。我国有资产管理领域的法律法规不够上健全，呈现碎片化状态。其中，与"政资分开"相关的法律法规仅有两部，即《企业国有资产法》与《企业国有资产监督条例》，其余的全部为规章制度以及规范性文件。产权人格虚拟化、代理链条过长、控制权和剩余索取权不匹配，一直是我国有资产管理体制悬而未决的现实问题。如何对政府在国有经济中的身份和作用进行法律界定，在我国显得更为重要。这既是我国当前国有资产管理进行"政资分开"需要解决的首要问题，也是我国未来国有资本运营强化"政企分开"需要面对的长远问题。

（2）"多元管理"的弊端

在形态和功能上，我国将国有资产分为资源性国有资产、行政事业性国有资产以及经营性国有资产。从管理主体角度而言，无论是不同类型的国有资产，还是经营性国有资产，我国有资产整体上处于分散管理的状态。目前，资源性国有资产，如土地、矿藏、林地等，之前分别由国土资源部、国家林业局管理，现在由组建后的国家自然资源部进行管理；行政事业性国有资产分别由财政部与各级政府的财政部门管理。

经营性国有资产的管理主体多元化现象更为突出。从横向来看，在中央层面上，作为代表中央政府行使出资人职责的中央国资委，仅限于管理非金融类经营性的国有资产，即96家中央企业。中央和国务院部委办局管辖其他国有企业，包含金融类国有企业，以及铁路、烟草、邮政、文化、出版等垄断领域的经营性国有资产和大量行政事业性、资源性国有资产。从纵向来看，在地方层面上，不仅地方各地国有资产管理体制和管理主体与中央国资委存在差异，而且各地国有资产管理体制以及国有资产管理范围也存在差异。比如，有的地方把金融类经营性划归地方国资委管理，也有的地方将部分行政事业性资产划归国资委管理。

如果说对国有资产进行功能划分是为了更好地利用国有资产，那么对经营性国有资产进行集中管理，则有利于发挥国有资本保值增值功能，能够更好地实现社会主义公有制的目标。对经营性国有资产多元化管理，有历史原因也有客观因素。但是，长期保持国有资产多元化的管理，在社会主义市场经济体制下，容易导致权力"寻租"现象，不利于国有资本投资和运营。

（3）"分级管理"的弊端

按照政府的社会经济管理职能和国有资产所有者职能分开的原则，积极探索国有资产管理和经营的合理形式和途径。加强中央和省、自治区、直辖市两级政府专司国有资产管理的机构。这是我国正式在文件中首次确认国有资产中央与地方关系实行"统一所有，分级管理"体制。

从国家层面而言，我国有资本管理体制一直强调的是"国家统一所有、政府分级监管"；从地方层面而言，我国有资产管理体制实际是从"国家统一管理"过渡到"地方分级管理"阶段。但是，除上文所言中央层面横向块状分别管理外，我国地方国有资产管理在事实上已经演变为"条条块块"的分级管理状态。依据我国当前中央与地方的国有资产分级管理体制，我国共有中央国有资产管理、省级国有资产管理、市级国有资产管理、县级国有资产管理四级。在管理范围上，地方国有资产管理更是自成一派。在授权经营模式上，地方国有资本运营机制也是各有特色。既有"国资委—国有资本运营公司—国有企业"三级授权模式，也有"国资委—国有企业"两级授权模式。

仅就中央与地方这两级层面而言，我国有资产管理的"国家统一所有，地方分级管理"体制存在诸多弊端。首先，"国家统一所有"已经异化为一句管理口号。国家统一所有实际就是国家所有，强调的是国有资产产权的公有特性。在现实中，国家所有又必然呈现不同的管理面向。比如，在宪法文本上，国家所有是必不可少的明确条款，是对生产资料社会主义公有制的本质宣示；在现代国家层级上，国家统一所有当然表现为中央政府所有。但是，现代国家不可能只存在一级中央政府。而且，在政府与国有资产之间的关系定位上，世界上其他国家，都采取了与所在国家政治体制、经济体制相适应的国有资产管理体制。要么根据政治集权与分权程度进行划分，如美国、法国，要么根据经济集权与分权进行划分，如英国、日本。"国家统一所有"已经成为影响国有资产管理活力的首要因素。其次，"国家统一所有"与当前的分税制模式不相匹配。

本质而言，国有资产属于国家所有并不等于政府所有。具体到国有资产管理而言，政治集权并不必然导致国有资产管理集权。因此，世界上存在国有经济的国家，在国有资产管理上都采取了经济分权或财政分权管理层级。比如，美国联邦政府与州政府会分别作为国有企业的股东，如法国，法国的国有资产管理体制与我国极其类似，也采取了专门机构对国有资产进行管理。但是法国允许中央政府与地方政府分别行使国有企业所有者权利，国有企业的利润分配收入也分别划归中央与地方政府财政。实际上，在经济体制改革以后，我国中央与地方的财政在形式上也逐步实现了经济分权，随着分税制的建立和运行，我国中央与地方政府在公共财政领域已经完全形成了经济分权模式。但是，在国有资产管理上，中央与地方政府的分级管理已经制约了地方政府履行公共管理职能。公共财政领域的央地分权，与国有资本财政领域的经济分权不匹配，在一定程度上限制了地方国有企业的发展和壮大。

二、缺乏对市场需求预测和调研能力

企业和市场联系性不强，不需要对市场需求进行预测和调研。生产计划编制的原则主要以内需为主，计划性生产标准以指令性为主，这种企业经济管理模式适合计划经济时期的企业发展管理，在现代企业生产经营中，以注重生产为主的企业经济管理模式已经不能调动起企业改善经营管理、提高经济效益的积极性，已经不适合现代企业发展需求。现代企业发展必须依靠现代化经济管理模式。

1. 需求预测的含义

需求预测是在一定的宏观、微观经济理论的指导下，根据事物过去和现在的发展动态、异常情形以及影响市场需求变化的诸多因素（包括销售状况、库存策略、生产流程、供应商的生产周期、运输能力等）之间关系中的某些规律，参照当前已经出现和正在出现的各种可能性，应用现代管理技术和统计方法，模拟不可知的、未出现的或复杂的中间过程，对产品需求量的未来可能变化情况进行的一种多维度的分析、估计和判断。需求预测是按需生产的基础，是连接生产和销售的桥梁，是供应链管理的源头，准确与否直接关系到企业生产经营活动的成败。

（1）市场需求预测的概念及内容

预测，是指对某一目前还不明确的事物，根据历史和现在的已知情况，估计和报测未来可能出现的趋势。在取得一手、二手资料后，运用定性分析和定量分析的方法，对市场未来的情况做出估计。它是企业营销管理不可缺少的重要环节，对于企业牌确把握市场前景，不断寻求发展机会，具商很重要的意义。市场预测，从最终结果来说，就是预测市场需求量；从企业的角度而言，则是预测市场销售量。但不论是市场需求还是销售，又都是具体的、一定地区、一定时间的需求或销售。市场预测的主要内容是市场需求预测。

市场需求预测的内容包括产品、总量、消费群体、地理区域、时间、营销环境、企业营销方案、实际购买等内容。市场需求预测是对某一企业产品需求量的预测。由于产品的范围比较广泛，同一种产品因其规格、档次的不同，需求量亦不相同。如空调分为柜机、分体机、窗机等，企业在进行消费需求预测时，应先确定需要预测产品的类别。总量反映了市场需求的大小，也可以用货币金额来表示。如某企业婴儿奶粉的销售占全同婴儿奶粉销售总量的 25%。另外，市场需求预测既可以针对整个市场，也可以针对某个细分的市场。如进行

房产开发，不仅要确定整个房产市场的需求量，还要依据不同的收入水平、住宿习惯确定细分市场、开发出不同规格的房地，满足不同消费者的需求。同时企业的营销活动受区域范围的影响。一般来说，在不同的区域，产品销售额的预测结果也不相同。如羊肉泡馍在陕西为一道名吃，在海南却没有市场。企业进行市场预测必然要规定一定的时期，如五年内、三年内或一年内计划。一般而言，时间越长，对环境和条件的预测就越不准确。而且市场需求受许多不可控因素的影响，因此，企业在进行市场预测时要将这些不可控因素考虑进去。

除了受个可控因素的影响外，还有促销活动及销售渠道的影响。策略的变化、市场预测还受各种可控因素，如产品、定因此，市场预测必须考虑企业未来营销组合市场的需求量最终要靠购买行为表现出来。只有进行最终购买的需求才是真正的需求。

（2）市场预测的基本原理

1）连续性原理

连续性原理也称为连贯性原理，是指客观事物的发展变化过程的连续性。所有的事物都有它的历史、现在和未来，现在的情况是过去发展而来的，是过去的延续；而未来则是过去和现在发展起来的，是过去和现在的继续。这种继续会有变化，但变异是有根据的，发展是连续的，即在一定客观条件下，事物的发展不会一下变得面目全非，而是与过去、现在的情况有相似之处，不会根本不同。所以，连贯性原理就可以在了

解事物过去和现在的基础上，来预测其未来。

2）类推性原理

类推性原理是指客观事物之间存在着某种类似的变化和发展过程，根据已知事物的发展变化去类推未知事物的变化发展。之所以能够由某个已知事物类推到未知事物——要预测的事物，是因为事物之间具有某种相似性。相似程度越高，利用类推原理预测的效果越好；反之，事物之间没有或很少有相似之处，也就是相似程度很低，类推性原理的使用效果就不好。所以，在实际预测中，要明确预测对象与已知事物之间存在相似性，这是我们正确预测的基础。

3）相关性原理

任何事物都不可能孤立存在，都是与环境中各种事物相互制约、相互影响的，一个事物的发展，必然会影响到其他有关事物的变化。这种影响和制约表现为因果关系，人们据此可推出未知事物的结果。所以在预测中，须深入研究预测对象与相关事物之间的关系，同时还需全面了解分析所处的环境，找出各种主要影响因素，并据此建立相关的预测数学模型，推断、估计出结果。

（3）市场需求预测的分类

1）目前需求的估计

市场需求复杂多变，作为市场活动的主体—企业要想被确地了解和掌握其产品在市场上的情况，就可以对正在发生的需求加以分析。我们可以通过某产品历史销售量上升或下降的原因来分析目前需求量的大小，可以了解产品在一定时间、地点内的需求状态，从而为企业的经营决策、未来的需求预测提供依据。可根据内容不同，分为总的市场潜量的估计和区域市场需求量的估量。市场潜量是在一定的环境下，通过企业营销策划的促进，某产品需求量所达到的最大极限，也就是最高的市场需求量。

2）对未来需求的预测

企业在掌握历史需求、目前需求的基础上，可以对未来的市场需求进行预测。结合相关历史资料、现实材料，以及参照以往的经验教训，运用科学的预测方法，对影响因素进行综合分析，推测出未来需求的变化趋势及其状态。未来需求预测是对企业销售情况的预测、估计。比如：如果能了解到同行业某产品的市场需求量，结合企业历史销售资料，加上企业预计的产量，就可以预测出企业的销售额。

3）生产者需求的预测

主要了解的是生产者对生产资料的需求（需求的目的是为了流通、销售）。因为生产购买具有大量性、波动性、专业性、条理性，所以了解生产者需求是注重了解宏观经济政策、行业规模、消费品的新需求以及生产者内部的组织因亲、个人因素等。

4）消费者购买行为的预测

主要是对消费者购买的动机、方式、心理的调查分析，预测消费者对商品的需求，来决定商品的生产趋势。其中调查的核心是消费者的购买决策作出分析。

（4）市场需求预测步骤

1）确定预测目标

只有预测目标明确，预测工作才能做到有的放矢。预测目标的确定应根据经营管理的需要，服从决策的要求。确定预测目标就是要明确要预测什么，要达到什么目标。

2）收集、整理资料

要进行市场预测，必须有充分的资料。预测所需的资料可以分为两类：一类是关于预测对象本身的历史资料，另一类是现实资料。在市场预测中一般可以利用各种调查方式获取的第一手资料，也可以利用各种渠道获取的第二手资料。收集资料时一定要注意广泛性、适用性，资料收集不全面、不系统，会严重影响预测质量。但也不是说资料越多越好，漫无目的地收集资料一是会浪费时间、人力和资金；二是会因为资料过多，缺乏重点，反而给预测工作带来麻烦，降低预测质量。

3）选择预测方法

进行市场需求预测的方法很多，但是每种方法都有各自的范围和局限性。因此企业府根据自身的环境条件以及资料的内容和特点选择合适的预测方法。如果掌握的资料不完善，预算费用小，可较多地采用调查预测法。如果掌握的资料完备，经费充裕，准确度要求高，可运用一定的数学模型。

4）建立预测模型

在将所收集的资料进行分析整理之后，可寻找各种经济变量间的数量模型，提出理论假设，尽力预测模型。

5）分析评价

在该阶段就是分析通过预测模型预测的结果与实际情况出入的原因，分析其对未来发展的影响，对预测的可靠性给出评价。

6）修正预测结果

如果发现模型与现实不符，应立即根据客观情况予以修正。如果是模型有误，改进模型；如果是预测方法不当，则改进方法。

2.传统企业需求预测的准确性存在问题分析

传统企业需求预测准确性不足的原因主要有以下三个方面：

（1）需求预测方法存在缺陷

目前通行的需求预测方法主要是定性和定量两种预测方法，然而两者均存在一定的缺陷，导致绝大多数企业的需求预测出现较大偏差，具体来说：

1）定性预测的主要依据是客户经理对代理商及零售商当年逐月的需求量、实际购进量和历史购进大量进行的分析和预测，市场经理将各客户经理的预测结果汇总起来，根据实际货源情况，每个月由客户经理与代理商及零售商"协议"一次，订单就根据"协议"按产品大类和大约需求量简单一分了事。使用这种方法对需求量进行准确预测，显然是有些先天不足的。

2）定量预测存在的一个问题是基础数据要求量过大。预测者须注意到，不同的预测结果是基于不同信息采集和假设条件应用不同的预测方法得出的，它们在满足各自的条件下、在各自环境及性能指标下均是最优的，每一种预测方法在处理数据及应用过程中均有其独到之处，都能从不同角度为最终预测提供强有力的信息，而企业的实际生产经营活动时刻处于不停地变化之中，很难建立统一的、完整的准则来评价所得的预测结果好坏。实际建模过程和基本数据生成机理表明，需求预测和生产计划管理研究改进方法还存在着局限性，远非一些数学模型那样理想，预测人员难以准确定位某一种方法是最为合适的预测方法。

（2）需求预测系统存在问题

1）传统预测系统难以应对市场需求的不确定性和多样性

在以客户为中心的市场环境中，需求的不确定性始终都是企业管理者必须面对的一个重大问题。不同的消费者有不同的偏好体系，他们的需求也必然各不相同。因此，即便对每一个顾客的需求都可以准确地了解，这种预测也会因为成本的原因变得不可行。传统的做法是采用市场细分的统计办法，减少企业面对的需求多样性。但是，随着市场竞争的不断加剧、市场被划分得越来越细，顾客的个性化需求也不断地被挖掘出来，协商式的供应链中需求的不确定性反而越来越大，企业面临的风险也越来越大。如果企业没有完善的需求管理统计体系，那么这些没有被满足的需求（包括延迟交付、替代和丧失销售）通常不会在统计报告中反映出来，也不会纳入预测过程中，最终影响需求预测的准确性。同样，在供给过量的情况下，如果不将退货、取消订货、供应商的促销、客户为了享受价格折扣而采取大批量的订货等对预测的准确性产生负面影响的因素去除，预测的结果也不会有效。如果企业缺乏对产业和经济趋势、关键客户信息以及预测准确性指标重要性的应有认识，预测结果的有效性也会大打折扣。任何企业对市场规律的忽视都将导致无法做出准确的需求预测。无论在以上哪种情况下，真正的需求都没有得到真实地反映，由此产生的需求预测也会被扭曲。

2）牛鞭效应破坏了供应链需求预测的整体优化

销售链中的每一个环节都试图预测其下游环节的需求，由于在预测结果中总会或多或少地存在一些误差因子，供应链中每一个上游企业使用下游企业的数据去做新的预测时，预测的误差因子沿着供应链的层级以指数形式放大，从而产生"牛鞭效应"。产生"牛鞭效应"的原因主要有：需求预测修正、价格波动、环境变异、订货批量、短期博弈、库存失衡、缺少协作、交货提前期过短、供应链长短等。另外，需求预测过程中，预测者出于自身利益考虑对收集到的数据加以调整，有意过滤或者加工影响需求预测结果的信息，这种不道德行为也会使需求预测风险向下一个环节传导，极易由此预测产生错误的决策。

（3）需求预测管理存在问题

1）相关部门协调工作不到位

需求预测管理职能不完善的企业在功能集成方面易犯的错误如下：

①从预测部门来看：在预测结果达成"共识"之后，无法满足相关部门的需要。各部门对于需求预测的要求往往不同，如财务部门对于年收入的预测，销售部门对于某个细分市场季度销售额的预测，营销部门对于每年产品销售额的预测，生产部门基于存货单位（SKU，Stock Keeping Unit）的生产周期预测，物流部门基于 SKU 的订单提前期的预测。

②从预测人员来看：无法合理地给予预测人员绩效奖励，对本部门的贡献未给予奖励，或者采取平均主义均分绩效奖励，都会打消预测人员的积极性；另外，对预测人员缺乏足够的培训也是重要因素之一。

③从预测模式来看：无法合理运用从上到下和从下到上的预测结合模式；错误地理解了需求预测和业务计划的关系；无法准确地计算预测精度，对于预测精度不作评估，或者主要基于其他因素开展预测绩效评价。

2）缺乏问责机制和全局观念

由于预测存在不准确性的风险，所以企业没有人或部门敢于承担预测准确性差的责任。这导致了很多企业没有对预测的准确性进行衡量，没有建立对预测失准的问责机制，更谈不上采取有效措施来提高预测准确性。预测不准确的原因很多，大多数问题出在预测工作的管理和流程上，如销售部门对销售额进行考核，而没有对需求预测的准确性进行考核。由于不可控因素太多，人们很容易用一个外在条件的改变来解释预测结果的不准确，而没有通过对预测的好坏来进行适当的奖惩，从而达到激励和督促的效果。

（4）各种主客观原因产生预测误差

预测人员对市场的判断往往受知识、经验、时间、数据和方法等多方面的限制，不能对市场的未来发展作出全面地、科学的分析，导致预测的局限性。很多企业一般以业务规划代替需求预测，往往会造成高估或者低估产品的市场认可程度。现阶段行业常用的市场需求预测呈现出主观预测方法较多、客观预测方法较少；简单预测方法较多、复合预测方法较少；短期预测方法较多、长期预测方法较少等弊端。导致无法约束未来的不确定因素。

另外，对于一些产品数量级多达数千或上万的企业，如果针对每种产品都进行预测，则所需的基础数据量相当庞大，若没有一个很好的预测系统和企业管理系统（如ERP或MRP等），根本就不可能进行有效预测。而对于一些小企业，由于资源上的局限，即使有大量行业信息、市场历史数据，实际上使用这些数据进行分析预测的少之又少。不管是企业高管还是预测人员，也只是做到经验数据的自下而上汇总，大多并没有经过自上而下基于统计模型的相互验证，也没有把这些基础数据用ERP系统去处理和分析，甚至武断地认为"ERP系统在管理需求尤其在将需求转化为生产计划方面存在巨大的缺陷"。其实这不是ERP的问题，而是销售部门未能提供相对准确的销售预测数据，这样得到的预测结果当然是与真实的需求相距甚远。

第二节　现代企业经济管理模式

进入新世纪以来，我国市场经济体制不断深化改革，在竞争日趋积累的市场环境中，现代企业经济管理模式已经由原来注重生产经营为主的经济管理模式逐渐转变为以重视生产经营为主现代企业经济管理模式。现代企业经济管理模式是一种重视外部市场环境，以经营为重点的决策性管理，其最终的目的是为了提升企业经济效益，促进企业更好生存和发展。该种经济管理模式具备以下几方面特点：

一、成本责任流管理模式

非科学化、非理性化、非程序化、非严格化和非规范化是目前我国企业普遍存在的管理弊端，管理粗放仍然是制约企业发展的主要原因。通过数字化、集成化，实现由粗放管理到集约管理，是我国企业由计划经济环境走向市场经济环境的必由之路。

1. 成本责任流的基本概念及定义

（1）理论来源

动态管理思想体现在许多先进管理模式（如CIMS、MBPII、ERP）中，它把一个个孤立的、静止地活动按照事物运动规律和其自身发展逻辑连接起来，把事物间的联系作为事物运动、发展的重要组成部分，它适应了组织现代化企业生产经营管理的需要，为许多先进管理模式所采用。标准成本制、目标成本制和责任成本制在企业应用较多。

标准成本是在提高效益和消灭浪费下的预计成本，也是企业在正常经营条件下争取达到的目标成本；目标成本是把成本目标从企业目标体系中抽取和突出出来，并围绕它开展各项成本管理和其他管理活动，以指导、规划和控制成本发生和费用支出。成本企划和作业成本法是当今世界流行的两种成本管理模式。成本企画本质上是一种适应现代企业生产经营和市场竞争需要的目标成本管理方法，形式上采用"倒推"确定目标成本，主要着力点是帮助企业开发设计新产品，或者对原有产品进行重新设计，使之更有市场竞争力；作业成本法的主要特点是以作业量代替生产工时作为成本分摊的依据，是适应先进制造技术生产环境的成本控制方法。标准成本制、目标成本控制与责任成本制存在着某种共同联系，而成本企画为责任成本管理中责任成本的确定和分解提供了新的思路，作业成本法为分摊成本和划分责任中心提供了一个崭新的视角。针对我国企业的实际情况，将标准成本制、目标成本制、责任成本控制很好地结合起来，吸收成本企画、作业成本法等最新研究成果，创立适合中国企业的成本管理模式是重要的研究方向。

成本责任流理论对责任成本控制理论进行了拓展，它以动态管理的思想，结合现代集成制造系统（CIMS）等先进制造技术，力求建立基于信息系统支持的成本控制体系，以满足企业成本管理的要求。它的基本出发点是从强化人员责任管理入手，以信息技术支持为依托，以实现企业生产经营计划为目标，建立全员、全面、全过程的成本控制。

（2）作业单元

作业是指作业单元根据责任而从事的生产或业务活动。从成本意义上讲，作业是一种活动，这种活动是投入—产出因果连动的实体，换句话说，它是耗用资源的活动。作业贯穿于动态经营的全过程，是一种可以量化的计算成本的客观基准。作业单元是指企业内部的部门或个人，它与企业的组织机构相适应，是承担企业活动的组织或岗位，它有自身可以控制的成本发生，能够清楚地承担成本责任。任何一个作业单元中责权利都能够紧密结合。作业单元是从事作业的活动主体，它对应于企业组织结构，具有不同的层次，根据职能可以分为管理作业单元和生产作业单元。管理作业单元控制本单元费用的支出，同时其作业对生产作业单元的成本有直接或间接的影响。比如，设计部门是一个作业单元，它除了控制设计费用的支出之外，它的设计结果直接影响到产品成本。

作业单元概念有别于责任中心的概念，它不一定必须可以独立核算。比如，采购环节购进了劣质材料，其价格和采购成本符合采购作业单元的责任成本要求，但是在后续生产环节，由于材料质量问题出现了成本损失，那么，从采购这一作业单元，直至发生质量事故的单元，其间各个作业单元的成本损失都是由采购作业单元累积成本责任的偏差造成的，即采购作业单元的成本责任并没有在采购环节完结，它随着物流和工作流而向下游传递。而这种累积责任造成的损失一旦发生，有时采购作业单元是负担不起的，也就是无法进行经济核算，只能以其他形式追究其责任，这是作业单元与责任中心的本质区别之一。作业单元是责任成本管理中责任中心概念的拓展，是动态管理理念的体现，成本责任在各个作业单元间的传递形成成本责任流。

（3）成本责任

广义的成本责任是指企业内部各个层次的作业单元，根据其管理权限和管理范围所应承担的一定的经济责任，这种经济责任是与企业的费用、支出、利润相关的。狭义的成本责任是指对作业单元承担活动后，结果偏离正确性的一种过失性成本度量。成本责任是与作业单元相联系的，它是分析、评价与考核成本的一组可度量、可评价的指标集，是和企业生产经营活动目标相一致的目标，是作业单元为履行责任而进行作业的结果的正确性标准。例如企业的采购成本总预算是企业活动的目标，材料采购运输成本预算就是一种成本责任。

（4）成本责任元和成本责任流

成本责任流是指由不同成本责任元根据上下游关系相互连接而形成的，传递成本责任的成本管理活动过程。成本责任元对应于作业单元，是成本责任流的基本构成单位。

对一个产品或生产项目而言，成本责任是伴随着产品生命周期而发生发展的，随着产品生产过程的变化，成本责任也会发生转移。作为一个完整的事物运动过程，成本责任需要进行分析、评价，并依据评价结果实施奖惩，以体现责任的约束作用。因此，我们把企业产品生命周期内成本责任的产生、分解、转移、分析、考核以及与之相关的奖罚等处理过程称为成本责任流。计算机集成制造系统（CIMS）通常强调物流、信息流和资金流的集成，这三种流在本质上强调的是其流动的正确性，如物流强调物料流动过程的正确性。责任流是在上述诸流的集成和流动的运动过程中，对其正确性实现的保证。成本责任流是对物流、信息流、资金流和工作流中成本要素流动正确性的保证，它是将上述诸流中成本要素的正确性与对企业组织及人员的管理集成于一体而形成的，它是集成于物流、信息流、资金流和工作流之中的一种特殊的流，伴随着物流、信息流、资金流、工作流的流动而流动。

CIMS 体现了一种动态管理的思想。就责任成本来讲，以动态管理的观点来看，某一个作业单元的责任成本不仅存在于本单元，而且以累积成本的形式存在于其下游各作业单元，即责任成本存在传递和流动的现象。通过上下游作业单元间成本责任的传递机制，成本责任随着业务流程而流动起来，各作业单元之间由此联结成一个整体。

（5）成本责任流的构成要素

成本责任流由成本责任元、定位和结构三要素构成。成本责任管理要求责任元清晰，定位准确，结构合理。成本责任元由责任承诺、责任活动、责任评价结果组成，它本质上是责任成本分解、作业、责任约束及奖惩等活动的最小结构单位。定位是对成本责任根据作业单元进行分解的活动，也是成本责任被分解后所处的不同层次。它为实现对成本责任的考核提供条件，是成本责任流实现正确流动的前提，是使成本责任在不同的作业单元层次上与相应的作业单元实现准确对应的活动。如果立足于整个系统并且从经营期的起始点长期地看，则所有成本项目都应该是可控的。所以可以从企业整体出发，在不同层次上把企业总的成本责任分解成不同作业单元的成本责任，从而实现成本责任的定位。

成本责任是企业活动（作业）和企业组织（作业单元）的函数，是企业对组织和人员实施的一种约束。责任依附于企业活动而产生，并建立于企业组织基础上，企业活动以及企业组织都具有层次结构，因此责任也具有层次结构。对外部，企业作为一个整体承担企业责任；对内部，企业责任由企业内部的各组织单元来承担，这种组织单元可以是对应于企业组织结构的单位或部门，也可以是根据企业成本责任定位要求重新划分的作业单元，即承担成本责任的组织单元不仅要适应于企业的组织机构，还要满足能够划清成本责任、能使责权利紧密结合等成本定位要求。无论是班组还是个人，只要能满足建立作业单元的成本定位要求，也可以成为一个作业单元。所以，可以形成两种模式的成本责任结构，即把企业各组织单位承担的责任称为部门责任，部门责任落实到不同岗位的人员，形成企业责任—部门责任—岗位责任的层次结构；再一种就是企业责任—各层次作业单元责任的层次结构。

2.成本责任流的流动机理

成本责任流的流动机理包括动因、传导机制、保障机制。

（1）动因

动因由结构性责任动因和执行性责任动因组成。责任是与组织结构相对应的，组织结构中的不同管理层次的不同部门（作业单元），对应于自身责任具有不同的权力与权限，这是成本责任产生流动的结构性动因。责任总是与一定的活动相联系，活动的正确性由于责权利挂钩机制而对从事活动的人产生作用。伴随着产品生产制造过程，它的成本责任必须在正确的时间到达正确的作业单元，所以责任具有相对时间性，与产品生命周期相关的责任时间性和责权利挂钩机制，是成本责任产生流动的执行性动因。

（2）传导机制

随着完成由原材料到最终产品这样一个完整的制造过程，成本也逐渐由原材料开始累积转移到产品当中，成本责任随之顺次转移到不同的作业单元，即作业单元对应于企业活动顺序而具有责任传导顺序。如果某作业单元将工作转交给下个单元继续进行，说明该单元的责任已经完成，后续作业单元则要对前序的成本责任进行核实，并开始新成本责任的实施。以动态管理思想，对责任转移要区分独立责任和累积责任。独立责任是指本岗位工作引发的成本责任，而累积责任是指融入前序成本责任在内的一种累积责任。责任传导机制就是要建立独立责任与累积责任的区分和计量机制，明确各作业单元的责任以及上下游作业单元间成本责任的交接关系。传导机制是实施成本责任流管理的保障。

（3）保障机制

保障机制包括约束机制、责权利挂钩机制和监督仲裁机制。成本责任流的基本思想之一，是将企业的成本责任分解为能够相互约束、相互制约的多个作业单元的成本责任，由相关作业单元来实现自我约束。例如，企业的采购成本控制责任可分解为采购员的订单管理和价控员的订单审批，二者之间就有一种责任约束关系。建立好责任约束机制，是成功实施成本责任流管理的重要保证。责权利关系是成本责任流的重要要素，在建立责任约束的过程中，要明确责任，依据责任确定权力和利益，利用激励机制引导作业单元实现责任，避免恶性制约，促进良性制约。建立起责任约束机制后，必然产生一些制约因素，要鼓励对企业有利的制约，克服不利制约，当出现不利制约后，要有一种机制去解决它，这就是监督仲裁机制。监督仲裁机构的特点是：①独立于责任或利益双方，②能从企业全局出发进行仲裁。

3. 成本责任流管理模式

实现责任流管理模式的第一步是责任的产生。企业责任是面向客户及供应链产生的，随着现代企业制度的推行，企业集约化改革的实施，越来越多的企业要通过责任流机制强化管理，但在实施中需要注意以下问题。

（1）多层次全方位责任分离与责任分解企业实施责任流管理，首要一步就是进行多层次全方位责任分离与责任分解工作。这项工作需要在一把手的直接领导下，由专门小组负责。该小组成员必须具有责任心、高度的威望以及有一批经验的领导成员组成。责任分离与责任分解工作应与企业的质量保证体系、企业规范化、标准化结合起来。责任分离与责任分解工作还应注意管理的细致程度。

（2）责权利机制与监督仲裁机制建立责任流

实施责任流管理模式的第二步就是要建立责权利机制与监督仲裁机制。只有有效地发挥监督仲裁机制的监督作用，明确责权利机制三者关系，以服务为中心，形成良性制约关系，解决制约责任流的实施中产生的一些矛盾，才有利于企业的长远发展。

（3）企业信息化以及信息系统支持企业信息

信息化是企业实施科学化管理的基础，是消解企业内部人与人矛盾的关键，所有人员在真实的信息面前人人平等，一切以真实信息为基准，避免责任双方的直接交涉。结合我国企业实际，加强成本与责任之间、责任与作业单元之间关系的管理与控制，从而支持动态成本控制，实现粗放管理向集约管理转化。

二、现代企业可持续发展经济的管理模式

1. 企业可持续发展经济的特征及功能

（1）企业可持续发展经济的特征

企业因其作为经济活动的载体而可形成一定形态的企业经济。根据历史发展的客观进程，我们可以将企业经济区分为三种基本形态，即自然经济时期的小生产型企业经济形态、近现代工业化时期的自由竞争型企业经济形态和走向后工业化时期的生态型企业经济形态。其中，生态型企业经济形态既是前两种企业经济形态特别是自由竞争型企业经济形态的历史性延伸和发展，又是对前两种企业经济形态特别是对自由竞争型企业经济形态的根本性变革。可持续发展企业经济以维护自然生态的有机平衡为主导、以保持和推动企业经济及整个社会的可持续发展为目标、以高科技的迅速发展和全面运用为基础，是一种新型的企业经济。

对于可持续发展企业经济来说，它不再是各个企业可以脱离甚至危害人类持续生存、社会持续进步和生态持续保护而孤立进行的经济活动，而是必须将这类企业的经济活动纳入人类持续生存、社会持续进步和生态持续保护的重要组成部分，并形成.有机构成的整体，成为人类持续生存、社会持续进步和生态持续保护的重要推动力量。因此，可持续发展的企业经济，实际仁是将人类生存、社会进步和生态保护有机统和协调起来的企业经济。以往的企业经济基本上可统称为不可持续发展的企业经济，其总体特征在于，从事经济活动的各个企业往往片面强调本企业雇员（或职工）甚至只强调企业主或经营者眼前的利益，而置长远利益特别是其他人类的利益所不顾，更不注重未来人类的利益。这类企业还往往将各自的经济活动与全球的统性割裂开来，表现为竞相无节制地掠夺自然资源，盲目地"向地球开战"，从而造成一系列"公害"。

而对于可持续发展企业经济来说，作为企业经济的每个经营管理者和参人者并非是孤立的个人，而是整个人类的一分子及其共同生活在"地球村"中的一员，大家都必须共同维护作为整体人类的长远利益和作为整体地球的长远生存，从而表现在所从事的可持续发展企业经济活动中，在其相关意识和行为上都必须高度强化人类整体性和全球整体性。

（2）可持续发展企业经济的功能

生态保护是可持续发展企业经济首要的经济属性和经济职能，也是可持续发展企业经济最根本的功能。凡是需要建立和完善可持续发展企业经济形态的企业，都必须将自然生态的保护放在首位，即在企业经济发展战略和相关项目的确立、企业的选址和建构、各种生产要素的选择和配置、产品结构和工艺流程的设计、企业运行机制的建立和管理等各个方面，都必须以自然生态的有效保护为中心，全方位、多层次地体现可持续发展企业经济的生态性。可持续发展企业经济既是企业经济活动高度社会化的产物，又是加速推进企业经济活动高度社会化的重要力量，因而具有社会化功能。同时，可持续发展企业经济作为社会经济构成乃至整个社会构成的重要基础，其社会化进程与整个社会其他各方面的状况和活动有着广泛而密切的联系，因而这类企业经济的社会化功能，对于整个社会的发展和进步具有重要的意义，从而同样应具备市场化功能。在当今社会历史条件下，可持续发展企业经济的生成和发展，不仅有必要而且有可能在全球范围内配置所有生产要素、推销各种产品，从而企业的所有投入和产出及其相应的生产、流通、消费和分配，都可以通过全球化的市场来实现，使之更有利于充分体现可持续发展企业经济的生态性功能。

可持续发展的企业经济，实际上是高度文明的企业经济，从而具有文明化功能。这主要是因为，相对于非可持续发展的企业经济来说，建立可持续发展的企业经济是人类对经济、社会、自然三者关系深刻认识的巨大进步，是人类文明发展史上的一种历史性飞跃。同时，可持续发展企业经济的建构和运行，所涉及的复杂因素均与科技进步，以及人们的思想意识、理论素质、价值观念、道德修养、行为准则等物质文明和精神文明的历史性进步密切相联系。因此，可持续发展企业经济的文明化功能，是这类型企业经济的重要功能。

2. 企业可持续发展经济的经营战略

（1）战略目标应立足于长远

将企业经济可持续发展的必要性和可能性放在首位，综合各方面情况和因素进行可行性研究，使其指导企业发展的总体经营战略目标能够切实符合人类和地球长远和谐相处的要求。同时，也要兼顾企业眼前的利益，使企业经济在为长远可持续发展奋斗的过程中，能够始终保持良好的现实生存基础。这样，将长远与眼前结合起来，使其制定的战略目标能够成为指导企业经济可持续发展的根本方针。

（2）战略决策应立足于科学

企业经营项目的选择、产品性能和市场定位、资金筹集和运作以及效益预测等，都应建立在科学的可行性研究的基础之上，以便增加高度的自觉性，克服盲目性。在这方面，作为企业经营者不仅要有高度自觉的科学决策意识，而且要充分运用科学的决策理论、方法和手段，还要充分发挥科学决策人才的作用，以便充分保障战略决策的科学性。

（3）战略手段应立足于先进

制定和实施可持续发展企业经济的经营战略，不仅要尽可能争取企业效益的最大化和合理化，还必须对自然资源、生态环境、生产过程中可能产生的"公害"等方面的情况进行周密而深入的考察。这一切，都必须运用先进的科技手段，包括运用精密的科学仪器及其电脑化的网络信息，对极其复杂的大量数据和相关资料进行运算、设计、监测等不可缺少的各项实际工作，才能保障立足于长远而科学的战略决策尽可能精密的程序化及其不断地优化。

3. 企业可持续发展经济的管理模式

（1）可持续发展企业经济应建立生态型企业管理模式

传统的非可持续发展企业经济的企业管理模式，通常忽略自然生态因素的作用，表现在企业管理中往往将企业与自然对立起来，盲目地将企业作为"向自然开战"的"战场"，从而造成对自然生态的严重破坏，并对人类与自然的和谐生存已产生许多无法挽救的危害。与此相对应，可持续发展企业经济的企业管理模式，应将维护和保持自然生态的有机平衡作为企业各项管理的灵魂，将企业的各种行为和活动作为自然生态构成的重要组成部分。

（2）可持续发展企业经济应建立知识型企业管理模式

可持续发展企业经济的管理，不可能建立在以往那种感性或直观经验的基础之上，这主要是因为，这类企业的管理内容、管理手段、管理人才等方面都发生了根本性的变化，在客观上要求实现高度的知识化。因此，作为可持续发展企业经济的企业管理，必须引进广泛的高科技知识，从而建立起知识型企业管理模式。在这种意义上，可持续发展企业经济的企业管理模式，与知识经济时代来临步伐的加快，具有完全的一致性。

（3）可持续发展企业经济应建立开发型企业管理模式

可持续发展企业经济作为一种新型的企业经济，只能在现代日益全方位开放的社会中才能形成并不断推向进步，从而这类企业的管理模式也就应是开放型企业管理模式。相对于以往那种封闭型企业管理来说，可持续发展企业经济的管理，从管理思想的确立、管理机构的设置、管理人员的配备、管理制度的制定，到管理手段的选择、管理行为的展开等方面，都必须同外界乃至全社会的有关方面发生广泛而深入的联系和交流，从而只有开放型的企业管理模式才能与之相适应。

三、现代企业多元化经营的模式

多元化作为一种经营战略，为现代企业所普遍采纳。美国闻名企业史学家钞票得勒认为：从整体上讲，是否实行多元化，是现代企业与传统企业的要紧区别之一。多元化的概念自从 20 世纪 50 年代被提出以来，被广泛应用于各国企业的经营实践。近几年来，我国越来越多的企业或企业集团选择多元化经营战略。不管国内企业依旧国外企业，从其多元化经营的成效来看，有成功的，也有失败的，但多数企业在多元化经营中并未达到预期目标。这就需要人们对其体会教训从理论上持续加以分析总结和提炼。

1. 多元化经营的理论述评

（1）多元化经营的内涵

美国第一个以数量分析为基础研究企业多元化经营咨询题的学者戈特指出，多元化是指企业产品的异质性，他强调的市场异质性不同于同一产品的差别化。因此，能够给企业多元化下如此的定义：即指企业的产品或服务跨一个以上产业的经营方式或成长行为。多元化有动态和静态两种含义：前者指企业经营业务分布于多个产业的状态，强调的是一种经营方式；后者指一种进入新的产业的行为，即成长行为。按照多元化进展程度的差异，能够把实行多元化经营的企业划分为四种类型：第一，单项业务企业，指单项产品销售收入占企业销售总额的 95% 以上；第二，主导产品企业，指单项产品销售收入占企业销售额的 70%~95%；第三，有关联多元化企业，指多元化扩展到其他有关领域后，没有任何单项产品销售收入能占到销售总额的 70%。这种有关多元化表现了企业的一种战略要求，即通过不同业务的成本链联系低成本、技能转移与战略协同获益，通过培养企业核心竞争力来受益；第四，无关联多元化企业，指企业进入与原先业务无关的领域。这种非有关多元化表现为一种财务追求驱动，即进入有获利机会的任何一个产业，而不努力追求战略协同性。

还能够把多元化经营从整体上划分为两类：①有关多元化，即多元化企业生产经营的产品（业务）间，在生产、技术、市场营销等方面具有高度的有关性或同质性，从而在生产经营过程中，能够共用某种经营资源（如设备、生产线、营销网络、品牌或声誉等），即可生产规模经济性和范畴经济性。②异质多元化，即多元化企业的产品（业务）项目间，在生产、技术、治理、市场等方面极少或全然不存在关联性。对企业来讲，采纳这种经营战略能够广泛利用自身的人、财、物、技术、信息等资源，最大限度的开拓市场，向更具前途的行业进展，以改变企业的整体盈利能力和灵活应变能力，求得企业的综合进展，提升自身的竞争能力。

（2）多元化经营的动因

1）分散风险理论

多元化经营通常把企业业务分散在不同的行业中，形成"证券组合"的形式，如此有利于规避行业风险。一个部门或一种产品上的亏损能够从其他盈利部门或产品上得到补偿。由于有利于实现企业利润最大化目标，从而增加企业的市场价值。但值得注意的是，多元化经营并不能全面降低企业的经营风险（要紧指经济周期风险和行业风险），因而，分散风险理论只可能是企业多元化经营的结果，而非其缘故。

2）市场势力理论

事实上质是指：生产多种不同产品并跨过多个市场运作的企业，不需要把某个专门的市场看作是决定企业经营策略的分水岭，也无需像传统营销那样，使其每种产品的销售实现利润最大化；企业在一个专门的市场上所具有的力量不仅是由于企业在该市场中所具有的优势地位，而且还因为企业在其他市场上活动的扩张；通过多元化市场战略而非采取传统的营销策略，企业就能够开发和占有新的市场而保持竞争力。一样而言，提出市场势力理论的经济学家往往过于强调企业多元化经营的结果而非多元化经营的缘故。

3）自然延伸理论

这种观点认为；多元化是企业原经营活动的副产品，寻租企业会利用过剩资源进行多元化经营活动。在六七十年代，进行多元化经营的联合型大企业要紧是研究与开发密集型企业，它们从事研究与开发活动的结果是拥有大量的专有知识。专有知识并不具备技术专用性特点，由于信息的不对称使得这种知识形式通过市场转让的成本相当高，但它又具备公共产品特点，一旦生产出来，在企业内部应用的边际成本却专门小。因此，通过兼并与收购活动进行的多元化经营，被认为能够将研究成果顺利地通过非市场形式在企业内部得到推广和应用。

4）托付代理理论

现代企业由于企业经营者与所有者相分离，当企业经营者没有持有企业股权时，由于股东太分散而不能对经营者形成有效的监督机制时，对企业的经营将有利于经营者而非股东。在所有者直截了当约束减弱的情形下，经营者往往是通过降低企业价值的策略以增加自身的利益，企业兼并专门是混合兼并的显现就能实现这一目的，而企业边界的扩大又是通过兼并收购，实行多元化经营而实现的。在这种明确的鼓舞机制下，经营者必定热衷于通过多元化经营来扩大企业规模实现自身利益的最大化。

2. 多元化经营的利弊分析

企业对利益最大化的追求，无疑是其作为经济人选择多元化经营战略的要紧动机。现代企业专门是大中型企业之因此显现多元化经营的进展趋势，是因为它能给企业带来以下利益：

（1）范畴经济

范畴经济是指关联产品的生产或经营能够节约某些共同费用发生，是因为在一个企业内部，几种产品的生产能够分享共同的信息、机器、设施、设计、营销、治理体会、库存等等。明显，企业选择有关多元化经营战略，在一定条件下能够获得范畴经济。范畴经济实质上是一种协同效应，即两个事物有机地结合在一起，发挥出超过两个事物简单总和的联合成效。有有关多元化所带来的范畴经济具体表现为技术协同效应、生产协同效应、市场协同效应和治理协同效应。

（2）分散风险

在不同行业、不同种类产品之间，产品市场生命周期、价格变动、机会和风险变化状况是不一样的，另一方面，商业循环的起伏、市场行情的变化、竞争局势的演变，都直截了当阻碍着企业的生存和进展。在经济全球化增强，竞争日趋白热化的今天，在任何一个非垄断的、充满竞争的销售市场上，没有哪个企业能确保拥有稳固的且日益增长的市场占有率，因此企业经营单一化的风险日益增大。多元化经营则能够通过把企业业务分散在不同行业和不同种类的产品中，形成类似于"证券组合"的业务组合，从而分散经营风险，提升经营安全性。

（3）形成内部市场以节约交易费用

那个地点的内部市场要紧指内部的资本市场和人力资源市场。企业在外部资本市场上筹集资金往往需要较高的交易成本。通过实施多元化战略，企业能够在内部建立资本市场，使资金在不同业务之间合理流淌，从而提升资金利用效率。其中，内部银行的建立对企业内部资本的形成具有决定性作用。例如，英国石油公司成立了英国石油国际财务公司，为其70家下属子公司提供金融服务，它包括通常的金融业务、外汇买卖、租赁等。企业在外部人才市场聘请人才也需要花费较高的交易费用，包括广告费、付给猎头公司的费用，为选择和面试应聘者所花的时刻成本等。企业能够通过多元化经营形成内部人力资源市场，促进人才在企业内部的合理流淌并节约费用。

（4）充分发挥企业潜能，实现资源的效率配置企业在长期的经营过程中，随着规模的扩大，会持续产生并积蓄超过满足日常生产经营需要的资源，如资金、设备、人员、技术、信息等。这些企业潜在的或能够利用而未开发利用的潜能积存到一定程度时，必定会产生向新的领域开发的强烈欲望，从而形成了企业多元化经营的态势。另一方面，多元化经营，专门是有关联的多元化经营的各种产品设计技术、产品开发技术之间均有一项或几项核心技术贯穿于始终。利用核心技术的统一和谐能力，能够减少新产品的研制开发费用，并提升产品的成功率。在市场营销方面，还能够依靠企业强大的市场操纵能力，经由现有营销网络、渠道向目标市场输送新产品。但正如任何事物都有正反两面一样，多元化经营对企业而言也存在负面阻碍，是一把"双刃剑"。

1）分散企业资源

由于一个企业的资源是有限的，进行多元化经营之后，企业势必要将人财物重新配置，往往会将资源从原有业务分流到新业务中去，同时，多元化经营企业还常常利用其某个行业上的盈利对亏损行业进行补贴，试图达到各行业"平行进展"，此类行为通常会造成企业处于整体规模庞大，但在每一个业务领域中又达不规模经营成效的逆境，结果既失去了主营业务原有的优势，新的业务也构不成竞争优势。多元化非但没能起到分散风险、稳固经营的目的，反而增加了企业经营的不稳固性。

2）增加进入新行业风险

进入新的业务领域需要付出更高的成本以克服产业进入壁垒。由于企业在刚进入一个新的产业时，不具备在此产业中经营的体会，缺乏必要的人才、技术、市场等资源，就专门难在此行业中立足并取得竞争优势，要取得竞争优势就必须付出较高的成本。而且，企业在一个完全生疏的产业环境中经营，往往会遇到较大的风险。

3）造成治理冲突

由于企业在不同的业务领域经营，因而治理与和谐的工作就大大复杂化了。例如，企业在一个业务领域内实行成本领先战略，这就要求企业在研究开发、市场营销、原材料采购等各方面降低成本，而企业在另一个业务领域实行差异化战略，这就要求企业在其整个价值链内寻求差异化的来源，而这种差异化经常以成本的提升为代价，因此，企业在这两个业务领域同时经营往往会造成治理理念上的冲突，使治理效率大大降低。此外，对不同业务单位的业绩评判、集权与分权的界定、不同业务单位间的协作等等，在多元化经营企业中差不多上比较复杂的。

4）降低企业整体价值

单一经营的企业作为多元化经营企业中的一个部门，专门可能在资不抵债时连续生存下去，因为多元化经营企业能够用其他行业方向上的盈利对亏损企业进行补贴，但这种补贴会降低企业的整体价值。由于内部资本市场为企业制造了较多可供使用的资金，企业可能会选择一些效益欠佳的投资项目，从而给企业整体价值带来负面阻碍。我们业已分析了企业在实行多元化经营过程中的利弊咨询题，但关键是企业要如何实行多元化经营战略才能走向成功？近年来，随着实践中许多以往大规模分散化经营的企业纷纷"陷入逆境"以及现代企业核心能力理论的兴起，许多大型企业显现了由异质分散多元化经营向以核心业务为主的专业化经营回来的趋势，更多的企业开始奉行以核心能力为平台的有关多元化。同时，新的经营手段—虚拟经营正悄然兴起，而虚拟经营恰恰是核心能力培养、深化的结果。

3. 基于核心能力的虚拟经营

（1）传统多元化经营的现实与潜在风险

传统多元化（注：传统多元化、异质多元化模式并不一定导致失败，那个地点强调的是传统的模式在竞争猛烈环境下的企业面临的风险，多元化策略的关键还在于企业自身的能力与市场的实际情形）往往是一种不注重核心能力建设、培养、深化的多元化，企业多元化的产业布局往往贪大求全，异质多元化曾一度为企业所求；在同一产业内，企业往往经营着价值链上研发、生产、物流、销售等所有环节；同时建立了大而全的有关组织结构。多元化的初衷是分散单一业务风险以及谋求成长，然而传统多元化着重于大而全的产业布局，同一产业内小而全的经营，因此专门可能分散企业的优势资源，使企业在主营业务、核心业务上投入不足，可能导致本来优势的产品、业务受到拖累；企业兼并重组时，主导企业对重组对象往往回采取加大操纵的手段，如此专门容易导致集权与分权之间的矛盾；企业之间专门可能由于组织、文化的差异不能有效的融合，经营协同效应不能发挥，规模经济、范畴经济也无从谈起；企业缺乏新行业有关的治理、技术、体会支持等等。传统多元化往往机构臃肿，信息纵向、横向传递滞缓、失真，使企业不能有效的贴近市场，总成本费用也过高，即不能及时响应市场，又有过高的成本费用，这是传统多元化的最大劣势。

（2）基于核心能力的虚拟经营的竞争优势

1）虚拟经营的内涵

20世纪60年代企业以成本竞争为竞争焦点，70年代竞争标准演变为质量，而当代以至今后企业竞争的一个新的焦点是企业满足消费者的速度。在如此的环境下，许多企业意识到，仅仅依靠单个企业自身的资源难以创新顾客需求的产品，难以最快的速度满足顾客的需求。企业因而逐步改变其传统经营方式，开始注重与其产业链条上上、下游厂商的紧密联合，甚至与顾客、与产业链条上同一环节的竞争对手联合，以迅速地创新产品，赢得新的顾客。这种以顾客需求为导向，舍弃企业非核心业务领域，用心核心产品、核心业务，以开发、培养、完善、深化使企业可连续进展的核心能力为目标、对企业价值链上非核心能力环节与优势企业，甚至顾客、竞争对手等采取联盟、外包等合作经营形式，以开发快速变化的市场机遇的经营手段，即虚拟经营。虚拟经营的实质是建立在各自核心能力基础之上的企业间资源优化合作配置方式。所以，虚拟经营的显现，信息通信技术是极为重要的推动因素，为企业更大范畴、更远距离、更深层次的合作打下了坚实的基础，从而促进了以企业间合作为内容的虚拟经营的显现。

2）虚拟经营与核心能力的内在关联

迈克尔·波特的五性竞争模型一度是企业战略摸索的要紧依据。波特从产业组织的角度动身，研究行业五种力量的相互作用、制约及系统关系，强调企业经营的关键是要选准一个使企业具有竞争力的行业。但事实上，在专门有吸引力的产业，依旧存在专门多亏损企业；在竞争猛烈产业，甚至黄昏产业，也有一些企业盈利丰厚。因此能够确信地认为：企业在核心能力上的差异，使得同一行业中的企业有不同的业绩表现，核心能力是企业在猛烈多变的现代市场中立足的全然基石，企业如果不具备核心能力，就不可能持久生存、进展。企业核心能力理论差不多逐步成为当代企业主流的战略指导思想，20世纪80年代后世界范畴的并购浪潮的一个要紧特点确实是大量企业把与核心业务无关的领域剥夺出去，同时相应购并同类业务企业，使生产经营范畴更加集中，以培养核心业务与核心竞争力。

从短期来看，虚拟经营强强联合能够迅速满足创新化、个性化的顾客需求；从长期来看，虚拟经营以企业核心能力为基础，它是企业集中优势资源培养、完善核心竞争力的必定选择。缘故在于：①核心能力是现代企业长久立足的全然基石，虚拟经营管理所以应构筑于企业核心能力之上；②核心能力决定了每个企业价值链上存在优势环节与劣势环节，企业期望强强联手以补偿其弱势环节，共同制造产品和服务，猎取更大收益，虚拟经营实质上企业间资源互相合作，优化资源配置的经营方式，企业如果没有核心能力，势必难以成为其他企业合作的对象；③企业资源是有限的，既然要长期深化、培养核心能力就必定将资源更多的投入由核心能力决定的弱势环节，以坚持竞争优势的可连续性，同时争取实现投入产出的最优效益，由于资源更大量地投入了价值链上的这些环节，其他弱势环节则更显劣势，因此更要选择与强势企业合作的虚拟经营模式。

成功的多元化应当围绕企业的核心能力，而虚拟经营以核心能力为基础，它是核心能力深化、培养的必定要求，因此，借助于虚拟经营实现企业多元化进展，在理论上、实践上是完全可行的。具体来讲，围绕核心能力进入有关多元化领域，为了追求最大的经营效益与效率，企业不必具备包括生产、物流、原料供应、销售渠道甚至部分研发、治理等经营环节，外包、联营、联盟等合作经营手段能够被广泛运用。虚拟经营用心于企业核心产品、核心服务，对企业价值链上非核心能力环节强调与优势企业甚至顾客、竞争对手等亲热合作，外包、联营、联盟等合作经营手段正是虚拟经营的典型模式。虚拟经营是以后企业经营手段的主流，是所有企业能够借鉴的一个经营手段。利用虚拟经营以实现企业多元化进展，有关于多元化的传统途径而言，是一条新路子，具备显而易见的竞争优势。

（3）虚拟经营实现多元化的竞争优势

①现代市场顾客需求更趋创新化、个性化，单个企业缺乏提供解决顾客需求整体方案的能力，唯有强强联合才能应对顾客需求的变化。虚拟经营基于核心能力，以顾客需求为导向，以强强联合为经营手段，它能快速有效的满足顾客个性化、创新化的产品需求，补偿大而全、小而全的传统多元化不能及时响应顾客需求的缺陷。

②以核心能力为基础，便于实现规模经济、范畴经济。核心能力是现代企业在猛烈市场竞争中立足的基石，是决定企业业绩差异的全然性要素。多元化虚拟经营以核心能力为基础，追求各种产品在核心要素方面的战略有关性，对非核心能力环节，采取联合、合营、外包等形式，如此便于发挥核心能力的最大效用，从而实现核心能力效用的规模经济与范畴经济。

③虚拟经营集中企业要紧资源于优势环节，并与外部优势企业结盟合作以实现全过程的运作，从而减少了企业传统多元化经营过程中大而全、小而全的庞大投入，因而节约企业人力、资金、技术等资源，有利于企业资源价值最大化，同时也使企业集中更多资源于企业核心能力的建设、培养、深化上，从而实现企业核心能力的培养、深化与企业经济效益提升二者之间一个良性互动循环。

④改革传统企业经营流程，使企业更加贴近顾客、供应商、合作者。由于用心于企业核心能力所决定的优势环节，对企业价值链上非核心环节、弱势环节将采取外包、合作等虚拟经营方式，从而改变了传统企业事必躬亲的经营方式，企业传统的经营流程将发生庞大的变革，企业流程再造的思想与实践将深得人心，企业将建立更加贴近顾客、供应商、合作者的经营流程。

⑤虚拟经营这种强强联合的经营模式有助于降低传统企业多元化过程中技术、市场、供应、物流、生产等各个环节可能面临的风险。有关于传统企业单打独斗多元化的经营方式而言，强强联合虚拟经营实现多元化更容易获得成功。

⑥幸免组织机构臃肿。传统企业大而全、小而全的多元化方式，容易滋生"大企业病"，虚拟经营实现多元化能够防止巨额投资、组织膨胀、机构臃肿，减轻企业负荷，

增加企业应对市场的灵敏性。能够预见，以后社会企业与企业之间联合、合作的范畴将在更深、更广的层次上进行，虚拟经营将是以后企业最习以为常、普遍同意的经营模式，因此，虚拟经营将是以后企业经营手段的主流，企业多元化也必将借助于虚拟经营那个利器，实现企业利润最大化的经营目标。

第五章 现代企业经济管理模式的构建要素

管理模式没有"最好",只有"合适"。管理模式应具有极强的适应性,这样,这种管理模式才能真正成为企业持续发展的保障。企业在构建经济管理模式时应把握以下几点。

第一节 立足于集团的经济发展战略

要从集团的实际情况和可能出发,制定中远期经济发展规划,注重所经营的各产业的协调发展,与环境相协调发展,实现集约节约发展、节能减排保护环境的可持续发展和核心竞争实力大幅提高的跨越式发展,把集团建设成为"创造财富、回报社会、造福员工"的一流的企业。以此发展战略为核心,围绕筹资、投资和经营三大经济活动,在企业经济管理理念、组织结构、管理工具、管理制度和管理方法等方面进行创新,打造适合本集团、立足集团经济发展战略的经济管理模式。

一、企业的内部条件分析

企业战略管理的一个重要的任务,就是在复杂多变的内外环境条件下,求得企业外部环境、内部条件和经营目标三者之间的动态平衡。而企业战略的制定和实施必须建立在现有的实力基础之上,因此对企业内部能力和条件的分析就成为企业战略管理不可或缺的环节。在企业战略管理的理论研究和实践,创造出许多资源和能力分析的方法。

1. 企业资源分析

（1）资源及其类型

资源是公司生产过程中的各种投入物,如资本、设备、雇员的个人技巧、专利、财务状况以及有才能的经理人员。一般来说,资源本身并不一定能产生竞争优势。一种竞争优势可能会来源于几种资源的独特的组合。一个企业要发展，必须要有一定的资源。事实上，无论企业大小，都有多种可利用的资源，只不过这些资源在不同的企业和行业中各有不同的结构和特点。企业发展得如何，取决于这些资源形成的综合能力。通过资源分析，可以知己知彼，使企业对自己有更清醒地认识，了解自己有哪些可利用的优势，有哪些劣势等，并在发展中充分发挥自己的优势，尽量避免自己的劣势。通过资源分析，可以使企业知道自己与外部环境要求的差距。通过资源分析，可以使企业知道自己与竞争对手的差距。通常，根据有形无形性可以把资源分为以下两大类：

1）有形资源

表 5-1 有形资源的类型及表征

资源类型	主要表征
财务资源	公司的借贷能力 / 公司内部资金的再生能力
物质资源	公司工厂的位置 / 设备的精良程度 / 原材料的获得途径
技术资源	技术的含量，如专利、商标、版权和商业机密
组织资源	公司正式的汇报结构及其正式的计划、控制、协调机制

2）无形资源

表 5-2 无形资源的类型及表征

资源类型	主要表征
人力资源	知识、信任、管理能力、组织惯例
创新资源	创意、科技能力、创新能力
声誉资源	顾客声誉：品牌、对产品的质量、耐久性、可靠性的认识
	供应商声誉：有效率、有利益的相互支持的双赢的关系

（2）人力与技术资源分析

1）人才

企业的竞争，归根到底是人才的竞争。

人才数量（不要只看学历）、人才结构、人才的专业技术水平

2）技术

装备与工艺水平先进性、自动化程度、设备的新旧程度（报告期净值 / 原值）、设备的技术状况（能力、性能、完好率）。

3）技术潜力（创新能力）研发费用投入（销售收入的 3%～8%，华为 10%、海尔为 6%、国有企业不到 1%）、研发人员的数量、设备更新率、产品的开发指数（新产品产值 / 工程技术人员数）

新产品产值 = 报告期新产品产值 / 报告期企业总产值

（3）销售资源分析

销售管理分析是对销售组织、销售成绩、销售渠道、促销活动、销售计划等方面

进行分析，发现销售活动中存在的问题及原因，为制订销售战略、有效地开展销售活动提供依据。

2. 企业基本能力分析

在我们识别企业的核心能力和特殊能力之前，我们首先要搞清楚一个企业有多少种基本能力。这里介绍两种最基本的方法：①功能分类法；②价值链分析方法。

（1）功能分类法

所谓"功能分类法"主要是根据每个企业生产经营过程中所必需的各项功能或职能来分析其能力状况。

表 5-3　功能分类法

功能领域	企业能力
公司管理	有效的财务控制系统、多元化公司的战略控制
	专门经验强有力的领导、公司各部门或各事业部门的协调能力
	公司经营哲学的定位有效的激励手段
管理信息系统	协调能力和有效的管理信息系统
研究与开发	迅速的产品更新、知识的广泛应用、基本的研究能力
制造	有效的生产系统、生产过程的优化、灵活与迅捷的反应能力
市场营销	市场反应能力品牌管理和促进能力
配货	送货系统运用产品的有效配送

（2）价值链分析

价值链分析是从企业内部条件出发，把企业经营活动的价值创造、成本构成同企业自身竞争能力相结合，与竞争对手经营活动相比较，从而发现企业目前及潜在优势与劣势的分析方法，是指导企业战略制定与实施活动的有力分析工具。

1）价值链分析的原理

价值链分析的关键是认识到企业不是人、资金、设备等资源的随机组合，如果不将这些资源组织进入生产经营中来，保证生产出最终顾客认为有价值的产品或服务，那么这些资源将毫无价值。因此，内部资源分析必须是一个从资源评估到对怎样使用这些资源的评估的过程。企业每项生产经营活动都是其为顾客创造价值的经济活动；那么，企业所有的互不相同但又相互关联的价值创造活动叠加在一起，便构成了创造价值的一个动态过程，即价值链。企业所创造的价值如果超过其成本，就能盈利；如果超过竞争对手所创造的价值，就会拥有更多的竞争优势。企业是通过比竞争对手更廉价或更出色地开展价值创造活动来获得竞争优势的。

2）活动价值的构成

①主题活动

主体活动是指生产经营的实质性活动，一般分成内部后勤、生产加工、外部后勤、市场营销和售后服务等五种活动。这些活动与商品实体的加工流转直接相关，是企业基本的价值增值活动，又称基本活动。每一种活动又可以根据具体的行业和企业的战略再进一步细分为若干项活动。

②辅助活动

辅助活动是指用以支持主体活动而且内部之间又相互支持的活动，包括企业投入的采购管理、技术开发、人力资源管理和企业基础结构。企业的基本职能活动支持整个价值链的运行，而不分别与每项主体活动发生直接的关系。

（）3企业价值链与产业价值链

企业价值链不是独立价值活动的集合，而是相互依存的活动构成的一个系统。在这个系统中，主体活动之间、主体活动与支持活动之间以及支持活动之间相互关联，共同成为企业竞争优势的潜在源泉。从更广的角度讲，在大多数产业中，很少有企业单独完成产品设计开发、生产加工、市场销售、售后服务的全过程，除非企业具有非常充分的资金和十分全面的能力。因此，一个企业价值链往往是产业价值链的一部分，它同供应商价值链、分销商价值链、客户价值链一起构成价值链体系。对一个企业而言，向最终顾客提供低价格的产品，可能是由销售商的较低的加价来支持的；而向最终顾客提供高质量的产品，也必然离不开供应商提供的高质量的零部件。所以，任何企业的价值链分析，应该放在产业价值活动的系统中进行分析。

（4）价值链分析

1）关键活动的成本标杆

学习价值链分析最重要的应用是揭示具体企业与竞争对手相比的相对成本地位。所需要做的工作就是对每个竞争厂商进行成本比较。其中，该成本是各个竞争厂商为向一个界定清晰的客户群或者细分市场提供产品或服务而产生的。一家企业的成本优势或劣势的规模可能随产品线中各个产品的不同而不同，可能随客户群的不同而不同（如果分销渠道不同的话），可能随地域市场的不同而不同（如果影响成本的因素随地域的不同而有差异的话）。

当今的许多企业都将自己某项特定活动的成本与竞争对手的成本进行比较定位，或者同另一个行业中能够高效地开展相同活动的非竞争对手的成本进行比较定位，就称为标杆学习。标杆学习的核心是比较各个公司开展其价值链中一些基本的活动和职能的优劣程度，例如，如何采购原材料，如何培训员工，如何处理公司的分销，企业推出新产品的速度如何，质量控制开展得怎样，如何处理客户的订单，如何为客户服务等等。标杆学习的目标是理解开展某项活动的最好做法，学习怎样才能降低成本。一旦发现自己开展某项活动的成本已经同其他公司的同一活动的成本不一致了，就应该采取行动，提高公司的成本竞争力。

世界 500 强中，约有 80% 以上的公司进行了一定形式的标杆学习。当然，进行标杆学习时，最难做的是取得比较对象的成本数据。但是，由于进行标杆学习和寻找最佳业务惯例所得来显而易见的好处，使得各企业千方百计地获得所需的数据。如公开的报告、报表、行业协会的研究收集信息，从咨询公司、行业分析专家那里获得帮助，让客户、供应商、合资伙伴成为你标杆学习的联盟。施乐公司是标杆学习的早期开拓者。1979 年，日本的制造商在美国以每件 9600 美元的价格销售其复印机，施乐就派了一个考察团到日本去学习竞争对手的业务流程和成本。幸运的是，施乐在日本的合资公司（富士—施乐公司）非常了解竞争对手。该考察团发现：施乐的成本太高，其原因是在公司的制造过程和业务管理中存在严重的低效性。后来，施乐公司推出了一个长期的标杆学习计划，将公司关键工作流程的 67 个同那些被认为在这些过程上"做得最好"的公司进行标杆学习。最后，施乐公司的产品恢复了竞争力。

2）获得成本竞争力的战略选择

考察企业自己的价值链结构并将它同竞争对手的价值链结构进行比较可以表明：谁拥有多大的竞争优势或劣势，是哪些成本因素导致了这种状况的出现？这种信息对制定战略以消除成本劣势和创造成本优势起着至关重要的作用。竞争企业之间的重大成本差异可能发生在三个主要的领域：行业价值链体系的供应商部分，企业自己的活动部分，行业价值链体系的前向渠道部分。对以上三个领域，可以分别采取下列战略行动：

①对于产生于行业价值链的上游部分的成本劣势，可以采取以下行动：

a. 通过谈判，从供应商那里获得更有利的价格。

b. 同供应商进行紧密的合作，以帮助它降低成本。

c. 改善供应商价值链和企业自己价值链之间的联系。

d. 尝试使用成本更低的替代品。

e. 尽力在其他地方砍掉成本以补偿这个地方的差异。

世界零售业巨头沃尔玛与其供应商的联系给很多企业都会有启示。一方面，它充分利用其规模优势，对供应商进行强有力的讨价还价，尽力获得最低价格。另一方面，它又与供应商结成长期伙伴关系，帮助供应商改善管理。沃尔玛与它的主要供应商宝洁公司的计算机系统相联接，从而建立了一个及时订货和传送系统。当沃尔玛的库存到了货点时，计算机就通过卫星向最近的宝洁工厂发出订单，这些工厂就将其商品送到沃尔玛的分销中心或直接运送到商店。通过双方价值链的连接和协调，宝洁公司能够有效地做出生产计划，进行直线分销，并降低了成本，最后宝洁公司又可以将节约的一部分成本让利给沃尔玛，形成了一种双赢的局面。

②对于存在于价值链体系下游部分的成本劣势，可以采取以下行动：

a. 促使分销商和其他前向渠道减少利润。

b. 同前向渠道联盟或客户紧密合作，以寻找降低成本的双赢机会。一家巧克力生产商知道，巧克力的装运采用罐装车大批量液态装运，而不是用固态的巧克力条，就可以使其生产糖果的客户节约卸装和熔解的成本，而这样做还可以消除自己的巧克力成型成本和包装成本。

c. 转向更具经济性的分销战略，包括前向一体化。如种子公司不通过中间商，直接向具有一定生产规模的农户销售种子。

d. 试图削减价值链体系中其他阶段的成本以弥补这里产生的差异。

③对存在于企业内部的成本劣势，可以采取以下行动：

a. 简化高成本活动的经营和运作。

b. 再造业务流程和工作惯例，从而提高员工的生产率，提高关键活动的效率，提高企业资产的利用率，或者改善企业对成本驱动因素的管理。

c. 通过改造价值链消除某些产生成本的活动。

d. 对高成本的活动进行重新布置，将其安排在活动的展开成本更低的地理区域。如许多发达国家的企业将其制造工厂转移到人力成本较低的发展中国家。

e. 分析自己的价值链，对它进行分解，看一看是否有一些非关键的活动由外部的合作商来完成比自己更为合适。这种做法在电子、电脑、汽车、电信等行业很盛行。

f. 投资于节约成本的技术改善，如机器人、柔性制造技术、计算机控制系统等。

g. 围绕棘手的成本要素进行革新，如对工厂和设备追加投资。

h. 简化产品设计，使产品的生产更具有经济性。

i. 通过价值链体系的前向和后向部分来补偿企业的内部成本劣势。

3. 企业核心竞争力分析

（1）核心能力概念的提出

为什么有些企业的竞争优势相当持久，而另一些企业只能得到短期的优势？普拉哈拉德和哈默将这个问题归结为企业是否具有一种特殊的能力，他们称之为核心能力。核心能力已经成为当今最为流行的概念。核心能力理论是美国战略管理学家普拉哈拉德、哈默于1990年在《哈佛商业评论》上发表的《公司核心能力》一文中最早提出的，其后，核心能力理论在理论界和工商界得到广泛应用。

1）核心能力的概念

又称为核心竞争力（Core Competences），根据普拉哈拉德和哈默的定义，是指能使企业长期或持续拥有某种竞争优势的能力，它通常表现为企业经营中的累积性学识，尤其是关于如何协调不同生产技能和有机结合多种技术流的学识。

所以，核心竞争能力是某一企业内部一系列互补的技能和知识的组合，这种组合可以使企业的业务具有独特的竞争优势。说它是组合，是指它既包括科学技术，又包括管理、组织和营销方面的技能。这些技术和知识的结合方式决定着核心竞争能力的强弱，决定着企业开发新产品、服务市场、挖掘新的市场机会的潜力，体现着竞争优势。

核心竞争能力既可能以某种先进技术的形式表现出来，如英特尔公司的计算机微处理技术、佳能公司的影像技术等，也可能以其他形式表现出，如麦当劳公司快捷的服务体系、美孚公司遍布全球的销售服务机构等。但无论形式如何，核心竞争能力都是多种先进技术和能力的协调集合。如微型化是索尼公司的核心竞争能力，它不仅包括产品市场和生产上的微型化，还包括对未来市场需求微型化选择模式的引导等等。为了形成这一核心竞争能力，公司的技术人员、工程师以及营销人员必须对未来顾客需求的微型化发展方向和自身技术能力的微型化延展方向形成共识，以便于协调各方面的活动。

2）核心竞争力、核心产品与最终产品关系

要正确认识核心竞争能力的内涵，还必须理解核心竞争能力与核心产品和最终产品的关系。核心产品是核心竞争能力的载体，是联系核心竞争能力与最终产品的纽带。同时核心产品又是最终产品的重要组成部分，它构筑了企业最终产品组合的平台。有的学者作了形象地比喻用来说明核心竞争能力、核心产品和最终产品的关系：如果把一个公司比喻成一棵大树，树干和大树枝是核心产品，小树枝是业务单位，叶、花和果实是最终产品，那么提供水分、营养和保持稳定的根系就是核心竞争能力。

企业为了维持核心竞争能力领域的领导地位，就必须在核心产品的生产上维持尽可能大的制造份额。因为企业竞争的目标实际上应是在某种核心竞争能力领域建立垄断或尽可能接近垄断地位。但建立最终产品的垄断地位会受到法律或分散销售渠道的约束，而一个公司核心产品的市场份额的增长就不存在这种限制，通过借用下游合作伙伴的销售渠道和品牌，在核心产品市场份额迅速增长的过程中，企业的核心竞争能力可以得到最大限度地发挥。所以，企业以原始设备或核心零部件供应商的身份向竞争对手或下游企业出售其核心产品，是迅速占领市场份额的一种有效途径。

（3）核心竞争力的特征

1）独特性

从竞争的角度，一项能力要成为核心竞争能力必须有一定的独特性。如果某种能力为整个行业普遍掌握，就不能成为核心竞争能力，除非这家企业的能力水平远远高出其他企业。核心竞争能力的独特性还表现在不易被人轻易占有、转移或模仿。任何企业都不能靠简单模仿其他企业而建立自己的核心竞争能力，而应靠自身的不断学习、创造乃至在市场竞争中的磨练，建立和强化自己独特的能力，这是建立企业核心竞争能力的唯一正确途径。

2）扩散性

企业的核心竞争能力应该能够为企业带来多方面的竞争优势。企业的核心竞争能力就如同一个"技能源"，通过其发散作用，将能量不断地扩展到最终产品上，可以通过一定的方式向外衍生出一系列的产品或服务。如佳能公司利用其在光学镜片、成像技术和微处理控制技术方面的核心竞争能力，使其成功地进入了复印机、激光打印机、照相机、成像扫描仪、传真机等20多个市场领域；夏普公司利用其在平面屏幕相关能力上的领先地位，使其成功地进入了笔记本电脑、便携式电脑、微型电视、液晶投影电视等多个市场领域。

3）增值性

核心竞争能力必须以实现用户看重的价值为最终目标。只有那些能够真正为用户提供根本性好处、帮助企业为用户创造更多价值的能力，才能成为企业的核心竞争能力。用户是决定某项能力是否是核心竞争能力的最终裁判。本田公司在发动机方面的技能称为核心竞争能力，而其处理与经销商关系的能力就不是核心竞争能力。因为本田在生产世界一流的发动机和传动系统方面的能力的确为用户提供了很有价值的好处：省油、易发动、易加速、噪音低、震动小。但很少有用户是因为本田的经销人员的独特能力，才在众多的品牌中选择了本田汽车。

4）可变性

企业的核心竞争能力不是一成不变的，某个企业的核心竞争能力可能最终被竞争对手所成功模仿，并随着时间的推移，逐渐成为行业内的一种基本技能。例如，在20世纪80年代，快捷优质的上门服务无疑是某个家电企业的核心竞争能力。但是时至今日，各个家电企业之间售后服务水平的差距已经大大缩小了，此时售后服务水平已经不是这家企业的核心竞争能力。这种变化在许多行业中都到处可见。因此，企业应该以动态的观点看待企业的核心竞争能力，随时对自身的能力与外界（如竞争对手和行业水平）进行比较和评估，并不断对优势进行加强，以保持持久的核心竞争能力。

二、企业经营战略的分析

现代企业发展战略选择企业要在国内和世界市场的激烈竞争中站稳脚步，持续健康发展，就要制定和实施企业的发展战略。企业经营可以分为两个层次：第一是对现代企业经营环节的计划、组织、指挥和控制过程；第二是对企业未来产品结构、资本股本结构、企业组织结构和人才结构调整的定位、走向的管理。

1. 现代企业战略制定的基本原则

企业战略是关于如何协同不同生产技能及整合多种技术的几何知识。他是沟通、包容以及对跨组织边界国内工作的高度承诺；是指企业的研究开发能力、生产制造能力和市场营销能力，是在产品更新创新的基础上，把产品推向市场的能力；是使企业独具特色并为企业带来竞争优势的知识体系；是一个公司获得成功的关键技术或知识领域；是一个企业人才，国家或者参与竞争的个体能够长期获得竞争优势的能力。因此，现代企业战略制定需要遵循以下原则。

（1）长效性原则

考虑的是企业长期、稳定、健康的发展。所以，发展战略要长远谋划，不能是短期打算或权宜之计行为，发展战略的成效要以长远效益来衡量。

（2）全局性原则

企业发展战略是以企业的全局为对象的，涉及的是企业的总体布局和企业发展的大问题，追求的是企业的整体效果，所以企业战略同时具有综合性和系统性。综合性和系统性是指他从外部环境到内部条件，从经营思想、经营方针、经营方向、经营策略到行动计划等方面，都需要做出综合性系统性的决策。

（3）竞争性原则

企业发展战略是适应市场竞争的需要而产生的，是为了增强企业的竞争能力、适应能力和赢得竞争优势而制定的。因此提升竞争力特别是核心竞争力，就成为企业发展战略的首要目标之一。其具体表现是，密切注视市场竞争态势和企业的相对竞争地位，抓住机遇，迎接挑战，发挥优势，克服弱点以求在"商战"战胜对手，保障企业的长期生存和发展能力。

（4）动态性原则

社会经济活动的随机因素很多，这回事情况处于不断变化之中，人们也不可能预见到未来的所有变化。因此，企业发展战略也需要不断地、及时地作出做出相应的反应与调整，要随着市场供求变化、科学技术的发展、资状况的变化和经济形势、国家政策、国家建设的发展变化而变化。

2. 现代企业战略制定的注意事项

（1）做好企业战略制定的基础工作

制定一个科学的发展战略，要做好大量的调查、研究、测算、论证和比较选择等基础工作。其中包括：对预期市场需求结构的变化及容量的测算；竞争对手的潜在供给、价格和竞争手段的分析以及可能采取的对策；对产品结构调整更新换代可行性论证；

对今后资源供应及其价格变化的测算和计量；对国内外经济和政治形势在预期范围内可能发生的变化趋势及其对企业可能产生的影响和可能长期的对策。弄清楚这些问题，有利于企业把握市场机遇，化解风险和不确定因素，趋利避害，加快发展。同时，还要对企业内部环境和条件的各种影响因素进行分析，以为这些决定着企业技术开发能力、竞争能力和应变能力。

（2）企业发展战略的核心内容设计

制定企业发展战略要设计规划企业产品结构的调整，包括可能进入新领域的最佳时机和原有产品的升级换代、延伸，未来产品的构成，核心技术的定位以及核心能力的培养；规划股本结构的调整，股权结构的多元化和投资融资战略、资本扩张及资产重组并购等问题；规划企业组织结构的设计，包括企业改制，完善决策程序和机制，建立健全企业放权与制衡、授权与监督、激励与约束相结合的法人治理结构；设计规划与企业战略相适应的人力资源战略、科技与研发战略、市场营销战略、产品品牌战略、企业文化战略和秋国际化经营战略等。同时，在制定企业发展战略中，要特别加强企业的创新。创新主要是创立或创造新东西，具有原创新的东西，指过去完全没有的东西，包括知识、思想、观点、方法、技术、材料、产品、市场、制度等，或是将已有的事物，进行重新排列组合，从而带来新的社会或经济效益，即推陈出新的过程和结果。企业创新主要包括产品创新、技术创新、制度创新和管理创新等内容。

（3）企业发展战略的评价与选择

制定企业发展战略是一个复杂的决策过程。首先，选择确定企业战略目标。企业生存和发展的目标是否需要改变，如何改变，这涉及到企业产品或服务的开发方向及市场范围。企业在未来一定时期内，沿着一定的方向将能达到一个什么样的目标。其一，选择确定企业战略措施。企业采取什么样的策略来实现这一战略目标。其二，战略方案评价选择。在制定发展战略时要列出多种方案以供应选择。这是发展战略评价与决策的基础和前提，多个发展战略方案提出后，应该根据一定的标准进行评估，以决定哪种方案最有利于实现战略目标。例如，那些方案能够支持和加强企业实力，并且能够克服弱点，哪些方案能够完全利用外部环境变化所带来的机会，是企业面临的威胁最小化或完全消除等。

3.企业发展战略选择

（1）成长的战略选择

企业发展战略可以简明地归结为两个方面，一个是指企业的发展目标或前景；另一个是指企业通过何种方式实现发展目标。围绕发展战略，企业战略管理应考虑如何利用企业自身的资源在充满竞争的环境中去满足顾客的需求，从而实现价值的创造。

就企业发展立足的侧重点不同，可以将战略管理思维方式划分为资本性竞争战略和市场性竞争战略两种类型。资本型竞争战略是指企业以自身拥有的某些核心资源或能力为基础，实施有效地整合已利用，进而产生和提供特有产品与服务的能力，即形成企业核心竞争力的一种战略性思维和管理方式。很多企业由于种种原因而具备了某种资源，如专利技术、自然资源、人力资源、知识储备等，这种资源可以通过企业所提供的产品或服务体现出来，从而在竞争中获得优势。市场型竞争战略是指企业以市场为导向，立足于满足顾客需求而制定的一种战略性思维和管理方式。在市场经济逐渐成熟的今天，尤其是随着实务性经济向服务型经济的逐步转变，企业与顾客之间的关系也在转变，企业更注重把维系顾客作为持续发展的基础与保障。因此，发现、引导创造顾客讯，满足顾客需求，维系顾客关系，这些都是市场新竞争战略的重点。以上两种类型战略思维并没有优劣之分，作为经济实体的企业，应系统考虑具体的运行成本。

（2）战略成本控制

成本是决定企业产品或服务在竞争中能够取得多少市场份额的键因素，而影响成本的核心是企业的战略成本，而非传统的经营成本。战略成本管理是坚持"以尽可能收的成本支出获得尽可能多的使用价值，从而为赚取利润提供尽可能好的基础"的成本预测、决策，而且还能有效帮助企业正确地选择经营战略，正确处理企业发展与加强成本管理的关系，进而提高企业整体经济效益。

（3）战略保障

制定企业发展战略没有固定顺序，一般而言，需要经过战略调查、战略提出、战略咨询和战略决策四个阶段。战略调查与战略思考是紧密结合在一起的。战略调查要有宽广的视野和长远的目光，要善用直觉并灵活思考，要冲破传统观念的束缚，抓住企业发展的深层问题和主要问题，因着重调查清楚以下因素的实现情况与潜在情况，包括市场需求、竞争对手、生产资源、自身优势、核心问题等，还有查清楚有关事物的联系，既包括空间联系、也包括时间联系、有形的无形的。在战略调查的基础上提出企业发展战略草案。战略草案不需要很具体、很系统、很严谨，但要把核心内容讲述清楚为防止战略失误、提高战略水平，企业在提出战略草案之后、确定发展战略之前，一方面要在内部充分发扬民主，尤其要听取不同意见；另一方面要就整个战略或其中部分问题征求业内人士和战略专家的意见。

（4）改进与创新

就像技术、管理、营销等需要不断创新一样，企业发展战略也需要不断创新。企业发展战略穿心就是研究制定新的企业发展战略。虽说企业发展战略应该保持相对稳定，但并不意味着一成不变。当外部环境或内部条件发生重大变化时，毫无疑问就应该与时俱进调整或重新制定发展战略。智慧有大有小，战略有高有低。企业发展战略存在着水平差异，而发展战略水平又决定着企业其他各项工作水平。因此，企业应该不断进行战略创新并提高水平。要实现战略创新，首先要改变企业领导观念。因为在企业发展的过程中，有的需要重新定位，有的需要重新整合资源，有的需要重新制定战略措施。这就需要企业领导向自己挑战，完全摒弃原有观念，并把战略创新提到议事日程上来。

第二节　建立弹性化的组织管理架构

集团要成为集团本部与下属所有企业的战略规划中心，投融资的决策中心，财务和资金的管理中心，资本运作中心和人力资源的管理中心。在这样的要求下，按照战略愿景、层级管理、权责明确、有序衔接、效率优先的原则，建立弹性化的组织管理架构，使集团的组织架构成为战略执行的有效载体。对于集团公司总部，应该具有"决策能力强，部门人员素质高，管控能力要强"三大素质优势；对下属公司，应要求业务突出，行业竞争力强，拥有做强做大的潜力；对专业化经营公司，要求其必须具备核心竞争力要强，人员业务能力要强，品牌的价值和美誉度要好的特点。

一、弹性化组织结构设计理论基础

1. 组织理论分析

随着历史的发展和现实的经济需要，西方的经济管理理论形成了不同的学派。从19世纪末到20世纪初，企业组织理论开始萌芽，并逐渐大众所认可。纵观西方组织理论发展史及其内容来看，其发展走过了三个历程：

第一个阶段，19世纪末到20世纪初形成的古典组织理论。这一时期的主要代表人物有泰罗、法约尔和马克斯·韦伯。这些西方学者在组织理论方面提出了很多创造性的见解。泰罗创立了科学管理理论，被称为科学管理之父；法约尔等人提出了行政管理理论，对组织管理理论作出了很大贡献；由马克斯·韦伯发展起来的模型理论，对科层组织结构进行了概括性的阐述。古典组织理论领先于其他任何理论的先进性在于，率先运用科学的方法解决组织问题，使其实现系统化、理论化与科学化，这也是它的主要贡献。该理论重点关注组织的结构，对组织结构的设计、组织的运行原则和组织中管理的职能进行了系统研究。企业按照古典组织理论设计的组织架构，有着明显的行政机构特征，缺乏灵活性。

第二个阶段，是从20世纪开始的行为科学组织结构理论，也称人际关系组织理论。较之古典组织理论，行为科学组织理论开始关注组织成员的行为，认为人在组织中的作用更加重要，研究组织成员的个人需要、动机和行为。主要代表人物有亚伯拉罕·马斯洛、道格拉斯·麦格雷戈、乔治·埃尔顿·梅奥和弗雷德里克·赫茨伯格。

第三个阶段，现代组织结构理论是继行为科学组织理论之后逐步发展起来的。主要有结构权变理论、环境决定组织结构理论和经济学组织结构理论。相对于古典组织理论，现代组织结构更为全面、更系统。代表人物有詹姆斯·罗森茨维克、约翰·弗里曼、道格拉斯·诺斯、哈维·莱宾斯坦等。现代组织结构理论基于权变理论，不仅有效涵盖了所有以前组织理论的优秀成果，而且更加重视企业能够根据环境的变化而实现对应组织架构的设计。

2. 组织架构的基本形式

企业组织的结构形式随着组织理论的不断发展而逐渐扩展，常见的组织结构形式主要有直线式、职能式、直线—职能式、事业部式和矩阵式等。

（1）直线式

直线式是最早出现的，它也是最简单的一种组织形式，其特点是上级领导直接对下级部门发号施令，下级部门执行指令，并且上级要对直属下级的任何工作负责。这种组织结构的优点是权责分明，指挥灵活，结构简单，命令统一；缺点是部门与部门间缺少横向沟通，对负责人技能和管理能力的要求很高。因此，直线制只适用于生产规模较小，技术水平较简单的中小型企业。

（2）职能式

职能式组织机构，是按照职能来组织分工，除主管负责人外，还相应地设立一些职能部门和职位，各职能机构在自己业务范围内向下级行政单位发号施令。职能式的优点是组织系统的稳定性较高，工作效率也能相应提高，挥职能机构的专业管理功能集中。但单纯的职能式往往并不存在，而是和直线式融合为直线—职能式组织架构。

（3）直线—职能式

直线—职能式（U型结构），是吸取直线式和职能式两者的优点形成的。直线—职能式结构将企业人员和管理机构分为两种：一种为人员和职能机构，职能机构具有专业化的管理工作的特点。但是职能机构不能指挥部门，只能指导业务。另一种是人员和直线领导机构，直线领导机构和人员可以指挥下级组织，具有决策权和指挥权。我国目前的多数企业都采用直线—职能式，它具有两个优点，①能够统一企业的管理体系；②职能机构可以在上级的指挥下发挥专业化能力进行管理。但是，美中不足的是，直线—职能制的职能机构之间的合作性较差，许多职能部门之间的协作和配合性较差，职能部门的工作在处理之前要向上层领导进行请示报告，这不仅降低了职能部门的工作效率，另一方面也加重了领导层的工作负担。

（4）事业部制

事业部制（M型结构）是一种高度集权下的分权管理体制。目前一些国内外的大型公司多采用这种形式，因为它适合大公司的产品和技术复杂多样，规模巨大的特点。事业部制的运作方式是：由于地理位置的不同以及产品种类的多样化，一个公司划分成不同的事业部，这些部门将负责产品的最初设计到最终的出厂销售的整个流程，包括对成本的预算、材料的采购以及生产等过程。公司总部只负责控制人力资源和公司整体的预算，以及对其进行监督。各事业部门能够实现核算、经营自主化，总公司通过建立利润等指标体系实现对事业部门的控制。

（5）矩阵制

矩阵制改进了直线—职能制职能机构之间合作性差、缺乏弹性的缺点。它的特点表现在围绕一些需要横向协作的重大攻关项目，成立跨职能部门的专门机构，由有关部门派人参加，条块结合完成任务。优点是机构任务清楚、目的明确，加强了不同部门之间的配合和信息交流；缺点是来自不同部门的项目成员的隶属关系仍在原单位，先天缺陷是人员上的双重管理，容易对工作有一定影响。

二、企业组织架构的弹性化建设

首先引入过程分析方法来探讨行政组织的标准化模块建设；其次为使行政组织能适应社会环境的快速变化，强调其弹性化建设：在组织内部建立网络信息系统，并以此为技术支撑实施知识管理和全员参与的民主决策方式，文化层面上建立学习型组织。

1. 标准化和弹性化对传统行政组织的意义

现行组织中行政组织是一种典型—的传统组织，传统又称科层制，是指以分布—分层、集权—统一、指挥—服从等为特征的组织形态，这一组织模式对社会生产力的发展和社会的稳定起到了重要的作用。问题的复杂性在于，任何一种传统—无论是传统的，还是现代的，即某些特征的过度化，因此出现专业化分工过细，规章程序繁琐僵化，唯命是从。

在我国，真正意义上的现代传统尚未建立，但我们不可能先去建立一个有着本质局限性的现代传统，然后再去破坏它，这显然不合逻辑。所以我国在现代传统问题上面临着借鉴与超越的双重任务，为此，我们提出了行政组织的标准化和弹性化建设，标准化的目的在于吸收传统的优点，以维护组织的正规化，如果只讲标准化我们建立起来的必然是一种会出现种种弊端的现代传统行政组织，所以我们提出标准化基础上的弹性化建设。弹性化的目的在于保持行政组织的灵活性，以避免传统行政组织僵化、缺乏弹性的弊端，更好地适应快速变化的外部环境，这也是对传统的一种超越。

2.行政组织的过程分析和标准化模块的建立

诞生于20世纪初的西方政府过程理论与方法，是现代政府学的一个重要组成部分，其最根本的特征在于将现实运行的政府活动根植于现存的社会环境之中，进行动态的考察，来研究政府的各种实际功能以及履行这些功能的相应结构。任何政府体制都是基于一定理论基础上的理想化构建，而现实运行中的政府却受制于法律的完善程度、政府机构的设置和运行机制等客观条件的制约，因而会存在一定程度的"偏离"法律的现象。政府过程理论与方法就是以揭示"偏离"为己任，它既坚持对政府设定的理性化追求，又坚持从实际出发，在对政府活动与外界环境进行相互作用的实然动态把握中，监控政府行为，保证政府的运行和机构设置符合动态变化的环境，并保证依法行政。

将企业产品生产中的全面质量管理的基本观念、工作原则、运筹模式应用于行政组织之中以达到行政机构工作的全面优质、高效。在企业全面质量管理中广泛采用的是过程分析的方法，将这种过程分析方法引入行政组织中，提出所谓的"标准化模块"建设。过程分析即将行政组织中的每一项任务看作一个总过程，并按工作流程识别一个个连续的分过程，制作过程流程图。进而对每一个分过程进行详细的过程分析，明确过程的程序、职责和所需资源，同时要清楚过程的输入和输出，这是过程分析的核心，据此制定出科学合理的过程标准。下图表示了过程的具体含义（图5-1）。这样每一个过程都可以看作是一个标准化的模块，整个部门或机构就是由一个个标准化模块组成的类似于积木的结构。这种过程分析和标准化模块的建立有诸多的优点。

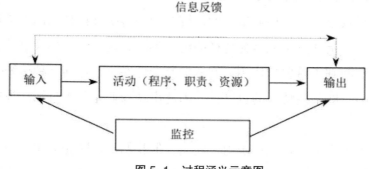

图5-1　过程涵义示意图

（1）整个任务是由一个个分过程组成，各个过程之间是连续和继起的关系，即上一个过程的输出是下一个过程的输入，这也是系统思考的观念。其有效地实现了无组隙政府，能保证了各个部门之间的合作和交流。

（2）标准化模块的建立能够避免领导人和普通官员行政时的主观随意性，保证了政策的严肃性和一贯性，也使得依法行政落到了实处；整个工作任务是由一个个标准化的过程模块组成，这就使得行政工作能够按照既定的标准和程序严格执行，保证了行政的程序化运作；同时统一的工作标准有利于公平行政的实现和行政效率的提高。

（3）当政府机构调整或政府职能转变时，只需变动标准化的过程模块，而无需对整个机构进行"大手术式"的调整，这样就使得机构调整和组织变革变得简单易行，为适应快速变化的外界环境提供了新的管理模式，在一定程度上提高了行政组织的结构弹性。

（4）在进行过程分析和制定过程标准时，实现了隐性知识向显性知识的转化。行政人员在多年的工作中积累了丰富的经验，这实际是一种隶属于个人的隐性知识，正常情况下隐性知识只有通过师徒关系中的手把手教导或是一种经常性的直接交流和沟通才能转变为显性知识。过程标准的制定融合了一种集体的智慧，在这过程中丰富的工作经验都融入到了过程标准之中，这就很好地实现了隐性知识向显性知识的转化。当新人上任时就无须一切从零开始，遵循过程标准的同时就是在共享这种工作经验。

3. 构建知识管理和民主参与的网络信息平台

（1）管理信息系统的建设

管理信息系统是包括一系列数据处理系统和信息系统在内的一个大系统，其宗旨是提供各种适当的管理信息以支持各种管理人员的计划、控制等管理活动；为各层人员的沟通和交流、为信息的传递和知识共享提供一个平台，也就是说，管理信息系统为知识管理提供了一个技术平台。行政组织是一种典型的科层式组织结构，在这种金字塔式的组织结构中，信息要一级一级的传递，每越过一级都要被过滤，所以信息失真的现象普遍存在。管理信息系统的建立，使得信息可以通过网络系统实现平面化的传递，这样传递的速度加快了，信息失真问题也得以解决；传统行政组织中间层的主要职责是上传下达，管理信息系统的建立使得信息传递的职能可以通过IT系统来完成，这样管理的层次缩减了，同时管理信息系统的建立加宽了管理幅度，这些都为行政组织的扁平化奠定了基础，扁平化的组织结构的弹性要大于金字塔式组织结构的弹性，因为信息传递的速度加快了，使得决策速度能适应快速变化的外界环境；另外，管理信息系统还为不同层级人员之间的交流和沟通提供了一个平台，这也为全员参与和民主决策提供了技术支撑。管理信息系统为知识管理和民主参与提供了一种技术支持，而知识管理和民主参与不仅需要技术支持，更需要建立一种共同的愿景和浓厚的组织文化作为支撑，为此我们提倡建立学习型政府，即形成全员认可的统一政府精神，使组织目标和成员个人目标能最大化的统一起来，以实现员工自主管理，并保持对员工的持续培训和注重员工的个人职业生涯规划。这些都为知识管理和民主参与提供了文化上的保障。

（2）行政组织的知识管理

知识管理是通过知识共享，运用集体的智慧来提高应变和创新能力，为实现显性知识和隐性知识共享提供的途径。知识管理的关键涵义在于：它是一种在充分肯定知识价值的基础上，通过特定的信息技术创造一种环境让职员能获取、共享、使用组织内部和外部的知识信息以形成个人知识，并支持、鼓励个人将知识应用、整合到组织产品和服务中去，最终提高组织的创新能力和对外部环境的快速反应的管理理论和实践。现在，知识管理会在组织的创新过程中发挥如下作用：

1）知识管理鼓励在组织内部形成知识共享、不断创新的文化。知识管理就是为组织实现知识的显性化和共享寻找新的途径。组织通过实施知识管理，可以在内部建立起知识共享机制，以相应的激励和考核体系来保障，从根本上有利于组织形成不断创新的文化。

2）知识管理借助先进的 IT 系统工具，将最需要的知识在最恰当的时间传递给最需要的人，促进组织最快最好的实现决策目标。目前市场上已涌现出一些智能化的知识管理系统（KMS），如 IBM、微软、蓝凌等都在推出自己的知识管理解决方案，为各类企业借助先进 IT 工具实现知识管理开山铺路。这些同样是行政组织可以借鉴和采纳的。

（3）实现全员参与和民主决策

对于从事公共行政管理的公职人员决策是一种重要的技能。知识管理的实施在于建立激励员工参与知识共享的机制，培养组织的创新能力和集体创造力；而管理信息系统使管理者更容易得到全面的信息，从而为他们实现理性决策提供了可能。政府信息公开是民主政治的基础，也是开放政府的根本。经由网络系统，政府信息除个人隐私、商业秘密、国家机密等不宜公开外，依其性质让社会、组织、企业公开使用不仅可以使政府信息加值利用；更重要的是便于社会大众、新闻媒体监督政府施政，起到了透明和公开的作用。政府可以借助因特网、电子邮件、电子布告栏等新兴的科技方式，与民众建立一个迅速、有效的沟通途径和信息反馈机制，从而实现和扩大公民对政府公务管理的参与。

随着电脑和网络的逐渐普及，会有越来越多的人由政治体系中的狭隘观念者、顺从者向主动参与者转变，即愿意参与政治，并通过自己的努力可以影响政府决策，从而推动民主制度的建设。

第三节　构建信息化支持系统

企业信息化建设需求迫切，且企业在实施信息化建设过程中面临着诸如项目决策困难、技术信息匮乏、专业人才短缺、资金来源不足、项目风险高等种种困难。为解决这些困难，政府各级部门纷纷建立起相应的专家数据库系统、信息化示范工程、企业信息化技术支持中心以及制造业信息化生产力促进中心，这些实践工作都是企业信息化建设支持工作的尝试和成功经验。总结企业信息化建设支持工作的经验与需求，系统地研究支持企业信息化建设活动的各种外部环境要素及其相互关系，研究、构建与完善企业信息化建设支持体系，为政府把握企业信息化建设中所获得的支持状况，寻求政府服务企业信息化建设的薄弱环节，以提高其服务企业的能力具有重要的现实意义。

一、企业信息化建设支持体系的内涵及其总体框架设计

1. 企业信息化建设支持体系的内涵

企业信息化建设支持体系是指为促进企业信息化建设顺利进行，集成政府、高校、科研院所、企业特别是 IT 企业的各类政策、信息、人才与科技资源，根据企业信息化工程建设的需求，通过建立各种类型的支持实体、支持平台、支持制度与机制，为企业实施信息化建设项目提供相应的方案咨询设计、工程监理、法律法规保证、组织机构导引、投融资政策扶持、人才教育与培训支持等服务，并分类组合形成呈体系化、网络化的有机联系的服务支持系统。

2. 企业信息化建设支持体系的总体框架设计

企业信息化建设支持体系实施主体包括政府、科研院所和提供信息化服务的企业。考察各自的行为特征可知，企业信息化建设支持体系的服务系统具有政府引导和市场调节的双重职能。政府在信息基础设施建设、政府组织机构建设、法律法规配套、财政税收政策等方面发挥作用；科研院所与相关企业在企业信息管理基础理论研究、信息化技术与产品提供及咨询监理服务、信息化人才教育与培训、投融资服务支持等方面发挥能量。

（1）企业信息化建设支持体系服务系统

为此，从两个角度设计构建了企业信息化建设支持体系服务系统：

1）依据影响企业信息化建设的关键因素归类，构建了如图 5-2 所示的企业信息化

建设支持体系框架模型，该模型反映了影响企业信息化建设的关键因素及其作用关系；

2）依据影响企业信息化建设关键因素的实施主体归类，构建如图 5-3 所示的企业信息化建设支持体系框架模型，该模型反映了影响企业信息化建设的关键因素与实施主体间的对应关系。

两种归类模型各有优势，相互补充，前者突出了关键要素的作用及其关系，后者强调了政府、行业与市场的作用及其责任。这对研究各类影响因素的状态以及各实施主体的责任具有较好的指导意义。

（2）企业信息化建设的支持框架的特征

如图 5-2 所示，企业信息管理基础理论和信息基础设施是企业信息化大厦的牢固基石，而政府组织支持体系、法律法规支持体系、信息化技术与产品服务支持体系、投融资与财税支持体系、信息化人才教育与培训支持体系等内容则组成企业信息化建设的支持框架。

1）该支持体系是一个层次结构合理，体制、机制的更新能够适应信息化发展规律，满足企业信息化建设需求的创新支持系统。比如，分层级的组织机构保证，配套合理的财政税收与银行贷款政策扶持，利益独立的第三方咨询与监理支持等等。

2）该支持体系是一个有机网络系统，是互相紧密联系又分工合作的有机整体。它是由政府科研机构、教育部门、科研院所、企业和技术中介机构等组成的有序结构，分别发挥信息法律与信息政策的保证和配合、政策导向、人才培养、技术创新、产品提供和技术服务等各有侧重的功能。

3）政府和市场将分别在战略引导、政策调控、法制保证、资源配置等方面发挥作用。政府主要职能在于制定信息化政策和长期发展战略，增加和引导社会对信息化建设的投入，支持基础和战略性设施建设与研究开发，改善科学和教育基础设施建设，发展教育，培养人才，对国家信息化建设进行宏观的监督和评估。市场及企业需求将对信息化发展起主导作用，企业是信息化建设的主体和投入的主体。

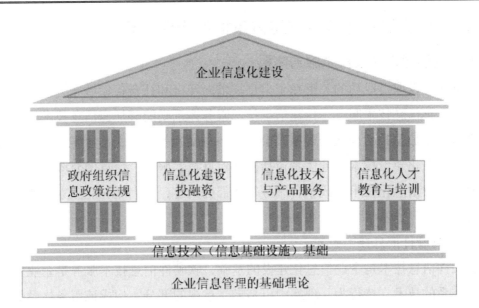

图 5-2 企业信息化建设支持体系框架（一）

如图 5-3 所示，企业信息化建设作为一项复杂的系统工程，需要政府、行业以及市场三方面的通力合作支持。其中，政府主要通过健全信息化法规和财税扶持政策、组织信息化领导小组、推广示范工程、狠抓人才教育以及加快信息化基础设施建设步伐等手段从宏观层面上指导企业信息化建设；行业组织机构则主要通过构建信息化测评与标准体系、提供信息化咨询与监理服务、完善人才培训体系、搭建专家资源库和信息技术服务平台等方式来规范企业信息化的建设；而市场则主要是通过加大信息资源开发与软硬件产品研发力度，以及拓展服务商的服务渠道等方式为企业信息化建设提供全方位的服务。

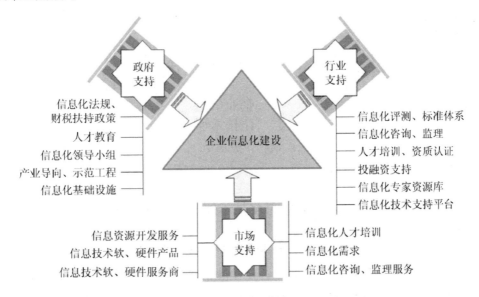

图 5-3 企业信息化建设支持体系框架（二）

二、企业信息化建设支持体系框架构建分析

1. 企业信息化建设技术服务体系

信息化建设取得成功的关键在于信息技术向经济和社会各领域融合渗透的深度和广度，而改善信息技术服务、构建信息技术服务体系则能够加速信息技术的推广，进而可创造一个信息技术应用与经济社会发展各领域良性互动的生动局面。如图 5-4 所示，企业信息化建设技术服务体系包括硬件信息技术服务、信息中介服务、信息组织机构服务以及信息化技术集成平台服务等四部分内容，它们既相互独立又相互交叉、相互支撑。

（1）软硬件信息技术服务

软硬件信息技术是企业信息化建设的基础，软硬件信息技术服务是企业信息化技术服务体系的技术支持行为，现实中也是最受重视的部分。构成该服务体系的关键要素主要包括软硬件信息产品服务商提供的软硬件产品及其技术支持服务和基于技术系统的信息资源开发利用，而企业信息化示范工程建设则为广大企业成功运用信息技术并取得效益提供示范引导作用。要素主要包括软硬件信息产品服务商提供的软硬件产品及其技术支持服务和基于技术系统的信息资源开发利用，而企业信息化示范工程建设则为广大企业成功运用信息技术并取得效益提供示范引导作用。

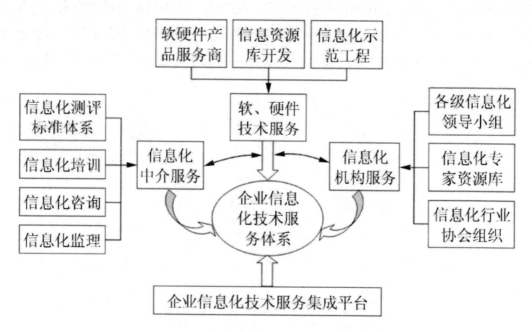

图 5-4　信息化技术服务体系框架

（2）企业信息化建设中介服务，是企业信息化技术服务体系的市场支持行为

市场经济中，面对企业信息化建设日益迫切的服务需求，各类中介服务越来越多，

且调节灵活，易出问题。构成该服务体系的要素主要包括信息化测评标准体系、信息化人才培训、信息化项目咨询以及信息化建设工程监理等。信息化测评标准体系的实施对企业信息化建设具有评价指导作用，信息化人才教育培训是促进企业信息化建设顺利发展的一种长效机制，而信息化项目建设的咨询与监理则是保证企业信息化建设健康发展的质量保证。

（3）信息化组织机构服务，是企业信息化技术服务体系的政府或行业支持行为，是有中国特色的企业信息化建设的组织保证。

构成该服务体系的要素主要包括信息化领导小组、信息化行业组织机构、专家资源库等。信息化领导小组从政府视角、以战略的高度来统筹整个地区的信息化建设，为企业信息化事业发展提供导航；信息化行业组织机构包括生产力促进中心等行业协会，还包括一些营利性的、专业信息化技术服务公司。它们是服务机构中最具活力的组织，其作用主要表现为提供行业所需的共性信息化技术支持、推广行业信息化认证机制，对规范企业信息化建设的市场行为具有不可或缺的作用。现实中，制约企业信息化建设的瓶颈，不是技术，而是高层次的信息化专业人才的缺乏，信息化专家资源库的建设，包括信息技术专家、网络技术专家、企业管理专家在内的、覆盖面广、多门类、多层次的专家咨询网络的构建，对解决企业信息化建设过程中遇到的各种问题予以信息、知识、技术的支持将起到事半功倍的效果。

（4）信息化技术服务集成平台，为充分发挥软、硬件技术服务商、各中介服务机构的作用，实现企业信息化技术产品信息与服务信息知识的共享，提供有效的网络环境支持。信息化技术服务平台包括两类：综合服务平台和技术服务平台。其中，综合服务平台指的是一个为企业信息化建设提供全方位服务的网络技术平台，它是对信息化建设所需的诸如信息资源、软硬件共享、动态联盟、协同产品开发以及人才培训等各种资源的整合；而技术服务平台则专指技术服务，分为共性技术服务平台和关键技术服务平台两种。

2. 企业信息化建设人才开发体系

信息化建设是一项社会性工程，其顺利进行及发挥效益需要历经较长时期，需要各技术管理部门、懂得各类信息技术及其管理等具有复合型/综合型的知识结构和实践技能的专业层次人员的通力合作。这些特点决定了企业信息化建设对信息化人才需求的层次性和知识技术性特征。表5-3展示了信息化建设人才需求的层次性，而表5-4则以CIO为例展示了信息化建设人才需求的技术特征。

表 5-3　信息化人才的分类

信息化人才需求的类型	信息化人才适用领域与作用描述
信息技术研究与开发人才	在微电子、计算机硬软件、网络等各信息技术部门从事研究和开发的专门人才
信息技术应用人才	为社会、政府、企业承担建设、运用和维护信息系统，以及在非信息类专业中运用各类信息技术，提高生产经营管理的信息化水平的专门人才
信息化建设管理人才	承担宏观、微观信息化建设管理任务的专门人才
掌握信息技术应用技能人才	大量分布在各行各业中的从事信息化技术工作的相关专业人才

　　鉴于企业信息化建设对信息化人才需求的本质与社会经济信息化对信息化人才需求的本质的一致性，如图 5-5 所示，信息化建设人才开发体系主要由高等院校、科研机构、信息企业、政府管理部门、社会信息培训机构、企业内部培训部门等整合而成，实现产学研合作、国内区域合作、国际合作的有序互动发展。

　　人才培训是企业信息化建设人才开发体系的重要环节。体系中其他所有要素的作用均体现在基础教育和素质训练方面，良好的基础素质教育为信息化人才的培训与培养打下了坚实的理论与实践基础，并创造了一个良好的外部环境。其中，产学研、国内国际信息化合作开发以及政府管理部门、信息化人才使用与管理这两大体系则是人才开发体系的牢固基石，它们的完善更有助于信息化复合型人才的培养；而高等院校、科研院所、社会化信息培训机构以及企业内部职工教育与培训部门等共同组成了信息化建设人才开发体系的支持框架，有了这些机构的支持，信息化人才的培养才会向纵深发展。

表 5-4　CIO 的岗位职责与技能需求

能力要求	岗位职责与技能需求的具体内容
岗位职责	（1）制定企业 IT 战略规划，协调企业的应用开发；（2）保障企业信息化体系架构的正常运行；（3）决策 IT 服务的类型；（4）建立 IT 部门与其他各部门的战略伙伴关系；（5）保证企业业务流程重组的顺利进行；（6）向企业所有的信息系统使用者提供培训，以保证现有系统和新系统获得最佳应用
岗位技能	（1）熟悉项目开发管理、电子商务知识及有关信息技术的法律、规章制度；（2）能够运用自身 IT 能力在解决业务问题的同时控制成本和风险；（3）具备敏锐的业务导向判断能力，充分了解本企业的业务流程及发展趋势；（4）能够判断和评估新的技术发展对企业业务的适用性；（5）能够与企业的管理团队默契合作；（6）拥有团队建设及驾驭能力
个人品质	（1）卓越的领导能力及人际沟通能力；（2）在复杂多变环境中能够做到游刃有余的能力；（3）锐意变革的精神以及务实的作风

　　总之，企业信息化建设人才开发体系是系统各要素的有机结合，各要素之间分工合作，共同为企业信息化复合型人才的培养提供强有力的支撑。

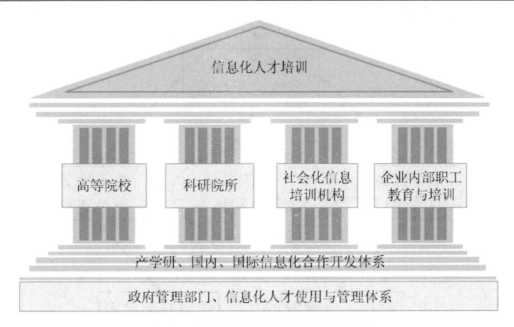

图 5-5 信息化建设人才培训支持体系框架

3. 企业信息化建设政策支持体系

企业信息化政策是政府对企业信息化行为进行控制、引导和宏观管理的一种手段，是调整和指导企业有效实施信息化建设的行动指南和发展规范。

如图 5-6 所示，企业信息化建设政策支持体系是以实现企业信息化跨越式发展与提升区域信息化能力为目的，由财税金融政策、信息基础设施管理政策、电子商务法规、电子政务政策和信息技术及信息系统监理政策等方面构成的。通过健全信息基础设施管理政策，为企业信息化的建设与发展提供高速的网络平台的物质保障，支持企业信息化向产业化纵深方向发展；通过健全财税、金融融资政策，加大政府投资、企业融资力度和对企业的扶持来有效地解决企业信息化建设过程中遇到的瓶颈问题；通过完善电子商务管理政策法规，推动企业电子商务的发展，扩大信息市场需求来实现企业信息化整体能力与优势的提升；通过完善电子政务管理政策，加大政府信息化建设力度，强化信息服务供给来激励企业信息化建设；通过建立健全知识产权保护与信息系统监理政策，规范信息化市场运作，强化对关键信息技术的鼓励政策，引导企业加强信息化产品的研发和技术创新能力。相关政策相互作用、相互依赖，共同支撑起企业信息化建设的政策支持体系。

其中，如图 5-7 所示，企业信息化建设的财税金融政策体系是弹性较大且易于调节的部分，以"企业信息化专项基金"、"企业信息化发展基金"等方式重点扶持技术服务体系和应用示范体系的建设，并在税收信贷上加大相关优惠政策力度，形成"政府引导市场，市场引导企业"的合理优惠机制。金融政策则应体现在二板市场、风险资本、银行资本贷款机制以及信用担保等模块上加大支持力度。

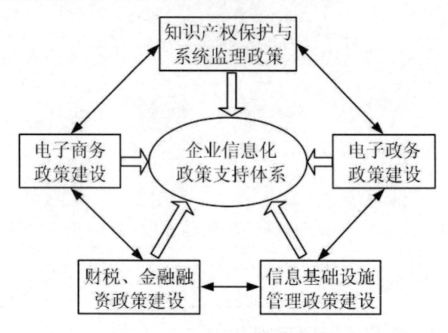

图5-6 企业信息化政策支持体系框架

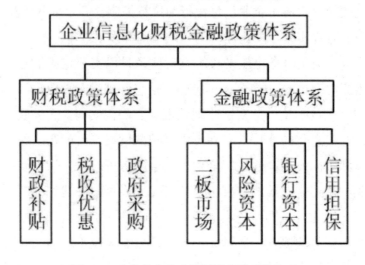

图5-7 企业信息化建设财税金融政策体系

4. 企业信息技术服务平台开发

企业信息化工程的复杂性、长期性、个体差异性决定了其实施过程中需要大量的技术与服务支持活动。建立企业信息技术服务平台，在充分利用现代网络信息技术的基础上将各领域的专家学者及其特有的专业技术、管理知识集成起来，随时为企业信息化建设提供综合信息知识、技术咨询服务，对推进企业信息化进程具有重要意义。建立企业信息化技术服务平台的目的是试图形成一种网络环境下的、基于产学研合作、政府扶持的信息知识技术与人才资源的有机集成和市场导向下的服务多赢机制。即，整合集成高等院校、政府和企业界的人才、政策和技术等各类资源，结合现代企业（信息）管理理论、信息技术和先进电子商务技术，建立网络化的技术服务平台系统，建立市场运作机制，为企业实施信息化工程提供系统的技术支持、人才培训、项目方案规划咨询论证、信息化工程监理等服务，实现企业、科研院校与政府的多赢目标。企业信息技术服务平台的基本结构如图 5-8 所示。

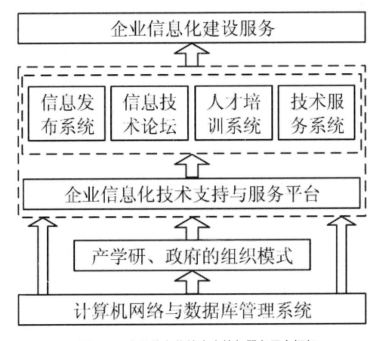

图 5-8　企业信息化技术支持与服务平台框架

第一层为计算机网络与数据库管理系统层，其主要功能是为平台构建提供基础设施支持。其中数据库管理系统包含行业信息数据库、企业 / 产品数据库、技术资源数据库、专家知识库 / 专家信息库、企业会员用户数据库等多个数据库，通过相关数据交换机制以及通讯认证协议和接口规范提供管理维护与应用协调。

第二层是产学研政府合作组织系统，其功能是提供适当方式将科研院所、企业界与政府的有效资源组织起来。

第三层是为该平台专门开发的应用系统，主要包括企业信息发布系统、企业信息化技术论坛系统、网络化人才培训系统、专业技术服务系统。

第四层则是平台提供的综合服务，为实施信息化建设的企业组织、领域专家和信息服务企业提供产品供求信息、技术解决方案、政策法规、人才培训等系列信息服务。

第四节 企业文化的支持

企业文化是企业在创立和发展过程中逐步凝聚的企业精神、战略、价值观以及制度、外在形式等的总和，是全体员工共同遵守的准则和认知。一个企业要是没有一个共同的理念，共同的价值观，共同的文化，要实现企业经济管理进步也是很难的。所以企业文化的建设，也是非常重要的。

一、企业文化概述

1. 企业文化的创立

企业文化学是一门新兴的学科，是对客观实际中的企业文化现象进行深入研究的成果。企业文化作为学术潮流，最基础的形态是经验形态，即企业家本人的经验之谈。其最高形态是学科形态，即创立一门新的学科—企业文化学。

2. 企业文化的概念与内涵

（1）企业文化的概念

现代社会中，从一定意义上讲是企业推动着人类的发展。企业运营情况的好坏，对国家经济有着非常直接的作用。目前全球经济发展的基础是企业，企业是整个社会科技进步的一大主体。有关人员在对全球的许多大公司进行考察和分析之后发现，现代企业有许多有别于传统企业的地方，正是这些差异性的东西在推动着企业的发展。

美国和日本，是世界上最早进行企业文化理论研究和实践的国家。美国式的企业文化和同本式的企业文化，是世界上最有代表性的两种企业文化。企业文化是美国学者针对美国企业过分重视物、重视组织制度和组织结构而提出来的，是作为一种先进的企业管理方式和科学管理技术而逐渐为人们所接受的。作为一种现代企业管理中的新观念形态，与以往的管理理论相比。企业文化强调的不是"物"本，而是"人"本。它在一般的注重企业管理技术和方法的基础上，更多强调的是企业赖以生存和发展的精神环境和外部环境，尤其注蓥"人"在现代企业中的积极因素。企业文化理论是从精神、文化、政治、观念形态等方面的相互影响和制约来证明管理的优越性和推动力的。企业文化是形成于企业内部的一种群体文化，是社会文化的一个有机组成部分，相对于整个社会文化而吉，它是一种亚文化，是企业组织文化的一种特殊形式。

企业文化的形成与发展，对于整个企业的生存与发展都具有指导意义，是一个企业的无形资产。对于企业文化，人们也是从不同的角度，按照不同的理解对它做出不同的界定。在西方至少存在以下几种认识：

1）威廉大内认为：一个公司的文化由其传统和风气所构成。这种公司文化包括一套象征、仪式和神话。它们把公司的价值观和信念传输给员工。这些仪式给那些原本稀少而又抽象的概念添上血肉，赋予它们以生命。

2）美国《组织文化和领导》一书的作者埃及德加. 沙恩认为：组织文化是若干出基本假设所构成的模型，这些假设是由某个群体在它学会怎样解决对外适应和实现内部团结的问题中所创立、发现和形成的。

3）美国《企业文化》一书的作者哈佛大学阿伦·肯尼迪和特伦斯. 迪尔认为：企业文化包括价值观、神话、英雄和象征，这些因素对企业和员工具有重大的意义。

4）《美国企业精神》一书的作者、管理学家劳伦斯. 米勒认为：公司唯有发展出一种文化，这种文化能激励在竞争中获得成功的一切行为，这样的公司才能在竞争中获胜。

比较经典的是西方学者希恩于 1984 年对企业文化的概念做如下表述：企业文化是特定组织在适当处理外部环境和内部整合过程中出现的种种问题时，所发明、发现和发展起来的基本假设的规范。这些规范运行良好，相当有效，因此被用作教导新成员观察、思考和感受有关问题的正确方法。

从管理的角度来看，企业文化是在一定社会文化背景下的管理文化，是一种新的现代企业管理科学理论和管理方法，又是一种精神动力和文化资源。它主张人事管理的主体，又是管理的客体，人处于现代企业生产经营活动的中心地位，在完善对"物"的管理的基础上，突出对人的管理，并把对"人"的管理和对"物"的管理有机地结合起来。在对"人"的管理中，既重视制度和纪律的规范作用，又重视意识形态的作用，把"硬管理"与"软管理"有机结合起来，以"软管理"为主，从而促使企业的物质、制度、精神三大要素协调发展，实现企业管理的整体优化。因此，概括地说，企业文化是通过精神和文化的力量，从管理的深层规范企业的行为，为实现企业的目标服务。

总之，企业文化是在企业长期的经营活动中，不断总结成功经验和失败教训后逐渐形成和发展起来的，是企业内部全体成员共同认可和遵守的价值观念、道德标准、企业哲学、行为规范、经营理念、管理方式、规章制度的总和。企业文化以人的全面发展为最终目标，其核心是企业精神和企业价值观。

（2）企业文化的内涵

企业文化是指在一定的社会历史环境中，企业在长期的生产经营和管理活动中逐渐形成的具有鲜明特色的经营理念、经营目的、经营方针、价值观念、经营行为、社会责任、经营形象等的总和。它反映企业特色，并为企业全体员丁所认同和遵守的企业管理思想、管理方式、行为规范和群体意识。该内涵可以做如下理解：企业管理思想是指企业经营哲学，即企业在长期生产经营活动，形成的价值观和方法论，有人称之为经营之道和观念；企业管理方式是指以物为中心，还是以人为中心，是要求人适应制度，还是主张制度适应人；行为舰范指的是企业职工在生产经营活动中共同制定和遵守的规程、章法和准则，它小仅起调整、约束企业的员工和各部门的作用，而且还能充分调动企业的员工和各部门的积极性、主动性和创造性；群体意识即集体意识和观念，是企业每个成员处处事事都意识到自己是企业整体的一部分的一种意识和精神。

企业文化的使命是通过建立共识价值观并将其凝练成企业精神，采取有效的激励手段，实现企业意志与个人愿望的完美统一。企业文化的任务便是以人为本，充分考虑人的因素，营造"参与"氛围，发挥人的潜能，实现工作效率与竞争能力的提高，促进企业的繁荣与发展。

企业文化是企业的灵魂，良好的企业文化是企业生存和发展的源动力。是区别于竞争对手的最根本的标志。

3.企业文化组成

企业文化是一个有层次性结构的理论体系，企业文化的第一层次是物质文化。所强物质文化，是指企业具备的各种生产条件和生产经营活动所创造出来的成果，包括生产经营场地、机器设备、原材料和运输工具、产品及文化体育设施等。企业文化的第二层次是制度文化，即指企业处理个体与群体和组织、个体与个体之间关系所形成的一整套规章翻度，以及实行这些规章制度的各种具有物质载体的机构设施等。企业文化的第三层次是精神文化，即指企业职工的文化心态和种种意识、观念的总和。企业文化的这三个层次是相互依存，相互渗透、互相促进、是密不可分数。

首先，企业的物质文化是整个企业文化的基础。任何特定的企业文化或各个企业的总体文化结构，都足建立在一定的物质文化的基础之上的。通常人们根据企业的各种物质装备、设施、产品等物化形态的文化因素，来识别和评价相应的企业文化总体。从这个意义上说，离开了作为基础的物质文化，也就无从建立和发展企业的制度文化和精神文化，从而也不能形成某种完整的企业文化形态。

其次，企业的制度文化是整个企业文化的构架。任何特定的企业文化或各个企业的总体文化结构，无不要通过企业的各种制度支撑起来。是这种制度文化，不仅将企业的各种人际关系和活动连接成一个熬体，而且从根本上影响着企业物质文化和精神文化的建立和发展。先进的企业制度有助于企业物质文化和精神文化的舰造，而落后的企业制度是企业创造物质文化帮精神文化的严重障碍。从这一意义上说，企业的制度不仅不可缺，而且对整个企业文化的构成状态起着举足轻重的作用。

最后，企业的精神文化是整个企业文化的灵魂。企业的精神文化，似乎是看不见摸不着着的东西，但却从根本上主导和制约着整个企业文化及其相应的物质文化和制度文化的建设，它处处渗透在企业物质文化和制度的各种因素之中。在企业生产的产品上，总是打着企业精神文化的烙印，凝聚着员工创造力的特点，蕴涵着企业员工群体的心理素质，体现着企业的价值观念和企业精神。企业精神文化从根本上决定着企业文化总体的状态、性质和发展方向。

（1）企业精神

企业精神是企业文化的核心，它是企业在长期的生产经营过程中积极倡导而形成的支配企业员工的一种主导意识，是人格化的企业灵魂，是企业的支柱。企业精神首先是一种群体精神，或者说是一种群体谢、韭意识，他代表了企业内部大多数员工的统一意识，往往是员工的理想、意志和企业目标结合在一起。企业的精神文化是个企业文化的灵魂。企业精神是指企业为谋求生存和发展，为实现自己的价值体系和社会责任而从事管理活动的过程中所形成的并为全体成员认同的思想境界、价值取向和主导意识。它折射出一个企业的整体素质和精神风格，成为凝聚企业员工的共同信念和精神力量。成功的企业都有自己所拥有的企业精神，即有明确的追求目标、正确的激励原则、鲜明的时代特点、深刻的经营管理哲学。

（2）企业价值观

企业文化的核心部分是价值观，或称作企业领导者价值观。人的价值观无时无地不有，任何一个时间，任何一个地点，任何一个人对于任何一件事情都有不同的价值观。企业价值观是指一个企业从上至下所一致认同的，将大家凝聚到一起，对企业发展有利的价值观、道德观、法制观。如果一个企业全体职工的价值观，在事业上自觉地与企业高层领导的价值观保持一致，这就表明，企业文化开始形成。

（3）企业道德与管理制度

企业道德作为企业文化的一部分，以正义与非正义、公正与偏私、诚实与虚伪、善良与邪恶为标准的道德评价和道德命令的方式，调节着企业内部之间以及企业内部和外部之间的各种关系。包括企业领导者与员工之间领导与服从及相互尊重的关系，员工之间相互配合与竞争的关系，企业与员工之间"相互尊重，企业优先"的关系等。企业管理制度是基于企业价值观和企业道德而形成的一系列规章制度，包括人事管理制度、生产经营管理制度以及民主管理制唐。

（4）企业形象

它是企业精神、行为规范、员工素质等整体的外部反映，它是使本企业与别的企业区别开来的特征所在，也是人们对企业综合认识后的一种印象反映。现代企业越来越重视企业形象的塑造，进行形象设计，采取 CI 战略，并注重选择时机，组织大型公关活动，提高知名度，通过良好的企业形象促进企业竞争力的提高，增强员工荣誉感和自豪感。企业形象包括以下几个方面：

1）社会形象

这是指企业对公众负责和社会贡献的体现。企业要树立良好的社会形象，一方面依靠实事求是地宣传自己的社会形象，另一方面在力所能及的条件下积极参与社会公益活动。

2）产品形象

所谓产品是指人们使用或消费市场提供的物品来满足某种欲望或需要。它既包括有形的物品、组织和构想，还包括无形的、在消费过程中得到的良好服务和享受。对于企业来说，社会公众主要是通过产品质量和服务来了解企业的，同时在使用产品和享受服务的过程中不断形成对企业感性化和形象化的认识。因此，能够提供优质产品，优良服务的企业，总是能够赢得良好的社会形象。

二、企业文化建设

1. 企业文化建设的内涵

在理解企业文化的基础上来看企、非文化建设。所谓企业文化建设，其核心内容是指企业正确价值观体系的形成，是企业正确处理企业和国家，企业和社会，企业和个人的关系，从而真正体现企业效益、国家效益、个人效益的完美统一。企业的自主经营必须服从国家的利益，企业的职工是企业的主人，企业在追求发展目标实现的同时，要为职工的个性发展创造条件。简而言之，企业文化建设实质上就是如上所述的企业物质文化、制度文化、精神文化的建设。

2. 企业文化建设的意义

企业之所以要重视企业文化建设，原因主要有以下几点：市场经济要求企业管理必须走文化管理之路。一定的经济基础产生一定的文化模式。在市场经济条件下，它的生产方式是社会化的、开放的、富有创造活力和竞争精神的生产方式，这就必然孕育融与其相互依赖、相互作用、相互制约、关系密切契合的管理文化。市场经济条件下的现代企业文化，是经济发展进步的必然产物。具体表现在以下方面：

（1）市场经济解放了生产力，解放了人的精神文化世界

随着企业经营机制的转换和走向市场，增强企业活力，提高企业素质已经成为建立社会主义经济体制的中心环节和关键所在。市场经济下的企业靠的是技术进步，改

善内部管理，提高势动力素质等手段来实现经济增长。

（2）市场经济下的企业是依靠技术、依靠知识的企业，因此必须以强大的压力鞭策着企业重时期追求各种文化知识。标志着"科学技术是第一生产力"的观念已经成为企业发展的支柱，成为企业职工的心理定势和自觉行为。

（3）市场经济和改革开放使世界范围内的管理信息传播频率加快，不同国家、不同类型的企业管理模式相互合理吸收、兼畜并容。

市场经济下企业的快节奏要求企业必须把职工文化娱乐生活纳入企业发展规划，使职工从中得到休息、愉悦，从而真正体现马克思主义认为的娱乐产生于生产劳动，是生产力再生产的真正含义。

3. 企业文化的建设

当我们进行文化分析时，是将文化作为一种静态物来对待的。事实上，企业文化永远处在动态之中，它不断结合企业的生产经营、组织管理的实践进行完善。企业文化问题与不同国家制度、不同民族特点、不同经济环境、不同具体条件等，都有非常紧密地联系，而且还存在各个企业的具体起点不同，发展的历史不同，传统文化不同，人员结构不同等情况。因此，在探讨企业文化的建设时，既有适合企业共性的一般原则，也存在适合企业个性的具体原则。

（1）一般原则

企业文化建设的一般原则，是以企业的共性作为分析的前提，是各企业进行文化建设时应遵守的共同原则。

1）明确企业文化目标，突出个性特色

文化目标是企业文化目的的阐述，明确了企业的文化目标，企业文化就明确了发展的方向，就可以依据目标，确立相应的价值观念，企业哲学、企业精神、企业宗旨、道德规范和行为准则等，就可以取得企业人对文化的确认和认同。只有在企业人对文化目标明确的基础上，才可能产生创立企业文化的行动，使企业文化顺利发展。没有明确的目标，企业文化建设就是盲目的、无序的，文化功能和作用就不能正常发挥。"多头"建设和发展的结果，不可能产生有力量的文化，只会在空洞的企业文化的躯壳下，繁荣团体亚文化。

文化目标及其相应的文化体系，应突出文化个性。个性是文化的力量所在。只有鲜明的个性化的企业文化，才可能有最直接的社会文化识别。众多的企业文化面向社会，社会最先发现并承认的是具有鲜明个性的企业文化。没有个性的企业文化，只能淹没在企业文化的沙石中，默默无闻。企业文化向社会辐射，并影响社会文化的作用也就无法发挥。

2）强调企业文化的主体性

从企业管理的角度来看待企业文化，要建立自己的企业文化必须坚持自己文化的主体性，不能简单地照搬国外现有的文化，拿来主义的结果是失去文化依托的无根文化，最终不会长命。企业文化是社会文化的亚文化，它不能脱离母体文化独立存在。因此，承袭民族文化传统，是坚持企业文化的主体性的重要内容。

3）强调企业文化的群体性，增强企业人群体参与性

企业文化是群体文化，需要企业人对企业目标、企业哲学、企业价值观、企业精神、企业宗旨、企业道德等进行整体确认和认同。离开整体参与，企业文化将会蜕变为企业阶层文化、小团体文化。尊重企业人的主人翁地位、尊重企业人在创立企业文化中的主体地位、尊重企业人个人价值观和心理要求，提高企业人文化行为的自觉性，是创立企业文化的重要条件。群体行为是文化行为的表现。只有在企业文化的作用下，企业群体表现出一致性的行为时，才可能表现文化影响力。

4）企业文化的创立应面向时代，面向未来企业文化要有超前意识，要有时代感。文化创立要有高起点。这种观点的哲学基础，即意识与物质的不同步性。马克思主义哲学认为：在生产力落后的地区并不一定意外着文化的落后，在生产力先进的国家文化并不一定先进。物质与意识并不存在必然的同步性。企业文化建设一定要树立超前意识，要面向未来。未来企业之间的竞争将是企业文化的竞争，企业的成败直接受到企业人的素质、企业文化的力量的影响。科学技术的发展使企业在"硬件"上同益接近，"软件"上的差距是未来企业的战略重点。只有高起点、高品位的企业文化，才可能支撑起现代化的企业，才能在未来企业竞争中立于不败之地。

（2）具体原则

一个企业创立新型的、充满活力的企业文化，是对计划经济体制基础上陈旧、惰性的企业文化提出否定。企业文化建设的具体原则，是企业峰持自己的个性特色，在未来的经济竞争中，以鲜明的个性化的企业文化获取竞争优势的条件。失去企业文化的个性，意味着失去企业文化的力量。所以，每个企业在建立企业文化时，不可忽视具体原则。这些原则有助于该企业文化区别于其他企业文化，建设企业文化的具体原则包括如下内容：

1）确立企业价值观

企业价值观是企业文化的核心，是企业文化建设的主轴。企业价值观是以企业为主体的价值观念，是一种企业人格化的产物。主要是指企业精神和部分意义上的企业哲学。企业的价值观决定了企业的基本特征。在一个企业的不同文化方面，往往存在着一种被人们最重视的根本性的文化方面，它影响着其他文化方面的形成和发展，只

有围绕着这种文化方面，其他文化才有存在的价值。它被人们称之为本位文化。本位文化决定了企业的个性，它对企业的发展最为关键。企业文化的本位文化的实质是企业的文化价值观。

企业的价值观是企业的主导信念。日常信念围绕主导信念可以派生许多，但主导信念是唯一的、排它的。

确立企业的价值观需要所有企业人的共同努力。但是价值观的最初出现是由企业的最高领导层及其助手们提出的，然后逐级传递下去，并根据实际情况，不断修正。可以说企业家对企业价值观的影响至为重要。

文化的力量不是来源于文化本身，而是有正确文化价值观的人。人以自己的行为和思想来表达文化的力量。因此，企业的价值观需要我们将它用于指导企业的运行，规范企业行为，从各个不同的角度，对企业人产生影响。一种价值观的确立，不是一蹴而就的，需要长期的培育。

2）促进企业文化与企业经营战略统一

分析企业目的，以企业生产经营为中心，使企业文化战略同企业经营战略相统一，完成两大战略目标的对接。

企业的文化战略和经营战略的目标是一致的，但不能说两者是相同的物体。企业向社会输出产品和服务时，可以说，它在销售企业文化的物化的东西，但不能说，它销售的就是企业文化本身。文化战略是应经营战略而生的，它因帮助企业更好地完成经营战略而表现出文化的力量。不能因为经营而忽略了文化，同样也不能因文化而忽略了经营。经营是企业的目的，文化是企业的手段。

3）重视企业人的培育

重视企业人的培育，就是创立以企业人为主角的企业文化。任何文化都离不开人，人既是文化的创造者，又是文化的享受者。人是文化的起点，也是文化的终点。在创立企业文化时，重视人的因素，这已经成为成功的企业文化的获益者的共识。

4）继承企业优秀的文化传统

新企业文化并不是创立在一片废墟之上。旧企业也并不是一片文化的荒漠。各个不同的企业都有自己的文化传统。在创立企业文化过程中，不能忽视原有文化的存在。事实告诉我们，对原有文化持虚无态度的企业，根本不可能以博大的胸襟创立新的企业文化。

各企业的文化传统是历史的沉淀，它们的存在有一定的合理性。如有的企业有维护民族尊严、自强不息的传统；有的企业提倡主人翁意识、提合理化建议的传统；有的企业有艰苦创业、勤俭办企业的传统；有的企业有树劳模、评标兵的传统等等。这些优良传统是创立企业文化时需要发扬的因素。对文化传统的继承要建立在新的基础之上，应根据时代的变化，赋予新的文化内涵。

5）注意改善企业的外部环境

任何企业都处在一定的外部环境下生存和发展。企业文化是企业人适应外部环境的表现。企业的外部环境，包括政治、经济、资源、民族传统、社会法则以及其他企业的发展状况等。这些外部环境，不仅影响着企业的生产经营活动，而且影响着企业成员的思想和行为取向。如社会的政治和民主气氛状况，会影响企业成员对企业的关系程度、一体感程度以及凝聚程度。社会的经济和竞争环境状况，会影响企业成员与企业生存和发展的支持程度和紧迫感，影响企业成员与企业共存共荣的程度。民族的传统文化环境状况，会影响企业成员对旧观念、旧做法、旧习惯的改革程度，树立新观念和新作风的程度。

企业的组织文化和经营文化二者之间，对企业的外部环境因素更敏感的是经营文化。外部环境中的同行竞争企业，是企业经营文化直接注视的目标。确立一个实力远远超过自己的企业作为竞争对手，是伟大的理想。向竞争对手学习是值得鼓励的，如果只是模仿竞争对手，这样在经营文化上就毫无个性而吉，也就失去了文化的力量。企业真正需要的是不断创新，在创立企业文化的问题上，"我们会成功，因为我们与众不同"。这句话是永恒的真理。

6）重视企业民主建设

企业文化是建立在民主的价值观与信念之上的。没有企业民主就没有企业文化。企业民主是企业人全体参与创立企业文化的条件。只有在民主的氛围中，企业人才可能感觉到自己被尊重、被理解、被关心、被爱护，才可能调动企业人参与创立企业文化的主动性和创造性。企业民主影响企业文化改造和创立的各个方面，企业民主程度的高低直接影响企业文化的发展层次。企业民主对企业文化的影响是通过企业中人的因素来完成的，因此，离开民主，企业文化永远也改变不了企业人的文化行为。企业文化只能是毫无约束力的文化条文。

7）重视树立典型和英雄榜样

重视典型和英雄的榜样力量，塑造群体的"领头羊"。典型和英雄，是企业文化的人格化。每个企业的发展，虽然是通过群体的力量来推动的，但是，不能忽视群体中出色卓越的典型事例和英雄模范人物的鼓舞、带头作用。"榜样的力量"是无穷的。如果一个企业的全体成员都平平庸庸，就不会产生创新，就不会有竞争，就不会有进取的动力。每个企业都会涌现先进模范人物，这些人往往被企业视作企业的英雄，企业在宣传这些英雄的同时，还要重视企业英雄的塑造，他们对企业人的影响是非常深远的。因为本企业的典型和英雄劳模就生活在员工的身边，处在同样的企业环境中。这样的榜样，使企业总是处在一个不断竞争，不断进取的文化之中。

8）重视对企业人的精神鼓励

企业文化的根本立足点在于对企业全体成员精神的激励，使企业成员的精神力量在激励下转化为物质力量，转化为现实的生产力。因此，企业文化建设中，所提出的企业的目标、企业宗旨、企业价值标准、企业道德等，应能被企业人所理解、接受并执行，以达到鼓舞群体的作用。每一个人都有精神的需求，这种需求不仅仅表现在对物质的欲望上，还包括个人价值的实现，被人尊重、重视的程度，荣誉感等等，精神激励就是为了满足企业人的精神需求，充分激发出企业人潜在的创造力。

4. 企业文化的功能

（1）导向功能

企业文化建设的导向作用主要是以其自身的价值观、行为准则把企业成员凝聚到同一目标上，形成统一观念、统一意志。此外，或通过企业目标表明企业价值取向行为，引导企业成员自觉地为实现企业特定的目标而努力，或通过企业管理理论、方法、技术等企业行为的制度法规，指导企业实践活动。在引导过程中，始终创造一种适合的文化氛围，让职工在潜移默化中接受共同的价值观，避免强制因素的参与。企业的导向作用使企业的员工有了强烈的向心力，对企业发展产生了巨大的推动作用。

（2）凝聚融合功能

文化本身是一种极强的凝聚力量，对一个企业来说尤为如此。当一种文化意识得到认同后，就会成为一种黏合剂。从各个方面、各个层次把企业成员团结起来，使企业职工改变原来只从个人角度出发建立价值取向的状况，树立一种以企业为中心的共同价值观念，从而潜意识地对企业产生一种强烈的向心力。

（3）约束功能

企业文化建设的约束作用是一种软约束而不是硬约束。它以不成文的而约定俗成的、无形的、非正式的、非强制的各种风情规范、人际伦理关系准则，对每一个职工的思想和行为起到约束作用。如果一个职工违背了约定俗成范围的规范、伦理和准则，作为一定道德觉悟的人，在自省时就会感到内疚。所以，企业的职业道德是自我约束的重要因素，它借助于社会舆论、社会评价的力量对涉及到企业内的一切行为，都从道德的角度加以约束，从而达到规范和协调企业行为的目的。同时，它也能激发企业人员认真钻研业务，充分发挥个人才能在工作中处理好各方面的关系。

（4）激励功能

所谓激励，就是激发人的内在动力，使其行为有利于组织目标的实现。企业文化建设的激励作用是以人的本质，即人的需求作为依据的。企业文化的作用就是使企业职工尽可能在物质和精神上的需求得到充分的满足，从而激发他们的创造力和主动性，为企业发展作出贡献。

（5）传播功能

企业文化建设的开放性，决定了它的全方位的辐射作用。企业形象向社会展示了自己的管理风格、经营状态、精神风貌、服务态度、产品竞争能力等信息，从而得到社会的承认和肯定，获得自身生存发展的长期环境，进而促进社会文化的进步，这些构成了企业文化的传播作用。企业文化如果不能很好地发挥传播作用，这就意外着企业的某些特长将无法进行成功地传播，那么企业独到的优越性就无法引起公众注意和认可，这就意味着企业无法完全发挥其特长，赢得公众的信任和好感，获得有利于企业的资源输入和输出。

（6）育人功能

文化具有育人功能。精神文化在哺育人方面，具有全面覆盖性、浓缩集中性、外在内化性的优点。企业文化同样有育人功能，它的成长发育过程，实际上也是职工的精神境界、文明道德素养得以提高的过程。

5. 企业文化的基本特征

作为整个社会文化的重要组成部分，企业文化既具有社会文化和民族文化的共同属性，也具有自己不同的特点。它的基本特征包括以下几个方面：

（1）企业文化的核心是价值观

价值观念是企业文化的核心，大部分企业的成功在于全体雇员能够分辨、接受和执行企业的价值观。它是企业在追求成功经营的过程中，被其绝大多数员工所信奉和推崇的价值取向或基本行为准则。企业价值观具有以下基本特征：

1）调节性

企业价值观以鲜明的感召力和强烈的凝聚力，有效地协调、组合、规范、影响和调整组织的各种实践活动。

2）评判性

企业价值观一旦成为固定的思维模式，就会对现实事物和社会生活做出好坏优劣的衡量、评判，或者肯定与否定的取舍选择。

3）驱动性

企业价值观可以持久地促使企业去追求某种价值目标，这种由强烈的欲望所形成的内在驱动力往往构成推动组织行为的动力机制和激励机制。从总体来看，价值观具有不同的层次和类型。优秀的组织总会去追求崇高的目标、崇高的社会责任和卓越创新的信念。

（2）企业文化的中心是"以人为本"

有人认为管理是一门科学，但它并不是一门精确地科学。"现代管理之父"美国的泰勒推行"科学管理运动"，采用科学方法来处理管理问题，但并不考虑人的个体差异性的存在，也不考虑人群关系，未免机械化。以"人"为中心，对企业实行"人性化"管理，是企业文化制度区别于其他管理制度的最本质特征。企业文化的主要特征表现在：

1）企业文化的"人文性"

作为企业文化的理论基石，人本管理思想是营造企业文化的重要准则。正是如此，企业文化表现出强烈的人文色彩，它以前所未有的高度关注和重视人的多层次需要，关注和重视企业员工的价值和自我实现，提倡团队精神，上下平等和亲密合作。"人文性"是企业文化区别于其他管理活动的一个根本特征，它将人看成是"企业人"（社会人），而不是简单的"经济人"。在处理人与企业的关系上，强调"企业即人"、"企业为人"和"企业靠人"。

2）企业目标的"共识性"

它体现在企业建立共识，尊重员工个人，追求团队精神的特征上。企业目标是企业价值的具体化和明确化，企业管理者通过推动全体员工对企业的政策、目标等达到共同的认识来提高企业的凝聚力，激发员工努力奋斗的豪情与协作精神。企业单靠一个人的个人努力是远远不够的，因为企业是由众多员工组成的整体，必须发挥整体力量。企业员工的团体意识能使每一个人对企业产生一种强烈的向心力、归属感，从而增强企业的和谐。每位员工都会自觉承担应负的责任，调节自我的情感、行为，使之与企业整体相联结。

3）企业管理的"民主性"

在管理中注重调动员工的积极性、主动性和创造性，培养他们的"参与"意识，积极倡导员工自觉地参与企业经营管理甚至决策。存企业经营管理中贯彻参与原则，需要企业员工的努力，除此之外，关键还在于企业领导的重视，它体现了企业管理民主程度的高低。

4）激励形式的多样性

企业文化注重人的不同需要，强调用激励方式作为实现企业目标的主要手段。在激励的过程中，应注意激励形式的多样性。如理想激励、领导行为示范激励、竞赛激励、榜样激励、荣誉激励、情感激励等。不仅在形式上要多样化，在内容上也应该不断变化以适应企业职工的特点和形势变化的情况。

第六章 企业经济管理规范化创新的必要性

我国当代企业的发展形势较为严峻。在经济发展的过程当中，我国普遍存在着粗放型的经济增长模式，有的企业内部组织较为松散、人员流动性大、企业发展滞后、观念较为落后以及管理落后等等，这些问题的存在会严重制约企业的发展并给企业带来很大的压力。所以，最大程度上减少企业的经营成本，加大经营收益和管理效率，发展环境友好型以及资源节约型企业是我国目前大多数企业的强烈愿望。因此，我国企业应及时转变经济增长模式，走环保、安全和可持续发展的道路。

随着经济时代的来临，经济全球化深入发展，我国企业面临极大的挑战。当今社会对于网络化、信息化的要求越来越高，企业必须要从管理手段方面加大信息技术的投入，从本质上改变经营管理模式，从而保证企业获得更多的经济效益以及更大的发展空间。与此同时，经济全球化的不断深入使企业面临更加激烈的竞争，因此对于其竞争理念和竞争方法都提出更高要求，使企业和政府、社会以及其他有关的行业联系更加密切。

第一节 企业管理创新是提高企业利润的有效举措

一、企业管理创新过程介绍和现状述评

1. 企业管理创新概述

企业管理创新对于企业的正常运行具有重要的作用，它不仅可以提高企业的管理水平和运行效率，而且可以提高企业的经济绩效。企业是一个复杂的系统，因此在分析企业问题不可以片面地分割的眼光分析企业。控制论强调，系统任何一个微小的变动都会引起巨大的影响，无论是积极影响还是消极的影响。例如，一个公司的突然倒闭很可能只是因为一个很小的问题。所以企业管理创新的过程是不容易发现和衡量的，

因为任何一个创新都会改变企业的运行方式。因此企业管理创新对企业有多方面的影响。企业管理创新不仅在企业的正常运行有着重要的实际应用，而且一直是我国理论界讨论的热点。企业倒闭，企业运营产生问题都应该从企业管理创新上找到相关起因。无论是表现良好的企业还是绩效很差的企业都应该时时刻刻注意企业管理创新，只有这样才能维持企业长久的竞争优势。

企业管理是通过对本企业所处的市场、政治法律等外部环境有着准确判断的基础上，综合协调企业内部人力资源、财务资源、企业文化等内部资源，充分挖掘内部潜力，采取一系列的激励机制，通过协调、控制、计划实施等一系列博弈，使企业达到良性、协调运转的方式方法。而这样的企业管理，必须符合整个国民经济的发展趋势并顺应潮流达到企业与社会的互利共赢。因此，企业管理创新必须是现代企业制度下的创新，只有符合现代企业制度的企业管理才有生命力。

现阶段理论界对企业管理创新研究还刻意追求西方理论界的研究成果，很多制度规范的实施仅仅刻意地去模仿西方的企业管理创新的行为准则制定和实施，因此其结果总是未能达到预期的效果，究其原因主要包括以下两个方面，首先，对西方企业管理创新的研究仅仅停留在表面，而没有深层次的研究企业管理创新在西方企业的使用范围和产生起源。企业管理创新涉及到很深层次因素的影响，因此为了更好地研究企业管理创新，应该从其法律文化因素追求。其次，中国企业也具有与西方国家不同的国情和特点，所以会造成水土不服的现象。

2. 企业管理创新的发展过程

企业管理创新大体经历了两个阶段的发展，一个是早期的科学企业管理时期，在管理科学时期，基本认识是管理即决策。决策人不应是经济人而是管理人。管理人是组织中的人，管理者利用组织克服对决策合理性的制约，从而实现合理性。这一时期，管理创新以管理行为为核心，注重决策的有效性和科学性，采用数学模型和计算机工具。代表性模型有：决策理论模型、盈亏平衡点模型、库存模型、资源配置模型、网络模型、排队模型、模拟模型等。另一个企业管理创新的发展时期最早起步于二战时期，由于各种先进科学的引入，使得企业管理更加多样化。管理理论和管理实践更是不断创新。系统论、权变论、计算机控制、价值管理、数字化管理、学习型组织、流程再造等一个接一个被提出和推广应用；管理内涵日趋丰富和人性化。企业由追求利润最大化转向追求整体价值最大化和承担社会责任，人由劳动力转变为人力资源和人力资本；管理组织管理，正在走向以潜能开发、人力资本的价值增值为主体。金字塔式的组织结构转向扁平化组织结构、团队式管理的运作模式；管理手段日趋长期化、激励化、自动化和系统化。依靠刚性的制度管理转向以共同愿景聚集企业的向心力，短期激励转向长短期激励结合，物质激励转向情感激励。

二、企业管理创新对提高核心竞争力的作用

创新是现代企业进步的原动力。知识经济时代的管理者，必须把握管理创新的发展趋势和新要求。应认真分析激发组织创新力的影响因素，不断进行创新实践，以增强企业核心竞争能力，使企业获得跨越式发展，实现持续成长。

1.企业管理创新是提高企业核心竞争力的迫切需要

（1）企业管理创新是企业实现"两个转变"的要求

目前正是我国实现经济体制转变和经济增长方式转变的关键时期。实现两个转变必然要求企业管理进一步创新。一方面，在计划经济体制下企业管理是以生产为导向的封闭型、被动型、粗放型、物本型的管理模式。而随着社会主义市场经济体制的建立和完善，企业的性质发生了根本性变化，并已逐步成为市场竞争的主体，市场机制的作用由此而大大加强。这种情况，又必然要求企业管理进行变革和创新，以建立起以市场为导向的开放型、自主型、集约型、人本型的管理模式。另一方面，在高度集中的计划经济体制和短缺经济形势并存的环境下，多数企业只需埋头生产，并无库存和积压之虞，因此投资饥渴和扩张欲望经久不衰，从而形成了粗放型经营的发展方式。这使得管理只能是粗放的，能源与原材料消耗高、资源利用率低、浪费严重、效益低下的现象普遍存在。现在我国经济已经走出短缺奔向"过剩"，经济增长方式也正由粗放型向集约型转变，这就要求企业必须把提高产品质量、改善产品结构、节能降耗、提高附加值和增加经济效益放在重要位置。因此，经济增长方式的转变也要求企业管理必须创新。

（2）企业管理创新是经济全球化的要求

经济全球化的发展，给中国企业管理带来巨大冲击。为了与国际贸易、国际企业接轨，必须转变传统的管理制度、方式、方法和手段。在这过程中为提高组织效率、增强竞争能力，国外企业纷纷改造传统的金字塔型的企业管理组织成为网络化、扁平化、弹性化的组织，这要求我国企业也要树立全球管理意识，强化全球管理战略，建立专业化协作、市场营销的国际网络和高效率的企业管理组织，从而保证在全球范围内最大限度地利用资源和最优化地配置资源，以获得全球化的最大利益。

（3）企业管理创新是知识经济时代的要求

现代经济是以知识为基础的经济。知识经济有别于以土地、劳动资源为基础的农业经济和以能源、原材料为基础的工业经济。它以智力资源、无形资产为第一配置要素，以科学知识、科学技术对社会经济发展的推进工作动力，以导致科技与经济相互

促进的良性循环为主要特征。知识经济的兴起，将对我国企业管理提出严峻的挑战。知识经济是一种信息化经济，它要求企业在管理手段上加大对信息技术的投入和应用，在经营决策上注重掌握和运用决策支持系统，在作业流程上进行重新安排或彻底更新；知识经济是一种网络化经济，它要求企业减少管理层次，加快信息传递和反馈速度提高管理效率；知识经济是一种智力支撑型经济，它要求企业管理人员尽快转变思维方式，更新知识结构，在管理思想上从重视物的管理转向以人为本的管理，并提高企业人员的学习能力；知识经济是一种可持续发展的经济，它要求人们重新审视企业与社会的关系，重视环境管理。总之，知识经济必然要求企业管理在各个方面推进变革和创新。

2. 企业管理创新的价值取向

明确企业和决策者的对外价值、决策者的使命感和责任非常重要，这决定了企业的自身在社会中的定位。企业家应该思考的问题是对整个经济和社会作出贡献，社会责任是企业管理创新价值取向的核心。

（1）企业经济效益和社会效益和谐统一

企业是社会的一分子，在谋求自身发展的同时，也要为社会发展尽一些义务。虽然社会效益和企业利润有时会发生冲突，但更有相辅相成的一面。既要讲究经济效益，也要承担社会责任，是企业能够长期存在、永续经营的根本所在。我们必须引入企业社会效益经营理念，强调企业管理创新的社会价值取向。社会效益是企业获得长期利益的重要保证。企业和用户、社会的关系是客观存在的，没有了这种关系，企业也就不复存在了。在企业经营过程中，如何对待用户，是否注重社会效益，对企业长期利益的获得和发展至关重要。社会效益是企业的无形资产。企业的公益形象，能使所有者和经营者依托有形资产获得更多效益，具有促进企业有形经济资产原子裂变式增长凝聚人心的功能。而社会效益需求是企业经营的最高境界。有学者把企业对技术的需求分为五个层次，即：安全性需求、营利性需求、独立性需求、超常发展需求和社会效益需求，这些需求呈阶梯形结构，社会效益需求处于企业需求的最高层次，也是企业存在的原本目标和价值。

（2）企业经营者必须具有强烈的社会责任感

许多企业之所以在一瞬间轰然倒塌，主要是由于失去了社会公众的信任，前有安然的假账事件，后有三鹿的毒奶粉案件。企业经营管理者应充分认识到注重社会效益和企业长期利益的一致性，在注重和追求社会效益的过程中获取企业自身的最大利益，走社会效益和经济效益同步发展的路子。虽然企业的目的是所有者利益的最大化，但也要考虑经营活动对他人、对社会可能产生的不良影响，要以社会伦理规范自身的经营活动，以民族责任感审视企业行为，最基本的是要做到企业的发展不是以损害他人为前提，不是以牺牲环境为代价。只有企业经营者人人自律，企业才能有一个良好的整体发展环境。行业协会和企业家俱乐部等社会团体也要发挥作用，引导企业树立管理创新的社会价值取向，大力宣传先进企业和优秀企业家，形成示范效应。

（3）企业要形成自己独特的企业文化

企业文化是企业在长期的经营管理过程中逐渐形成和发育起来的企业价值观、经营观、企业信誉及企业制度、传统和企业精神等的总和。在当前社会主义市场经济条件下，开展企业文化建设，塑造良好的企业形象，提高干部职工的整体素质，促进企业两个文明建设同步发展，是企业文化建设的目标和根本。企业文化建设，必须从本企业的实际出发。①培育企业精神，塑造企业形象。企业精神是企业文化的核心，培育和发展企业精神是企业发展的动力源泉。没有良好的企业精神就不可能有良好的企业形象。企业应根据各自的工作性质，确定或提出一些适合本企业实际的核心理念，明确目标，激励职工为企业的发展而竭尽全力。②培育企业道德。企业道德是企业形象的内在要素，是实现企业战略经营目标的关键所在，如忠于职守、安全生产、科学管理、遵章守纪，职工之间互相信任、协作精神等，这都是企业在市场竞争中站稳脚跟的要素，也是企业发展和振兴的力量源泉。加强企业精神建设，树立企业的良好形象，关键是提高人的素质。要从加强教育入手，不断完善管理机制，增强法制观念。把提高职工的文化素质，作为企业文化建设的一个重要任务。把学习知识经济和创造学习环境结合起来，使自学、业余学习、脱产学习、培训等方法有机结合起来。企业要把提高员工的文化素质放在重要的位置，作为一项长期性、战略性的任务来抓，不断提高全员的整体文化素质，从而增强企业在市场经济中的核心竞争实力。

三、企业管理创新与企业经济绩效的关系

近年来很多大型的制造公司和金融公司的突然倒闭，暴露了企业管理过程还存在很多问题，比如震惊全球的安然公司的破产，揭示了企业管理过程在会计监督过程中的严重问题。因此企业管理的模式和观念必须时刻创新，以满足不断变化的市场环境的需要。企业管理创新与企业经济绩效的关系可以表现在两个方面：积极影响和消极影响。

1. 企业管理创新与企业经济绩效的影响

企业管理创新无论从短期利益还是从长期利益来讲，都会对企业的经济绩效产生很大的影响。短期来讲，企业运行效率更加迅速有效，一方面可以快速适应市场快速的变化，另一方面也能够使企业满足不断增长的利益需求。从长期来看，会对企业的

工作人员，企业文化和企业制度都产生深远的影响。企业管理的创新，必然会带动企业制度的变化，能够使企业在内部形成良好的学习氛围，为后期的企业管理创新提供了良好的氛围。另外需要特别指出的是，企业管理创新还能带来很多外部环境的优化，比如投资者会加大投资力度，吸引更多投资者的目光。因此企业管理创新是一个不断良性循环的过程。

2. 企业管理创新在实施过程的阻力

企业管理创新过程中存在很多的阻力，一方面，企业高层管理者不愿意制定一系列的企业管理创新控制制度。另外一方面，企业也淡漠企业管理创新的因素，认为企业管理创新没有什么实际价值，但是为了企业长期持续的健康发展，企业管理创新是不可或缺的。很多基层管理人员和一线工人头脑中，很少有人能够意识到企业管理创新所具有的重要作用，由于很多一线工人和基层管理人员缺乏相应的理论知识，很多人甚至没有听到企业管理创新这个概念，也不了解企业管理创新所涉及的过程及目标，因此即使制定完善的企业管理创新制度，也很难付诸实施。有的管理者甚至认为企业管理创新是对企业发展的一种制约和束缚，会加大企业的工作负担。观念上的偏差在创新的管理过程中表现出来。企业管理创新在实施过程中另一个值得讨论的问题就是：企业管理部门和其他部门之间的独立性和信息的不能正常沟通。因此导致企业的管理创新无法在部门之间实现信息的交流和沟通。

四、提高经济绩效对企业管理创新的几点要求

1. 构建有利的企业文化

加强企业管理创新现阶段，企业文化的研究一直是企业管理研究的热点问题，如何构建良好的企业文化，对于员工的工作环境和企业的正常运行都有重要的影响。很多学者认为企业文化决定了企业经营状况的好坏。文化是一种无形却充满力量的影响力，它对组成整个企业的成员起到约束凝聚以及协调组织的作用，文化可以凝聚一个企业的集体力量，推动企业更快更好的发展。财富无法创造出绚烂的文化，然而一个企业凝聚的文化却可以给企业带来意想不到的巨大财富，一个企业建立独特的文化理念，那么这个独特的文化理念无形中就会为企业带来很多积极的影响，企业最终获得生产经营丰收的硕果。组建企业文化的创新管理模式，必须具有超前的风险意识，才能使企业的文化理念在迅速发展的社会中逐渐成长并完善。

2. 完善企业管理创新的管理机制

良好的企业规范制度是一个企业有序运营的根本保证。不仅对于企业如此，对于任何社会单位的有序运行也是如此。如果企业有健全的管理制度，那么企业管理创新

必然会收到良好的结果。现代企业的四个基本特点是的产权清晰、权责明确、政企分开、管理科学。这些特点都是良好企业规范制度的基本表现。企业的规范制度包括两个方面："软"因素和"硬"因素。软的方面强调企业必须以人为中心，在企业管理创新的实施过程中，必须切实考虑到员工的实际需求，只有这样才能收到更好的效果。硬的方面要求企业必须要有严明的规章制度，规章制度的制定不能单单地表现在纸面上或者口头上，必须将这些规章制度落实到实处，无论是企业员工还是高层管理人员违反了规章制度，都要受到相应处罚，那么在这种条件下企业管理创新才能收到预期的效果。

3. 建立清晰的企业管理创新绩效评估体系

绩效评估包括很多方面，对于企业来讲，可以有财务绩效、员工工作绩效、产品绩效，虽然不同的绩效衡量企业运营的不同方面，但是它们都具有一个共同的特点，公正与实用。如果任何绩效考评标准不能够体现公正与实用，那么也不会取得良好的企业管理创新结果。例如，对于财务绩效如果失去了公正，那么投资者会依赖错误的信息，这样对投资者等利益相关者的决策造成很大影响，员工的薪酬绩效评价若失去实用和公正，会导致员工消极工作，在某种程度上也会影响企业管理创新的效果。因此企业在构建绩效评价体系时，必须时刻体现体系的公正和实用性，只有这样才能收到更好的企业管理创新结果。

五、创新文化对企业绩效影响的过程

创新文化作为一种时代的产物，国内外对它的研究还处于起步阶段，更为缺乏它对企业绩效作用机理的研究。

1. 创新文化对企业的影响

创新文化作为企业文化的一种类型，具有区别于其他文化的鲜明特性，这也是研究的核心所在。将从创新文化的构成和特征为出发点，分析创新文化对企业产生的影响。

（1）创新价值

观创新价值观是企业创新文化中内在的、不易察觉的构成部分，它也是企业创新文化的核心，这种理念和精神潜移默化地影响着企业的每一个成员。根据学者吕飞的研究，创新文化价值观主要指企业追求持续发展、对待风险的态度、反应速度以及自治程度，这些特征要素都对企业产生不同影响。

企业追求持续发展的理念，会对员工的态度和行为产生巨大的影响。首先，在一个积极向上、奋发图强的企业中，每一个企业成员都会察觉到一种竞争意识和机遇意识，会产生一种责任感和成就感。更重要的是，这种领悟能产生对企业理念、道德行为规范和企业精神的认同感。这样就会使企业成员尽量和企业协调一致，尽量融合到企业的精神风貌当中去，谁也不会甘于落后。

此外，追求不断进步的企业，常常为自身树立不同阶段的目标和长期发展的愿景，通过文化的导向作用，员工能清晰地了解企业未来的发展方向。因为企业这种蓬勃向上的精神，激发了员工对企业的责任感和使命感，为了实现企业的发展目标，员工会更加努力工作，并通过个人知识和技能的提高为企业作出贡献。

如果一个企业是生命型企业，以企业生命健康、稳定的可持续发展为目标，那么这个企业就会建立一个长远的技术创新和人力资源管理的发展规划，不断加大对研发的投入力度和对科技人员的重视及奖励程度。在这种情况下，企业目标就能和个人目标完美地结合在一起，科技人员就有可能最大程度地发挥自己的创造力，在为企业进行技术创新创造效益的过程中实现自身价值，最终达到企业和个人双赢的效果。

对待风险的态度是创新文化的显著特征，毫无疑问，勇于冒险，容忍失败是进行创新活动的前提。无论何种创新活动，都面临着不确定的环境和结果，可以说，企业每次成功的创新都要经历无数次失败的尝试。一个惧怕风险、惩罚失败的企业，必然导致员工安于现状，不愿尝试任何新思路、新方法，按部就班地工作。如果企业对于创新成功或失败都给予肯定，鼓励员工从失败中学到知识，并不断肯定这种创新行为，员工的创新积极性将不断提高并尝试新的方法，终将获得更多的创新成果。于芳分析了组织结构与文化类型对技术创新的影响，如图6-1所示，文化中的风险与创新意识、发展观都与组织结构的其他方面形成循环，最终影响技术创新。

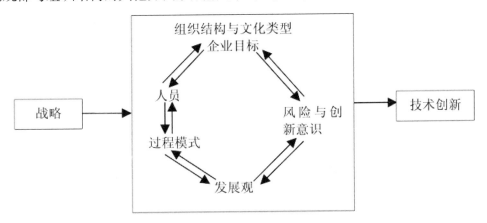

图6-1　组织结构与文化类型对技术创新的影响

给予员工充分的自治权（自主性）也会影响员工行为。首先，给予选择工作过程的自由培养了员工的创新能力，因为它给予了人们怎么做的自由，这加强了员工的内在激励和责任感，在工作过程中的自由度也使人们可以最大限度地利用其专业知识和创新思维来解决工作当中所遇到的问题，这种宽松自由的环境，能促进创新行为的发生。

因为，只有企业利益相关者感到自己的目标、理想和价值观通过企业的活动得到实现时，他才愿意为企业付出尽可能大的努力，这就表现为价值观认同和公平感会促使员工进行技术和管理上的持续创新。因此，普通的胡萝卜加大棒的物质激励方式仅能够强制各类资源所有者在与企业进行合作时，较完全准确地执行合约的内容。但这并不能激发各个利益相关者的创新动力。只有当他们所认同的价值观得到企业的认同和给予后，他们才在完成工作的基础上增加创新的动力，这需要企业建立以创新为核心的价值观，以促进员工进行创新活动。

（2）激励制度

激励制度作为创新文化的外在构成要素之一，主要是指组织内激发和调动员工创新积极性的制度，包括物质激励与精神激励，如对创新成果的奖励、树立创新模范等。企业的创新激励主要分为物质激励和精神激励两个方面，他们都能促进创新，激励各种创新行为发生。研究表明，在一定水平的物质激励，即个体能够保证生活舒适的条件下，对个体内在需求的激励比外在需求的激励能更容易激发创造性行为和思想，在这个条件下，精神激励就成了推动创新的首要因素。

可以说，组织中激励创新的体制是个人从事创新活动的重要动力，也是管理创新与技术创新的基础。无论是树立创新模范的精神激励，还是对创新成果的物质奖励，都能充分地调动员工的创新积极性，促进员工在各个岗位上进行创新活动，实现企业的管理和技术方面的创新。

企业通过对成功创新的奖励、树立创新模范、制定创新指标等一系列激励手段，使员工意识到自己与那些创新成功者的差距，对于那些没有完成创新任务的员工，能知道自己的实际绩效与期望绩效的差距，而员工为了缩小这些差距，会努力进行个人以及团队的学习，以提高自身的创新能力。

（3）行为模式

行为模式也是创新文化的外在构成要素，集中表现为对不同行为的不同态度。提出不同意见被视为创新的积极行为，而将沉默视为不受欢迎的行动。创新的行为模式还在于部门间的多样化多渠道的交流，鼓励每个员工参与到其他人的创新项目中。显然，这种交流和参与的行为必然使每个员工都积极地投入到学习和交流中去。此外，建立行为模式是企业激发员工创新行为的有效方式，通过对有效创新行为的标准化和模式化，员工就会知道什么样的创新行为是有效的，是受企业欢迎和可以得到奖励的。一般来说，企业通常会先观察那些能够获得良好绩效的创新行为，然后把这些行为在企业中积极推广，以供更多的员工效仿。如鼓励员工提出不同意见、鼓励多渠道的学习、鼓励参与创新的实施，这些行为都可以激励技术、管理等方面的创新行为的发生。

2. 组织学习、组织创新对企业绩效的影响

在探究组织学习、组织创新对企业绩效的影响时，我们从两个不同的视角加以讨论：①从企业绩效决定因素的理论分析入手；②分析组织学习和组织创新对企业绩效的作用机理。

（1）企业绩效的决定因素

目前，关于企业绩效决定性因素问题的理论探析，基本上可以分为两大流派：企业竞争优势外生论和竞争优势内生论。其中内生论又可以分为契约论（产权理论、超产权理论）和核心竞争力理论。

企业竞争优势外生论认为绩效的差异是外生的。哈佛大学的梅森和贝恩提出现代产业组织理论的三个基本范畴：市场结构、市场行为、市场效率，即著名的"S-C-P 梅森—贝恩范式"。梅森—贝恩范式注意到企业绩效的差异，并认为绩效差异是由市场结构和市场行为所决定的，即企业绩效的差异是外生的。

以科斯为代表的产权学派，通过生产的制度结构分析，得出一个核心论点：产权明晰是企业绩效的关键或决定性因素，产权决定论可分为产权归属决定论与产权结构决定论。产权归属论认为产权归属是企业绩效的决定因素，产权结构论认为企业绩效的关键在于产权结构的优化配置。超产权论认为企业绩效与产权归属变化没有必然关系，它主要取决于市场竞争程度，市场竞争越发激烈，企业提高效率的努力程度越高。

核心竞争力理论认为：企业表现为超额利润的竞争优势并非来自外部市场力量，而是来自于企业自身的某种因素，即企业绩效的决定因素或竞争优势内生于企业。该理论根据其内容的演变，可以分成三个发展阶段：以资源为基础的企业观，即资源依赖论；以能力为基础的企业观，即企业能力论；以知识为基础的企业观，即企业知识论。核心竞争论的中心观点就是企业绩效与竞争优势的决定性因素是企业内部的资源、能力，尤其是以知识为基础的核心能力。

综上所述，影响企业绩效的不同理论分别关注于：市场环境、产权归属、企业内部资源和能力这三个方面，而本文的研究对象主要是企业内部的文化因素，因此，我们重点关注核心竞争力对企业绩效的影响作用。

美国麦肯锡公司认为，"核心能力是某一组织内部一系列互补的技能和知识结合，它具有使一项或多项业务达到世界一流水平的能力"。企业核心竞争力通过两种方式表现：存量方式和流量方式。静态观来，在某一段时间决定企业相对于其他企业的竞争优势是核心竞争力存量，即企业现有技术、知识、能力等。动态地看来，核心竞争

力存量取决于企业长时期内对其的投入，包括对某一核心竞争力的再投资和对原有核心竞争力的更新。很明显，这一投入实际上就是在原有基础上进行创新。因此从本质上讲，核心能力是一个能使企业获得持续竞争优势，以不断创新为动力源的动态系统，企业间绩效的差异是源于知识的不对称和由此导致的企业能力，尤其是创新能力的差异。

由于知识在形成企业核心能力的过程中发挥着重要作用，对知识的获取、积累、传播和内部共享无疑成为影响核心能力形成快慢的关键因素，是企业核心能力的基础。从知识存量与流量的角度看，企业通过个人学习和组织学习来实现知识（技术）的静态积累（知识储备和维持）和动态积累（知识的传递和整合），进而增加组织的知识存量，建立企业长期竞争优势。

还有学者认为，企业的创新是企业学习知识的进一步升华，虽然学习能够使企业迅速缩短同竞争对手的差距，但是企业仅停留在简单的学习层面并不能获取竞争优势，必须在学习的基础上，通过将已有的知识进行综合发展，创造出新的技术等，才能使企业最终获得持久的竞争优势，提高企业的绩效。

总的来说，在核心竞争力理论中，知识和创新都被认为是决定企业绩效的因素，学习作为一种行为表现形式，是获取知识的唯一方式，将最终实现知识的积累。从这个角度理解，组织学习和组织创新作为一种行为方式，都能使企业获取竞争优势，并提高企业绩效。

（2）组织学习、组织创新对企业绩效的作用机理

对于组织学习、组织创新与企业绩效关系的研究，除了理论界的分析外，管理学者及尤其咨询工作者，从实证角度进行了大量的案例研究。各种研究成果都显示了组织学习、组织创新对企业绩效的促进作用。

1）组织学习对企业绩效的作用机理

从理论上看，组织学习对企业绩效的影响是多方面的：

①通过组织学习能使企业更快地获取企业内部和外部的信息和知识，充分地了解组织的内外部环境，提高组织的柔性，从而快速地调动和配置组织的内外部资源，满足顾客现实和潜在的需求，使客户满意度不断提高。

②通过组织学习，企业与员工共享相互间的经验、教训和最佳实践，可以防止重复劳动，有效的组织、整合和协调内部活动，还可以减少或杜绝重复性的错误，避免错误成本，有效提高劳动效率。

③学习本身是一个信息共享过程，尤其是组织层面的学习，通过员工间开放的交流，各种信息能够在更大范围内被组织成员所熟识，他们会使用该信息或受其影响，

或是对该信息提出疑问、作出修改、提出新的主张，从而使信息的价值得到不断地提升。信息分发比较充分的组织中，由于跨部门以及部门员工之间的交流较为频繁，开放的心智模式很突出，从而信息的不对称性可以大大降低，信息可以达到较充分地利用，组织的绩效就会得到相应的提高。

2）组织创新对企业绩效的作用机理

熊彼特作为现代创新之父，在《经济发展理论》一书中指出："企业一旦成功地做出一项根本性的创新，它将使现有市场结构处于不均衡状态，成功的创新者将获得短期的超额垄断利润，但这种垄断会随着大量模仿者的进入而被削弱。"因此，企业需要不断的创新，才能在激烈的竞争中处于不败之地。

组织创新包含了企业技术以及管理方面的创新。从理论上分析，技术上的创新能够从多方面促进企业绩效：产品的创新可使产品多样化和差别化，使消费者对其产品的满意感不断上升，尤其是相对质量高的企业可以制定比竞争者更高的价格，使企业获得更大的利润；工艺创新可以降低生产成本和提高生产效率，成本的降低加上产量的增加，必将使企业获得更大的利润；原材料创新可实现资源的最佳配置和利用，通常可以使企业获得更广阔的市场，占据更多的市场份额，增加销售量；劳动工具创新可推动物质条件的变革，导致企业生产效率的提高，增加产量。

可以说，企业的技术创新最直接的成果是带来了新产品，新产品开辟了新的市场，市场份额扩大，它的销售能获得超额利润，这是企业提高利润水平的重要手段。许多企业就是依靠产品的不断更新和升级来控制产品市场，提高企业绩效水平的。

而管理创新作为组织创新的另一种模式，则能创造一种新的更有效的资源整合范式，从而提高资源整合效率：①在提高企业经济效益方面，管理诸多方面的创新即能提高企业目前的效益（如生产组织化创新），也能提高企业未来的效益（如战略创新与安排等），从而在增强企业的实力和促进企业可持续发展方面起到重要作用；②在降低交易成本方面，管理层级上的创新，使得现代企业可以将原来在企业之外的一些营业单位活动内部化，从而节约企业的交易费用。此外，管理上的协调可使现金的流动更为可靠稳定，付款更为迅速；③在稳定并推动企业发展方面，管理创新的结果是为企业提供更有效的管理方式、方法和手段，建立适合企业发展的支撑架构，这将有效地帮助企业长远的发展；④在市场开辟和竞争方面，运用新的管理手段和分析方法，设定战略目标，在能预见对手们的相应的对策条件下寻找出最佳的新的市场策略和运行方式，帮助企业有力地拓展市场、展开竞争。无论是从企业绩效的决定因素看，还是分析组织学习、组织创新对企业绩效的作用机理，我们都发现，组织学习、组织创新能够显著提高企业绩效。

第二节 企业管理创新是激发员工工作积极性的重要手段

一、现代企业与员工的关系变化

随着一个国家的日益工业化和经济发展，企业与员工的关系也在发生变化：

1. 员工的价值观的变化

一个国家进入工业化发展的初期，员工们所关心的主要是经济、物质方面的满足，看重企业提供给员工的物质回报。但是，随着工业化的不断发展，不管是亚洲、欧洲、北美和南美，世界各地都发生了这样的变化，即员工越来越关心所谓的"后工业价值"，即自我实现、主观人性、生活质量等等。这说明人们已经从单纯的物质回报转移到个人价值的实现，非物质因素随着工业化的日益发展而变得越来越重要。

2. 工作本质的变化

要使优秀的员工创造出卓越的绩效，工作的本质以及企业所提供的工作环境非常关键。所谓工作的本质就是如何给员工提供有意义的工作，这也是每个企业所面临的真正问题。在工业化开始的阶段，工作基本上是体力劳动，只要操作物质东西即可，即装配部件、制造设备、生产产品等等。但是随着工业化而且日益后工业化，工作本身变得不那么体力化，而是脑力化，涉及到更多的观点、信息和概念，进行的劳动是将信息、人员和资金整合起来。这就要求员工的素质更高，企业对员工的培训内容也完全不一样了。优秀企业往往能够认识到这两大主要变化，并采取相应的措施。在为提供员工有意义的工作的同时创造环境吸引员工，不仅重视员工的劳动者角色，更要注重他们工作以外的角色。

例如，正是像思科这样的企业创建了因特网世界，他们告诉员工："你们此时正处在历史上最重要的变革时代，这次变革是革命性的，而你们就处在变革之中，因此你们所做的都是非常重要的。"或者你是在某大制药公司，公司会告诉员工：你的工作是制造并销售药，这些药品能挽救生命，能减少人们的痛苦和苦难，能够让人活得更久，所以你的工作满足了人们的需求，是至关重要的。如果你是在某摩托车制造企业，那么你的工作就是在创造一种永久的生活方式，而这种生活方式对某一群体来说是有价值、至关重要的。企业传达给员工的这些信息让员工感觉到他们正在从事的工作非常重要，非常有意义。

3. 工作环境的变化

而所谓工作环境，就是除了让员工参与进来，感受到工作的重要性的同时企业也要重视员工在工作以外的角色，换句话说，就是企业将每个员工都当作"完整的人"，重视他们的人性化需求，而不是仅仅当作一个工作的人来对待。

例如，一些企业能够认识到员工在工作以外有自己的生活，为了让员工生活得更好，企业可以采取措施，制定政策来帮助员工，如实行弹性工作日，尤其在劳动力成分发生变化，妇女（尤其是带小孩的妇女）更多地参与劳动时，弹性工作日变得日益重要。弹性工作日可以允许员工在家里一边照顾家庭一边工作。此外，越来越多的企业建立白天看护中心，为学龄前儿童服务，在人口日益老化的工业化国家，越来越多的企业为员工家里的老年人提供托老服务。这些企业对诸如家族成员去世、结婚纪念日、员工及其家属生日以及员工取得的重大成就日都一一作出标记。

日常生活琐碎又麻烦，从柴米油盐，到洗衣服务，或换煤气罐到个人融资，这些问题如果企业能为员工着想，不仅节省了员工的时间，更重要的是为企业提高效率创造了条件。

二、影响员工工作积极性的因素

企业内部影响员工工作积极性的因素很多，也很复杂，但从系统论的角度来看对其起影响的因素不外两个方面：外部环境和内部环境。外部环境是工作氛围，包括上司、同事、工作激励、工作本身。内部环境就是员工自身因素，自我对工作积极性的调动，这些自身因素包括员工的成就动机、自我效能、自我激励等；下面我们主要对内部环境中几种影响因素做进一步的阐述。

1. 成就动机

所谓成就动机，是指驱动一个人在社会活动的特定领域力求获得成功或取得成就的内部力量。强烈的成就动机使人具有很高的工作积极性，渴望将事情做得更为完美，提高工作效率，获得更大的成功。成就动机是影响员工工作积极性的一个基本的内部因素，在宏观层次上它受到员工所处的经济、文化、社会的发展程度的制约；在微观层次上，让每一个员工都有机会得到各种成功体验，培养和提高自我愿望等成就动机水平，将有助于改变他们对工作的消极态度，提高自我的工作积极性。

2. 自我效能

自我效能感被定义为人们对自己产生特定水准的，能够影响自己生活事件的行为之能力的信念。自我效能的信念决定了人们如何感受、如何思考、如何自我激励以及如何行为。自我效能决定了员工对自己工作能力的判断，积极、适当的自我效能感使员工认为自己有能力胜任所承担的工作，由此将持有积极的、进取的工作态度；而当员工的自我效能比较低，认为无法胜任工作，那么他将对工作将会有消极回避的想法，工作积极性将大打折扣。

3. 自我激励

工作中难免会遇到各种各样的挫折和失败，降低员工的成就动机并对自己的能力产生怀疑，所以必须要不断地进行自我激励，以维持强烈的成就动机和高水平的自我效能。

4. 上司对员工工作积极性的影响

上司是员工工作指令的来源，也是员工工作业绩的主要评价者，上司与员工之间的互动对员工的工作态度起着非常重要的影响。什么样的领导方式能有效地提高员工的工作积极性呢？台湾的组织社会学学者在对华人企业的研究中表明，许多企业会以家庭作为企业的隐喻，通过泛家族化的过程，传统的家族中的伦理或角色关系会类化到家族以外的团体或组织，领导者在企业中扮演的是家长的角色，要求领导者应该恩威并重，公平、公正地对待下属。同时心理学的研究认为，领导者敏锐地觉察追随者的情绪状态了解并适当地满足追随者的需求，是有效地提高追随者积极性的重要因素。

5. 同事对员工工作积极性的影响

文化传统和几十年"单位制"的影响使员工很看重工作中的人际关系，希望能够被人接纳，并能融入其中。同事之间良好的人际互动和工作氛围，将大大地提高员工的归属感，进而调动员工的工作积极性。

6. 工作激励

毫无疑问，恰当的激励对于提高员工的工作积极性有着不可忽视的作用。激励从不同的维度可以分为奖励和惩罚、物质激励与精神激励。值得注意的是，激励的前提假设是把员工看作是"经济人"还是假定为"社会人"，由于前提假设的不同，就会产生激励方式和手段的差异。把员工看作是"经济人"则激励会侧重于物质方面；如果把员工假定为"社会人"，则在物质激励的同时，还会对员工进行适当的精神激励。

7. 工作本身

同一件工作对于不同成就动机、自我效能的员工来说，意义是不同的，员工对此工作的积极性也是存在差异的，哪怕他们实际上都能把这份工作完成得很出色。这就要求管理者有能力分辨出员工的工作取向，分配恰当的工作，如此可以有效地提高员工的工作积极性。

三、企业员工工作积极性的现状

1. 管理意识落后

有的企业，尤其是我国的一些中小企业，对人才根本不重视，认为有无激励一个样。这些企业就需要革新自己的陈旧观点，把人才当作一种资本来看，挖掘人的潜力，重视激励，否则，必然会遭淘汰。还有的企业，口头上重视人才，行动上却还是以往的一套。这些企业管理思想落后，在这些企业里的员工很难有高的积极性。

2. 企业中存在盲目激励现象

不少企业看到别的企业有激励措施，自己便"依葫芦画瓢"。合理的借鉴是必需的，但很多企业只是照搬。前文中，曾论述过，激励的有效性在于需要。只有立足本企业员工的需要，激励才会有积极意义。所以，要消除盲目激励的现象，必须对员工需要做科学的调查分析，针对这些需要来制定本企业的激励措施。

3. 激励措施的无差别化

许多企业实施激励措施时，并没有对员工的需要进行分析，"一刀切"地对所有的人采用同样的激励手段，结果适得其反！这也没有认识到激励的基础是需要。同样的激励手段不可能满足所有的需要。另外，企业要注重对核心员工的激励。在企业中，核心技术人员、高级管理者、营销骨干等都属于核心员工，他们有着高于一般员工的能力。加强对他们的积极性的调动，可以起到事半功倍的效果。对核心员工的激励更要使用长期激励的手段，如股票期权、目标激励。

4. 激励不仅仅就是奖励

这是企业中普遍存在的一个误区。前面我们认识到，需要被剥夺的时候也可以激起员工的紧张状态，使其有较高的积极性。企业的一项奖励措施往往会使员工产生各种行为方式，其中的部分并不是企业所希望的。因此，必要的束缚措施和惩罚措施就很必要。但是，使用惩罚措施时要注意，惩罚力度不能过大。多用奖励，辅以惩罚。

5. 管理过程中缺乏沟通

企业往往重视命令的传达，而不注重反馈的过程。这样对激励是很没有好处的。缺乏必要的沟通，员工就处于一个封闭的环境中，不会有高积极性的。

（1）对员工所做成绩进行肯定

所有的员工都希望能得到公司的赏识，但结果却往往令他们失望。很多员工总是抱怨，领导只有在自己出错的时候才会注意他们的存在。管理者注意对员工的正面反馈是很重要的。告诉员工企业感谢员工对企业的贡献，对员工进行肯定，拉近与员工的距离，这才是对员工的极大激励。

（2）透明管理

让下属了解公司的发展方向，了解公司的现实状态，是非常重要的。创造一种透明的环境，为员工提供相应的信息，可以极大地提高工作效率。

6. 重激励轻约束

在中国的企业界，有这么一个现象，国有企业不重激励重约束，留不住人才；民营企业重激励不重约束，也留不住人才。可见，只强调对激励的重视还是不够的。武汉晨鸣采用严格的管理制度，拿制度来约束员工行为，取得了很大的成功。这对我们是个很好的借鉴。激励正确的事、约束错误的行为才是正确的管理之道。

7. 过度激励

有人认为激励的强度越大约好。其实，这也是一种错误的观点，凡事物极必反，激励也是这样。过度的激励就会给员工过度的压力，当这个压力超过员工承受力的时候，结果是可想而知的。适当的激励才会有积极意义。

四、提高员工工作积极性的思路

调动员工积极性的策略。一个企业的成功经营不仅仅取决于它所拥有的资源多寡，在很大程度上是与其员工的工作积极性（士气）密不可分的。这不单单是表现在一个企业成功运作的时候需要员工高昂的工作积极性，还表现在当一个企业面临严峻挑战的时候，员工的团结一致和努力工作往往可以使企业转危为安。既然员工的工作积极性对企业来说如此重要，那么如何提升工作积极性呢？

1. 用企业文化锻造员工的积极性，树立"以人为本"的企业价值观

"欲木之长者，必固其根本；欲流之远者，必浚其源泉。"视员工为企业的灵魂，注重人本管理，才能为企业的发展注入源源不断的精神动力、提供用之不竭的力量源泉。"企"字无"人"则为"止"。企业在生存和发展的每一过程中，都需要人、财、物等资源，在这里人力资源是处于首位的。企业应清楚地认识到人是企业最重要的能不断开发的资源，在实际中应改变过去那种视人力为成本的观点，而应将人力看作是企业资本，科学的开发、调动他们的积极性，使用这种具有创造性的资源，为企业创造财富。从企业文化建设着手，提高员工工作激情，营造一个相互帮助、相互理解、相互激励、相互关心的工作氛围，从而稳定工作情绪，激发工作热情，形成一个共同的工作价值观，进而产生合力，达成组织目标。因此，必须信赖和尊重企业员工，使其愿意工作，有成就感、自尊感和自我实现等高层次需求的激励，进一步实现他们的进取心、创造性和人生价值。"以人为本"不能是企业挂在口边的一句空话，而应下功夫真正落到实处，要把"以人为本"的价值观真正体现在企业的各项制度、日常工

作和文件之中。

2. 发挥领导干部的表率作用，调动员工积极性

领导干部的行为对员工的情绪、心理影响极大。领导干部只有在德、能、绩、勤和社会生活诸方面起到表率作用，以实际行动树立起廉洁、务实、公正、奉献的形象，才能树立威信、更好调动员工团结向上的工作积极性。

（1）是以"四互"促团结

企业领导班子成员之间应"互相尊重、互相信任、互相支持、互相帮助"，以团结的形象来带动和促进广大员工的团结，推动企业不断发展。

（2）是以"四讲"树清正廉洁的形象

领导干部只有"讲学习、讲廉洁奉献、讲无私为民、讲与民同甘共苦"，才能贴近群众、深得民心。反之，哪里有腐败，哪里环境就不安定，管理就会混乱，内部就会离心离德。

（3）是以"三做到"拉近与员工沟通的平台

做到"经常与员工进行谈心，做到尊重支持下属工作，做到为员工创造良好的工作和生活环境"。对员工所做出的成绩要及时地表扬，对员工遇到的困难要尽可能地给予帮助。

（4）是以"二心"做员工的表率

领导干部要有高度的"事业心、责任心"，把单位和职工群众的利益放在第一位，一心扑在工作上，说话办事要让群众心服口服，凡是要求群众做到的首先自己要做到，要求群众不做的首先自己不做，做到表里如一、言行一致。

3. 将企业做强做大增强企业的吸引力，调动员工积极性

增强企业经济发展实力，提高员工对企业的依赖度。企业的生存、发展与员工的利益息息相关，加快企业发展是实现员工利益的体现，所以，既要重视企业形象建设，提高企业的知名度、信誉度，又要努力提高经济效益，增强企业的经济实力。企业兴旺，员工富裕，员工就有一种光荣感，自然就会形成一种吸引力。反之，企业衰落，员工贫穷，甚至连工资都发不出来，员工就会情绪低落、人心思散、缺乏凝聚力，最终影响员工的积极性。

4. 提高民主管理意识，调动员工的积极性

民主管理是全心全意依靠工人阶级的重要形式，员工只有感到自己处在当家作主的地位时，积极性、聪明才智和创造精神才能充分得到发挥。要建立健全各项民主管理制度，重大问题交由员工代表大会或发动广大员工群众进行讨论，广泛听取群众的意见和建议。对群众的合理化建议一定要高度重视，做到事事有回音、件有答复，对

有价值的合理化建议一定要认真组织实施并给予奖励，这样才能持续调动员工的积极性。

5. 加强团队合作，提高员工工作积极性

（1）要从制度层面确定各个部门，工作职位之间的明确分工。

部门之间、岗位之间的合作是否顺利是工作氛围好坏与否的一个重要标志，明确的分工才能有良好的合作。各部门职责明确，权力明确，并不意味着互不相关，所有的事都是公司的事，都是大家的事，职务分工仅仅是说工作程序是由谁来具体执行的，如此才不会发生互相推诿、推卸责任等影响工作氛围的情况发生。

（2）真诚、平等的内部沟通是创造和谐的工作氛围的基础。

企业内部绝对不应允许有官僚作风的存在，职务只代表分工不同，只是对事的权责划分，应该鼓励不同资历、级别的员工之间的互相信任、互相帮助和互相尊重；每一个员工都有充分表达创意和建议的权利，能够对任何人提出他的想法，主动地进行沟通，被沟通方式也应该积极主动地予以配合、回答或解释，但沟通的原则应是就事论事，绝不可以牵扯到其他方面。营造诚信友爱和谐共事的氛围，调动员工积极性。要尊重员工的人格、权利、尊严与爱好，平等待人，化解干群之间、群众之间的对立情绪，创造宽松和谐的人际关系。以开展各种文化、体育、娱乐活动为载体，让员工在活动中交流沟通，在交流沟通中建立友谊、增进感情。还要从细微之处关心员工，以激发员工的责任感和事业心。

（3）还应该重视部门内团队的建设，努力尝试构建学习型组织，营造宽松的工作氛围。

部门内应该有良好的学习风气，要鼓励和带领团队成员加强学习先进的技术和经验，在进行工作总结的时候应该同时进行广泛而有针对性地沟通和交流，共同分享经验，不断总结教训。建立良好的团队合作关系。

6. 给员工创造实现自身价值的机遇，调动员工积极性

公平竞争机制主要体现在企业人力资源管理的人力使用与管理方面。为了使企业员工有更多的发展机会，使他们不断地自我学习、自我提高。企业在择人、用人方面应充分挖掘内部人员的潜力。而且，内部选拔有助于对参与竞争者进行全面地了解，迅速进入工作状态，节约人员招聘成本等好处。另一方面，要防止"拉关系、走后门"等不良现象。在实施过程中，应把握公平竞争的原则，使每一位员工都有晋升的机会，以促进企业内部人员的合理流动。随着社会的进步、企业对员工素质要求的越来越高，这种自我价值实现的需要，在员工们心目中的地位愈来愈高。在实际工作中，企业领导不仅要想方设法营造一个公平竞争、尊重人才的环境，同时也要经常创造机会让员

工承担一些具有挑战性的工作、指导员工参与企业决策、鼓励员工为企业发展献计献策、提供更多的培训机会等等，为员工发挥个人才能创造良好的条件。

五、调动员工积极性关键是建立有效的竞争激励机制

1. 企业激励机制是调动员工积极性的关键

企业的激励机制应结合企业整体制度的发展变化，从企业经营活动中不断地发现和清除不利于激励的因素，采取有利于企业发展的激励因素。在现实经营活动中物资激励，虽然具有较大的激励作用，但也要避免过多采用物资激励的方式降低精神激励作用的发挥，使物质与精神激励有效相结合相得益彰。

在企业除了应用高薪激励外，企业还应当具有良好的人际关系、舒适的工作环境、竞争力及发展前景等也能对员工产生极大的吸引力。也是企业自身激发员工积极性的内在重要因素，而企业内部采取相应的措施，如：员工调岗加薪、车间绩效管理、重奖技改人员等等，都能对企业员工产生较大的正面影响。建立有效的竞争激励机制，就是要根据每个人的努力程度和绩效大小，采用物质或精神手段进行奖惩，使员工有一定的危机感和压力感，迫使员工努力工作，不断产生新的绩效。建立"竞争上岗，定岗定薪"的竞争激励机制是挖掘员工创新才能、从根本上提高员工人性化竞争意识。通过给予员工选择岗位的自主权，发挥个人主动性和积极性，员工根据自身的具体条件，凭实力竞争到适合自己的工作岗位。只有这样，建立的激励机制才会达到企业的期望值，"促进企业价值观和标准的提升"。夯实企业参与市场竞争基础。

2. 企业应根据员工需求进行激励，从而调动员工积极性

下面我们把不同类型的员工，比喻为四种生存环境下的鱼，我们结合鱼的需求来谈谈如何调动不同类型员工的积极性。鱼之四种生存环境与员工鱼离不开水，就像人离不开空气一样。下面我们将这四种鱼的生存环境特点和需求概括如下：

第一种类型的员工：水沟里的鱼。这种鱼的生存环境特点是：由于小水沟面积小，储水有限，除了自然雨水和人工供水，没有其他进水渠道，沟里的水很容易干枯，而且水质差，极少甚至没有生物，水里缺少鱼需要的营养物质。这种生存环境下的鱼，由于面积小，水很容易干枯，它们最迫切的需求是水，没有水，鱼就会死亡，只有在满足它们最基本的需求情况下，其他的才有意义。这种类型的员工，他们最迫切需求的是物质，比如工资、奖金等。他们需要钱来养家糊口，需要供小孩上学，或者供自己生存等，因此，他们可以做最累、最脏、最不体面的工作，只要有一份不错的收入就行。他们本身并没有太多的能耐，也没有太高的奢求，他们只需要挣足够的钱来承担家庭和生活的责任。这类型的员工一般为工地上的农民工、工厂里的操作工等最基

层人员，或者可以是有经济困难的员工，也可以是走向社会不久迫切需要用钱的员工，对于他们的激励最直接有效的激励方式是物质激励，如果缺少物质激励，不能满足他们最基本的物质需求，给予他再多的精神方面的激励也起不到任何作用。这就像我们对一群饥饿的人说，你们赶快干吧，干完后给你们一人一套新衣服，对饥饿的人来说，最需要的是食物，而不是衣服，衣服再华丽、昂贵，对他们来说，没任何意义。

第二种类型的员工：池塘里的鱼这种鱼的生存环境特点是：水塘里容量较大，具有一定的储水能力，不是在遇到特别干旱的情况下，可以靠自然雨水自足，不容易干枯。即使遇到干旱天气，也可能会有人工供水。水塘里的水由于是静止的，塘里淤泥多，塘水浑浊，甚至腐臭，水质较差。水塘里具有一定量的浮萍、杂草等生物，具有鱼需要的一些营养物质。由于水塘空间有限，这种鱼活动的空间很狭小。这种生存环境下的鱼，由于水质差，它们需要的是良好的生存环境，另外，水塘面积也不大，它们也需要更宽广的生存空间。这种类型的员工，他们需要的是良好的工作环境，更大的发展舞台。他们基本上衣食无忧，能满足最基本的物质生活。他们一般是具有一定的学历、知识、能力，拥有一份轻松、稳定而又比较体面的工作，但对本身的工作，往往却又无法自主选择。这类型的员工一般为中小型国企里的职工，事业单位的一般办事人员等，他们需要的是工作更轻松、环境氛围更好，需要在工作中，得到别人的尊重，由于他们对本身的工作缺少自主选择性，也需要有一个更宽广的舞台。因此，对于他们的激励他们不但需要一定的物质激励，还需要相当的精神方面的激励，两种激励方式应该齐头并进。在物质激励方面主要是增加工资和福利，在精神方面的激励，主要是环境激励、组织激励、榜样激励和荣誉激励等。

第三种类型的员工：河流里的鱼这种鱼的生存环境特点是：小河流里的水总是在不停地流动的，河水清澈见底。河里的水朝着既定的目标，不停地流动，一直流向大海，鱼的活动空间很大，只要鱼愿意流动，可以一直向前随河水流入大海。河流里的水由于有供水的源头，很难干枯，但因过于清澈，生物稀少，营养物质不丰富。这种生存状态下的鱼，就是要尽快地流向大海，因此，它们的需求是要有良好的动力和明确的目标。这种类型的员工，他们需要有远大的目标，追求更广阔的舞台。他们一般情况下没有最基本的生活困扰，不是迫切需要整天为生活而奔波。他们一般具有较高的学历，具有较强的专业知识和能力，他们的工作往往不稳定，也不一定体面或轻松。这类型的员工一般为私营企业或其他性质企业里的管理人员、技术人员或业务人员，他们可以暂时从事比较脏、累、苦的工作，也可以暂时从事没有物质保障的工作，他们看中的往往是自身的发展，自身能力的提高，他们所需要的是要有远大的目标，更为宽阔的舞台，他们能接受暂时脏、累、苦甚至不体面、没有物质保障的工作，但不是长久地接受这种工作，他们只是把这种工作作为一种磨炼，以期得到更大的发展。因此，对于他们的激励更有效的应该是目标激励、能力激励、绩效激励等，物质激励可以次之。

第四种类型的员工：海里的鱼这种鱼的生存环境特点是：海阔凭鱼跃，天高任鸟飞，鱼的生存空间无限宽广，海水也不会干枯。海里生物丰富，有着鱼需要的营养物质，同时也有对它们生命构成威胁的生物。种生存状态下的鱼，物质条件丰富，但由于海里鱼类多，生命容易受到威胁，所以最需要的是锻炼保护自己的能力。这种类型的员工，他们需要有竞争性的环境，需要有实现自我的舞台，更需要有提高自己能力的机会。他们一般情况下都拥有比较雄厚的物质基础，能过上优越的日子，不会为生活发愁。他们一般都具有非常高的学历，丰富的专业知识，卓越的能力。他们的工作体面，而又富有竞争。这类型的员工一般为大型企业甚至是跨国企业里的中高层管理人员或专家。在这类型企业里，不论是组织环境、文化氛围，还是薪酬、福利，都很优厚，但是，这里人才辈出，竞争激烈，弱肉强食现象到处存在，很容易被淘汰。这种类型的员工，他们需要的是自身能力的提高，自身价值的实现，只有能力提高，才不会被淘汰，自身价值得以实现，才能有更大发展。因此，对于他们的激励更有效的应该是能力激励、绩效激励等。

总之，在任何企业、单位或团体，以上四种类型的员工都会存在，他们之间也不完全是独立的，有些员工可能也同时具备了以上四种类型员工的部分特质。因此，任何一个企业、单位或团体，在调动员工积极性时，要根据不同类型的员工实施不同方式的激励，杜绝滥用激励，把激励资源真正用到最需要的地方去，建立合理的激励体制调动员工积极性。综上，调动企业员工的积极性应以人为本，有良好的领导团队，理想的企业发展前景，采用公平竞争、平等对待和相应的激励机制为手段，使之贯穿于企业员工管理的各个方面，从而形成企业独特的员工管理机制，避免人才流失，极大地调动员工长期在企业工作的积极性，企业人心稳定，才能促进企业持续发展。进入二十一世纪，世界经济的一体化格局给现代企业腾飞插上了翅膀，一些有远见卓识的企业家更是把人才竞争看成企业竞争的核心。人才作为企业主体，发挥人才的主动性积极性是夯实企业基础所在，也是使企业健康快速发展的活力源泉。

第三节　企业管理创新有助于企业家精神的培养

一、国内外有关企业家精神内涵的界定

企业家精神指企业家组织建立和经营管理企业的综合才能的表述方式，它是一种重要而特殊的无形生产要素，是企业家区别于一般管理者的重要特征。

1. 国外对于企业家精神含义的界定

萨伊（1827）曾指出企业家素质中最重要的是判断力，需要准确地估量某一产品的重要性及其可能的需求与生产方法。马歇尔（1890）将企业家精神看作是一种心理质，即"果断、机智、谨慎和坚定"以及"自力更生、坚强、敏捷并富有进取心"。熊彼特（1934）认为企业家精神是一种"经济首创精神"，即创新精神。马克斯·韦伯则认为企业家精神是一种敬业精神，他把这种精神称为一种新型的人的精神品质，并认为这是人类社会近两百年工业进步的主要原因。哈耶克认为企业家必须具有合作精神，才能在企业中形成凝聚力。彼得·德鲁克在《创新与企业家精神》一书中系统地论述了企业家精神理论，认为真正的企业家能不断进行创新，能发掘资源并赋予资源一种新的能力，使它转化为财富；企业家精神就是创新精神。美国经济学家熊彼特在《动态经济学原理》一书中（1911年）将企业家和企业家精神引入到经济学理论，在934年出版的《经济发展理论》一书中，指出经济发展的原因在于创新，而创新活动的主体就是企业家。桑巴特认为，企业家精神是一种不可遏止的、动态的力撒是一种世界性的追求和积极的精神。综上所述企业家精神应表现为创新精神、冒险精神、实干精神、合作精神、社会责任感等

2. 国内对于企业家精神含义的界定

王方华认为，企业家精神是企业家独特的精神特征。企业家精神是指企业在所处的社会经济体制下。从事工商业经营管理过程中，在剧烈的市场竞争中和优胜劣汰的心理压力下养成的心理状态、价值观、思维方式和精神素质。周健临认为，企业家精神是指在新的市场、新的产品和新的技术上进行创新、投资和拓展的能力。樊纲认为。企业家精神的本质就是创新。汪丁丁认为，企业家精神有三个方面：①创新精神，②敬业精神，③合作精神，只有将三者联合起来具有的精神才是企业家精神。聂元昆认为，企业家精神是构成企业家行为动机的深层理念或思想。是一种不断地通过契约联接，将稀缺资源的创新与控制引向深入。从而实现个人价值的精神，所以，企业家具

有：①卓越精神。②奉献精神，③契约精神。田贵庚、汪小亚在《企业家的雄才大略—市场竞争与企业领袖》一书中认为企业家精神是从千千万万个企业家个体所具有的精神中抽象出来的．具有系统而普遍意义的精神。这种精神，就是勇于开辟、创新的精神；就是敢于冒险、竞争的精神；就是忠业敬业、永不满足的精神；就是追求自由意志、英雄主义的精神。还有其他观点认为，企业家精神是非常稀缺的资源，具体包括诚信精神、创新精神、合作精神和敬业精神等许多精神元素，但"诚信、创新、合作、敬业"是企业家精神的四大支柱，密不可分。笔者认为的企业家精神是指企业家组织建立和经营管理企业的意识、思维和综合才能的表现方式。它是一种重要而特殊的无形生产要素。

二、中国企业家精神的现状

1. 当代中国企业家精神所存在的问题

进入 WTO 以后，中国企业面临着发展路径的选择。在这种内外部环境下，最需要的就是企业家精神。而我国企业家深受中国传统文化的影响。中国有着悠久的历史，深厚的文化底蕴，漫长的封建社会留给中国的"仁""义"、"礼"、"智"、"信"深深地影响着每个中国企业家。其中有勤劳、勤俭、勤奋的精髓，也有闭关守旧的糟粕。中国企业家究竟能不能取其精华，去其糟粕还要看个人的修养和人生观。改革开放以来，中国企业家又受到了西方现代思想的影响，西方的现代管理方法与管理理论都影响着成长起来的中国企业家。在这种中西文化交互影响下，造成了我国企业家精神的缺失，主要表现在，中国传统文化的"中庸"之道压抑了人们追求利益追求财富的内心欲望，压制了人们的创造性，而中国应试的教育方式进一步削弱了人们的创造天性和想象力。同时，封闭的思影响了人们的冒险精神和探索精神。是的企业家精神的成长缺乏肥沃的土壤

2. 浅析造成所在问题的原因

造成我国企业家精神缺失的原因既有传统文化方面的，也有传统体制方面的；既有教育培训机制方面的，也有生成机制方面的，就中国企业家精神缺失来说，主要原因有：

（1）传统文化对企业家创新精神的生成有极大的制约性

中国传统文化蕴涵的崇德主义、勇于奉献、勤俭节约等精神品格，都是孕育以苦为乐、积极进取、勇于开拓、追求成就的企业家取之不尽的宝藏，与市场经济所要求企业家创新精神吻合。但其消极的一面更与企业家精神存在激烈冲突，成为企业家创新精神制约因素。具体表现为：

1）"中庸"观点，在儒家伦理中提倡的"中庸"之道，是一种排斥竞争的道德观，压抑了人地创造性，抑制竞争性观念的生长；

2）保守观念及重义轻利观，儒家伦理教会人们重义轻利、安贫乐道的理念，在人们心中形成了一种封闭的惰性心理和惯性思维方法。同西方文化的追求财富、敢于冒险、勇于进取的创新精神形成很大的反差。

3）"人治"观念。儒家伦理本质是讲人伦的，是人格化的宗教，人观念较强，法制观念淡薄，这种非理性的人治传统制约理性主义、遵从法制原则的企业家精神发展。

4）"道法自然"的观念。道家崇尚自然秩序、与世无争的道德观，也是导致中国企业家创新精神缺失的内在原因之一上述传统伦理构成了我国企业家创新精神形成及发展中的文化障碍，成为阻碍中国企业家创新精神生成的文化因素。

（2）长期的计划经济模式排斥企业家创新精神的生成

目前我国对国有企业高层领导干部的管理体制，还基本上是实行计划经济条件下形成的传统体制，企业的一把手由上级任命，不完全按照企业家标准选择。因此，在政府可察觉的范内，厂长（经理）放弃自身的主动性和创造性，避免寻求和采用与规则不一致和最有效率的行动方案，养成盲目服从的惯性。

（3）企业家选拔机制、激励机制尚未形成。

企业家选拔机制尚未形成难以选拔出富有创新精神、开拓精神等合格的企业经营者。由于激励不到位，导致企业效益低下，技术进步速度缓慢，生产效率、管理效率低下。法人治理结构与人事干部机制方面的冲突问题，也导致企业家创新精神动力不足。现代企业制度的治理结构为"新三会"模式（即股东会、董事会、监事会相互制衡），而国企改制后的股份制形成了"五会制"模式（即股东会、董事会、监事会、职代会、党委会），这就形成了三会制与五会制模式的矛盾。

三、企业家精神与企业成长及经济增长

1. 企业家精神与企业创新的关系

企业家要成为一个真正的开辟者、创新者，需要具备三个条件：一是有眼光，即善于识别市场机会，比他人更早地发现新市场、新利润的来源；二是有胆量，能果断地决策，抓住机会，敢于冒风险；三是有组织能力，不断革新企业制度，动员和带领全体员工为实现创新目标而不懈努力。创新精神的存在，使企业家能亢奋激昂地追求经济利益和追求成功感，其最终结果就是导致企业在这样的企业家的领导下，不断地创新，更适应市场的发展，更能满足市场复杂多变的需求。一个优秀企业家必须具自

觉的创新思维，这里包括技术创新、产品创新、制度创新、经营创新、竞争策略创新等。只有创新与开拓，才能使企业发展壮大。

随着知识经济时代的到来和全球经济一体化的不断加快，中国企业面临着前所未有的更加激烈的竞争和挑战。自主创新能力是中国企业在世界市场竞争中取得成功的关键，能否有效提高自主研究新技术与开发新产品的能力直接影响着企业的生存和发展。而在自主创新过程中，企业家精神起着非常重要的作用，是自主创新的关键，也是自主创新过一个成功企业的成长过程其实就是一个不断创新的过程，不仅仅是产品和技术的创新，还包括相应的企业管理组织、企业文化以及资金、市场、人力资源运作等全方位的创新。只有不失时机地推陈出新，这个企业才能永葆生机和活力，才能在激烈的竞争中保持优势；反之一个没有创新的企业是极为缺乏生存能力的，一定会被淘汰的。自主创新是企业提升竞争力的重要途径，是企业生存和发展的不竭源泉。但是自主创新同样也存在着一定的风险，因为自主创新不会是一帆风顺的，在自主创新的过程中需要一个优秀的决策者带领企业克服避免这样或那样的困难，这种意义上讲企业的领导者必须具备相当优秀的企业家素质，也就是企业家精神。只有优秀的企业家才能正确的制定企业的自主创新策略，才能运筹帷幄，把握企业发展的正确方向和目标。这种企业家精神会始终贯穿于自主创新的整个过程之中，成为自主创新的灵魂和核心。

2. 企业家精神与企业核心能力

企业家精神中的风险观念、合作观念、学习观念和敬业观念是企业提升核心能力的重要前提与动力．这些观念有助于企业分析自身条件和外部环境，从而发现机会和对各种选择进行分析比较，从而做出较好的决策，这些观念是形成企业评估能力中的感知力与判断力的前提条件；有助于将企业自身拥有的和潜在的资源或能力进行重新整合；有助于企业通过不断地学习，培育和提升各项运营能力。企业家精神人格要素中的企业家健康的心理素质、强烈的责任感、深厚的科学素养和坚实的知识储备是企业提升动态核心能力的基础与保证．这些人格特质有助于企业形成良好的企业文化，并在不在变化的外部环境条件下实现顺利变迁；有助于企业构建良好的知识管理体系。思维要素中的创新思维、辩证思维、逆向思维和系统思维有助于企业在产品、市场和盈利模式等方面的创新、调整与全面发展。对构建企业评估能力、配置能力与学习能力等方面均起到关键作用．企业家精神观念要素、人格要素、思维要素分别是企业家行为要素的前提、基础和依据，正是这些要素的存在才促使企业家通过经济创新和组织创建，使企业得以在市场细分中追求利润和企业价值最大化，从而才使企业获得长期的可持续的竞争优势。

3. 企业家精神与企业发展的关系

企业家精神中的风险观念、合作观念、学习观念和敬业观念是企业提升动态核心能力的重要前提与动力。这些观念有助于企业分析自身条件和外部环境，从而发现机会和对各种选择进行分析比较，从而做出较好的决策，这些观念是形成企业评估能力中的感知力与判断力的前提条件；有助于将企业自身拥有的和潜在的资源或能力进行重新整合；有助于企业通过不断地学习，培育和提升各项运营能力. 企业家精神人格要素中的企业家健康的心理素质、强烈的责任感、深厚的科学素养和坚实的知识储备是企业提升动态核心能力的基础与保证. 这些人格特质有助于企业形成良好的企业文化，并在不断变化的外部环境条件下实现顺利变迁；有助于企业构建良好的知识管理体系. 思维要素中的创新思维、辩证思维、逆向思维和系统思维有助于企业在产品、市场和盈利模式等方面的创新、调整与全面发展。对构企业评估能力、配置能力与学习能力等方面均起到关键作用. 企业家精神观念要素、人格要素、思维要素分别是企业家行为要素的前提、基础和依据，正是这些要素的存在才促使企业家通过经济创新和组织创建，使企业得以在市场细分中追求利润和企业价值最大化，从而才使企业获得长期的可持续的竞争优势。

我们把企业可持续发展定义为：企业在追求自身生存和发展的过程中既要考虑近期企业经营目标的实现，又要保持企业持续的盈利增长和发展能力的提高，实现企业的基业长青。可见，实现企业可持续发展的重点是如何获取和保持企业持续的生存和发展能力。其实质和核心是题是持续地增强企业的核心竞争力、创新力和控制。企业家精神是企业之魂。一个企业要实现可持续发展，企业家精神将起到举足轻重的作用。企业家精神能够提高企业适应环境变化的能力；企业家精神能够持续地增强企业自身的核心竞争力、创新力和控制力；企业家精神能够不断地提高企业自身的生存和发展能力。如果没有企业家精神就无从谈起企业的可持续发展。企业及精神和企业可持续发展的关系表现在：第一，企业家精神能够提高企业适应环境变化的能力。第二，企业家精神能够持续地增强企业的核心竞争力、创新力和控制力。第三，企业家精神能够不断地提高企业自身的生存和发展能力。

4. 企业家精神与经济增长

企业家精神在 20 世纪 80 年代以前并未引起经济学家的广泛关注，主流经济学派都以发挥资源最大效用和建立平衡作为经济学理论的核心，企业家和企业家精神只被看作"外部条件"。直到 1911 年，熊彼特出版了经典的《动态经济学理论》The Theoryof Economic Dynamics）将企业家和企业家精神引入到经济学理论，才引起了国内外学者的注意。企业家精神对经济增长的作用机制，现有研究也是意见纷呈。熊彼特认为，追求利润最大化的企业家通过创新实现产业结构的调整，对于经济增长具有重要的意义。国内王曙光（2001）主张企业家精神是阻碍中国经济进一步发展的瓶颈因素。庄子银2005）进一步证实，具有旺盛企业家精神的经济比企业家精神微弱的经济有更高的长期经济增长率和人均收入。

虽然每个学者研究的角度不同，但是他们普遍承认的一点是，把企业家精神纳入经济发展的角度是经济增长的内在需求，大部分学者认为企业家精神对于经济增长的影响主要体现在以下几个方面：

（1）企业家精神能优化资源配置在市场经济中，一只"看不见"的手支配着资源向着最有效率的方向分配，将生产资源整合并创造利润是企业家精神的核心所在。企业家精神对社会资源的有效配置体现在企业的创建和发展过程中，创建企业需要资金、技术和人才的投入，而且要冒巨大的风险，有些企业在激烈的竞争中发展成为大公司，也有些企业被市场所淘汰。而这个优胜劣汰的过程也体现了企业家优化配置资源的实力，一个优秀的企业家具有良好的捕捉市场信息的能力，加之敢于创新、勇于承担风险的良好精神，能够引导企业有限的资源向更有利的方向进行分配。

（2）企业家精神是技术创新的推动力技术创新是指一个新的技术思想从提出到首次付诸实施，并取得预期的实际效益的连续性过程。通常，企业家并不直接参与基于产品、工艺、设备和原材料的技术创新，而是借助生产组织与管理创新以及日常的经营管理行为和自身的特质来创造一种适宜技术创新的组织氛围和文化氛围，以保证和促进企业的技术创新，提高企业技术创新的企业家精神为技术创新提供了一个良好的思想基础，它敢于推陈出新，打破旧的技术体系并进行创新，而且这种精神贯穿于创新观念产生到研究成果形成的整个过程。

（3）企业家精神是制度创新的促进力量制度创新是在潜在利润的前提下产生的，而潜在利润是现有制度安排下无法取得的，如果没有新的制度创新，那么整个社会的均衡就达不到帕累托最优。而此时企业家所具有的追求利润和打破常规的精神就促进了新型制度的形成。

从宏观角度来看，市场规模变化、技术变迁、知识和教育的发展都是制度创新成本发生改变的因素，企业家首先会对这些变化做出反应，而后利用这些变化重新安排组织以获得潜在利润。因此，整个过程需要企业家具有良好的感触和应对变化的能力，而良好的企业家精神是这一过程的有力保障。所以经济的持续增长离不开企业家精神的支持。

四、创新驱动下企业家精神的培养

科技创新是提高社会生产力和综合国力的战略支撑，需要作为国家发展全局的核心位置。强调要坚持走中国特色自主创新道路、实施创新驱动发展战略。从创新驱动环境，以及当前我国企业的发展趋势来看，对于当代企业的创新驱动要求主要为三个方向，分别为：科技创新、渠道创新、模式创新。在此基础之上，当代企业家需要具备首次创新精神，二次创业胆识，宏观战略眼光，微观战略信度。这些企业家精神是支持企业高速发展的本质创新驱动力，是真正引领企业形成可持续发展优势的企业家精神。现针对如何在创新驱动环境中，培育企业家精神进行如下分析。

1. 创新驱动环境对当代企业的发展要求

（1）科技创新

科技是第一生产力，具有创新性的科技研发，是主动迎合市场需求，发展生产技术的重要前提。以往时期，我国对企业生产力的要求更加侧重于地方就业率，进而打造了中国代加工市场的宏观格局。创新驱动的发展，首先是基于科技振兴的生产力发展。德国南德意志集团 TV 向华为发放了首张 5G 产品 CE-TEC 证书，标志着我国企业华为 5G 基站真正入驻欧盟市场。而有些发达国家对 5G 所持有的拒绝态度，也能够从中发现发达国家对我国科技创新的市场竞争感知，真正令国际市场青睐和恐慌的并非我国廉价的生产力资源，而是逐步发展起来的科技创新能力。真正能够将生产量的规模效应，转化为生产质量的精华效应，在于从科技角度完成创新的升级，才能支持我国企业形成更高的国际市场竞争力。因此，在创新驱动环境之下，当代企业领导者需要转化发展思维，放弃原本依靠劳动力获取的利益空间，形成以科技创新为主导的发展意识和精神。

（2）渠道创新

创新驱动环境下，带来了更为公平的市场环境、政策导向、知识产权法律体系，是制度完善的市场推动力。当代企业在这样的市场环境之下，市场竞争更为激烈，面对消费升级的趋势，皆需要从渠道创新方面突破当前的发展格局。以往时期依靠实体经济、线下产业、生产规模打造的商业体系，很难适应高速发展的电子商务市场。当企业意识到电子商务渠道的重要性之后，阿里巴巴、京东商城等网络平台资源的抢夺愈演愈烈。但是这种营销渠道的市场份额也在逐年缩小，新型的市场格局正在悄然兴起。诸如，2013 年新型电子商务企业拼多多曾一度遇到发展危机。而在 2017 年时，其网站总销售额达到了千亿级别，超过了当当网和唯品会等老牌电商企业。2018 年，拼多多总体销量再度升级，月流水达到了 400 亿规模。这种发展速度本身是基于渠道创新而获得到的生命力，是针对消费市场升级之后的创新驱动，开辟了不同于以往时期的市场空白和口碑。那么在创新驱动环境下，当代企业固然需要科技创新，同时也需要转化固有的营销思维，拓展出全新的营销渠道。

（3）模式创新

商业模式始终在不断变化中前行，资本市场关注可预期的获利空间。2018年在创新驱动的宏观背景下，更多的餐饮企业获得了资本市场青睐，完成了融资上市的高速发展。虽然中央厨房的技术升级、人力资源管理模式的发展、餐饮文化的消费升级，都从不同维度推动了我国餐饮企业的规模扩大。但是其中隐含两点重要的模式创新因素。其一，随美团外卖、饿了么等外卖平台的市场规模扩大，很多餐饮企业的市场份额，以大数据形式被清晰地呈现在了资本市场。其二，微信、支付宝移动支付功能的发展，令线下实体餐饮企业的日均营业额更为直观。那么当企业的管理模式优劣，可以通过外卖数据、移动支付数据来锁定，势必能够评价和验证其模式创新之后的市场接受效果。因此，模式创新也是当代企业需要重视的关键问题，企业家以往时期寸步难行的创新思想，已经在多种产业共生资源的发展中得到了解决。如果企业仍然对以往时期的传统经营模式故步自封，则很难在当前的市场环境中生存下来。外卖平台带动了所有餐饮企业创新自身的经营模式，移动支付在推动所有线下实体企业不断加速商品生产的速度。模式创新在创新驱动的宏观环境之下，已经成为一种趋势，所有企业都需要摒弃存在问题的管理或经营模式，迎接宏观市场赋予的时代挑战。

2. 创新驱动环境下企业家精神的本质特征

（1）首次创新精神，二次创业胆识

创新驱动是一种宏观的市场环境，更加是一种所有产业都在发生变化的主导趋势。企业领导者的创新精神，乃至二次创业的胆识，才能为评价企业创新发展驱动力的重要衡量指标。

一方面，在创新驱动的环境之下，创新精神是企业家必须具备的领导者素养。面对不断变化的市场环境，创新精神是带来企业不断调整战略构思，不断发展业务类型，不断拓展创新潜能的主体精神。创新精神可激励企业活力，可有领导者自主创新、系统创新、持续性的发展创新，来弱化对固有技术的依赖、对稳定市场渠道的依附、对传统管理模式的寄托。真正从企业发展的角度，突破固有发展状态，脱离舒适区，找到全新的利润增长点和发展空间。

另一方面，二次创业精神，是企业家在已有市场资源、固有生产力、现有人力资源的基础之上，对全新的业务渠道、生产模式、发展空间进行全面创新。这种创新不亚于再一次创业，是驱动创新环境下，真正改变企业发展理念的企业家精神。假设企业家具备了二次创业精神，则能够突破短期经营的限制，为企业树立更为全面的中长期发展战略。进而在动态发展的市场环境之下，发展出更多的市场资源和空间，从横向和纵向角度思考企业有待发展的生产技术、业务渠道、以及管理模式。

（2）宏观战略眼光，微观战略信度

以往时期一家企业的领导者，如果具备了业务能力、生产技术、人格魅力，则能够带领企业抢夺很大的市场份额。但是在驱动创新的宏观市场环境中，企业发展的要素已经并非对当前企业资源的整合，而是对于外界信息、资源、生产资料的更新换代频次。那么影响企业宏观战略的干扰因素不断增加，经济、社会、政治、科技等多方面的市场因素成为企业家需要全面衡量的战略构思。因此，当代企业家的驱动创新精神中，需要具有一种宏观战略眼光。同时需要在宏观战略之中，建立一种微观战略发展的可信度。

一方面，宏观战略眼观是企业家与时俱进的精神内核，是接受新技术、新渠道、新模式的宏观战略思维。是否能够合理评估外界市场环境的变化，是否能够对接企业自身的发展能力，均需要这种宏观战略眼光作为基础条件，方能立足于长远利益，带领企业打造可持续发展的企业创新驱动力。

另一方面，当代企业家的宏观战略精神，是一种发展方向的指导。这种战略思维需要与本企业的实际情况相结合。否则，也会脱离实际生产情况，违背客观的发展规律。因此，在宏观战略眼观的基础上，当代企业家精神的重点在于微观战略的信度。信度是企业员工信任领导者，合作商家信任企业家的战略决策，是由企业家责任感、良好声誉、以往业绩带来的企业发展信任值。当一家企业的领导者同时具备了宏观战略眼光，以及微观战略信度，则能够带领企业长足发展，达到更高的企业创新发展水平和质量。

3. 创新驱动环境之下优化企业家精神培育思路

（1）以生产规律为主导，创新科技生产力，提炼创新精神

实践是检验真理的唯一标准，企业家畏首畏尾，无法下定决心凝练企业核心技术竞争力的根本，是无法验证有科技带来的发展优势。华为之所以能够在短期内成为主导国际 5G 业务发展的民族企业，其根本在于舍得将科研经费投入新兴产业。而微信平台在真正的市场推广之前，也经历了无数次的投资失利和开发中断。阻碍技术发展的限制并非只有经济因素，企业家的决心更是在企业中长期科研项目中的决定因素。这种创新精神是赋予时代发展意义的决心，是一家民族企业真正觉醒，放弃以劳动力换取市场价值的思维转化。企业家的创新精神，需要在每一次科研失利后，再次投入发展资源。从科研失败中总结创新科技生产力的经验，不断总结生产规律在当前创新驱动环境下的本质特征，而后方能提炼企业家的创新精神，真正培育出企业家发展科技创新的精神内核。在企业固有资本较少，生产利润较低的情况下，企业可以将生产链上下游的生产技术更新期待作为创新目标，通过小范围投资验证科研成果的实践价值。由浅入深的逐步扩大科研投资成本，在验证科研成果的可行性和市场需求之后，

企业家的创新精神也会得到验证。那么所提炼的企业家创新精神也是符合生产规律的发展期待，是培育企业家创新精神的主要路径。

（2）以市场需求为导向，创新渠道营销力，磨炼创业胆识

企业家之所以不敢尝试全新的营销渠道，往往是对于未知领域的市场开发成本顾忌。这种担忧本身是对企业负责的态度，但在近些年的创新驱动环境之下，这种顾虑和担忧显得并不重要。淘宝开辟 C2C 市场历经十载，开发 B2B 市场和大数据资源经历了更长时间。而聚美优品、京东商城、平多多等电子商务平台，与之相比的市场开发速度更快。很多企业在发现淘宝占领了大部分市场份额之后，已经放弃了与其抗争的勇气。但是电子商务市场在我国的发展却在逐年扩大，且不断开发出全新的市场空间。说明我国的市场份额随着消费升级而不断扩大，并不会真正影响一家企业在中长期发展战略中顾及终端消费能力。弥补市场空白，是所有企业在选择发展渠道时的重中之重。企业家精神当以二次创业为核心，消解对宏观市场的畏惧心理，不断挑战才能带领企业创造更高的利润空间。基于此，在培育企业家二次创业胆识的过程中，需要以市场需求为导向，创新渠道营销力，不断寻找未被开发的营销模式和路径，突破传统的固有经营局限性，真正发挥出企业家的创业精神。

（3）以发展规模为目标，创新战略驱动力，塑造微观信度

经济下行周期让很多原本具有雄心报复的企业家逐渐畏首畏尾，失去了对于宏观发展目标的战略精神。这种限制企业家精神的宏观市场动态，几乎是培养企业家精神的最大阻力。如果秉承这种思想，企业家精神则在市场洪流之中消磨殆尽，更无从谈及宏观市场战略的决策，乃至微观市场战略的调整。市场低迷状态中往往是真正考验企业家战略眼光的时期，这一段时间也是最需要企业创新发展的阶段。当前企业家精神的培育，需要更加关注企业家对自身产业的宏观定位，需要以宏观战略眼光来判断企业是否具备了创新发展的可能。即便在经济下行周期，也能够发现很多企业拓展市场规模，或扩大经营范围的优秀案例。以得到 App 为例，4 年间从寥寥无几的终端下载量突破了 2000 万大关，是一种坚持不懈地微观市场调整战略。当企业无法从经济上行周期中获得发展红利，反而更加需要关注自身的微观调整能力。企业家可以通过更改现有的生产模式，或者相应的业务渠道，尽量扩张小众市场的服务区间。得到 App 之所以能够迅速占领知识付费市场，也是基于此前知识付费市场空白的关联因素所主导。因而，发展企业规模的决心是当代企业家需要重点培育的精神载体，需要从创新战略驱动力的宏观角度来获取更高的企业价值，不断认知自身的优势与劣势，进行微观调整之后，增强企业的知名度和可信度，完成自我迭代和成长，真正通过实践来培育出企业家的时代精神。

第七章 现代企业实行经济管理创新的现状

第一节 缺乏系统化的信息化管理体系建设

一、企业组织结构建设不完善

在现代企业生产经营过程中，企业管理者的眼界是否开阔将会对企业今后发展产生深远影响。在很多企业中，企业管理层只看到眼前的经济利益常常忽视对企业内部组织结构的建设和完善。在很多企业内部组织结构中缺少后勤部门。由于企业组织建设不完善，必然就造成现企业经营管理过程中存在各种各样的问题，对现代企业经济管理工作的开展将会产生深远影响。从而严重阻碍了现代企业经济管理效率和质量，最后使得企业对于自身的经济管理工作得不到切实有效的发展。

1. 战略方向不明，组织机构缺乏前瞻性

组织结构设计应以支持公司的发展战略、经营、管理的有效实施，改善资源配置效率、培养核心竞争力为目标。企业战略是企业阶段性工作的目标，也是阶段性凝聚企业力量、调整企业内外关系的基准和原则，还是企业组织设计的基本依据。但国内中小企业有明确战略的却不多，有的企业仅有大概的方向或年度经营计划，有的甚至就是摸着石头过河，走一步看一步。

尽管很多中小企业没有明确的战略，但这些企业基本都有明确的组织机构，其组织机构往往是根据企业的现有业务特点或现有人员能力设计。这样设计的组织机构缺乏战略前瞻性，往往随着企业业务变化年年都要调整，有的甚至一年要调整多次，组织机构的调整势必造成部门组阁和人员调整频繁，增加企业的管理成本，降低管理效率。由于战略不明晰，企业在组织机构设置时对外部变化缺少预期和必要的准备，当外部环境变化时，企业只能疲于应对。

2. 部门职责不清，出现职能重叠和空白

部门职责不清是组织诊断中最常见的问题，主要表现在有的商贸类企业市场部和销售部在促销活动和对外媒体宣传上有重叠，生产型企业的采购部和设备部在专业设备采购询价比价上有重叠，以及人力资源部和办公室在员工办公秩序管理上有重叠等。除了职能重叠外，职能空白也很常见，中小企业经常在战略规划和企业文化建设等方面的职能出现空白。

出现职能重叠和空白的直接后果就是有的事没人做，有的事大家争着做，造成部门之间的产生矛盾，浪费公司资源，影响工作效率和质量，一段时间后还会严重挫伤员工的工作积极性。

3. 管理层级多，管理角色错位

企业的管理层级与企业的规模、管控模式和行业特点相关，通常管理层级越多，其管控难度就越大，响应反馈的时间就越长。但有的企业由于历史原因，或管本位思想，也有的是为了对外联系方便，在企业设了各级副总、副经理和助理等。从普通员工到董事长共有 11 个级别，员工汇报工作要逐层逐级汇报审批，严重影响了工作效率。

管理层级多，管理人员就相对增加，管理者又不能没有事做，只能是副总做总监的工作，总监做部门经理的工作，造成管理角色错位，对公司来说也是"大材小用"，人才资源的浪费。

由于高层管理者参与细节性的事务很多，基层员工和中层管理者也就不积极，所有事情往上集中，有的高层就会误认为"下面的人能力有限，无培养价值"，造成企业"内部有才不用却外部高薪求贤，空降兵因无空间施展能力又流失"的恶性循环。

造成企业管理层级多、管理角色错位的根源往往是企业的职位通道单一，只有行政序列一个通道，而企业又要提拔新人，只能设置更多的行政级别。企业只有设置多通道的职位序列，建立任职资格认证机制，让不同职位的人根据能力特点在不同序列发展，才能达到减少管理层级，提升管理效率的目的。否则单独采取取消某一级别的方法，既会造成人员调整的内部混乱，也会造成内部人才的流失。

4. 企业内控体系不完整，责权不统一

企业的权力主要分人权、财权和事权。人权包括人事任免权、人事指挥权、人事考核权、人员薪酬调整权和人事奖惩权等，财权包括资金预算权、资金支付权、资产使用权和资产处置权等，事权也就是履行职责、开展工作的业务活动权。

责、权不统一的问题是咨询诊断中谈及最多的组织问题，一方面企业的中层管理人员普遍反映是责任多、权力少，另一方面公司老板又觉得下属大事小事都要找自己定。

由于不能有效授权，企业领导都感觉很累，能力、精力完全受制，企业高管就出现了大领导跑市场、小领导跑管理的现象，"情况"层层汇报，"指示"层层下达，容易导致效率低下，推卸责任，同时影响主动性，增加协调成本。同时权限过于集中于高层，也会使高层陷入大量事务性工作中，不利于高层考虑企业战略发展等重要问题。

企业不向下授权不行，授权超越必要的控制也不行。很多企业之所以不能充分授权，主要是由于企业没有建立有效的内部管控机制。企业若要解决授权又不失控的问题，就需提高规范内部流程和建立管控机制的能力。

5. 部门协同差，组织效率低

提升组织效率的实质是全体员工工作行为的协同、一致和有效，实现 1+1>2 的效应。但在管理咨询过程中员工反映"部门之间存在壁垒，推诿和扯皮现象"的现象还是常见的，有的员工甚至有"有时候跟内部部门之间的合作还不如跟外部单位的合作"的心理。要实现内部审计增值需要企业内部协同支持、人力支持、技术支持和财力支持，而协同支持包括董事会和高级管理层对内部审计形成一致的期望，以及业务单位、风险管理部门、内部审计三条防线的协同，内部审计只有和企业内部其他部门协同才能发挥最大的作用，促进企业增值目标的实现。然而，在实际的应用过程中，企业的内部审计内部协同存在以下问题：

（1）内部审计部门定位不明确，内部审计人员工作方式不当影响内部协同

内部审计部门定位不适合内部审计工作的需要。王兵、刘力云调查发现，设置内部审计机构是为了满足上级单位的需求占样本规模比重 52.3%，根据国家法规制度要求设立内部审计机构占 50%。如果内部审计机构不是按照企业自身需求来设置，而只是为了满足外部需要，那么说明企业管理层不重视，内部审计就不会发挥其应有的作用，更不会在企业内部通过协同来提升内部审计价值。

内部审计的工作贯穿整个企业，与企业各个职能部门打交道，评价他们的工作，这决定了内部审计人员极易与其他部门产生冲突。内部审计人员认为自己的工作职责特殊，有时把自己当作检查官，认为自己地位高于被审计对象，这些可能使内部审计人员陷于困境，得不到其他职能部门的理解与配合，造成审计效率低下。

（2）其他职能部门与内部审计部门的协同度差，影响内部审计效果

每个部门都不希望本部门的问题被暴露且上报企业管理层，否则可能导致奖金的扣除或部门其他利益受损。因此，许多部门消极对待内部审计，问题能藏就藏，更不要说向内部审计部门自愿暴露问题。其他部门在审计过程中不合作的态度造成内部审计部门与被审计单位无休止的争论，影响审计工作的开展，造成审计目标无法实现。

由于相关职能部门解决问题的动力不够，协同配合有差异，所以内部审计的效果转化存在巨大障碍。

（3）董事会和高级管理层对内部审计期望存在差异

管理层热衷于咨询服务，他们希望审计部门能够给他们提供更多的信息，对企业有更深刻的认识了解；董事会更倾向于确认服务，希望确认企业财务报告的真实性，确认企业内部结构是否合理以及企业经营是否合法。内部审计面临双重领导的困境，资源方面依赖于管理层的内部审计部门在董事会要求对管理层进行监督、评价时很难保持客观、独立的态度，容易面临要求不一致的角色冲突，造成内部审计"听谁的意见"而形成两难局面。

二、现代企业经济管理模式不先进

当前市场经济不断发展的大背景下，企业要想实现更好的发展，必须在日常工作过程中注重积累和总结，结合市场经济发展趋势和发展形势，确定适合本企业发展的经济管理模式。但是在我国很多企业内部，其经济管理模式依然比较落后，整个管理模式还处于粗放状态，在这种不先进的现代企业经营管理模式下，企业要想获得长期稳定的发展和进步，要想实现企业经济效益提升，就需要不断从外界筹集资金，扩大企业生产链条。

1. 扩展企业管理模式下企业生产计划的特征

加大外界筹集自己能力对扩展企业生产经营规模有着很大帮助。但是在企业筹集资金用于企业运作过程中会大大增加企业的经营风险和运营风险，这样会显著影响到企业经济管理工作的正常开展。不管是经济管理效率还是经济管理成果都很难在一定程度上得到提升。目前，很多企业经济管理模式都是采用这种扩张式的发展模式作为企业的发展核心和主要任务，在生产经营过程中缺少对市场的准确定位，重视生产忽视产品的宣传，这些问题的存在普遍会影响到企业健康发展。

（1）生产计划的特点

在新的管理模式下，企业生产计划制定的范畴从单个企业内部扩展到整个企业群，因而具有其特有的特点：

1）动态性强企

业群的形成是根据市场的需求而形成的，随着市场的变化，企业群成员也在发生着变化，某些形式的企业群（如虚拟企业）成员可以随时进入随时退出，而企业群中一个企业的生产计划发生变化，其他企业的生产计划必须发生相应的波动，因此企业在制定生产计划时必须要满足动态性的特点。

2）对柔性和敏捷性要求高

企业群环境下的生产计划涉及的多是订单化生产，即生产计划是 MTO 型企业生产而不是 MTS 型企业生产，这种生产模式不确定性更强。因此，在新的管理模式下，企业的生产计划与控制要更多地考虑不确定性因素，使生产计划具有更高的柔性和敏捷性，以使企业能及时对市场做出快速反应。

3）生产能力的开放性

经济全球化使企业进入全球开放市场，各企业通过 Internet 可快速找到所需的生产能力，组成企业群，从这个意义上说，企业的生产能力是无限的。

4）跨边界的集成性

在新的管理模式下，生产要越跨多个企业的边界，是多个企业相互合作的生产，要提高生产效率、降低成本、提升顾客满意度，多个合作企业必须对信息流、物流、资金流进行合理有效的集成。同时，由于企业可能处于多个企业群之中，因此企业需要与不同的合作伙伴进行不同的集成。因此，企业在制定生产计划时，必须要满足跨边界的集成性的特点。

5）透明性

在企业群环境下，企业之间有很强的合作关系，任何企业在决策时，不仅要考虑本企业的信息，还要考虑企业群中其他企业的相关信息，因此，为了获得企业的同步化运作，企业的生产计划在企业群中应具有更大的透明度。

6）协商性

传统的生产计划和控制都是基于指令性的，这是以对资源的控制为前提的。在企业群中，企业之间都是相互独立的，生产计划不能通过行政命令的方式下达，只能通过一种有效的协调和冲突解决机制来进行生产计划的平衡。达成一致意见后，通过合同或其他有效的形式表现出来。

7）同步性

在新的管理模式下，生产计划的编制是一个纵向和横向的信息集成的过程。这里的纵向是指企业链中下游企业与上游企业的信息集成，而横向集成指的是生产相同或类似产品的企业之间的信息共享。在生产计划过程中，通过在主生产计划和投入产出计划中分别进行的粗、细能力平衡，上游企业承接订单的能力和意愿都反映到了下游企业的生产计划中。同时，上游企业的生产进度信息也和下游企业的生产进度信息一起作为编制计划的依据，其目的在于保持上下游企业间生产的同步。

8）群体性

在新的管理模式下，生产计划的制定和协调不再以一个企业的利益为前提，必须考虑企业群中每一个企业的利益。如果损坏了企业群中任何一个企业的利益，就意味着该企业的退出，其结果是损坏了企业群的整体利益。

（2）制定生产计划面临的问题

在新的管理模式下，生产计划的制定变得十分复杂，企业群中的企业之间通过信息流、物流、资金流的紧密合作而成为企业制造资源的拓展。在制定生产计划的过程中，主要面临以下三个方面的问题：

1）信息传递的长鞭效应

企业群中企业之间信息的交互频率特别大，直接的上下游企业之间都存在着订货问题。由于在新的管理模式下，企业群是跨越不同企业的组织，这些组织在地理上是分布的、在信息结构上是异构的、在计算处理上是分布并行式的，这些分布的、异构的、并行式的信息在不同企业信息处理系统之间的传递过程中，由于不同的管理者对需求的理解不同、对信息的处理方式不同而造成了信息传递的扭曲现象，即需求放大现象。当企业利用下游企业已经放大的需求信息制定生产计划时，由于需求信息已经出现偏差，再经过本企业的处理而使生产计划对上游企业的需求更加偏离实际需求，这种逐步放大的需求信息最终导致各合作伙伴之间生产计划不能保持同步执行。

2）生产进度的控制

生产进度信息是企业检查生产计划执行状况的重要数据，也是用于修正原有计划和制定新计划的重要信息。生产进度的控制贯穿于从投产准备、生产、到作业任务完成的整个过程，其目的是保证如期交货和生产计划的实现。在新的管理模式下，任何一个企业的生产计划的变动都会影响整个企业群生产计划的实现，由于各个企业在处理信息和计算提前期上存在着不同的方法，并且企业在地理分布上的分散性，使得企业群生产进度的控制难度加大。

3）协商问题

传统的生产计划决策是一种基于"控制权"的集中式决策，是在单一企业框架内进行的生产决策，决策的方案是带有指令性的、必须执行的。但是在新的管理模式下，各个合作企业是相互独立，是不能直接控制的，因此指令性的计划与控制行不通。由于各个企业的生产计划都受到其他企业生产计划的影响，因此相互之间必须进行协商。协商既保证了各个企业的相互独立性，也达到了相互合作的目的。但是，如何协商是传统生产计划与控制所没有涉及的问题，也是目前企业决策面临的一大难题。

2. 企业分权型组织模式的缺点

（1）不利于整个集团公司的协同性，企业集团内部财务目标的不协调，各成员在具体的行为过程中，很有可能追求各自的财务目标，会增加集团内部的内耗和摩擦成本，将在很大程度制约企业集团财务目标的实现；

（2）母公司对子公司的财权使用状况也无法进行有效的监督，各成员企业往往容易出现追求自身局部利益最大化而忽视集团整体利益的倾向，即所谓的"逆向选择"，影响集团方针、政策的贯彻及整体战略目标的实施，集团的整体利益无法得到保证，甚至使集团陷入失控的境地；

（3）不利于资源的优化配置，企业集团财务权力的行使将受到一定影响，不同成员之间的资源调动将受到各成员财务自主权的制约，不利于资源的优化配置；

（4）弱化了集团总部对成员企业的财务监控，难以有效约束和监督成员企业的经营，难以及时发现成员企业面临的风险和存在的问题，甚至容易造成成员企业间的内部过度竞争。

三、现代企业经济管理制度建设存在不完善之处

现代企业经济管理制度是确保企业健康稳定运行的重要保证，一个企业如果想要获得更好的发展和市场竞争能力，必须建立完善规章制度去指导和约束企业生产经营行为，只有这样才能保证企业在合法的前提下更好的经营和发展。时代在进步，企业在发展，企业管理人员需要对企业未来发展进行预测和总结分析，重视现代企业经济管理的建设。最近几年，越来越多的企业重视现代企业经济管理制度建设，但是在制度建设过程中，未能充分掌握企业的发展实际，制度建设和企业未来发展格格不入，制度形式化严重，而且语言晦涩难懂，理解起来十分困难，导致了制度在执行过程中可操作性差，不能真正约束企业的经营行为，反而给现代企业经济管理工作带来了较大的阻碍，制约了企业发展。

1. 驱动力不足

所谓内控的"驱动力"是指，企业风险控制和管理提升的内在诉求。规避风险和提升管理就像一枚硬币的两面，对于企业来讲，二者并不矛盾，且同样重要。

企业如果缺乏风险控制的强烈意识、缺乏提升管理迫切诉求，就没有进行内控建设的原动力。许多企业将内控建设与企业发展战略结合起来，没有进行顶层设计，没有上升到管理提升的高度，即使在政策合规性强制要求下，也不情愿去推动内控工作；即便开展内控建设，也是形式大于实际，敷衍了事。

通过内控建设来提升企业效益是企业内控的目标之一，也是企业内控的根本诉求和本源动力。只有将企业的未来利益和期望与内控捆绑在一起，并号召和发动广大员工全员参与，内控建设才会有活力，内控才不会流于形式。

2. 支撑力薄弱

企业内控的"支撑力"尤指支撑内控建设的资源准备和基础支撑。包括人力、财力、物力、组织体系、制度体系、保障体系等。内控体系的建设依赖于组织结构优化和支撑体系优化，因此要求企业的内控建设投入大量资源，许多企业因此而不堪重负。

由于缺乏这些资源支撑，企业在内控建设中，对组织结构、制度体系、职能支撑部门的管理等，未曾按照业务流程的内在规律和流程改进的要求执行，对支撑的管理系统按照原有固化的系统进行格式化处理，在流程改变的情况下，没有推行相应的组织变革和岗位体系调整，导致内控流于形式。在实践中，许多企业内部管理支撑体系落后，资源支持不足，导致内控建设前后是新瓶装旧酒，换汤不换药。

3. 渗透力不强

所谓企业内控的"渗透力"是指，以流程再造为重要抓手，深入到企业业务层面，对企业风险全面梳理，对业务活动全面改进。根据《企业内部控制配套指引》所列出的 18 个模块所示，内控活动涵盖了企业运营的各个环节。企业内控执行中，往往忽略业务和业务流程，更强调财务内控，专注于财务报告及内控环境方面。

流程优化是内控体系建设的重要内容，贯穿于企业内控的整个过程之中。不对业务流程进行梳理、改进和优化，就难以发现和解决整个业务活动中的问题；如流程再造不能深入到各个环节，贯穿各个业务活动领域，打通组织间壁垒，内控就成为空话，更达不到监管部门对业务活动实施控制的基本要求。

涉及多家制药企业的"毒胶囊"事件中，如果企业能够对采购、质检、仓储、制造、销售等业务各个环节进行细致的流程梳理、风险排查和业务改进，就不会造成如此巨大的损失，也就不会引发全社会对药企的信任危机。

由于不重视流程优化和再造，内控缺乏渗透力，对于本该是十分明显的内控缺陷，竟会熟视无睹，本应该完整贯穿整个业务链条的质量标准体系形同虚设，内控丧失穿透力，内控如何"HOLD"住？

4. 控制力缺失

所谓企业内控"控制力"是指，企业在内控建设过程中的全面控制和监督。包括，对企业内控环境的调研与分析、内控体系设计、风险分析及防范、内控流程与制度体系建设和完善、内控执行与落地等全过程的控制。

众所周知，企业内控建设本身就是系统性工程，需要进行系统性规划、设计、完善、执行和改进。有些企业在内控建设中，缺乏内控的控制力，存在对内控过程监督不力、成果难以执行和推进、执行效果不能有效检验等现象。

在企业自身的管理能力不足、资源配置不充分或不得当、内控人才缺失、内控建设超越了自身发展要求等诸多因素影响下，"内控"的控制力过低，内控的过程管理出现疏漏，致使内控形式化。

在此情况下，专业咨询公司的介入有助于企业弥补自身不足，能够帮助企业实现内控工作的全过程管理，提高内控的控制力，提升内控效果。

5.执行力不够

内控执行力特指内控体系建设过程中的执行落地能力。多数企业把内控建设等同于制度文件的修订和完善，在完成了"内控建设"合规性文件编制后并未真正在企业推行，有的企业或因内控体系推行中阻力过大、工作经验不足、可执行性不强等原因而草草收场。

企业在内控执行中难以推行，反映出企业内控在思想上和行动上的惰性，反映在内控实施计划的制定、领导，特别是一把手的重视程度、内控实施的组织、归口管理与授权、内控实施考核与监督等方面。

缺乏执行力，内控就没有约束力，内控制度和流程就难以落地，内控就浮于表面。企业处于"有内控无执行"的尴尬境地，无助于企业管理的提升和核心竞争力的打造，背离了内控的初衷。

如果企业内控建设停留于表面，则会导致内控流于形式，使内控脱离了监管，偏离了企业的使命和方向，造成内控不能深入实施，风险难以有效防范，企业难以规范运营的怪圈。内控的形式化导致的是企业自身信誉降低、员工利益受损，最终会打击投资者信心，造成公共资源的浪费。

因此，企业需要通过对业务活动的细化管理，提升内控的驱动力、支撑力、渗透力、控制力和执行力，真正实现内控规范化。企业应当以流程再造为抓手，将流程管理思想贯穿于内控建设的各项活动之中，将内控架构在优化后的流程之上；企业应当以信息化应用为工具，将内控建设与信息技术相结合，使内部控制变得更加高效和便捷；企业应当以组织体系优化为动力，通过组织体系调整以适应流程变革和内控合规性要求；企业应当以风险管控为保障，通过建立风险数据库，完善内控制度和体系，保障内控有效实施。

第二节　缺乏具有一定实效性的信息管理模式

随着信息技术的快速发展，虽然企业可应用的信息技术越来越多，且其中不乏费用低廉、形式创新的技术，但是还是有许多信息技术存在不稳定等问题。因此，要想保证企业稳定发展，信息技术的稳定性是非常重要的管理因素，这是提升企业信息化管理工作实效性的基础，换句话说，只有通过科学、有效的信息技术应用规划，才能将企业经营过程中产生的复杂信息进行更加合理地分析与处理，最终保证企业在激烈的市场竞争中生存下来，获得更多的经济效益。

一、企业信息化管理的含义

企业信息化管理相关概念的提出与应用最早并不是在我国，而是在 20 世纪 80 年代，由英国政府部门提出并发展起来，随着信息技术的不断发展，西方许多企业的信息化管理工作形成了一套完整的体系，为企业运营提供了信息支持。具体来说，信息化管理指的是企业信息部门对信息技术手段、管理方法、相关制度以及相关工作人员进行管理，保证企业工作实现可持续发展。近些年，我国企业信息化管理系统已经逐渐发展起来，并在一些大中型企业中得到了比较广泛的应用，在今后的信息化管理中，相关企业与技术人员要不断改善管理思路，提升管理对策，为我国企业现代化信息发展作出应有的贡献。

1. 什么是信息化

（1）定义一：信息化是指培养、发展以计算机为主的智能化工具为代表的新生产力，并使之造福于社会的历史过程。

（2）定义二：是指建立在 IT 产业发展与 IT 在社会经济各部门扩散的基础之上，运用 IT 改造传统的经济、社会结构的过程。

2. 什么是企业信息化

企业信息化是指一整套管理系统体系的标准，严格地说，它是由企业信息化技术支撑的一种先进的管理思想。

企业信息化内涵：以减少不确定性（即降低熵值）为目标，以提高信息能力为核心，利用现代信息技术对企业各个方面、各个环节进行改造和变革，其最终目标是提升企业的竞争优势。企业信息化的实质是通过企业信息能力（信息获取能力、交流能力、共享能力、产生能力和物化能力）的提高而引起的企业由高熵状态向低熵状态的持续过渡和转变过程。它体现了今天企业的经营管理与企业信息化技术相交融的新的管理模式。

3. 企业信息化发展简史

40 年代：为解决库存控制问题，人们提出了订货点法，当时计算机系统还没有出现。60 年代：随着计算机系统的发展，使得短时间内对大量数据的复杂运算成为可能，人们为解决订货点法的缺陷，提出了 MRP 理论，作为一种库存订货计划—MRP

（Material Requirements Planning），即物料需求计划阶段，或称基本 MRP 阶段。

70 年代：随着人们认识的加深及计算机系统的进一步普及，MRP 的理论范畴也得到了发展，为解决采购、库存、生产、销售的管理，发展了生产能力需求计划、车间作业计划月以及采购作业计划理论，作为一种生产计划与控制系统—闭环 MRP 阶段（Closed-loop MRP）。

在这两个阶段，出现了丰田生产方式（看板管理）、TQC（全面质量管理）、JIT（准时制生产）以及数控机床等支撑技术。

80 年代：随着计算机网络技术的发展，企业内部信息得到充分共享，MRP 的各子系统也得到了统一，形成了一个集采购、库存、生产、销售、财务、工程技术等为一体的子系统，发展了 MRP Ⅱ 理论，作为一种企业经营生产管理信息系统—MRP Ⅱ阶段。这一阶段的代表技术是 CIMS（计算机集成制造系统）。

90 年代：随着市场竞争的进一步加剧，企业竞争空间与范围的进一步扩大，80 年代 MRP Ⅱ 主要面向企业内部资源全面计划管理的思想，逐步发展成为 90 年代怎样有效利用和管理整体资源的管理思想，ERPEnterprise Resources Planning 企业资源计划）随之产生。现阶段：融合其他现代管理思想和技术，面向全球市场，建设"国际优秀制造业"（World Class Manufacturing Excellence）。这一阶段倡导的观念是精益生产、约束理论（TOC）、先进制造技术、敏捷制造以及现在热门的 Internet/Intranet 技术。

4. 企业信息化的应用意义

（1）信息化使公司更多资源得到共享

让更多的人了解企业运营质量，参与管理，加快各环节响应速度，最终体现的是企业快速应变能力的大幅度提升。

（2）信息化的过程也是流程优化管理规范化的过程

信息系统构建以后，通过数据分析也能发现很多平时手工管理不能发现的问题，加强了流程优化提高了执行力。

（3）信息化使管理者突破传统思维模式

信息化让企业从粗放式管理逐步过渡到精细化管理。通过细化指标使得控制效果更好，对各项指标执行过程都能得以监控，适时调整、改善。

（4）信息化使企业管理从事后控制逐步转变为事前控制

信息化是发现问题解决问题的过程，通过数据分析和决策系统能很快发现问题异常并得以纠正。

5. 企业信息化的基本条件和步骤

（1）企业实施 ERP 的条件

1）企业生产的产品有市场。ERP 解决的是企业制造资源计划问题，只有企业现有产品有市场，需要通过优化利用现有企业资源，降低生产成本，取得最佳企业效益，提高企业竞争力时，才可考虑上 ERP。

2）企业领导重视、职工积极参与。企业实施 ERP 是一项投资巨大的工程项目，首先企业的领导人要树立起正确的信息化理念，必须下决心，投入较大的人力、物力和资金，并监督这些资金的合理使用。同时，企业职工素质、觉悟高，对实行新的管理思想与方法热情高、有信心，实施 ERP 有群众基础，也是成功实施 ERP 的关键条件之一。

3）企业有一定的"积累"。"积累"包括资金、技术、人才和管理经验的积累，企业有一批掌握计算机技术及先进管理思想的技术、业务骨干，作为项目实施小组成员，他们应该是来自本部门富有经验的业务骨干，新系统的平稳和顺利过渡只有通过他们的努力才能实现。

（2）ERP 项目实施的方法和步骤

应建立一套科学的实施办法和程序来保证项目的成功。ERP 项目是一个庞大的系统工程，应总结国内外众多 ERP 项目的实施经验和教训，它涉及面广，投入大，实施周期长，一般要经过以下步骤：

1）原型测试

通过培训后，了解想要解决哪些问题，结合自己的需求，了解了 ERP 系统能干些什么，进行适应性实验，来验证系统对目标问题解决的程度。原型测试的数据可以是模拟的，不必采用企业实际数据，决定有哪些用户化的工作，有多少二次开发的工作量。

2）教育与培训

ERP 在管理上所反映出的思想和理论比实际运作中的要先进，作为管理技术和信息技术的有机结合，精良生产、准时制生产、全面质量管理等工作，必须要求企业各级管理层要不断学习先进的管理理论，对 ERP 项目涉及的人员分不同层次做软件具体功能的培训。

3）专项机构

为了顺利实施 ERP 系统，领导小组、项目小组和职能小组是在企业内部应成立完善的三级组织机构。负责保证 ERP 系统在本部门的顺利实施，职能小组是实施 ERP 系统的核心，由各部门的关键人物组成。项目小组负责协调公司领导层和部门，要有丰富的项目管理和实施经验，要有足够的权威和协调能力，其负责人员一般应由公司高层领导担任。负责制定计划的优先级、资源的合理配置、重大问题的改变及政策的制定等，领导小组要由企业的最高决策人亲自参加。

4）总体规划，分步实施

ERP 项目包含内容很广，每一部分中又包含很多模块。一般要有总体规划，在效益驱动、重点突破的指导下，分阶段、分步骤实施，按管理上的急需程度、实施中的难易程度等确定优先次序，建立一个 ERP 系统，如财务、分销、生产、人力资源、决策支持、质量管理等等，都是其具体环节。

5）数据准备

它只有运行在准确、完整的数据之上，才能发挥实际作用。ERP 系统实现了企业数据的全局共享。

6）切换

为使整个 ERP 系统尽快走出磨合期，如果没有发生什么异常现象，经过一段时间的试运行后，就可以把原来的业务系统抛弃掉，使得整个 ERP 系统完整并独立地运作下去。

7）模拟运行

在完成了用户化和二次开发后，这时可以选择一部分比较成熟的业务进行试运行，就可以用企业实际的业务数据进行模拟运行，以实现以点带面，由粗到细，保证新系统进行平稳过渡。

二、我国企业信息化管理的现状

在信息技术飞速发展的今天，企业信息管理环境日益复杂，例如在很多企业日常办公中，信息技术成为信息交流与工作流程的主要载体，从而造成企业专业工作的多样性局面，同时还使传统信息管理方法滞后性特点凸显出来。因此，企业在信息化管理的过程中，需要依据自己的实际需求，建立一套科学、合理的管理系统，这正是我国企业信息化工作的现状。在接下来的讨论分析中，笔者会对企业信息化管理中存在的问题进行分析，并提出相应的解决对策，希望能够帮助企业在激烈的市场经济中能够更加稳定地发展。

1. 企业缺乏管理制度与培训制度

随着我国经济、政治体制改革的不断深化，企业职能正在向服务类不断转变，在这样的背景下，企业信息化工作从以往独立的工作状态向着多元化的工作配合形态转变。然而，在信息化背景下，企业信息管理工作部门转变是一个复杂的系统工程，不可能一蹴而就，从而导致很多企业缺乏相关的管理制度，不利于提升企业信息化的实效性。

此外，一些企业通常不重视信息化管理培训工作，缺乏必要的培训制度，特别是一些刚毕业的大学生，虽然具备较高的理论基础，但是实际工作能力非常差，再加上培训规章制度不健全，会给企业信息化管理工作带来不小的困难。而且当前企业专业类型较多，信息化涉及面非常广泛，可以说它是一项高耗能、高强度的工作，信息化管理工人的工作压力都比较大，有时候甚至还要超负荷工作。所以，重视信息化管理培训工作，及时发现相关工作人员存在的问题并进行解决，能够防患于未然。

2. 企业信息运维管理安全意识不高

在企业信息化管理中，非常重要的一个环节就是信息运维管理，而目前我国企业信息运维管理安全意识不是特别理想。目前，企业信息运维管理的过程中，主要还是以数据完整性的检查为主，对于数据问题以及风险意识不够重视，这正是造成当前企业信息运维安全管理不到位的重要因素。

（1）信息系统运维

随着信息化建设的逐步深入与完善，在经过信息系统大规模的投资建设阶段后，企业中各类管理信息系统如雨后春笋般涌现。信息系统是信息化的基础和重要内容，为了使信息系统处于良好运行状态，充分发挥其工作效能，那么，信息系统的运维管理就成为企业不可缺少的一项任务，也是企业信息化发展的一个重大课题。

1）定义

所谓信息系统运维，是指企业信息化部门采用相关的方法、手段、技术、制度、流程和文档等，对信息系统涉及到的服务器设施、软件系统及数据库进行的运行与维护两方面的管理，其主要内容包括设备的运行、性能提升、故障处理、应急预案和咨询评估等方面。相对于其他行业的运维，信息系统运维存在技术难度大，运维复杂，运维风险高，运维工作不受重视的显著特点。

2）目标

信息系统运维最终要实现的总体目标是最大限度地增加应用系统的可用时间，提高应用系统的利用率，改善服务器性能，服务质量，提高应用系统的安全性，保障系统得到最充足的运行、效益得到最大的发挥，保障企业的信息化能够发挥最大效果。信息系统运维的目标，可以分为对内和对外两个方面。对外：系统不瘫、数据不丢——这是业务部门最直接的要求。数据的连续性，保障业务数据保存正常、保障业务的连续性，也是运维人要达成的对外目标。对内：信息系统的运维管理还有一个非常重要的目标是"建立一套持续改进的机制"，是系统运维管理必要的手段，也是系统运维管理的目标之一。

3）运维内容

信息系统的运维主要包括以下 5 个方面的内容：

①信息系统基础设施运维：以硬件资产和软件资产可用为目的，包括支撑系统正常运行的主机系统、操作系统、存储系统和数据库等的运维服务。

②应用系统运维：以系统整体可用和为业务提供可靠服务为目的，包括业务和应用的技术运维，以及信息内容服务运维等。主要负责为用户提供技术支持服务，及时处理和解决用户由于误操作或系统异常出现的各种问题；根据业务部门提出的系统维护及功能调整，对系统功能进行调整。

③咨询评估和优化改善：通过对运维系统的调研和分析，提出咨询建议或评估的方案。通过提供调优、改进等服务，达到提高运维系统性能或管理能力的目的。根据日常维护的数据和记录，提供信息系统的整体建设规划和建议，更好地为用户的信息化发展提供有力的保障。

④应急预案制定：应急预案的制定是信息系统运维的一项重要工作内容。针对运维部门需要管理的每个信息系统，以系统为单位，从应用软件、操作系统、中间件、数据库、硬件服务器等各个方面，制定详尽的系统崩溃时的应急预案，以期在系统崩溃的最坏情况下，快速恢复系统的使用。

⑤培训：深化培训，提高关键用户的技术素质；加强内部培训和组织员工进行外培，提高运维人员的技术水平和分析解决问题的能力。

4）运维方式

信息系统运维模式主要有以下 3 种方式：

①总部运维和下级单位运维：这种方式下，由总部的运维单位完全负责系统的运维工作，下级单位不设置运维团队，或者下级运维团队只负责网络、用户终端的运维，不负责系统的运维。

②IT 部门运维和业务部门运维：IT 部门独立运维模式是指信息系统的运维工作全部由企业的 IT 部门来承担，业务部门只作为需求的提出者和系统的使用者。IT 部门与业务部门联合运维，这是一种比较常见的运维模式。是指在应用系统运维过程中，除了 IT 部门运维人员以外，部分业务人员也参与到运维工作中，由 IT 技术人员和业务人员共同配合完成运维工作。

③自主运维和外包运维。自主运维是指企业自行负责完成对拥有的信息系统的所有资源的运维工作。外包运维是指企业通过与其他单位签署运维外包协议，由外包单位为企业各单位提供信息系统运维服务。还有一种运维方式即混合运维方式。企业有自己的运维团队，负责部分运维工作，另外，通过与其他单位签署运维外包协议，另

一部分系统运维工作外包给其他单位。对于复杂信息系统的运维，在企业自身运维力量不足的情况下，一般采用此种运维模式。

（2）运维的重要性

1）信息系统运维为企业信息化保驾护航

信息系统运维是一个默默无闻的工作，常常能够听到研发很重要、研发能够带来创新的言论，运维经常是被人忽视的。而实际上，研发固然重要，运维的工作更为重要。对于一个应用系统而言，开发人员只是参与到应用系统从需求调研到软件上线的这个阶段，当软件交付使用之后，后期的应用系统的运维工作都是由运维人员来完成的，运维人员的工作贯穿整个软件的生命周期，往往要从软件项目开始到系统上线运行，直至软件后期维护，都有运维人员的参与。对于非信息化企业而言，可以没有一支技术领先的研发团队，但是，绝不可以没有一支技术过硬的运维队伍。信息系统是企业信息化的核心，是企业信息化的具体实现。一般开展一个信息化项目最后都有一个"落地"的过程。这个"落地"就是将业务信息化的想法转变为一个应用信息系统。业务部门是信息系统、信息化项目的使用者，任何一种设备，都有其损耗，任何一个人的操作，都存在误操作的可能性，任何一个程式化的机器程序都会随着企业建设的不断发展出现滞后性，而这些不确定性因素的存在，直接影响这作为使用者的企业用户对信息化项目的满意度，影响员工的工作积极性及工作效率，更有甚者，直接影响了整个信息系统的生命。一支优秀的运维团队，可以对设备定期巡检，排查硬件隐患，根据经验对设备进行预报警；可以对软件范围内的人为误操作进行及时有效地纠正；可以对程序设置进行微调，以满足不断发展的企业的需求；可以完成系统性能调优，可以根据日常系统的维护记录和维护数据，提供信息系统的优化建议；可以制定有效的信息系统应急预案，当信息系统发生崩溃性故障时，最大程度地保证用户数据的安全和信息系统的快速恢复。信息系统运维保障企业信息化建设稳步前行。

2）信息系统运维创造价值

现在各行各业都在使用应用软件进行管理，这些软件系统运行的状态直接影响着企业的工作效率。良好的信息系统运维，不仅为企业信息化提供后勤保障，更重要的是可以帮助企业其他部门提高工作效率，比如人员管理、财务管理、物资管理以及大数据分析等，这些及时有效的信息，让企业的工作方式高效有序地进行，创造更多的经济效益。信息系统运维，可以延长信息系统的使用寿命，减少新系统的投入，提升系统使用价值。对于应用于企业生产中的信息系统，运维人员提供全天候的运维服务，一旦系统出现故障，运维人员必须及时处理，否则，将会对生产造成损失，相对而言，运维人的每一分钟的工作，都是在给企业创造价值。可以说，信息系统运维的价值，往往体现在对业务的支撑上。

（3）现状及面临的问题

1）现状

伴随着信息化建设的步伐，各大企业都有自己的众多应用系统，其中存储、服务器等硬件设备，涉及到包括 Windows 系列、AIX 系列、Linux 系列、VMware 等各个版本的操作系统和各种版本的数据库软件等。众多信息系统都在为企业的各个部门提供服务，企业信息化水平的提高，在提升各部门工作效率的同时，也对信息系统产生了依赖。因此，信息系统的运维工作不可小觑。由于信息系统众多，信息系统的运维方式也多种多样。对于集团型企业，信息化的不断发展与累积，运维工作的开展基本上涵盖了几种典型的信息系统运维方式。目前，系统集中化建设正是集团型企业信息化建设的一个方向。对于这些集团统建的应用系统，通常采用集团总部运维方式，各个子分公司不设置系统运维人员，只设置系统运维联络员，负责用户终端的运维和与集团运维人员的联系。运维部门与业务部门联合运维，这种运维方式应用也很多，主要是针对各单位自行组织建设的系统，IT 部门信息系统运维人员对系统业务了解不够，业务部门对信息化设备运维能力不足，两者相互结合，完成系统运维。运维部门自主运维，像服务器的虚拟化、桌面云等，这些技术性比较强的系统，由 IT 部门负责运维，完成包括软件系统用户授权，业务部门用户误操作的更正，数据库服务器的部署和数据备份，以及系统使用到的存储空间的维护和服务器操作系统及硬件的运维工作。这种运维方式下，当系统出现故障时，能够快速定位系统故障发生的原因，如应用软件、数据库、操作系统、服务器故障等，能够及时解决系统故障，提高系统可靠性。自主运维与外包运维相结合的混合运维模式在企业运维模式中有广泛的应用。运维部门由于技术力量薄弱，运维人员配备不足，针对一些比较重要的系统，如存储系统、刀箱和小型机等，一般企业采用混合运维模式。由企业内部运维人员负责设备巡检和软件方面的运维，当系统硬件出现故障或报警时，报修给外包的运维单位，由外包单位负责处理故障。这种运维方式充分利用了外部单位运维经验，在合理的运维成本下，既保证运维工作的顺利完成，又确保企业内部运维人员能够得到充分锻炼和能力的提升。但是这种运维方式也会存在外包单位服务不及时、人员无法有效管控的问题。

2）运维面临的问题

企业信息系统的建设是伴随着信息化技术发展的大背景一步一步走来，信息系统建设的管理工作也是一个逐步地完善过程，在这个过程中，系统建设的标准、采用的技术、验收的标准都不相同，信息系统建设的管控也存在不足的地方。由此，在信息系统的运维过程中，造成系统运维技术难度大，运维复杂的问题。目前，企业信息系统运维方面，主要面临的问题有以下几个方面：

①团队合作意识信息系统运维工作跨部门，信息系统的运维工作涉及多个部门运维人员，没有运维团队的整体感，极易造成责任划分不清，互相推诿，系统运维需跨部门协调，增加了故障处理的环节，延长了问题解决的时间。

②专业培训及知识传承对运维人员专业知识、技能的培训和知识传承工作有待加强。信息化技术日新月异，但也是一脉相承的。正如无论何时学习计算机硬件，都要从基本的计算机的组成有哪些学起。不管技术如何变更，计算机内部还是由二进制数来表示的。所以，有了新的技术的问世，旧有的知识和工作经验仍然是需要的，进行有效信息系统运维的基础。

③运维意识有待提高缺乏主动运维，基本是事后运维。系统运维工作的顺利进行离不开高素质的运维人员。除了对新知识、新技术的培训，还要加强运维理念、方法的培训，使运维人员不仅懂得先进的专业技术，也要懂得先进的管理思想，增强分析问题和解决问题的能力。

④运维工作量大，运维人员培训和人员补充不足自动化系统监控设备不足，面对数量如此众多的信息系统和硬件设备，单靠人工去监控系统的状态让运维人员感觉有些力不从心。

⑤陈旧系统资料欠缺对于每个企业，信息化都是一个逐步尝试的过程。早期信息系统实施后，企业由于信息化经验不足，无法预知后期系统运维过程需要哪些资料，导致在软件交付时，企业没有跟软件开发方索要充足的技术资料，随着系统使用年限的增加，对于系统运维工作中遇到的各种问题，无法找到实施文档及相关资料，运维工作难度、风险增大，甚至在某些情况下，废弃旧有系统，投资新建。

⑥监控业务绩效的指标业务绩效监控方式采用处理多少故障，解决多少问题为衡量标准，不能有效地激发员工主动运维的积极性。在这样的绩效指标的指引下，运维人员往往在等待系统出现故障才开始运维工作，这样工作的方式直接导致信息系统故障率提升，用户使用满意度下降。而如果采用系统连续安全运行时间这样的积极指标，运维人员为了延长系统正常运行的时间，通常会主动自觉地进行系统运维，检查信息系统相关硬件及软件的各项指标是否正常，避免故障的发生。信息系统无故障运行的时间越长，说明运维工作做得越好，因而提升绩效。

⑦运维工作定位不合理在很多企业里，运维部门被定义为服务部门，为业务部门服务，为研发部门服务。信息系统运维则被认为是一个成本高、技术含量低的工作。在这个定位下，系统运维工作的开展很困难。

a.在人才引进的时候，对应聘运维工作的人员的技术水平的要求也相应降低。

b. 运维人员长期处于弱势地位，运维工作得不到认可。系统运维工作很辛苦，随叫随到，还时常被抱怨服务不到位，工作效率低下。改变这种服务定位，企业要充分认识到信息系统运维部门也是一个技术部门，也在为企业创造价值，信息系统运维是实现企业信息化建设的中流砥柱。这也将成为今后企业信息系统运维发展的一个方向。

3. 缺乏完善的信息化管理系统制度

虽然信息化管理系统已经在我国许多企业中得到广泛应用，但在我国的信息化管理方式应用时间还较短，没有相对完善的信息管理制度，在信息化发展的过程中，就不能形成相对有效的制约。因此只有制定完善的信息系统管理制度，才能使企业获得长远发展。

第三节 缺乏企业经济规范化管理的专业人才

目前，在我国大多数的现代化企业当中，经济管理人员的流动性很大，很多经济管理人员在企业从事一段时间工作之后选择离职或者跳槽。有调查结果显示，有很多经济管理人员的一份工作时间常常不足三个月，甚至更短。由于现代企业经济管理人员队伍不稳定，使得现代企业经济管理工作常常受到很大的影响。导致现代企业经济管理人才队伍不稳定和人才流失严重的一个主要影响因素就是现代企业还没有建立相应的保障措施，在政策、福利和待遇方面缺少相应的保障。现代企业中的很多经济管理人员都反映，企业并不能给予他们相应的待遇，基本保险缺失，工作人员在企业工作缺少认可性。

一、我国经济管理人才培养概况

现今高校教育在经济学方面的教学主要集中在社会资源的优化配置以及自然资源、社会资源、经济资源的合理整合；在管理学方面的教学则主要集中于培养学生的组织管理能力，致力于为企业提供管理方面的人才，制定最优的管理方案，最终实现优化管理、良好发展的目的。社会化进程的加快使得经济与管理不再是独立的两个部分，而是相互糅合，越来越多的现代经济管理类人才应运而生，作为优秀的经济管理人才不仅需要具备一定的专业素质和分析能力，同时也要有综合性的思考方式和管理才能。因此，为了满足社会发展需要，培养高素质高能力的经济管理人才变得尤为重要。

1. 我国经济管理类人才培养现状

当前社会发展中，知识快速增长和飞速传播是适应社会发展的要求，而作为促成这一发展的最重要场所，高校有着义不容辞的生产知识和传播知识的义务，为了更好地实现这一义务，我国的现代高校应积极开展"校校协同"、"校企协同"，为更好地服务社会，加快社会的发展提供有力保障。据调查显示，当前我国高校中经济管理类专业学生已达到了 15% 以上，这在高校专业中占据了相当大的比重，尽管当今选择学习经济管理专业的学生人数众多，但是有相当一部分的学生在毕业之后并没有进入与专业相关的工作岗位，而且在多数高校教育中，经济管理专业的教学内容设置没有针对性，无法满足现代企业需求，单纯追求理论知识的培养，使走向企业的经济管理专业学生无法具备实践管理技能，不仅阻碍企业发展，也使大学生就业形势更加严峻。

2. 目前我国经济管理类人才培养存在的问题

随着素质教育的推行，经济管理类人才的培养模式得到了很大的改进，但仍然存在着一些不足，具体体现在以下几个方面：

（1）国经济管理类人才培养的思想观念以及人才培养的教学方式仍然以书本知识为主，过于注重理论知识的传输，无法调动学生的积极性。

（2）经济管理类人才培养目标要求设置过高，与现代企业对人才的需求目标不一致，课程的设置与企业经济管理内容脱节，比较僵化，不仅浪费了教学资源，也阻碍了企业经济的发展。

（3）今教育仍然延续以往的教学方法，学生实践教学环节薄弱，教学方法单一，脱离实际。总体来说，我国经济管理类人才的培养与发达国家的人才培养相比仍然处在落后的地位。

二、我国企业经济管理人才评价要素分析

经济管理人才是企业可持续发展的核心力量，其职业核心能力的高低直接决定了企业的生产与服务能力。企业经济管理人才的职业核心能力建设的问题是事关企业能否不断地进行创新和发展的核心问题，我国现行的经济管理人才培养与鉴定工作也正从知识、技能的培养与鉴定向职业核心能力的培养鉴定转化，努力提升经济管理人才的职业能力，因此企业经济管理人才的鉴定与评价不能局限于将职业能力的主要因素如技能、职业道德、安全生产进行简单叠加，还应在系统化和科学性方面反映出人才的实际能力和发展潜力。不同的企业有着不同的产品，对人才的要求也各不相同，即使是同一企业内部由于岗位的不同，人才的职业核心能力也存在着许多差异，在对其进行评价时必须考虑到企业的用人标准与实际需求，以促进企业的可持续发展，同时也要兼顾考核评价的可操作性，因此应从对企业经济管理人才所面向的工作岗位出发，建立具有长效机制的经济管理人才评价指标体系。

1. 基本素质

（1）综合的业务素质

未来社会的竞争是对综合实力的考验，因此，经济管理人才不能只在某一方面有所擅长，而是应该有更加全面的综合性业务素质。

1）协调组织能力

随着网格化管理模式的盛行，管理更加趋向于协调性和服从性，这就要求经济管理者必须要拥有强的组织协调能力，各方面的主体经济活动协调统一整合到一起，共同完成目标。

2）创新管理能力

科技以及经济的快速发展使得社会发展日新月异，这就要求经济管理者必须拥有不断创新的能力，管理理念、方法以及手段上不断地创新，从而更加适应经济不断发展的要求。

3）战略规划能力

企业的发展必须以科学的规划来作为指导，经济管理人才对于企业未来的规划必须具有前瞻性，只有正确的决策，敏锐的洞察力以及对市场动向的正确把握，才能够使企业持续而稳健地发展下去；

4）灵活应变能力

良好的适应和应变能力能够使管理者在面对众多不确定因素以及突发变化时，依然能够镇定自若保持清晰的思维，做出快速而准确地判断。第五，信息处理能力。信息的有效收集、处理和运用是保障经济预测和决策准确性的重要依据，因此，经济管理者必须具有能够收集、处理、分析以及运用信息的能力，从而对经济预测和决策作出科学的判断。

（2）良好的心理素质

经济管理人才心理素质主要可以体现在以下几个方面：

1）作为经济管理的基础，经济管理人才必须具有良好的思想道德品质，这是所有素质中最为基础也是最为重要的一点，因为只有具备了这一品质，经济管理人员才会具有更加强烈的责任感和使命感。

2）经济管理人才必须具备更加坚强的毅力，在困难面前依然能够保持不言败积极向上的状态；

3）经济管理人才必须具有良好的合作精神，杜绝一切个人主义。随着经济活动中各类人才的不断加入，经济管理人才必须不够协调各方的力量，将个人和整体的最大效用发挥到极致。因此，经济管理人才必须有更好的协调和融合能力，更好地实现人才群体的价值；第四，经济管理人才必须拥有良好的心理承受能力。在未来社会中，机遇与危机并存，任何工作都不可能顺风顺水，都存在一定的风险，当面临风险及不如意时，经济管理人才必须用其严谨的思维力，冷静的判断力以及顽强地意志和坚定的决心带领团队冲破重围；第五，经济管理人才必须具有创新性和开拓性，只有这样才能够保证在未来社会一列的竞争中不被淘汰。

2. 能力结构要求

经济管理类创新创业人才除了具备获取知识和应用知识能力外，还应该具备创业·创新·创富能力。创业是一种需要全身心投入的事业，积极的态度和务实精神才能使创业成功。在这个过程中，没有人会给创业者部署安排，没有人会给创业者决策计划，面临困难、问题、危机，创业者只有积极努力、脚踏实地奋斗，才有可能取得创业效益。具体应包括：

（1）把握机会的能力，即具有独到的创造性思维和敏锐洞察力

创造性思维是指能够以较高的质量和效率获取知识，并能根据市场需求灵活运用所学知识开发出新产品和新技术的思维方式。敏锐洞察力是运用已有的经验和知识，对问题从总体上直接加以认识和把握，以一种高度简练、浓缩的方式洞察问题的实质，并迅速解决问题或对问题作出某种猜测的思维形式。敏锐洞察力在寻求商机和科学发现等创新行为中具有极为重要的作用，它是一种内在本能，来自于经验的积累。通过以往的工作经历，善于总结各种经验，对宏观微观经济形势以及各种商业运营的态势，做到心中有数，善于把握做生意的基本技术和技巧。

（2）决策能力

决策能力是管理能力的核心部分，管理者决策水平的高低对创业企业的成败影响巨大，据美国兰德公司估计，世界上破产倒闭的大企业，85%是因企业家决策失误造成的，中国的企业就更是如此。对于创业者而言，必须具有收集、处理、分析信息的熟练技能，善于捕捉来自社会生活各个方面的信息，以获得感知，经过科学分析，进而形成理性思维，根据客观情况作出决策，具有高瞻远瞩的能力。

（3）领导能力

领导才能已日渐成为衡量创业成功的重要标志，创业者必须科学地树立企业的发展目标，其领导能力体现在指挥、带领、引导、鼓励部下为实现目标而努力的过程中。具备优秀价值观和人格的领导者使组织成员对其产生敬佩、认同和服从等心态，并拥有一批坚定的追随者和拥护者，使组织群体取得良好绩效。领导者的个人价值观会吸引具有同类价值取向的人凝聚于组织，增加对组织的认同感和归属感；正直、公正、信念、恒心、毅力、进取精神等等优秀的人格品质无疑会飙升领导者的影响力和个人

魅力，凝聚力无疑会提高，从而扩大其追随者队伍。

（4）用人能力，即团队协调能力

构筑一项事业，既需要有形资产，也需要无形资产——他们的人际关系网络，着手做任何一件新的事情的时候，肯定需要很多人的帮助和支持，例如团队成员、投资者、地方政府等。钢铁大王都说过：我宁愿花费 90% 的时间去建立人脉。可见此种能力的重要性。在一个团队中，创业者可以是团队的核心，也可以是这个团队中的一员，需要具备良好的心理素质、团队意识，以及具有良好的人际交往能力、协调沟通能力，具有配合奉献精神。发达国家创业企业的成功经验之一，就是技术专家、管理专家、财务专家、营销专家的有机组合，形成团队的整体优势，从而为创业企业奠定坚实的组织基础。如今随着"金字塔"式的管理逐步被"网络式"的管理所代替，管理的强制性及权威性弱化，目标服从性和协调性强化，这就要求管理者必须具备极强的协调能力，通过"整合"各行为主体的经济活动，使经济过程协调一致，达到整体效益最大化。

（5）学习能力

人类已步入知识经济新时代，新知识诞生的数量，传授的速度都是惊人的，企业内、外每时每刻都会遇到新思想、新观念、新技术、新事物的冲击。终身不断学习，将越来越成为企业生存和发展的第一需要，同时也必将成为人们追求幸福与财富品质的主要诱发因子及原动力。在新世纪整个企业组织将是一个学习型组织。这种组织形式能够不断进行自我调整和改造，以适应迅速变化的环境，求得自身生存和发展。创新创业者更应具有学习的能力，不断吸取新的东西，才能紧跟时代的步伐。

（6）抗风险能力

创业者必须具有冒险精神，只有敢于冒险才能果断地抓住机会，但是当一个机会突然出现的时候，风险也随之而来，这就需要有勇气承担风险。创业路上，风险无处不在、无时不在。要创业就一定要在风险和收益之间进行抉择和权衡，既不能为了收益而不顾风险的大小，也不能因害怕风险而错失良机，而是要在争取实现目标的前提下，管理风险，控制风险，规避风险，这才是创业者对待风险的正确态度。

3. 技能水平

个人的知识越多，知识面越广，结构越合理，创造力也就越大。建立合理的知识结构，是创新创业的必要条件。本文认为经济管理类大学生的创业知识结构应该包括三个层次，成金字塔型。

（1）要具有扎实宽厚的经济管理类专业基础知识：理论经济学、应用经济学、工商管理学、金融学、管理科学与工程学科的知识体系以及工具性知识：如外语、数学、统计学、网络计算机应用、经济管理文献阅读与写作等方面的知识，这是金字塔的基础层。

（2）兼有与所学专业相关或相邻的知识。如人文社会科学知识：思想道德修养、法学、哲学、文学、历史学、政治学、艺术、社会学、人类学、心理学等方面的知识，其中包括政策、法规、工商、税务、金融、保险、人际交往、公共关系等；自然科学知识：科学哲学、自然科学史等方面的知识；工程技术类知识：工程设计、机械、电子、纺织服装工程等方面的知识。这类知识属于综合性知识，是发挥社会关系运筹作用的多种专门知识，这是金字塔的核心层。

（3）提高创新创业能力的知识。如创造学、科技发明学。代表性的课程有：创业管理、商务沟通与交流、战略性创业（市场机会分析）、新企业创建（商业计划）、新事业融资（投资新事业）、创业高级原理（与企业家共事）、内部创业——公司创业（现有组织中的创业）、科技创业、团队训练、拓展训练、国际创业（跨国界的创业）、管理成长型的组织（促进组织成长）、科技创业（科技型组织创业）等，这是金字塔的塔尖。当然，知识结构具有动态性。经济管理类创新创业人才应当掌握各类知识的最新发展动态，并及时将其补充到自己的知识领域中。只有自己掌握最牢固的基础理论知识和最先进的科学知识，才能站在科学技术前沿，具备创新能力。

二、企业人才资源的流动与流失问题解析

人才资源成为当前企业最重要的资本，企业要想在经济全球化的市场竞争中谋生存、求发展，就必须依靠人才资源。人才资源的流动可以带来技术、资金、信息、管理的流动，而人才资源的流失会给企业带来巨大的危害。因此，必须重视人才资源的流动和流失问题。

1. 人才资源的界定

人力资源是开发自然资源，推动社会向前发展的主动力量。发展经济的决定因素是人力资源而不是自然资源，其中人力资源中起决定作用的是人才资源。字典上对"人才"的解释是：有才识学问的人，德才兼备的人。参照国内关于人力资源方面的各种资料，一般对"人才"有这几种界定的范围：

（1）以学历层次为界限，把"大专及大专以上"的人界定为人才资源。

（2）以学位级别来界限，把"学士及学士以上"的人界定为人才资源。

（3）以职称为界限，把中级职称以上的人界定为人才资源。

（4）以奖励级别为界限，把获得某种社会公认的重要奖励（如市级、省部级以上等等）的人界定为人才资源。

这样的界定，只是为了在统计时有一个定量、定性的标准以界定人才资源的下限。人才资源涵盖了在企业科学技术、新产品开发、企业管理、营销等方面管理水平高、技术能力强、思想解放、勇于创新、可使效益最大化的人构成的那部分人力资源。它起着任何自然资源和其他资本所不可替代的巨大作用。

2. 企业人才资源流动的必要性

人才资源流动是市场经济条件下的一种正常现象，它包括两方面的内容：一是人才在本单位内部进行流动，如岗位的轮换、提升或降级等；二是人才流入或流出本单位、本地区或本国。从系统论观点来看，组织的能量是守恒的，企业中的各部门既要有人员的流入，也要有人员的流出。只入不出，必然膨胀；只出不入，必然枯竭。在保证企业相对稳定，经营管理的连续性不受重大影响的前提下适当流动，做到动中有静，静中有动。

在知识经济时代，人才成为社会经济发展的主要推动力，人才的流动也必然带来技术、资金、信息、管理的流动。为了保持生机和活力，必须不断地从外界环境中吸收"新鲜血液"，同时排除组织内的不合适分子。人才流动是客观的、必然的。从宏观角度看，人才流动是社会的进步与发展的必然趋势，是人才自身价值实现的需要。

（1）社会的进步与发展需要人才流动

人才流动是社会发展的需要，也是一种普遍现象，随着科学技术的发展，人才流动规模越来越大，作用也越来越显著，日益成为决定社会和经济发展的重要因素。为了攻克一些重要的科学难题，需要全世界科学家的共同努力与相互合作，人才的全球化已成为必然的趋势。当今世界人才已不再属于某一个地区、某一部门或某一国家，人才属于整个世界，属于全人类。人才交流和信息交流将变得越来越重要，人才的流动对信息技术的交流与更新有着不可估量的作用。当前全球化的形势下我国面对冲击最大的不只是产品市场、而且还有人才市场，经济的一体化使得人才竞争与人才流动国际化，全球作为一个开放大市场，人才流动市场化将势不可挡。

（2）人才自身价值的实现也要求人才流动

"水往低处流，人往高处走"，前者是水的运动规律，后者是人才流动规律。人才的流动除受各种经济规律制约外，有其自身的运动规律。由于社会发展的不均衡，不同国家、不同地区、不同组织的经济、政治、文化以及科学技术的发展是不平衡的。人们为了实现自身的价值，必然会离开不适合自己发展的地方，而选择适合自己成长与发展的环境，进而使自己的人生价值得到更好地实现，为社会创造更多的财富。同时人才的流动过程也是一个相互学习的过程。人才通过流动成为增加其自身价值的重要途径。人才流动并不意味着仅仅是空间位置的改变，更重要的是通过流动，为人才成长发展提供新的认识和实践环境，促进人才去研究新情况，解决新问题，在实践中增长才干。

3. 企业人才资源流失的影响分析

（1）人才流动与人才流失的关系

人才流动是双向的。由于人才总是在一定的时期保持不变，所以有人才流入的地方，也必然会有人才流失的地方。也就是说，人才的流动是人才流出与人才流入的统一。通常我们将人才的流出称为流失，而将人才的流入称为引进。人才的流失与引进人才都是相对的，它是相对于某一单位、某一部门、某一地区或某一国家而言的。知识经济时代，人才具有更多的就业选择权与工作的自主决定权。不同的企业或部门之间，不同的地区或国家之间人才的流动已十分频繁，人才流动呈现出一种全球化、国际化的趋势。

人才流动已成为必然，是不以人的意志为转移的。只要有人才流动就必然会有人才的流入与流出。人才的流失是人才流动的一种表现形式。面对人才市场的竞争，小到一个单位，大到一个国家，人才的流入与流出应当是平衡的。否则，就会造成不同国家、不同地区、不同单位之间发展的不平衡。然而，由于经济、管理、信息等各方面的差距，人才流动往往会出现失衡的现象。人才严重流失就是人才流动失衡的表现。在人才流动过程中，人才流失会严重影响和制约一个集体或一个国家的发展。

长期以来，发展中国家的人才流失是比较严重的，这也就造成了世界经济发展的不平衡。企业也是如此，若大量的引进人才都不善加利用，不能"人尽其才，物尽其用"，不仅会造成人才的浪费，而且对发展造成不利的影响，其最终必然会导致人才流失。因此，在人才的流出与引进过程中，只有做到人人皆有用武之地，才会吸引更多的有识之士的到来，才能最终避免人才的流失。

（2）企业人才资源流失的影响

1）企业人才资源流失造成企业成本损失

人才流失不仅意味着在离职员工任职期间为其培训和教育等方面的人力资本投资的损失，而且将会给企业带来昂贵的更替费用，企业人才流失会导致企业某些工作岗位人员空缺而需要及时重新招募同类人才进行补充，这需要花费招聘、培训、熟悉环境等费用。

①补偿此职位的新员工的招聘成本。

对于人才频繁流动的公司而言，花在招聘新员工上的费用是一笔不小的支出。招聘广告费、组织招聘的有关费用、笔试、面试、评价成本等，有些企业还会负担外地应聘人员的交通费和住宿费。对于甄选人才严格的组织来说，理想的人选往往会在若干个人中产生一个。因此，分摊在一个新员工身上的招聘费用往往是非常可观的。而对于具有稳定的人才群体的组织来说，用于招聘的费用则可以大大地节省下来。

②新员工的培训成本。

对新员工的一项重大投资就是上岗引导和培训，以保证他有从事新工作必需的技能、能力和人际关系。在培训期间，组织要付给人才工资，但人才对公司不会产生或只能产生很少的贡献。如一些国家机关招聘来的新公务员，第一年要到地方政府锻炼，一些大型公司招聘来的新员工第一年要派到海外公司先工作一年，并且要轮换好几个岗位。

2）企业人才资源流失带来企业无形资产的流失

①技术流失

对企业而言，技术人才的流失将造成企业技术力量薄弱，研发能力降低。尤其是掌握企业核心技术的专业技术人员一旦流失，将使企业面临生存危险。企业的技术人才一般都掌握了相关的技术秘密，如产品的设计方案、制造技术、软件成果等等，一旦这些人才流失，就意味着企业相应的无形资产发生流失。

②商业信息资源流失

重要管理骨干和销售人才的流失将导致企业商业信息资源和管理技术资源的重大损失，加大企业管理的难度，增加管理和销售成本，更严重的是，企业商业秘密可能因跳槽者而泄漏。我们常常看到，一些企业的管理和销售人才离职往往伴随着老客户的流失，这是客户与人才相互忠诚的具体表现，这种包含个人因素的忠诚是强有力的，客户愿意忠诚于一个雇员。客户忠诚与雇员忠诚是组织留人管理活动中相辅相成的两个环节，一个人才流失率很高的企业很难拥有忠实的客户群。

③竞争优势丧失

随着技术人才的流失，关键技术被带走；随着销售人才流失，市场和客户被带走，特别是企业高层领导管理人员流失甚至会造成企业商誉损失等等，这些无形资产的损失使企业竞争优势降低。并且，如果上述人才流失到竞争对手中去，则会构成对企业的巨大威胁，从而使企业丧失原有的竞争优势。

3）企业人才资源流失影响企业的绩效

这可以从人才流失前、流失时和重新雇员后的三个时段进行分析。在流失前，雇员已经对工作心不在焉，并且可能在外部物色合适的工作，因而处于一种低效率工作状态，影响其工作绩效。在发生流失时，由于某些职位空缺而使得工作中断，导致企业生产经营活动一定程度的干扰，从而给企业带来效益损失。在补充新雇员后，如果不能胜任或效率低下都会造成效益损失。流出者和流入者的人力资源具有一定的差异性，流失高质量的人才或流失具有很大潜力的雇员对企业造成的损失将是长期的。如果流失者具有特殊的技能或流出者在原来的岗位上占有重要地位，其流失后造成的成本损失比因其流失而产生的职位空缺造成的成本损失更为重大。

4）企业人才资源流失破坏企业凝聚力

由于任何企业内部都存在雇员间的相互交流和合作，雇员流失会削弱和影响企业的凝聚力。如果流出者是具有高效率的合作者，他在企业工作或人际交流的网络上占有举足轻重的地位，或者说一个工作群体由于他的存在，才更具有凝聚力或工作效率，那么，这类核心人物的流失，会导致该工作群体工作效率的下降，从而给企业带来消极影响。对于一些从事高科技的公司来说，管理层更是不敢不留住人才。

美国佛罗里达州一家科技公司的副总裁马丁表示，他的公司有 200 名员工，由于人不算多，员工彼此之间十分熟悉，尤其是同一部门的员工之间，往往有深厚的科技联系，技术背景和受教育程度相似。如果其中任何一名员工走掉，都可能打击其他员工的积极性，进而影响公司的正常运转。马丁说："我们是一个团队，如果其中有一个人出了问题，我们会努力找到解决办法，而不是让他出走。"雇员流失对其他在岗人员的情绪及工作状态会产生消极影响。这是因为雇员的流失很可能会刺激更大范围的人员流失，而且向其他雇员提示还有其他的选择机会存在，特别是当人们看到流失雇员得到了更好的发展机遇或因流出而获得更多的收益时，留在岗位上的人员就会人心思动。况且人都有一种从众心理，在这种心理的作用下，会导致更多员工的流失，从而给企业带来难以顾及的影响。而且，企业核心人才的流失会影响和带动手下一批人溜走，即多米诺骨牌效应。一位跳槽者带走一批人，到另一家公司（经常是与原公司竞争的公司）去，或者这一批人另立门户，很快就成为原公司的市场竞争对手。加拿大科技界把这种整批跳槽现象称作"磁铁式招聘"，大铁块吸走一批小铁块，这种现象在市场上已屡见不鲜。

三、企业绩效管理对企业人才管理的影响

1. 企业绩效管理计划缺乏针对性

企业在进行人才绩效考核管理时，主要针对员工业务考核、业绩能力考核和工作改进程度等多个方面，由于各部门发展目标和业务要求的不同，相应的绩效考核标准也存在诸多不同。根据目前各类企业人才绩效管理工作实际开展情况来看，大部分企业对员工的绩效考核，仅仅停留在单纯地通过考核制度对员工进行考核管理阶段，无法给予员工具有计划性的、针对性的、及时地绩效考核反馈，无法使企业实现员工个人业绩与企业发展目标的有机结合，导致企业出现人才流失、浪费等情况。

2. 缺乏合理的考核制度人才绩效管理

作为企业人才管理，获得人才、提高企业竞争力的重要措施，对企业未来发展具有重大意义。但目前，大部分企业内部，都缺乏合理、科学的人才绩效管理制度，缺乏人才绩效管理长期目标，使得企业对员工的工作评价标准和员工绩效考核标准之间的内在联系被切断，导致企业人才绩效管理制度无法进行完善和变革。且企业绩效管理的缺乏和不健全，使得所得出的业绩考核结果不具有真实性和参考性，不能对各个部门的真实工作情况进行反馈，使企业逐渐在发展过程中形成隐患。以出版公司为例，出版企业绩效管理问题出版行业作为我国文化事业的重要组成部分，其体制改革一直受到多方关注，提高出版企业运行效率、增强竞争活力一直是出版业管理者追求的目标之一。为了提高效益，保持竞争优势，出版企业在探索改制途径的同时，正在不断地采用各种先进管理手段，引入各种战略经营管理体系。绩效管理作为一项重要管理工具和资源管理的核心内容，其重要性已为出版企业所认可，但目前的实际运用效果并不尽如人意。从绩效管理理念到具体绩效考核的设计与实施，都或多或少地存在一些误区，导致绩效管理应有的作用没有真正发挥出来。

纵观国内一些出版企业的绩效管理，主要存在着以下问题：

（1）认识上的误区

1）把绩效考核当做绩效管理

很多出版企业没有理清绩效管理的流程，只抓住了绩效管理的一个环节—绩效考核，把绩效考核当做绩效管理，认为绩效管理就是每月、每季、每年度末例行性的考评打分、人员排序、评选先进这样一些艰难的抉择，仅仅停留在绩效考核的环节。而绩效管理是一个类似于 PDCA 的系统循环，它是一个流程和体系，绩效考核仅仅是这个体系中的一个核心环节而已。有些出版企业片面强调绩效考核的重要性，却忽略了与之相关联的其他体系。一个科学、合理的绩效管理体系，还应与人力资源管理的其他系统如人力资源规划、培训开发体系、职业生涯规划与设计薪酬管理体系等建立起紧密地联系。

2）把绩效考核等同于业绩考核

由于多数出版企业面临着严峻的生存和竞争压力，使得管理者们忽略了团队合作、人员管理、企业文化等过程指标，其注意力直接指向销售码洋、销售成本和利润这样的结果指标。评价内容重经营业绩轻能力素质，考核内容仅仅是经营指标的完成情况，如资金利润率、销售利润率和应收账款回款率等一些财务指标，而对他们的素质、工作态度、工作能力和社会工作方面的考核几乎没有涉及。

3）绩效管理只是人力资源管理部门的职能范围

从管理角度来看，人力资源管理部门是为业务部门的运行提供支持和服务的。而现代绩效管理的功能已经超出了传统的人力资源管理范围，是为企业战略服务的，因此，绩效管理不仅仅是人力资源管理部门的事情，出版企业中的各级管理者都是其主要负责人，人力资源管理部门的角色则是承担各个部门之间横向的组织和协调工作。

（2）考核指标的建立没有以企业的战略为导向

1）出版企业绩效考核过于注重考核结果的获得，对绩效考核过程的管理缺乏重视

因缺乏科学的绩效指标的分解工具，大量出版企业绩效考核指标体系没有形成统一关联的、方向一致的绩效目标与指标链。考核指标与企业战略之间没有实现有效的承接、指标与指标之间缺乏相互关联的支持逻辑，不能解释企业的战略，上级与下级、部门与部门、员工与员工之间的指标缺乏内在的关联性等。在实际操作中，往往出现两种极端情况。

①绩效考核完全以业绩考核为基础而忽视考虑企业的长远持续发展，导致各部门之间只顾竞争而忽略了协作，妨碍了企业整体发展目标的实现。

②绩效考核用一些模糊无法准确定义的指标来考核员工，导致考核者无法正确地指导与准确评估，其后果是考核结果的无差异性和均优性，使得绩效考核流于形式。这两种情况都反映出绩效考核重结果轻过程，而绩效考核是一个注重过程管理的系统过程，它将目标制定、过程辅导、绩效考评、结果反馈及应用四个阶段有机地融为一体。

2）考核方法不够灵活，考核形式比较单一

一个规则的确定必须是长期的，坚持的。定期开展能够强化意识，促进规范的形成和确立。而很多出版企业经常不定期的，突袭式地开展绩效考核，使得考核的严肃性大打折扣，把管理者和被管理者放到了对立面。所以需要确立考核标准，固定考核方式，提高考核方法的多样性和灵活性。对出版企业里的编辑部，出版与发行部，读者服务部，人力资源部和财务部等应该采取多样的绩效考核办法。在选择不同的绩效管理导向时，一定要根据自身的管理风格、业务特性、组织要求等合理选择。

（3）绩效考核指标设计不科学

1）关键业绩指标过于空泛化

很多出版企业在制定考核指标时，往往只根据现成的指标库或模板生搬硬造，而没有根据战略规划、业务流程、行业特性、发展阶段、组织特性等进行深入地分析，导致进行考核的关键业绩指标具有普遍性，而不具有适合企业特征的针对性。由此必然导致考核结果的失真。虽然有考核标准，但不科学且缺乏可操作性。考核表评价项目概念混乱，互相覆盖或缺乏具体的界定尺度。这样不可避免地产生了两种后果：一

是各部门自行其是，标准有差异，结果无可比性；二是不制定具体标准，必然会大量地掺杂主观因素，导致考核工具选择的随意化。

2）考核角度和考核体系的片面性

由于在考核者之间存在着思维方式的不同，在考核时，对同一件事情的看法就会有所不同。究其原因，往往是因为一些考核者在考核时，对自己观念比较看重的部分过于强调，对自己观念或认知相对淡薄的因素等比较忽视。

很多出版企业部门领导在绩效考核时，只注重本部门的利益，而忽视了企业整体利益，最终带来了不可忽视的恶果。首先它会错误地引导企业培养"独狼意识"，破坏组织内部的协调关系；其次，它会产生"木桶效应"，由于业绩上存在一个"短木板"，而降低整个"业绩桶"的承重能力或使用寿命。

（4）重考核、轻沟通，绩效考核结果的实际运用差

绩效管理是一个员工与管理层双向沟通的动态过程，包括绩效计划、绩效实施与管理、绩效考核、绩效反馈，它们是一个整体，在整个绩效管理过程中，沟通是贯穿始终的。在制定计划时，管理层需要与员工就目标设定进行沟通并达成共识；在绩效管理与实施中，管理层要随时与员工保持动态的沟通，及时发现并及时提供员工所需要的资源支持与业务辅导，而员工也需要就绩效完成情况及时向管理层反馈；在绩效评估环节，沟通表现在管理层与员工之间就员工的本期业绩完成情况达成共识；在信息反馈时，管理层与员工双方对本期绩效完成情况的理解与看法需要达成一致，改进不足，形成提升绩效的计划，并就下一个绩效期间的目标达成共识。

1）沟通反馈机制不尽完善

由于上下还没有形成科学完整的绩效考核观念，也未建立完善的考核结果回馈机制。最终，绩效考核结果没能发挥其应有的激励作用。很多出版企业的管理人员认为，进行考核就是管理者的工作，被考核者只能接受，只有这样才能充分地体现出管理的严肃性和权威性。与员工的沟通不重要，他们的任务就是对下属进行考核打分，而员工在工作中无需他们的指导，也没有必要对他们的工作进行干预。另外，一些管理人员认为，就考核结果与被考核者进行沟通面临很多困难，双方往往在考核结果的理解和看法上难以达成一致，因此及时、准确的绩效考核信息反馈没有必要，对改善被考核者的绩效作用不大。

2）绩效考核的连续性不足

很多出版企业的绩效考核是等完成工作以后再来进行评判，无法从根本上及时发现绩效的差距，并根据其差距提供有针对性的绩效辅导和绩效改进计划，导致其对绩效考核的认同程度很低。因为这种考核不能让出版企业看到其对自身发展所能提供的

帮助，自然就失去了实施的力量。

（5）对考核结果利用不当

绩效考核的结果是对前段时间工作成效的总结，能够为决策提供可靠的依据，但在出版企业的实际决策中，绩效考核结果的影响力度远远不够。有的出版企业由于考核指标上的格式化和考核方法的单一化从而很大程度上降低了绩效考核结果的可用性，考核结果与其他体系毫无关联，使考核流于形式，使考核仅仅成为书面化的"走过场"，有的出版企业则矫枉过正，将考核结果滥加应用。

其次，虽然不少考核办法中都有经济考核的成分，但大部分考核指标没有拉开梯度，实现绩效目标所得到的与未实现绩效目标所失去的并没有形成鲜明的对比，实现绩效目标的激励力度大打折扣。

再次，有些出版企业对考核结果不公示化，不让被考核对象了解考核结果，由此失去了考核的真正意义。

（5）统消极文化和意识观念影响考评系统的运作

传统文化中的一些不适应现代社会发展的思想观念在出版企业考评系统中起着消极的作用。比较典型的，诸如求同心理、官本位、人情、关系网等。求同心理反映到考评中，就是你好、我好、大家都好，而拉不开差距；官本位反映到考评中，多表现为强调政治素养而且长官意识十分严重；人情和关系网反映到考评中，则是关系好或是网中人，考评结果就较好，反之则较差。在一些带有事业单位性质的出版企业中，由于平均主义的思想残余还十分严重，因而考评结果的使用力度不大，缺乏吸引力。

3. 评价标准设置缺乏合理性

人才绩效考核标准和管理制度的制定，需要结合企业的实际发展状况，制定出的绩效考核标准和管理制度必须具有合理性和可行性，并根据企业发展阶段的不同和发展战略的变化，对考核内容和制度条例进行相应的调整、完善。但目前大部分企业现有的绩效考核标准和管理制度，在实施过程中都缺乏针对性和灵活性，导致企业要求和员工实际业绩情况出现断层，使员工工作积极性受挫，从而影响企业的发展。

第八章 现代企业实行经济
管理创新所包含的要素

第一节 企业技术方面的创新

只有不断的进行技术创新，才能够使企业拥有发展前进的动力，在技术创新中不断有新的创造和发明，所以，这些新技术、新发明的研究过程以及实际应用过程都属于经济管理的内容，其中还包括把这些技术成果转化成实际生产力的整个过程以及把这些技术创新推广应用到市场当中。

一、知识经济下企业技术创新特征

1. 知识经济下企业技术创新特征

（1）知识经济特征

随着数字化网络化信息技术的飞速发展，知识对经济增长和社会进步的作用日显突出，远远高过以前历次产业革命。知识已经被认为是提高生产力和实现经济增长的驱动器。

综合来看，知识经济具有如下特征。

1）知识化、信息化、网络化趋势知识经济的发展丰要靠知识和智力。

无论是制造业的高技术化还是服务业的高科技化，本质上都是将相关业务知识提到竞争前沿。信息技术产业是知识经济的主要产业。网络诞生后，信息化更是与知识化并肩发展。网络是人类文明进程的重要标志，工业经济的最重要的基础是公路网、电网、铁路网和电话网。知识经济正是以这种高速、互动、传递信息、共享知识的新……代特征为基础的经济结构。

2）无形化趋势加强，虚拟化、柔性化组织大量出现知识经济是以无形资产投入为主的经济，知识、技术、信息在企业之间高度流通，形成了张无形知识网络。由于产业链厚度的增加，技术创新速度的加快，企业之间、产业之间的分工合作日趋明显，出现了大批虚拟化组织、战略联盟、柔性生产组织等。以知识为基础的产业在产业体系中占主体地位，与知识有关的项目在成本中占很高的比重，知识在经济增长中越来越起到主导作用，对生产力构成起关键性影响。

（2）知识经济对技术创新的影响

技术创新的实质是将科学技术应用于产品工艺以及其他商业用途，以改造人们的生活方式，提高人们的生活质量。其主体是敢于将科学发现、发明首次引进生产体系的企业家，其目的是获得潜在超过平均利润以上的那部分超额利润；其过程是伴随新的科学研究开发，产品开发，生产，进而随新产品、新工艺和服务的成功销售而终止，内在包含着创新的扩散过程。不论创新何种来源，以何种形态出现，但有一点是不变的：创新使知识成为商品。可以说，以知识为基础的经济基本发展模式的诸多环节和方面上，技术创新的生成、扩散和再创新过程是首要的、基本的环节和方面。因为：

1）知识经济时代的国际竞争，依然是以经济为基础，以科技特别是高科技为先导的综合国力的竞争，这种竞争更突出地依赖于一个国家的科学技术储备和创新能力。创新将是知识经济时代发展的主题。

2）知识经济以数字化、网络化的信息技术为特征之一。数字化、网络化大大消除了知识生产、传播、扩散和应用所受到的时空限制，知识和创新成果具有极大的共享性。创新者要保持创新收益的独占性，除依法保护外，必须不断地谋求和实施新的适应市场需求的再创新。

3）知识经济以高技术产业为支柱，高技术产业以高科技为最主要的依托。高科技不是传统工业技术的简单创新，传统技术中注入一些高科技仍不是高技术，只有当高技术组分大大提高，创新出现群集现象时，按照国际科技工业园区的规范超过70%时，传统技术才能转变为高技术，如联合国组织确定的高技术有：信息科学技术、生命科学技术、新能源与可再生能源、新材料科学技术、空间科学技术、海洋科学技术、有益于环境的高新技术和管理科学技术等。当然技术创新离不开科技知识的积累。创新过程的良性机制还有赖于知识经济基本发展模式的其他环节和方面，如教育与培训等环节和方面的协调与支撑。

（3）知识经济下技术创新特征

知识经济作为一种经济形态，与工业经济、农业经济定义有很大不同。现在要准确、全面地描述它的特征，还为时尚早，但许多学者专家已从不同角度归纳出知识经济的一些特点。

1）绿色化

知识经济是以知识的生产，扩散和应用为基础，以知识和技术为生产力诸要素中的主导因素，注重人与自然的协调和可持续发展的经济，在人与自然的协调和可持续发展的目标下，技术创新的指导思想是尽可能多地考虑环境效益，生态效益，降低物质原材料能源消耗，减少环境污染，提高资源的利用效率。技术创新过程的各个方面和环节均强调"绿色"标准。

2）柔性化、虚拟化

知识经济以数字化、网络化的信息技术为表征，信息技术的发展使得技术创新的实现，除了依靠传统的改进技术设备生产工艺等实现外，更多向柔性的软件创新方向转化，更多依赖于物理空间之外的虚拟的媒体空间。一方面，通过技术创新，软件不断向硬件中渗透、扩散。软、硬件日益紧密结合，生产中包含的物质因素越来越少，包含的知识越来越多；另一方面，技术创新从研究开发，到设计、生产、进入市场的整个过程更多地在虚拟空间中操作，这可以大大降低技术创新投资的风险性，增强了技术创新活动的可控制性和可预测性。

3）短周期化

知识经济时代，由于网络化信息高速公路的出现，新技术的推广、扩散速度大大加快，范围更加广泛；民众的文化技术素质普遍提高，对新技术的接收能力、吸收创新成果的能力大大增强；市场竞争中，创新成为能否获胜的关键，技术创新过程中研究开发与应用日益趋于一体化，因此使得技术创新的周期大大缩短。

4）群集化

知识经济时代不仅有网络式信息高速公路，而且交通工具也将空前发达，信息流、物质流速度极大提高，技术创新扩散速度加快，范围也相当广泛。横向扩散上会呈现不相关各种技术的创新群集. 纵向扩散方面，会出现由少量相关的或根本性的创新迅速扩散成渐进创新、二次创新、三次创新，进而形成创新群集。

5）高技术化和复合化

知识经济时代的支柱产业是高技术产业。按国际科技工业园区标准，高技术组分超过70%时，相应产业才能称之高技术产业。这决定了技术创新的方向是向高技术发展，并且高技术呈复合趋势。

2.知识经济对企业技术创新管理的影响

在知识经济时代，企业的生产经营活动环境将发生重大变化，消费观念由数量型转向质量型，以追求享受和发展；知识产权对技术创新的保护更加有效，技术贸易壁垒也更趋坚实；新技术不断涌现，技术生产周期不断缩短。在这种情况下，企业不进行技术创新就会灭亡。

（1）知识经济时代，企业生产经营进入网络化、信息化、国际化，技术传播交流速度加快。这使得技术扩散更加迅速，一个企业的技术创新在某一领域的短期存在是可能的，但长期存在难以有效维持。其他企业可以利用技术创新成果的外部经济效应，进行相应的模仿和进一步的创新，致使企业因技术创新带来的收益期缩短。收益量减少，比较优势丧失。这在客观上要求企业不断进行技术创新，不断取得比较优势。

（2）知识经济时代，人们的生活水平不断提高，消费观念将由数量型转为质量型，以追求更高层次的享受。而且这种追求将会随知识经济的进展和科学技术的进步不断加深，会随不同的企业提供的差异产品而不断变化，作为向市场提供产品为基本任务而存在的企业，则必须以满足消费者的这种变化着的需求为宗旨进行不断的技术创新。

（3）知识和技术是经济社会的重要资源，是经济增长的重要来源和实现可持续发展的有效途径。在这种情况下，不同的企业和国家会通过知识产权的完善来严格维护技术创新成果的一系列权利，会通过技术贸易壁垒减少技术的国际贸易量。这不仅使得技术的引进和模仿更加困难，而且引进技术所获得的比较收益将相当有限。这要求企业必须自身进行技术创新，不能单纯依赖引进和模仿。

（4）知识经济时代，由于新技术的创新不断涌现，技术因无形磨损而使其周期越来越短，企业难以象现在这样，可以在较长的时间里享受某一技术创新的成果，而必须制定相应的技术创新计划，使技术创新具有连续性，从不断的技术创新中获取收益，从而持续地向前发展。

3. 知识经济下企业技术创新的变化趋势

知识经济的到来，使企业组织管理模式、战略发展、技术创新都发生了明显的信息化、网络化和知识化变化。企业竞争前台由原来的产品产量、生产效率竞争过渡到了信息竞争、规范标准竞争、品牌服务竞争和技术研发竞争。技术创新对玲业已越来越重要，是赢得竞争的关键。

知识经济的特性，导致了企业技术创新模式的变化从直线、线性模式变化到网络形式、多重反馈非线性的模式。在这个过程中，企业技术创新活动速度和频率都很高，与外界合作也日趋紧密。

近期，随着企业业务外包、战略联盟等组织形式的兴起，技术创新的过程和组织也越来越呈现出分工与合作的趋势，技术在各个环节由不同的企业开发，或者由主导企业涉及规则，集群内企业合作研发，共同开发，对降低风险，提高研发效率，越来越具有重要的意义。

这一点也可以从企业新型的组织管理模式看出：在知识经济时代，知识是企业最关键的资源，变化是企业生存环境的主旋律。企业生存环境的变化包括市场的变化、竞争标准的变化、顾客需求的变化、技术的变化、社会环境因素的变化等，对环境变化的快速反应成了制造企业生存和发展所面临的主要问题。制造企业对环境变化的快速反应包括主动创造变化和被动地响应变化，而灵捷性是对制造企业这两种能力的综合反映。随着制造业竞争环境的加剧，灵捷性被认为是企业成功甚至生存的一个先决条件。

目前，随着对灵捷制造等先进制造生产模式及其管理问题的研究，虚拟企业的思想和运作模式日益受到企业和学术界的重视，对虚拟企业的研究也成为热点。虚拟企业是指法律上相互独立的，具有独特核心能力的企业，研究院（所），个人等在不涉及所有权（股权）的前提下，为了赢得某一市场机遇而结成的非永久性企业联合体（或称为动态联盟）。一旦合作日的达到，该联合体解散。它是企业之间合作的一种形式可以将这种不涉及股权关系，临时性的合作称为虚拟合作或虚拟一体化。由于灵捷虚拟企业是根据市场机遇结成的动态联盟，因此，它具有生命周期。

灵捷虚拟企业的生命周期按时间顺序可划分为机会识别与确定、伙伴选择、组建、运作、解体等五个阶段。其中伙伴选择与组建时利益分配方案的制订是灵捷虚拟企业最为重要的两个问题。此外，一个成功的灵捷虚拟企业在其整个生命周期内的组织和运行，应有四个基础性环境（或称为平台）的支持。灵捷虚拟企业就是建立在上述四个平台的基础上形成的基于市场机遇的合作契约组织。灵捷虚拟企业的盟主和成员不应该是制造资源信息网的加盟成员，必须遵守制造资源信息网的章程规定。根据市场机遇的不同，一个加盟成员可以同时参与一个或多个灵捷虚拟企业。

企业的组织形式柔性多变，必然导致了企业技术中心创新管理模式多变和与外界持续的互动。

二、知识经济下企业技术中心创新管理模式

1. 两种传统企业技术中心管理模式

技术创新是一个过程，是一个企业内实现的过程。企业是由一系列职能部门构成的，是一种组织，从而，企业的组织结构必然影响到技术创新的效率。企业的不同组织结构必然以不同的组织形式去组织创新活动。常见的企业组织有 U 型企业组织和 M 型企业组织，对应这两种企业组织则分别有职能部门型技术中心管理模式和事业部型技术中心管理模式。

（1）职能部门型技术中心管理模式

不同的企业组织结构以不同的方式影响着企业的创新活动，目前，在我国企业盛行的企业组织形式是 U 型组织。这是一种依职能而设立的组织结构。它强调信息的纵向联系。这种组织的设计原则和最大优势是职能分工的专业和规模经济。它方便企业

管理，一般适用于中小型企业。

（2）事业部型技术中心管理模式

事业部型技术中心管理模式的组织结构具有下列特点：

1）它使企业更具有战略协调能力，更有效地协调各种专业化投入；

2）它增强了企业的创新能力。

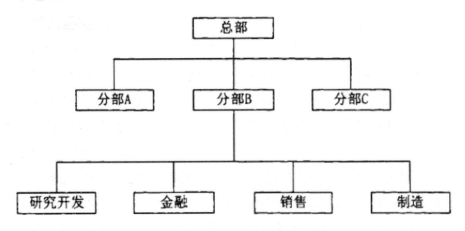

图 8-1　M 型企业组织结构

这是因为，在 M 型组织结构下，多个部门的创新、管理、生产的报酬都可单独核算，从而改善了创新的组织和激励方式，使大企业保证了小企业的灵活创新能力、各个产品间的协调、总部的重大创新战略，又保证了大企业的创新优势。

举例来说，日本的松下公司把黑白电视与彩电分成两个事业部。当时，黑白电视被认为是走下坡路的产品，但黑白电视事业部却成功地开发了袖珍超小型电视机，成为热销品。显然，如果将彩电和黑白电视放在一个事业部，袖珍超小型黑白电视就很可能难以问世。企业在 M 型组织下，技术中心就容易成为事业部型技术中心。它拥有单独开展技术创新活动所需资源的调配权，或者自己组织力量创新，或者拥有总体规划和组织协调权，这种组织结构使研究开发机构在企业内完全企业化，变成一个自负盈亏的独立核算单位，企业生产部门成为该机构的用户，相互间是一种经济关系。在这种模式下，技术中心是企业的一个利润中心，有的甚至是投资中心。

事业部型技术中心是企业下属的一个分（子）公司，它既可以接收来自企业内部的产品开发、工艺技术改造等技术创新活动，还具有自主开发的权力。技术中心的成果，采取市场化的运作方式，但企业具有获取这些研究成果的优先权。在这种模式下，企业集团内部重大工艺技术的改造，集团公司立项的战略性项目全部交给技术中心，这部分项目只占技术中心所有研发项目的一部分。技术中心在保证集团公司战略性项目的前提下，具有自主立项的权利，自主立项的项目成果在优先考虑集团内部各子、分公司的基础上，可以自主向集团外部转让。技术中心也可为其他子、分公司及集团外企业代研＋一些项目，即，其他企业立项，技术中心代为研发。企业集团各子、分公司虽然大多设有研发功能的职能部门，但这些部门的主要职能是对本公司工艺技术的指导和改造，虽然也有一些自主立项的研制项目，但从总体上说，各子、分公司的研发能力都比较弱。

事业部型技术中心是企业下属的一个分（子）公司，它有很大的经营自主权，由于此种类型的技术中心是企业的利润中心，有的甚至是一个投资中心，所以在这种情况下，技术创新管理系统不完全受企业系统和环境的制约。

以事业部型技术中心为核心的技术创新管理系统，与企业系统和企业系统环境是交集的关系。这就决定了它不仅受企业系统的制约，也直接受企业环境系统的影响，而且也受它自己环境系统的影响。所以它的创新活动的开展，是在一个更广阔的环境下进行的。它在开展创新活动时，不但要考虑企业集团的利益还要考虑自身的发展。

2. 企业技术创新管理模式变化的原因

（1）全球化与技术的复杂性导致企业的分工与合作

经济全球化的趋势给区域经济带来了深刻的变化，给企业管理也带来了革命性的变化，企业技术创新也与传统时期不同。经济全球化、网络化不仅导致了区域内和区域间的企业分工与合作成为正常，也使产学研合作日渐被大家接受。特别是企业之间的技术合作（或 R & D 合作）已成为诸多企业倡导，企业的完全自立和封闭在经济开放的今天已过时，当前技术发展的特征已使合作创新成为一种必然趋势。

所谓合作创新，是指企业间或企业！研究机构！高等院校之间的联合创新行为合作。创新一般集中在新兴技术和高新技术产业，以合作进行 R & D 为主要形式。

1）当前技术发展特征

①创新的不确定性

对新技术的研究探索是一项充满风险和不确定性的活动。这种不确定性常常使企业对创新时间、新技术特性和创新的经济效果的预测变得难以把握，有时甚至毫无意义。在纷繁复杂的外部环境作用下，企业的创新活动常常无法用新古典的最优化理论解释。

②技术融合

技术的发展有其自身的规律，随着技术的不断进步，特定技术轨道的发展空间将变得越来越小，技术机会逐渐走向衰竭，这时科学技术的边界开始生效，在同一技术轨道上进一步渐进创新将越来越困难甚至无法实现。然而．不同领域技术的相互融合将产生全新的技术机会，机械电子学和仿生学的出现就是很好的例子。企业可以从不同的知识源获得技术的协同效应,学术界的新创意和新发现,产业内上游或下游生产企业之间,或者不同产业间都存在技术融合的潜在来源。

③技术溢出

技术知识由于其公共产品属性,很难被创新企业单独占有,因此技术创新存在溢出效应。技术的非完全独占性使企业意识到他无法得到创新带来的全部收益,这通常会挫伤企业创新的积极性。在主流经济学理论中,企业被看作是相同的。新技术的公共产品假设使我们很容易得出结论,企业将通过知识产权保护以隐藏他们的技术诀窍。创新理论并不完全否认这一事实,但它同时强调,当不同的企业进行互补性的创新活动时,技术溢出有助于产生新的创意。因此,尽管企业有动机对其技术诀窍实行保密,但很多情况下共享技术的合作创新战略也是合理的选择。创新的产业实践表明,很多时候企业非但没有对自己的技术诀窍进行保密,反而将专有知识和技术提供给其他企业,这种企业间的技术学习活动改变了以往的技术发展特性,随着技术复杂性的提高,封闭式的技术创新模式愈发显得难以生存。

2)合作创新的原因

我们可以运用不同的理论对合作创新的原因进行解释,这些理论观点大致可归纳为三大类:即企业资源和能力理论、交易成本理论和产业组织理论。

①企业资源和能力理论

根据资源和能力的观点,企业长期竞争优势的源泉在于企业的核心能力,而核心能力蕴含在组织内部和人力资源的经验性知识中间,内部资源成为企业取得竞争优势的必要条件。而不同的自然环境、地理环境,各国经济结构的差异性,使得企业对外部资源的需求及对伙伴资源的依赖性也日益加强。合作创新为企业的技术学习、知识和能力的创造提供了一条有效的途径,在异质性资源基础上合作产生新的核心能力是企业参与合作创新的一个主要动机。合作创新能够实现双赢的效果,合作双方资源和能力的组合不仅适应了技术发展的要求,提高了创新效率,而且合作还具有协同优势,不同知识领域的结合常常能够产生全新的技术。

②交易成本理论

交易成本经济学将合作关系作为一种介于市场交易和层级组织之间的经济形式。市场交易有较强的灵活性和资源优化配置能力,但是在面临信息不对称和不确定性时,交易成本较高。

③产业组织理论

产业组织理论这样来解释合作创新的原因:由于技术存在溢出效应,而专利制度只能起到部分的保护作用,因此企业无法独占研究开发产生的技术成果,这通常会挫伤企业技术创新的积极性，导致企业在研究开发上的投资少于社会最优投资。因此，社会应对技术创新活动提供补贴并加强专利保护。但是，对研发活动进行补助将干预市场机制的作用，专利制度有时并不十分可行。

3）合作创新动机

随着合作创新研究的逐渐深入，许多学者在文献中提到了企业参与合作创新的动机，一般地讲，企业合作创新的动机主要有以下几个方面：

①分担研究开发成本、分散风险。

②获得研究与开发的规模优势。

③促进企业间知识的流动，获得企业范围以外的技术专长。

④企业合作伙伴间的资源共享和能力互补。

⑤快速获得新技术或市场。进一步的研究发现，企业参与合作创新的动机可以归纳为三个方面：与研究开发有关的合作动机，与技术学习和技术获取有关的合作动机，以及与市场进入有关的合作动机。

（2）价值链分工导致企业技术创新模块化

在不同的产业组织发展阶段，由于技术对社会劳动分工的影响，出现了不同的生产组织方式，价值链的形态也随之不同。根据技术演进、市场和组织协调、产品生产方式的研究特点，作者将产品价值链的形态演进分为三个阶段，由于每个阶段技术的特点不同，生产商、中间商的数量和规模所构成的价值链形态也不同，而模块化组织正是顺应新的价值形态所出现的一种新型组织形式。

1）前钱德勒价值链形态

在钱德勒时代以前，价值链环节少，彼此之间通过中间商的协调而松散耦合。由于当时铁路、电话等交通和通信技术欠缺，相应的市场协调能力原始、整合水平低下，所以当时产品的生产制造并不是主流，而是那些由价值链中诸环节的中间商所支配的各种交易活动。整个社会的组织方式基本上都是由那些具有一定知识、信息、技术的中间商支配。16世纪到19世纪40年代，中间商组织借助具有的全面性的知识和信息而使贸易活动发展到极致。随着国际贸易的扩大、交通地理边界的扩展、产品数量的增加以及消费需求的多样化，具有多样化技能的中间商逐渐地被专业化的组织或专业化经营的公司所取代，同时，不断增加的固定性产业投资也促进了大型企业的兴起，纵向一体化的企业组织开始成长壮大，成为经济发展的主宰。同时专业化的组织协调形式开始出现，相应的价值链形态也就由多个小企业逐渐向整合的大企业靠拢。

2）钱德勒价值链形态

钱德勒价值链形态是指，在追求规模经济和范围经济的动力下，流水线技术将于最终产品有关的设计、生产和销售环节都集中在一个企业组织内部。19世纪下半叶，以机械技术应用为主要特点的第二次产业革命，大大发展了流水线生产技术。与此同时，人口增长扩散以及人均收入增加，生产和营销过程变得异常复杂，因此，企业家们为实施行政式的管理，建立了由多部门组成的企业，并雇用管理者管理企业。在技术应用方面，由于生产设备是一体化的，客观上要求实行一条龙生产，从而使得联系性零部件的加工量与组装的数量互相匹配；在经营方面，管理必须集中统一，任何一个环节出问题，都会中断整个生产过程；在产权方面，资本密集型的一体化生产系统不断需要巨额资本，还需要保持企业物质资产的整体性，即不可分割性。于是，这些技术因素、管理因素和资本因素相辅相成，形成了垂直一体化的企业生产经营方式。

3）后钱德勒价值链形态

后钱德勒价值链形态表现为：新经济下网络组织中的节点尤其是模块化组织不断成熟，经济更多的是报酬递增而不是报酬递减。起源于20世纪80年代第三次产业革命的主导技术是知识密集型的模块化技术。这些技术在生产领域的渗透，瓦解了以资本密集型为特征的生产流水线技术的主导地位。模块化技术的应用指的是通过每个可以独立设计的并且能够发挥整体作用的更小的子系统来构筑复杂的产品或业务过程。在实践上，由于技术的复杂性要求技术设计本身的模块化，且将生产决策方式从集中式管理转向分散式管理，从而形成各子系统独立进化的分散体系。结果是，垂直一体化企业独揽产品全部生产过程的做法被突破了。模块化技术应用的结果是，价值链被某个大型企业大包大揽的形态逐渐分解，随着价值链地理边界扩散、垂直和水平边界的外移和外围边界的模糊，以及知识、交易等能力要素的不断优化和不断整合，以物质链、交易价值链和知识价值链共存的、立体的后钱德勒价值链形态得以形成。以模块化技术为主要特点的价值链形态的特点是：零部件供应企业、制造组装企业、批发零售企业间进行跨企业的松散耦合；价值系统在模块化的基础上实现价值转移；超市场契约成为维系跨企业间关系的纽带；创意、信息和资源等能够自由地流上流下、流进流出。价值链分工、变化，模块化生产组织的变化也是企业技术创新管理模式变化的根源，企业组织模块化，必然导致企业技术中心创新管理的模块化。

3. 企业技术中心创新管理改进模式

（1）建立研究开发网络

在全面数字化时代，将原先互不相关的行业，如光学、机械和电子行业结合到一起，产生了"数字光机电"行业。这种做法使得那些能够成功地汇集多种行业技术，并且与大学、元件及设备的研制者保持密切联系，又能坚持长期大规模在研究开发上投资的企业才能获得最丰厚的利益。这充分告诉我们知识经济时代，企业的技术研发已经不能仅仅局限在本企业，而且所需要的技术和资源自己已无法完全提供。无论从知识经济的特征来看，还是全球化与技术的复杂性导致企业的分工与合作，企业建立一个研究开发的网络是符合实际且有重要意义的。

网络的观念最早源自于社会学，主要的概念是指许多关系的连结与集合或是通过关系将群节点加以连接起来的抽象概念，此节点可代表个人、团体、组织、国家等。后来网络概念被广泛运用于各个研究领域，但即便是同一领域，由于学者认识及探讨角度不同，说法也不同。

1）企业研究开发网络研究开发

网络在企业层面有时候也叫新产品开发网络，这个网络按照组织的边界可分为两部分，一是在企业边界内的部分是企业内的研究开发组织，也就是传统的企业技术中心负责的业务范围，指由研究、开发、生产和市场销售共同构成完整的创新过程；二是在企业边界外的网络部分，可以简单称为"外部网络"。"外部网络"指的是把企业同企业以外的技术来源相连接的过程。外部网络与内部网络的"协同"结合是指从外部获取技术提高公司将技术商品化的能力。这种能力可以迅速帮助企业获得竞争力，赢得市场份额。

整个研发网络从企业外部来看，应该是：同行业内以及行业和政府间都达成共识和相互合作，且不能请商业应川而重技术开发，当然，这个"共识"和相互合作应该建立在彼此信任的基础上：企业同外部科学信息源有应该有很强的联系，这样才会顺利地获得最新的技术和知识信息，使得企业在创新竞争中胜出：企业与供应商在研发上要结成有效的利益共同体或维持较强的合作关系，这个优势可以使企业的产品开发过程时间较短。这方面日本是世界上效率最高的。供应商都很灵活而且很配合，他们承担了产品开发的许多任务，特别是设计、质量控制和按时交货。供应商体系内同有关研究开发的联系使研究开发成果能更有效、深入地在整个供应商金字塔体系内扩散。

从企业内部看，企业技术创新需要一个跨专业的技术攻关组，也即是通常的项目团队，承担产品开发的主要责任，开发阶段应相互交叠而不是"接力赛"。实施有效的岗位轮换制，保证知识的有效传播和组织学习程度达到最高水平。即使市场销售和生产部门的人员也可以轮换，这种强有力的对话和交流是一个重要的组织学习过程。企业内的研发氛围也是非常重要影响因素，好的研发氛围鼓励员工创新。

2）网络内的协调

既然企业研究开发网络包含了很多主体，各主体又需要协同合作，则各主体之间就需要一套协调机制。而确认和培育及使用这一核心技能需要跨组织的交流和跨部门界限的协议。比竞争对手在研究开发上多花时间并不等于在开发自己的核心技术上占优势。实际应该是通过合作把多种技术能力和技能和谐地渗入生产技术并实现最终商业化生产。企业考虑如何处理其技术开发同外界的客户和组织，特别是合作项目关系时，在于"怎样处理它的技术开发同在其他企业内部和企业间产生的技术开发的关系"。而一个作为行为主体的企业同其他企业的关系在网络模型中便是联系。以整体论的观点看来，这些资源的正确组合往往会产生比各部分加起来还要强大的整体。

创新过程中互联关系重要的理由有三项：同在其他知识领域的团体打交道可以激发新思想，因为新知识常常诞生在几个原有知识的边界区域。

如果通过企业外部合作关系搞出一项技术发明，它获得支持及转化为创新的机会较大。企业在生产和科研开发方面日趋专业化，这迫使他们从外部需求补充知识的资源。

总而言之，企业的研究开发效果取决于企业的活动主体是如何管理他们的活动和资源，使之同周围相关网络的活动及资源相结合、协调或集成的。

（2）新产品开发管理模式

20个世纪中期企业的新产品开发还是在一个企业内，甚至一个车间和实验室内完成，但是如今，随着知识更新速度的加快，技术的复杂性提高，以及企业新产品更替频率提高等现象的出现，单个企业自行组织新产品开发已不再适宜时代需要，同研究开发网络的外部连结性一样，新产品开发的管理和组织模式也增加了与外界的联系。即使是最大和最强的企业也会发现自己并不能在一些重要的技术市场领域中把握自己的技术命运，许多企业已经开始转向采用外源化战略。跨技术和边缘学科领域的发展、技术全球化和技术来源的增多、技术要求迅速地商业化更助长了这种趋势。

1）新产品开发管理模式

企业在新产品开发过程中，研制时间和项目进度对全局工作至关重要。能否使开发效率做到最高直接影响产品的市场竞争力。这就需要企业在新产品开发过程中要充分与集团外行动主体和活动的联系与合作。日本公司的研制时间优势和成本优势比美国的公司明显为高，从大量研究结果可以看出，日本公司是外界技术特别有效和快速的使用者。他们要求员工在新产品开发过程中，经常在杂志中查阅有关的科技资源；让研究人员积极参加学术会议；通过教授保持与大学的联系以及派遣人员去海外留学；在国外大学里建立新实验室。为获取新能力的战略联盟在日本公司中颇为常见。

日本公司好像喜欢通过复杂的工业网络与集团外行动主体进行大量的联动。他们以交流和相互作用的需要而不是以所有权和公司的名谓来设置分界线。概括地说，至今所有的学术探讨主要是讨论一般意义上的竞争问题；只有少数几家在其有关研究开发和新产品开发的研究工作曾提到通过集团外行动主体。还没有一项研究曾系统探索过与周围网络中集团外行动主体的联动或考察这些行动主体是通过怎样的机制与集团的研究开发活动建立关系的。作者相信这些网络对开发研制时间和研究开发效率都是至关重要的。企业新产品开发过程中要时刻与市场需求相互联动，只有能满足市场需求才能是一个好的创新产品。知识经济时代的新产品市场需求变化莫测，很多企业的新产品在研制初期极为适合市场需求，当研制成功投放市场时却发现已经过时。这就充分需要企业的新产品开发一方面要提高研发效率，提高新产品研发步伐和降低成本，另一方面也要时刻关注市场的需求，与市场需求互动，不断调整适应市场需求。最后需要建立内部联系网，增加新产品开发部门或项目组与生产部门的相互联动。新产品开发过程需要不断的研发、试制和调整，这需要产品研发人员充分了解生产环节的知识，同时生产环节也需要新产品新的性能对生产设备的要求。企业内部加强交流联系可以使整个企业的新产品研发少走弯路，提高了效率。而部门化严重、等级森严的垂直化企业组织结构已经不适应新产品开发过程的需要。

企业新产品开发组织与管理上最关键的在于集团内部和集团之间的，特别是市场化、研究、设计、产品工程、样机生产和工艺工程各种活动之间的相互联动及其协调。职务转换对保证这些联动是至关重要的。项目领导人被称作大多数行动的主体、各种活动和资源的关键协调人。

2）新产品开发过程不确定性减少

企业新产品开发过程中有三种类型的不确定性：新发现并不都是来源于技术开发的成果；市场并不一定总是会接受新技术产品；新开发的技术会过时。这在前述讨论中已有涉及。理论上曾提出过一些减少不确定性的方法。其中之一是利用平行的研究开发成果，但这样自然会要求更多的资源和时间。

与集团外的行动主体建立合作联系是减少不确定性的另一方法，因为这样做就把风险和成本分散到其他一些公司中去了。

3）新产品开发中问题解决方案

新产品开发中的问题解决通常是从确定一个一般性问题开始的。以后的目标则是对此一般性问题按照特定的技术给予具体的解决。通常情况下，在一般性问题和仍属未知的最终解决之间的距离是很大的，问题的解决必须靠重复地再次确定或确认出更为具体的字问题，一步步地进行。技术问题越复杂，过程要求的梯级就越多。

产品开发过程的另一优势是它有一明确规定的完成点。一旦最初的产品概念分解到技术知识已可用来使问题获得解决的程度，已取得的那些简单的解决就能结合成确定的产品。另外，企业产品开发和技术开发的同步化对实现产品创新是必需的。

综上所述，企业新产品创新管理过程需要一个随时和外界处于联动的研究开发网络，在这个网络中，项目组需要互动，项目组与企业内其他部门需要联动，企业需要与外界知识、信息源、供应商等保持联系，这样才能使企业的研发效率提到最高，研发时间最短，成本最低，新产品开发过程中的不确定性降到最低。

（3）企业技术中心组织模式

一虚拟研发中心技术创新的变化，企业组织形式的变化，研发网络化的变化都促使企业的技术中心不能停留在原来的模式。企业技术中心的组织模式应该适应社会的变化，适应技术创新的要求，合作创新和研究开发网络需要企业的技术中心组织形式具有开放性、柔性和快速响应等特性。这就需要原有的无论是职能部门型的企业技术中心组织模式还是事业部型企业技术中心都不能停留在原有的固定模式（实际上这两种模式是模仿企业的部门结构建立的），虚拟研发中心组织结构就是一种改进的企业技术中心组织模式。

1）虚拟研发中心的主要特征

虚拟研发中心的主要特征表现在：

①以信息技术和通讯网络为手段，通过计算机网络、软件、虚拟现实技术、仿生技术等方式相互联系，并建立资源共享型合作关系。

②以各成员的核心能力为依托，通过资源的合理配置，优势瓦补，相辅相成，发挥各自的最大优势和工作积极性。

③以市场机遇为契机，当机遇出现时迅速组建，当机遇消失时，自行解体，或进入下一轮虚拟合作，能够对市场环境做出快速反应。

④以组织结构的柔性化为优势，中心的组织结构是一种"小中心、大网络的多扇形组合体"，中心内部不再是按职能划分的固定的层次式组织结构，而是由不同研究核心及成员企业组成的扁平化、易于重构的柔性结构。

2）虚拟研发中心的组成形式及分析

根据不同的需要，虚拟研发中心可以有不同的组成形式。为企业可以从自身研发能力的现实情况出发，按照自己发展的需要，选择不同的组成形式来达到自己的研发目的。其中长期性的虚拟研发中心比较适用于大学科技园及高等院校的校办企业，因为它们本身就是依托学校的科研实力建立起来的，将其研发机构虚拟化既有利于高等院校科研成果的转化，又解决了企业的创新技术来源。清华同方和清华大学就属于这种情况，前者源于后者，是依靠后者雄厚的科研实力发展起来的。二者有共同的信任和对研究目标的共识，可以通过共享知识和研，究条件，来达到有限资源的优化组合和以高水平研究成果为目标的长远联盟。横向联合型虚拟研发中心适用于企业与竞争对手的合作，它是企业与研发机构甚至是竞争对手，为了共同的利益，联合开发共同研制新产品而组成的联盟。

3）虚拟研发中心的合作模式及分析

目前，虚拟研发中心成员间的合作模式主要有两种：传统合作模式和网上合作模式。前者我们比较熟悉，后者则是信息化的产物。网上合作模式是指虚拟研发中心充分借助现代化的计算机网络及通信技术所提供的快捷、低成本、范围广的信息传递优势，将中心成员的网络互联，使信息在网上流动，实现研发信息的交流与共享，使中心成员快速地获得所需信息，无需直接见面，利用网络便可以完成整个研发活动。

第二节　企业制度方面的创新

所谓制度创新指的是引入新的管理制度，小的如企业的运行机制和组织形态，大的如国家的经济体制，制度创新从本质上看也可以归结成管理问题。我们知道，我国的改革活动已发展到产权革命阶段，把有关产权的新制度安排引进企业经济中，突破原有的固定所有权在时间和理论上的局限，了解产权是权力，是从出资者的所有权所演变出来的各种行为权力的集合；泛指人们排他性地拥有的所有使他人或者自己都能够受到利益的权利，而不是仅仅局限于生产资源；另外，产权是可以进行分割的，各种权利也可相互分离，并且，也可以将同一财产所具有的产权划分成若干份。只有这样，产权交易和流动才能够真正发挥市场资源配置的作用，促进经济走上繁荣发展道路。

一、企业制度创新的概述

1. 什么是制度创新

企业制度创新的核心问题就是变更和安排企业的产权结构，以便消除和减少市场运行机制的社会费用，改善资源配置的效率。

对制度创新的含义比较准确的理解是创新理论与企业制度的有机结合，它是创新理论在企业制度范畴内发展、应用的体现。具体地说，所谓制度创新，就是要改变原有企业制度，塑造适应社会生产力发展的市场经济体制和现代化要求的新的微观基础，建立起产权清晰、权责明确、政企分开、管理科学的现代企业制度。制度创新意味着对原有企业制度的否定，而不是在原有制度上的修修补，制度创新必然经历一个破旧的过程。

但为什么说企业是创新的主体呢？首先从微观角度看，企业是创新活动的决策主体、风险承担主体和利益享受主体；从中观层次看，从创新活动的开始到实现最终绩效的多环节复杂系统中，企业是创新成果与市场营销的结合点；从宏观创新体系看，企业的创新活动影响着整个社会经济活动，是国民经济快速发展的中坚力量。

2.企业为什么要进行制度创新

（1）有效的制度重于资源禀赋。

制度管理落后，不仅导致大量资源处于闲置、浪费状态，或人不能尽其才、物不能尽其用、地不能尽其利，使资源效率低下。一些庞大的制度机构，不仅维持成本高，而且因制度的无序而造成浪费。因而，企业应通过自身的创新，建立高效的企业制度，通过制度的高效进而带动企业效益增长的高质量。

正因为制度约束了企业的发展，因而创新成为企业起飞的前提。企业面临着多元的产业结构、企业文化，现代管理制度的建立，且"非经济因素"对企业的效益影响甚大，那么，要实现企业效益的飞跃，就必须有一些前提条件尤其要对不合理的制度进行变革，建立产权清晰、权责明确、政企分开、管理科学的现代企业制度，把国企改革引导到制度创新的轨道上来。

低效率的制度安排使资源的边际生产力非常低，甚至接近于零，因此，资源的开发不仅未使效益攀升，而且因为开发的低效率与掠夺性，导致了不好的社会影响。因此，只有良好的制度才能使各种资源发挥其作用，只有人人都动，并且有严格的制度能保证劳动者所有，减少收入分配的数量与规模，这样，才能调动劳动者的积极性。

因此，制度创新是生产要素合理流动和优化组合的需要。

（2）成本与收益分析。

当制度的非均衡出现后，制度就可能被创新，产权会得到修，正因为它表现为个人或团体渴望承担这类变迁的成本，他们希望得到一些旧有的制度安排下不可能得到得利润收益。这从人性的假设中（不论是 X 理论还是 Y 理论）也能得到的结果。

（3）创新是根治投资膨胀，防止国有资产严重流失的需要。

在市场经济中，任何投资者必须在投资前对投资成本、收益和前景进行核算和预测，只有当预期收益至少高于银行利息时，投资者才愿意进行投资。而在国有企业中，投资者（中央部门、地方、企业）都没有实实在在的资产权利。因而不存在以自身财产损失来弥补资产失败的机制。因此，地方、企业在投资中往往只注重局部效益，在没有风险机制、约束机制情况下，且由于无主产权使我国数千亿国有资产不知去向，目前还以数百亿的规模在继续流失，形成了国有资产的一个巨大黑洞。

3.企业制度创新的目标模式

（1）产权关系"层次化"第一层，出资者所有权；第二层，法人财产权（即拥有出资者投资形成的全部法人财产权）；第三层，企业经理阶层，拥有企业的经营权。

这样就形成一个比较明晰的多层的产权关系体系。

（2）企业财产"法人化"，出资者责任"有限化"，企业运行"市场化"。

（3）完善的人力资本考核制度、激励制度、监控制度以及人员培训与人才储备制度。"以事就人"以人为主，人使其所，人尽其才，使企业的制度创新配合个人能力的发展，企业的目标与个人有机地统一，人力资本决定企业的前途。

（4）建立企业和职工双向选择的劳动用工制度，真正打破企业内部干部与工人的身份界限，实行全员劳动合同制。按照效率优先、兼顾公平的原则创新企业制度，建立多种分配形式，按高效、精干、统一的原则设置企业内部人员结构。

（5）企业经营者市场的建立与完善。构建企业家职业化工程，造就一支高素质的企业家队伍。形成对经营者的有效激励和约束机制，保证经营者尽可能按委托人的利益和意愿行事。企业家的本质是创新，职业企业家阶层的形成和企业经营者市场的不断完善与发展，才能保证企业制度创新的顺利进行。

二、企业产权制度创新

产权制度创新是企业制度创新的核心问题，也是市场经济运行的基础。有什么样的产权制度就有什么样的组织框架和约束条件，产权制度的变动必然引起基本组织构架和约束条件的变动。因此，企业制度创新的核心问题就是变更和安排企业的产权结构，以便消除和减少市场运行机制的社会费用，改善资源配置的效率。

1. 产权制度的含义

产权制度是以产权为依托，对财产关系进行合理有效的组合、调节的制度安排，是社会生产力和生产关系发展到一定阶段的结果。

当社会资源的稀缺程度达到了必须有社会的强制力量来组织和规范其财产关系的时候，产权制度便有了产生的经济根源。从产权归属的对象看，产权制度可分为共有产权和私有产权；从产权界定的角度看，产权所界定的财产所有权分为终极所有和法人所有。

历史上曾经经历了和出现过五种产权制度：

（1）小生产者的产权制度。

（2）以资本经营为特征的企业产权制度。

（3）劳动合作制企业制度。

（4）社会主义计划经济体制下形成的企业制度和产权制度。

（5）法人制度。

法人制度是市场经济发展的产物。法人产权制度以法人企业制度的形成为前提，以股份有限公司为其典型形式，法人产权制度的典型特征是产生了原始产权（表现为投资人股权）与法人产权的双重产权结构，从而引起了企业制度的根本变化。

2. 产权制度对物的协调功能和增进配置效益功能

社会正是借助这种实际占有关系的制度化，一方面实现所有权，另一方面维护经营权。这种占有关系的复杂性、多样性，乃是现代市场经济的固有特征。这一特征要求人们对资产的实际占有权主体进行定位以及对占有权限进行界定以约束和规范各种财产占有人的行为。正是由于产权制度的建立，使各种占有主体的权、责、利规定得更加明确、划分得更清楚，使千差万别的经济活动得以顺利地进行，进而保证现代市场经济的正常运行。

生产要素的合理流动离不开产权界定、产权流动（即产权转让），因为资源的转移实际上是资产营运权的转让，而产权界定又是产权转让的前提。因此，建立合理的产权制度，是资源得以合理利用和优化配置的重要条件。提高资源利用效率乃至提高整个社会经济效益必须进行生产有素的合理流动，使资源在动态中优化配置。

3. 产权制度创新的原则

产权制度创新并不是国有资产变为私有资产，而是将一元的国有产权制度变为多元，使其资产经营步入高效率的轨道。

（1）产权必须有商品性。

这是因为在市场经济条件下，一切生产要素都是商品，产权也不例外。产权作为商品只有在交换中才能实现其价值，并且必须是等价交换。只有这样才能处理不同所有制之间以及全民所有制内部企业间的利益关系，使产权转让遵循等价规律。

（2）企业必须是市场的主体，企业必须有独立性。每个企业都应有经营自主权和一定收益权，通过市场来决策问题，政府不应干涉。

（3）企业必须拥有投资决策权并承担风险。承担风险同时是以产权界定为条件的。因为市场经济是一种竞争经济，利益驱动经济。

（4）企业产权制度必须法律化，因为市场经济是法治经济。只有法律化，才有可能避免权力间的相互侵犯和权力过分集中，从而提高经济运行效率。

（5）企业产权制度必须适应国内外市场的发展、竞争、演变的需要，加强横向、纵向、混合联合，形成规模效益。当今世界各国的企业产权制度，向着明晰化、法律化、股份化、证券化等方向发展，在产权制度的创建过程中我们也必须遵循国际惯例。应创建和完善国际产权市场，促使生产要素在国际范围优化组合，并借以增强国内企业在世界范围内的竞争力。

三、企业组织制度创新

1.企业组织结构的基本类型

随着企业的产生和发展及领导体制的演变，企业组织结构形式也经历了一个发展变化的过程。迄今，企业组织结构主要的形式有：直线制，职能制，直线－职能制，事业部制，模拟分权制，矩阵结构等。

（1）直线制

直线制是一种最早也是最简单的组织形式。它的特点是企业各级行政单位从上到下实行垂直领导，下属部门只接受一个上级的指令，各级主管负责人对所属单位的一切问题负责。厂部不另设职能机构（可设职能人员协助主管人工作），一切管理职能基本上都由行政主管自己执行。

直线制组织结构的优点是：结构比较简单，责任分明，命令统一。缺点是：它要求行政负责人通晓多种知识和技能，亲自处理各种业务。这在业务比较复杂、企业规模比较大的情况下，把所有管理职能都集中到最高主管一人身上，显然是难以胜任的。因此，直线制只适用于规模较小，生产技术比较简单的企业，对生产技术和经营管理比较复杂的企业并不适宜。

（2）职能制

职能制组织结构，是各级行政单位除主管负责人外，还相应地设立一些职能机构。如在厂长下面设立职能机构和人员，协助厂长从事职能管理工作。这种结构要求行政主管把相应的管理职责和权力交给相关的职能机构，各职能机构就有权在自己业务范围内向下级行政单位发号施令。因此，下级行政负责人除了接受上级行政主管人指挥外，还必须接受上级各职能机构的领导。

职能制的优点是能适应现代化工业企业生产技术比较复杂，管理工作比较精细的特点；能充分发挥职能机构的专业管理作用，减轻直线领导人员的工作负担。但缺点也很明显：它妨碍了必要的集中领导和统一指挥，形成了多头领导；不利于建立和健全各级行政负责人和职能科室的责任制，在中间管理层往往会出现有功大家抢，有过大家推的现象；另外，在上级行政领导和职能机构的指导和命令发生矛盾时，下级就无所适从，影响工作的正常进行，容易造成纪律松弛，生产管理秩序混乱。由于这种组织结构形式的明显的缺陷，现代企业一般都不采用职能制。

（3）直线—职能制

直线—职能制，也叫生产区域制，或直线参谋制。它是在直线制和职能制的基础上，取长补短，吸取这两种形式的优点而建立起来的。目前，我们绝大多数企业都采用这种组织结构形式。这种组织结构形式是把企业管理机构和人员分为两类，一类是直线领导机构和人员，按命令统一原则对各级组织行使指挥权；另一类是职能机构和人员，按专业化原则，从事组织的各项职能管理工作。直线领导机构和人员在自己的职责范围内有一定的决定权和对所属下级的指挥权，并对自己部门的工作负全部责任。而职能机构和人员，则是直线指挥人员的参谋，不能对直接部门发号施令，只能进行业务指导。

直线—职能制的优点是：既保证了企业管理体系的集中统一，又可以在各级行政负责人的领导下，充分发挥各专业管理机构的作用。其缺点是：职能部门之间的协作和配合性较差，职能部门的许多工作要直接向上层领导报告请示才能处理，这一方面加重了上层领导的工作负担；另一方面也造成办事效率低。为了克服这些缺点，可以设立各种综合委员会，或建立各种会议制度，以协调各方面的工作，起到沟通作用，帮助高层领导出谋划策。

上述三种结构统称为 U 型结构（United structure）。

（4）事业部制

事业部制最早是由美国通用汽车公司总裁斯隆于 1924 年提出的，故有"斯隆模型"之称，也叫"联邦分权化"，是一种高度（层）集权下的分权管理体制。它适用于规模庞大，品种繁多，技术复杂的大型企业，是国外较大的联合公司所采用的一种组织形式，近几年我国一些大型企业集团或公司也引进了这种组织结构形式。

事业部制是分级管理、分级核算、自负盈亏的一种形式，即一个公司按地区或按产品类别分成若干个事业部，从产品的设计，原料采购，成本核算，产品制造，一直到产品销售，均由事业部及所属工厂负责，实行单独核算，独立经营，公司总部只保留人事决策，预算控制和监督大权，并通过利润等指标对事业部进行控制。也有的事业部只负责指挥和组织生产，不负责采购和销售，实行生产和供销分离，但这种事业部正在被产品事业部所取代。还有的事业部则按区域来划分。这里就产品事业部和区域事业部做些简单的介绍。

1）产品事业部（又称产品部门化）

按照产品或产品系列组织业务活动，在经营多种产品的大型企业中早已显得日益重要。产品部门化主要是以企业所生产的产品为基础，将生产某一产品有关的活动，完全置于同一产品部门内，再在产品部门内细分职能部门，进行生产该产品的工作。这种结构形态，在设计中往往将一些共用的职能集中，由上级委派以辅导各产品部门，做到资源共享。

产品部门化的优点是：

①有利于采用专业化设备，并能使个人的技术和专业化知识得到最大限度地发挥；

②每一个产品部都是一个利润中心，部门经理承担利润责任，这有利于总经理评价各部门的政绩；

③在同一产品部门内有关的职能活动协调比较容易，比完全采用职能部门管理来得更有弹性；

④容易适应企业的扩展与业务多元化要求。

产品部门化的缺点是：

①需要更多的具有全面管理才能的人才，而这类人才往往不易得到；

②每一个产品分部都有一定的独立权力，高层管理人员有时会难以控制；

③对总部的各职能部门，例如人事、财务等，产品分部往往不会善加利用，以致总部一些服务不能获得充分地利用。

2）区域事业部制（又称区域部门化）

对于在地理上分散的企业来说，按地区划分部门是一种比较普遍的方法。其原则是把某个地区或区域内的业务工作集中起来，委派一位经理来主管其事。按地区划分部门，特别适用于规模大的公司，尤其是跨国公司。这种组织结构形态，在设计上往往设有中央服务部门，如采购、人事、财务、广告等，向各区域提供专业性的服务。

部门化的优点是：

①责任到区域，每一个区域都是一个利润中心，每一区域部门的主管都要负责该地区的业务盈亏；

②放权到区域，每一个区域有其特殊的市场需求与问题，总部放手让区域人员处理，会比较妥善、实际；

③有利于地区内部协调；

④对区域内顾客比较了解，有利于服务与沟通；

⑤每一个区域主管，都要担负一切管理职能的活动，这对培养通才管理人员大有好处。

其缺点是：

①随着地区的增加，需要更多具有全面管理能力的人员，而这类人员往往不易得到；

②每一个区域都是一个相对独立的单位，加上时间，空间上的限制，往往是"天高皇帝远"，总部难以控制；

③由于总部与各区域是天各一方，难以维持集中的经济服务工作。

总体来说，事业部必须具有三个基本要素：即相对独立的市场；相对独立的利益；相对独立的自主权。事业部制的好处是：总公司领导可以摆脱日常事务，集中精力考虑全局问题；事业部实行独立核算，更能发挥经营管理的积极性，更利于组织专业化生产和实现企业的内部协作；各事业部之间有比较，有竞争，这种比较和竞争有利于企业的发展；事业部内部的供、产、销之间容易协调，不像在直线职能之下需要高层管理部门过问；事业部经理要从事业部整体来考虑问题，这有利于培养和训练管理人才。

事业部的缺点是：公司与事业部的职能机构重叠，构成管理人员浪费；事业部实行独立核算，各事业部只考虑自身的利益，影响事业部之间的协作，一些业务联系与沟通往往也被经济关系所替代。甚至连总部的职能机构为事业部提供决策咨询服务时，也要事业部支付咨询服务费。

（5）模拟分权制

这是一种介于直线职能制和事业部制之间的结构形式。有许多大型企业，如连续生产的钢铁、化工企业由于产品品种或生产工艺过程所限，难以分解成几个独立的事业部。又由于企业的规模庞大，以致高层管理者感到采用其他组织形态都不容易管理，这时就出现了模拟分权组织结构形式。所谓模拟，就是要模拟事业部制的独立经营，单独核算，而不是真正的事业部，实际上是一个个"生产单位"。这些生产单位有自己的职能机构，享有尽可能大的自主权，负有"模拟性"的盈亏责任，目的是要调动他们的生产经营积极性，达到改善企业生产经营管理的目的。需要指出的是，各生产单位由于生产上的连续性，很难将它们截然分开，就以连续生产的石油化工为例，甲单位生产出来的"产品"直接就成为乙生产单位的原料，这当中无需停顿和中转。因此，它们之间的经济核算，只能依据企业内部的价格，而不是市场价格，也就是说这些生产单位没有自己独立的外部市场，这也是与事业部的差别所在。

模拟分权制的优点除了调动各生产单位的积极性外，就是解决企业规模过大不易管理的问题。高层管理人员将部分权力分给生产单位，减少了自己的行政事务，从而把精力集中到战略问题上来。其缺点是，不易为模拟的生产单位明确任务，造成考核上的困难；各生产单位领导人不易了解企业的全貌，在信息沟通和决策权力方面也存在着明显的缺陷。

（6）矩阵制

在组织结构上，把既有按职能划分的垂直领导系统，又有按产品（项目）划分的横向领导关系的结构，称为矩阵组织结构。矩阵制组织是为了改进直线职能制横向联系差，缺乏弹性的缺点而形成的一种组织形式。它的特点表现在围绕某项专门任务成立跨职能部门的专门机构上，例如组成一个专门的产品（项目）小组去从事新产品开发工作，在研究、设计、试验、制造各个不同阶段，由有关部门派人参加，力图做到条块结合，以协调有关部门的活动，保证任务的完成。这种组织结构形式是固定的，人员却是变动的，需要谁，谁就来，任务完成后就可以离开。项目小组和负责人也是临时组织和委任的。任务完成后就解散，有关人员回原单位工作。因此，这种组织结构非常适用于横向协作和攻关项目。矩阵结构的优点是：机动、灵活，可随项目的开发与结束进行组织或解散；由于这种结构是根据项目组织的，任务清楚，目的明确，各方面有专长的人都是有备而来。因此在新的工作小组里，能沟通、融合，能把自己的工作同整体工作联系在一起，为攻克难关，解决问题而献计献策，由于从各方面抽调来的人员有信任感、荣誉感，使他们增加了责任感，激发了工作热情，促进了项目的实现；它还加强了不同部门之间的配合和信息交流，克服了直线职能结构中各部门互相脱节的现象。矩阵结构的缺点是：项目负责人的责任大于权力，因为参加项目的人员都来自不同部门，隶属关系仍在原单位，只是为"会战"而来，所以项目负责人对他们管理困难，没有足够的激励手段与惩治手段，这种人员上的双重管理是矩阵结构的先天缺陷；由于项目组成人员来自各个职能部门，当任务完成以后，仍要回原单位，因而容易产生临时观念，对工作有一定影响。

矩阵结构适用于一些重大攻关项目。企业可用来完成涉及面广的、临时性的、复杂的重大工程项目或管理改革任务。特别适用于以开发与实验为主的单位，例如科学研究，尤其是应用性研究单位等。

（7）多维立体型组织结构

是由美国道－科宁化学工业公司（Dow Corning）于1967年首先建立的。它是矩阵型和事业部制机构形式的综合发展。又称为多维组织。在矩阵制结构（即二维平面）基础上构建产品利润中心、地区利润中心和专业成本中心的三维立体结构。若再加时间维可构成四维立体结构。虽然他的细分结构比较复杂，但每个结构层面仍然是二维制结构，而且多维制结构未改变矩阵制结构的基本特征，多重领导和各部门配合，只是增加了组织系统的多重性。因而，其基础结构形式仍然是矩阵制，或者说它只是矩阵制结构的扩展形式。多维立体型组织结构的组成系统所谓多维，就是指在组织内部存在三类以上（含三类）的管理机制。

这种结构形式由三方面的管理系统组成：

1）按产品（项目或服务）划分的部门（事业部），使产品利润中心。

2）按职能入市场研究、生产、技术、质量管理等划分的是专业成本中心。

3）按地区划分的管理机构是地区利润中心。多维立体型组织结构的特点与适用性在这种组织结构形式下，每一系统都不能单独作出决定，而必须由三方代表，通过共同的协调才能采取行动。因此，多维立体型组织能够促使各部门从组织整体的角度来考虑问题，从而减少了产品、职能和地区各部门之间的矛盾。即使三者间有摩擦，也比较容易统一和协调。这种组织结构形式的最大特点是有利于形成群策群力、信息共享、共同决策的协作关系。这种组织结构形式适用于跨国公司或规模巨大的跨地区公司。

2. 企业组织结构发展趋势

（1）企业组织结构变化趋势

1）垂直等级制度

正逐渐失效历来认为直线式的等级制度最有效，命令可以畅行无阻的层层下达，这是工业时代典型的企业管理形式。不过，这种管理系统依赖的条件是：现场要有大量精确的反馈，决策的性质大致相同。如果决策者面临的问题是重复性的，种类又不多，经理人员就能够收集到与它们有关的大量信息，而且能从以往的成败中积累有用的经验。

如今，森严的垂直等级制度正逐渐失效，因为它所依靠的两大根本条件已难以为继了。摆在决策者面前的问题，种类日渐繁多，除了复杂的技术、经济决策外，政治、文化、社会责任也压得他们不胜其苦，而现场的反馈却越来越小。就绝对数量而言，领导部门从来没有掌握过这么多来自下层的信息，其数量之大，绝非一个经理能够吸收和处理。可是，与当前问题的规模和多样性相比，与越来越快的节奏相比，反馈又少得可怜。

2）企业组织结构模式特征的转变

总的看来，当前企业组织结构变革呈现出非层级制趋势，它要求减少甚至消除"高耸型"层级制组织中常用的直接监控方式，而主张采用自我管理、文化价值观等形式的组织手段。并体现出以下几个特征：

①由纵向科层结构向横向扁平结构转变

传统组织结构均是按照工作的相似性来进行职能分工和部门化，纵向层级链较长，从而管理和信息成本较高，降低了组织灵活性。而现在，通信技术的快速发展和员工素质的不断提高，使得大量复杂的信息能被迅捷传输和及时处理，从而可以大大压缩组织纵向层次、扩大管理幅度等，致使整个组织结构扁平化，组织的适应能力和战斗力也大为增强。

②组织状态由刚性向柔性转变

所谓"刚性组织"是相对"柔性组织"而言的，传统的"刚性组织"以规章制度为中心，坚持正式的职权层级和统一指挥的原则，作业行为简单化、常规化和标准化。而这在产品开发周期不断缩短、市场需求瞬息万变的今天颇显迟钝。因而，组织结构需柔性化，以充分利用其所长握的资源，增强其对环境不确定性变化的应变能力。这主要表现为集权与分权、稳定与变革的统一，并常采用微型组织结构、核心开发计划、策略联盟等形式增进组织的柔性。

③组织边界由清晰向模糊化转变

即组织结构的无边界化倾向，这主要是因为在新环境中经营的企业，仅凭其单个力量难以实现充分利用市场机会和资源的目的。它主要包括组织本身打破内部各种不必要的部门分割，再造企业流程，强化组织内部的沟通和协调能力；消除企业、客户和供应商之间的外部障碍，要求组织与外部利益相关者加强信息交流和共享，必要时还可与它们（包括竞争者）建立策略联盟，共同应对市场变化，这样一来，组织边界就变得有点模糊了。

④由组织的非人格化向人性化转变

传统的组织设计强调"因岗择人"和组织的刚性，很少考虑到人的因素。这在智力资本成为构筑企业核心竞争能力主导来源的今天，已不合时宜。因此现代企业需注入人格化的因素，如推行弹性工作制、工作轮换、职务丰富化、网络办公等制度，让员工能充分感受到组织浓厚的人文氛围，为广大员工提供一个"人尽其才"的机制和环境。

⑤由强调组织的"硬件"能力向强调组织的"软件"能力转变

以前，组织追求的是诸如土地、机器设备、资本等"硬件"要素。而在知识经济时代，企业的战略资源是知识资源，企业的竞争优势主要来自于对知识资本的有效开发和管理。这时，"组织"这个有机体应更多地强化其"自组织"和创新等"软件"能力，不断提高组织的学习能力。

（2）企业组织结构模式的类型及演变趋势

面对新经济环境下出现的多角度、多形式、全方位的挑战，企业唯有变革原有的组织结构模式，才能立于不败之地。具体而言，主要表现为：

1）网络型组织结构模式

所谓网络型组织是指企业间的一种联盟方式，它把若干个具有某种经济联系的、相互分散且具有独立法人资格的企业通过资源、品牌、信息、服务等要素连接而形成一种实体或虚拟企业组织形式。它是一种超越了传统组织边界和空间障碍的"功能群体"。根据组织对其所属资产的控制力和影响力大小，可把网络组织结构分为外部网络组织和内部网络组织。

①外部网络组织

是基于传统组织边界外的一种企业与企业之间的组合形式，企业相互之间的控制力和影响力比较弱，其主要实现形式是企业战略联盟。企业联盟是一种介于传统的合约关系和紧密的股权关系之间，关系较为松散的组织形态。那么企业间为什么不选择一体化整合战略或直接在市场价格机制下进行交易呢？其中最重要的原因是现代技术进步和社会进步产生需求多样化、个性化的张力，同时要求企业提高生产多样化、定制化产品的能力。而且现在的企业愈来愈追求把规模经济、范围经济和速度经济融为一体，这使得企业在整合和改进内部能力的同时，还需要企业与外部企业之间建立比市场交换更加紧密、比管理协调相对弱些的战略联盟。

更为重要的是，企业可通过战略联盟来获得使用他方优势资源的机会，能够实现强强联合和弥补公司的"战略缺口"。因此那些专业化程度较高的企业，特别是那些跨国公司都寻求通过合约或非合约关系，共享市场利益，实现优势互补。

②内部网络组织

实质上是传统职能型企业结构的对外扩展，是指集团公司发展到一定规模或阶段后基于交易费用问题和组织适应性等原因而分化成若干个分公司（或一直分解下去），它一般以产品或地理区域为中心，各子公司都具有独立法人资格。由于母公司主要通过股权安排来形成对子公司的控制，因此相对外部网络组织而言，它拥有较强的控制关系。

为了适应新环境要求，从 20 世纪 90 年代开始，各跨国公司纷纷进行以分权化、扁平化、多元化为特征的组织结构调整，变革后的公司总部从传统的决策中心变为支持性和战略协调性机构，只保留一些诸如主要零部件采购、主要人事任免等职能，而把具体的生产经营决策、甚至是技术研发等职权下放到各分公司。而且各公司还注重通过建立组织内的讨价还价机制和经理人激励机制等措施来实现公司内部的市场化，把母公司与分公司之间传统的"命令—执行关系"转化为"协商—交易关系"，以强化它们的竞争意识和"企业家意识"。如通用电气公司的组织结构就是一种典型的内部网络结构模式，它取得了自由和控制之间的平衡，有效协调了公司规模和效率之间的矛盾，从而大大提高了这一巨型跨国公司的灵活性和适应能力。

总之，不管是以战略联盟为主的组织外部结构调整还是以分权化、扁平化、多元化为特征的组织内部结构重组，都表现为企业组织结构的一种网络化趋势。

2）水平型组织

根据亚当·斯密的分工理论，传统的企业组织大都被设计成诸如韦伯、法约尔等古典管理学派所倡导的等级制森严的金字塔型结构。时至今日，这种结构模式已正在逐渐失效，而团队工作形式开始显示出它的优越性。现在许多知名公司如摩托罗拉等均大量采用了工作团队形式，最大限度压缩组织层级、增大管理幅度，使整个组织呈水平状或原子状，从而称之为水平式组织或原子式组织。水平式组织主要采用团队工作形式，其特点是高度分权，极力打破部门与部门之间的界限，把决策权下放到团队成员手中，从而组织灵活性较强、组织效率和适应能力都较高。工作团队也有很多形式，而且不同的工作团队形式起着不同的作用。如史蒂芬·P·罗宾斯就根据团队存在的目的，把企业的工作团队分为三种类型，即问题解决型团队、自我管理型团队、多功能型团队：

①问题解决型团队

是指其成员主要针对如何改进工作程序、工作方法、操作技能，互相交流意见并提出各种建议，但这种团队很少有权力对各种建议进行决策及采取行动，如质量管理团队；

②自我管理型团队

被授予较大的决策权和自主权，并有权调度完成任务所需的资源；

③多功能型团队

是为完成某项技术性和复杂性很高的任务而组织的，它由来自同一等级、不同工作领域、不同部门的专业人员组成，任务一完成即自行解散。

3）虚拟型组织

所谓虚拟组织是指"运用技术手段把人员、资产、创意动态地联系在一起。"换言之，它是指由多个独立的企业法人实体，为迅速向市场提供产品和服务、在一定时间内、通过电子契约结成的动态联盟。它本身不具有法人资格，也没有固定的组织层次和内部命令系统，是一种开放型组织。但它是以某一企业组织为核心建立起来的，美国学者赖克把这一核心企业组织称之为战略经纪人，而把虚拟组织中的其他成员组织称之为问题解决者。

虚拟组织中各专业合作成员是经纪人组织通过竞争招标或其他方式精选出来并结合在一起，迅速形成各专业领域中的独特优势，实现对外部资源的整合利用，从而以强大的结构成本优势和机动性完成单个企业难以承担的市场功能，如产品开发、销售等。而且各加盟成员共同分担成本费用，共享活动成果，项目目标一旦完成，虚拟组织就宣告解散；当有了新的目标，"战略经纪人"又组织新的合作者，组成新的虚拟组织。显然，这不同于传统企业内部的一体化扩张，它是通过与其他企业合作或联盟来扩大组织的经营规模与范围，拓展组织的边界。在某种意义上说，虚拟组织结构是一种无边界的、动态的网络结构，是网络型组织结构的一种极端形式。

4）学习型组织

学习型组织理论最早出现在1990年彼得·圣吉所著写的《第五项修炼》中，但当时作者并没有给出"学习型组织"的具体含义。彼得·圣吉认为应该通过"五项修炼"模型，即自我超越、改善心智模式、建立共同愿景、团队学习、系统思考来提高组织的学习速度和能力，发现、尝试和改进组织的思维模式并因此而改变组织的行为，从而成为一个成功的学习型组织。但这只是理论上的构建，在现实中如何具体化为组织行为，这已成为当前企业界探讨和实践的热点。

一般来说，首先，要建立一个适合于组织学习的结构模式，力争消除结构制度方面的"组织的学习智障"；接着，就是要重塑企业文化，营造组织的学习氛围，培育组织的学习习惯，让学习融入员工的日常行为；最后，企业应加强与外部组织的交流和沟通，组建知识联盟，积极汲取外界知识。总之，学习型组织的构建不能脱离组织结构、管理模式、组织文化而孤立存在。

5）自适应型组织

所谓自适应型组织是指那些能根据环境变化而有能力从根本上改变自我的组织，也称之为自我设计型组织。它如同一种生命体，当遇到险境或受到某些伤害时，能够通过自我调整和自我修补来适应新的环境或再生出新的机体组织以继续生存下去。而这种自适应能力的获得正是组织不断学习的结果，因此也可以说自适应型组织就是学习型组织的拓展和应用，它促进了学习型组织的发展。

（3）企业组织发展方向

近代企业组织有一个明显的变化趋势，即从常规企业向集团型和微型方向发展。究其原因，主要是市场竞争的结果。企业为了分散和减少风险，不得不联合起来，或干脆"以小卖小"，以充分发挥大企业和小企业的经营优势。

1）大企业的优势

①可以获得规模经济效益。

②可以充分发挥专业化管理的作用。

③可以实行多角化经营，将业务扩展到市场经济生活的各个领域，以增强实力，分散风险。

大型企业扩展的方向可以从三个方面考虑：

①横向扩展。

其策略要点在于收购或兼并同类企业，其目的在于消除同行的竞争，提高自己的产品在市场上的占有率，以达到对市场的较好控制。此外，更可以集中资源，做更有效地运用。

②纵向扩展。

其策略要点在于收购或兼并与业务有关的原料供应企业，或自己产品的分销企业。

其目的在于确保原料充足和价格合理，有利于市场拓销，可以稳定企业业务，有利于进行计划与协调工作。

③多元化扩展。

这种扩展策略，其主要收购对象是与本身业务或行业毫无关联的企业，其目的在于将投资风险分散，将季节性波动的企业业务稳定下来，使企业的资源获得更佳的利用。

2）小企业的优势

从现代微型企业的经营内容来看，小企业的发展有以下几种类型：

①科研型

即用自己的资金和设备进行产品研究和开发，并进行新产品经营。故也叫研究开发型小企业。一般说来，这类企业规模小，经营者既是股东，又是研究人员，年纪较轻，他们有专门的知识和技术，从事某一领域或某一方面的研究开发，目标明确，全力以赴。这种科技型企业经营者有旺盛的企业家精神，为达到自己的目的敢于冒险。这类企业往往发展速度很快，它们是新技术革命的开拓者。

②智力型

即指那些从事智力劳动，把为别人提供知识产品和知识服务作为主要经营内容的小企业。这类企业主要特点是人员少，智力高，资金少，产品中知识高度密集。

③物质产品型

即指那些以生产和经营某些零部件为主的微型企业。这类企业在现代微型企业中所占比重较大，它们拥有固定生产场所和专用设备，专业化程度非常高，其产品主要是为集团型大企业服务，因而它们对大企业有很大的依附性，但工艺先进，经营灵活，特点是产品更新速度快，对市场有很好的适应力。

④服务型

即指那些为物质生产部门和人们的物质、文化生活提供专门的劳务和产品，进行定向服务，满足某一方面特定要求的微型企业。现代社会对服务的要求越来越多样化，需要千千万万个企业提供多种多样的劳务和产品。这种服务型小企业集中在第三产业，它们是整个小型企业群体中的主要组成部分，经营范围非常广阔，企业形式也是形形色色，五花八门，为社会提供了非常广泛的就业机会。

⑤个体型

如果称之为企业，即是最小的微型企业。它们利用各种可以利用的时间和机会，以单个或几个人的形式，进行个体劳动，劳动场所可能就是自己的家。这类企业的业主主要是一些大学生、工程师、教师、还有退休人员，它们主要从事一些咨询、中介、从事计算机的软件开发和新产品研究等以脑力劳动为主的活动。

四、企业财务、会计制度创新

企业管理有很多方面，在管理工作中，企业的财务会计管理是非常重要的一部分。做好企业的财务会计管理，可以提高企业的市场竞争力，保证企业的资产账目清楚、安全，同时，企业财务会计管理也是其他管理工作的保障。但是，现在国内很多企业，在企业财务会计管理方面疏忽，或者管理制度不健全，造成企业账目混乱，从而导致企业发生经济损失，营私舞弊等时常发生。企业内部管理出现问题是正常的，只要及时发现及时解决，建立合理的管理制度，还是可以保证企业正常运转的。

1. 财务会计管理制度的重要性

建立企业的目的之一是赚取利润，但是一个企业的发展，同样需要资金的支撑。一个企业有没有完善的财务会计管理制度对于企业的发展至关重要。合理完善的财务会计管理制度可以保证企业资金良性运转，减少不必要的资金浪费，保证企业其他管理有序开展，进而保证整个企业的正常运转。建立完善的企业财务会计管理制度，可以更好地贯彻落实国家相关的法律法规。

在我国，为了保证企业正常运转和市场的良性竞争，国家制定了一系列关于企业财务会计的法律法规，对企业的财务管理，会计核算都提出了明确的规定和要求。国家要求，企业的会计人员上岗需要持有国家考试颁发的会计工作的上岗证。企业建立完善的财务会计管理制度，正是要落实国家的法律法规，并针对企业的特点，制定符合企业发展的相关管理制度。财务会计管理制度是一个企业内部控制不可或缺的重要组成部分。会计内部控制的目的是保证企业财务信息的及时性和准确性，提高企业资金的安全。

随着我国经济的发展，国家关于企业财务会计管理制度不断完善，企业根据自身发展的需求，也在不断改进企业的管理制度。时代在发展，企业的财务会计管理制度内部控制的含义也不断发生着变化，除了保证企业财务会计信息得及时准确，提高资金的利用率，财务会计内部控制还包括控制企业的部分生产活动，保证企业得发展了利润的提高。

2. 企业财务会计管理制度创新

（1）企业应自行设计更具体的会计制度

国家的会计制度和法规对企业的会计工作只能起宏观指导作用，不能直接为企业所用，因此各企业还必须自行设计适合于本单位使用的更具体的会计制度，以保证会计工作的顺利进行。企业的会计制度应是指导企业顺利进行会计核算工作，保障计工作质量，提高会计工作效率的制度，是国家所有现行会计法规在企业具体会计工作中完整而正确的应用和体现。

具体来说，其设计内容应包括：关于会计核算基础工作条件的制度设计，会计组织方面的制度设计，会计管理方面的制度设计和会计政策的选择等四个方面。其中，会计核算基础工作条件方面的制度设计包括会计科目、会计凭证、会计账簿和会计报表的设计。会计组织方面的制度设计包括会计机构和会计人员的制度设计、会计核算组织形式的制度设计和会计核算工作组织形式的制度设计。会计管理方面的制度设计包括内部会计监督制度、内部控制制度、内部核算制度等内容。会计政策的选择包括选择什么样的会计政策对本单位有利，以及该会计政策应如何操作等内容。

（2）建立对企业负责人的会计法规培训制度

这是从企业外部环境入手，配合企业建立完善的会计管理体制所急需的措施。《会计法》第四条明确规定：单位负责人对本单位的会计工作和会计资料的真实性和完整性负责。对企业而言，这就必然要求企业负责人要全面了解会计法规，自觉承担相关的法律责任。为此，各级政府主管部门可采取如下措施：定期对企业负责人进行会计法规培训，并把培训效果记录于本人档案，作为上岗和业绩考核的一项条件。通过这种办法督促企业负责人，使其成为企业会计管理的内行，从而有能力科学合理地设置会计机构、配备会计人员，并能够对会计工作全面负起责任。

（3）加强对会计人员的管理，提高会计人员的业务能力及职业道德

企业应积极配合财政等有关部门，对会计人员进行考核、管理和培训，在会计工作中树立以人为本的思想。具体要做好以下工作：

1）重视会计人员从业资格管理。对于没有取得上岗证的人员，坚决要调离会计工作岗位，以求从源头上保证会计人员素质的不断提高。要组织会计人员积极参加财政、人事等有关部门定期举办的会计人员上岗证和专业技术职称考试，从整体上不断提高企业会计人员的专业素质。

2）抓好在职会计人员的后续教育工作。有关部门应经常性地举办对会计人员的培训和考核活动，尤其在有新的制度或法规出台时，要及时进行培训，使得会计人员及时掌握最新的会计知识，以保证国家的财经政策得以有效落实，同时保证企业的会计工作得以顺利进行。

3）加强对在职会计人员的职业道德教育。企业及政府有关部门要采取有效的措施对会计人员进行职业道德教育，使其树立爱岗敬业，诚实守信，廉洁奉公的良好风尚，积极主动地维护财经纪律，充分发挥其监督作用。

4）健全内外部的监督机制，强化财务监管要真正建立企业内部监督、社会监督

和政府监督三位一体的会计监督体系。为加强内部监督，企业应采取如下措施：

①提高管理会计的地位，要注重经济事项的事前和事中监督，走出传统会计管理体制只重事后监督核算的误区。

②设立内部结算中心，以便有效融通资金和加强部门间的监控。

③有条件的企业，要实行企业内部财务信息联网，提高财务工作的透明度，提高财务监控质量。

④建立内审机制。近年来有些大的公司已经设立内部审计部门，并取得较好效果，但从全国来看，还不够普及。企业应提高这方面的认识，尽早设立内审机构，加强内部监督的力度。从加强社会监督来考虑，主要要真正发挥会计师事务所等社会中介机构的监督作用，对各企业在审计过程中发现的问题，要依法严惩。

企业的财务是一个企业资金进出的大门，企业必须拥有完善的财务会计管理制度，适应企业发展，适应市场需求，才能牢牢守住企业的大门，保证企业的资金安全。对于触犯财务会计法规的工作人员，必将进行严惩，以儆效尤，规范企业财务会计的管理。有了完善的财务会计管理制度，企业在激烈市场竞争中才能立于不败之地。

五、企业领导制度创新

现代企业的改革要取得新的突破，在于落实企业产权的真正代理人，在于重塑企业的企业家群落，形成适宜企业家产生的制度。

1. 重塑企业家成长的市场机制

造就千千万万优秀的企业家，并最大限度地发挥他们的作用，必须建立和完善企业家脱颖而出的市场机制。培育和建立企业家市场，最终形成企业家职业化和选择企业家市场化机制是最为关键的一环。

（1）要确立企业家经营占有制。

企业家经营占有制意味着现代企业家是企业整体资产的经营主体。按现代企业制度的要求，对企业出资的股东享有财产所有权，但只能行使《公司法》所赋予的股东权利，不得直接干预公司的生产经营活动。即使是代表国家行使全民财产所有权的投资机构，在向企业投资后，也只能行使股东的权利，无权直接干预企业的生产经营活动。企业家经营占有制的建立，对于完善和发展公有制特别是全民所有制，真正建立起"自主经营、自负盈亏、自我约束、自我发展"的国有企业经营机制具有特殊的意义。国有企业财产的所有权与占有权分离，可以促使充分发挥自己的能量，并形成"国家—企业—线职工"三元利益主体的制衡机制。在这个机制中，国家是全民所有财产的代表，国家的利益倾向是整体的、长远的利益；职工具有全民所有者和劳动者的双重身份，即职工有权参加企业的管理，有权对企业家和其他管理者进行监督；同时，在具体的生产过程中，职工的劳动者身份决定了其经济利益只能通过按劳分配原则得到实现。企业家是企业财产的经营占有者。他们为了保证企业的经营获得长期而稳定的发展，实现自己的特殊利益，必须把国家的整体利益目标内化为职工的近期利益目标，校正不合理的局部利益目标。同时，由于企业家对企业法人财产的经营是一种高级的、复杂的脑力劳动，需要投入较多的人力资本，而且企业家还要承担经营风险，所以，职业化的企业家的收入理应包括基本收入、股票收益和分红三个部分，其收入比一般职工高得多是很自然也是应该的。当然，企业家的收入也应有一定的限制，国家可以通过征收个人所得税等措施来予以调节。

（2）建立有效的企业家的市场选择机制。

健全的企业家成长机制还有赖于有效的企业家的市场选择机制建立，这是国有企业改革真正的困难所在。在以私人产权为基础的企业制度中，所有者一方面有内在的激励对经营者充分授权和高度激励，以发挥企业家的创新能力，从而共同分享创新利润；另一方面，所有者也能通过对本企业和同行业其他企业盈利状况的观察，正确地评价现任经营者的能力大小，撤换不称职的企业家，选择高质量的企业家。而我国企业的经营者选择机制面临着严重的逆选择问题。特别是国有企业，国有企业的最终所有者是全民，而全民作为一个集合体，行为能力有限，只能通过各级政府官员实际行使经营者选择权和其他所有者职能。政府官员不是企业资本的所有者，其代理权的取得不以其代理能力为条件，也无需为代理行为承担经济责任，其选择权是一种"廉价投票权"。政府官员倾向于尽量扩大对企业的干预权，利用实际掌握的企业控制权谋取个人利益。在行使经营者选择权时，出于自身利益考虑，政府官员实际上是在选择自己在企业中的代理人，优先考虑听话与否、"合作"与否，以便低成本地从企业中获取最大个人收益。他的选择只能限于"关系圈子"之内，不可能进行公开竞争，因而占据经营者位置的往往是无能亲信之辈。而真正的企业家追求企业的发展，要求充分的自主权，正好与政府的行政干预相冲突，因而真正的企业家即使占据了经营者的位置，也不能长久，常常被各种借口撤换。国有企业经营者选择机制的扭曲，根源在于所有者的政府代理制，政府代理人的廉价投票权必然产生逆向选择。改革的出路只能是取消政府官员的廉价投票权，建立一种规范的自主的经营者选择机制。

在确定企业家产权的基础上，全民所有者可以从企业家（经理）市场上选择企业家，建立直接的代理关系，尽可能削弱政府的代理权，减少其对企业的干预。所有者除保留选择经营者的最终控制权，其余的企业控制权直接授予企业经营者，使其拥有自主进行创新所需的完整的自主权，同时明确界定企业家人才资本产权，建立分享剩余索取权的激励机制。但问题在于全民无法直接选择经营者，中间代理人必不可少，为防止逆选择发生，首先要授予在位的企业家以"留任权"，即只要经营者能保持企业的利润不低于同行业的平均利润率水平，就可以继续留任，任何政府机构都不能撤换他。其次，建立统一的客观标准规范代理人的选择行为，尽量减少代理人行为的任意性，把政府代理权从"任意裁量权"变为一种明确的"义务"，以法律的规则管理代替政府的行政干预，以统一的客观标准淘汰不称职的经营者，然后以公开招标方式聘任新的经营者。

（3）培育我国企业家市场

企业家市场将为我国广大企业、特别有国有企业提供大批适应社会主义市场经济要求的企业家，决定着我国企业发展的命运乃至整个社会的经济效益。企业家市场将彻底改变我国企业厂长、经理的形成机制。企业家水平的高低，最权威的评价者是市场。市场的公开竞争和优胜劣汰，将使高素质、有抱负、有志于企业经营管理的优秀人才脱颖而出；同时，使身居厂长、经理职务而又缺乏经营管理才能的人被淘汰。企业家市场将使我国稀缺的企业家人才资源得到合理利用。我国在经济体制改革过程中，确保新旧体制转轨顺利完成的最大瓶颈，在于企业家这种稀缺人才的匮乏。企业家市场为企业家人才充分发挥作用提供了条件，必将使这种稀缺的资源得到合理配置。

另外，企业家市场是我国企业参与国际竞争的需要。我国的企业能否在激烈的国内国际市场竞争中占有一席之地，取决于我国是否具备一支具有战略眼光和开拓精神的企业家队伍，而这支队伍的产生，依靠传统的办法是很难实现的，必须通过激烈的市场竞争来产生。

2. 规范企业家成长的激励与约束机制

现代企业制度的核心问题之一是企业所有者如何对经理层进行激励与约束问题。这一问题的关键在于剩余索取权和决策控制权之间的平衡，最理想的状态是拥有剩余索取权的所有者也拥有决策控制权，但问题是拥有剩余索取权的人未必具有决策能力或无法实施决策，而有决策能力的人未必能获得剩余索取权。解决这一问题的思路就是让经理层也拥有一部分企业剩余索取权，实践证明这是最有效的激励约束方式。在西方发达国家，越来越普遍采用的方式是给予企业经理层部分企业股票期权，使其成为企业的所有者，维护企业所有股东的利益。目前，我国经理层薪酬结构还非常单一，大部分企业实行的是以工资、奖金或年薪为主体的传统薪酬制度，虽然有部分企业经理层持有本企业一定股票或股票股权，但相对于企业总股本规模而言显得微不足道。可见，为加快与国际企业接轨步伐，有效解决我国有企业两权分离问题，有必要对我国企业家人力资本的价值进行再造，建立适应现代企业制度需要的股票期权制度。

激励是对企业家积极行为的一种奖励，而监督约束则是对企业家消极行为的一种惩罚。通过奖惩强化企业家的积极行为，克服消极行为，有利于企业家专心于创新工作，提高企业效益。因此，激励和监督约束是推动企业家创新的两个方面，缺一不可。企业家约束机制可分为内部约束机制和外部约束机制。从内部约束机制来看，主要有以下四个方面：①明确国有资产投资主体，解决所有权到位问题，强化国有资产所有权监督。②理顺经理与监事会、董事会的关系，这对于企业约束机制的建立和有效运转十分必要。③理顺公司党组织和法人治理结构的关系，加强党组织对经理人员的纪律监督和约束。④发挥职工的民主监督。职工参与民主要有三条途径：一是职工代表大会，二是工会，三是进入董事会和监事会的职工代表。从外部约束机制来看，同样有四个方面：一是市场机制的自动监督约束，二是法律约束，三是银行的监督约束，四是职能部门的监督约束。只有充分发挥这些监督约束职能，才能支撑起整个监督约束机制。

3. 完善企业家成长的社会法律环境

改革开放以来，有许多懂管理、善经营的企业管理者脱颖而出，成为适应市场经济要求的现代企业家，但其数量离我国经济发展的需求还有很大差距。其中一个很重要的原因，在于我国还存在着影响企业有利于市场建设的社会法律环境障碍。因此，当务之急就是在政策上要促进和保护人才竞争；在体制上要有利于人才竞争，让人人都有成才的机会，给优秀人才提供和创造能充分发挥作用的环境和条件。要在发展和完善市场经济体制的过程中，建立平等竞争的规则，改变市场竞争不平等和无序化状态，为企业创造平等竞争的条件，为企业家更好地发挥主体能力奠定基础。对企业家的合法权益给予有效保护，对企业家的行为进行法治化、规范化管理，以扶植和保护企业家队伍健康成长。

（1）加快社会保障制度等配套改革，消除企业家成长的各种制度性障碍

我国各地区、各部门都建立了人事、劳动部门管理的人才交流机构，开展了一些人才交流，但其交流方式、交流条件都很不规范，更缺乏合理性，不适合企业家的自由流动。目前，我国对各种专业职称虽然有了评审标准和评审组织，却没有对企业家的评价标准、评价组织和中介机构，对企业家的评价往往取决于上级主管部门和领导的直观印象。所以，无法对企业家进行客观、科学而公正的评估，也就不利于职业企业家与企业所有者之间进行沟通，往往影响决策的准确率和成功率。由于现在的政府公务员执行的是等级制、终身制、公费医疗和退休养老金制度，受利益机制影响，目前相当一部分企业家不愿改变原国有企业的等级制和终身制，不愿离开对政府的依赖，不愿意冒风险走职业化之路。由于企业家社会地位不明确，社会保障体系又不健全，因而不愿因实行职业化而失去依靠，担心职业化会导致病、老、失业无人问津，不利

于职业化企业家的形成。

（2）创造有利于企业家成长的法律环境

为企业家的成长提供一个长期稳定的、可以预测的社会环境非常重要。如果对社会生活、经济生活的调节越是在宪法和法律的范围里进行，那么企业家成长的社会环境就越趋向透明、稳定和可预测。在我国现实社会里，对经济社会生活的管理、调整通常有这样几种方式，宪法—法律—行政命令—政策—领导指示—领导意见。从左向右，越往右的管理方式越多变，越往左的管理方式越稳定。最常见的管理方式是政府的政策，比政策更多变的是领导指示，比领导指示更多变的是领导意见。领导指示大多数时候还有个书面文字。而领导意见，常常是打个电话或和领导喝个酒就能得到。对个人创新精神的保护和激励也是这样，越是在法律框架内的越稳定，越是靠领导意志越靠不住。优秀企业家总是流向最适合创新的地方，也即对创新精神的保护和激励最稳定、最有效的地方。因此，创造有利于企业家成长的法律环境是十分必要的。

第三节　企业管理机制的创新

随着经济形势的发展变化，社会组织和经济组织都应该进行创新。在从前的管理理论当中普遍把企业看作是生产函数，视组织创新为技术创新。事实上，这只是说明技术创新对组织活动所做的要求，并不是组织创新自身。我们可以通过组织本身来看组织创新，它是指组织交易的手段、程序或者方式的变化。大致上，我们可以将这些变化归结为两种：①从根本上改变规则结构的彻底创新；②不改变其原有规则结构性质的前提下进行的组织度量式创新。

一、企业管理创新是实施创新驱动发展战略的关键

"科技创新是创新驱动发展战略的核心，企业管理创新是创新驱动发展战略的关键。"改革开放40年来，我国经济快速发展主要源于发挥了劳动力和资源环境的低成本优势。进入发展新阶段，我国在国际上的低成本优势逐渐消失。与低成本优势相比，技术创新具有不易模仿、附加值高等突出特点，由此建立的创新优势持续时间长、竞争力强。但是企业管理创新是实现科技创新的前提，企业管理不率先能实施创新，将制约企业的科技创新，将阻碍着全国的创新驱动发展战略的实施。

目前，我国正处于经济转型的关键时期。企业管理是否能实现真正意义上的创新，将决定着科技创新转型升级这一重大举措的成败。

二、企业管理创新的主要内容

现代企业管理创新是指创造一种新型的、有更高效率的资源整合的模式，它既可以是有效整合资源以达到组织目标的全过程管理，也可以是某个具体方面的细节管理。

1. 管理思想创新

管理思想创新，是指从独特视野、另类角度出发，系统地阐述管理活动的新观点、新见解。

2. 制度创新

坚持以实践基础上的理论创新推动制度创新，构建系统完备、科学规范、运行有效的制度体系，是当前经济工作重要任务。制度创新是从社会经济角度来分析企业系统中各成员间的正式关系的调整和变革。制度是组织运行方式的原则规定。企业制度主要包括产权制度、经营制度和管理制度等三个方面的内容。产权制度、经营制度、管理制度这三者之间的关系是错综复杂，实践中相邻的两种制度之间的划分很难界定。

一般来说，一定的产权制度决定了相应的经营制度。但是，在产权制度不变的情况下，企业具体的经营方式可以不断进行调整；同样，在经营制度不变时，具体的管理规则和方法也可以不断改进。而管理制度的改进当发展到一定程度，则会要求经营制度作相应的调整；经营制度的不断调整，则必然会引起产权制度的革命。因此，反过来，管理制度的变化会反作用于经营制度；经营制度的变化会反作用于产权制度。

制度创新的方向是不断调整和优化企业所有者、经营者、劳动者三者之间的关系，使各个方面的权力和利益得到充分的体现，使组织的各种成员的作用得到充分地发挥。

3. 智能创新

职能创新就是在计划、组织、控制、协调等管理职能方面采用新的更有效的方法和手段。计划的创新、控制方式的创新、用人方面的创新、激励方式的创新、协调方式的创新是职能创新的几个方面。

4. 结构创新

结构创新是指设计和应用新的更有效率的组织结构。结构创新按其影响系统的范围可分为技术结构的创新和经济与社会结构的创新两类。技术结构创新是调整人们的分工、协作方式以获得更高的效率；经济与社会结构的创新是调整人们的责、权关系，以提高组织效能。

5. 环境创新

环境是企业经营的土壤，同时也制约着企业的经营。就企业来说，环境创新的主要内容是市场创新。市场创新主要是指通过企业的活动去引导消费，创造需求。

从企业管理创新的内容可以发现，企业管理创新决策对于企业的生存和发展越来越重要，其重要性越来越接近企业的战略创新。

三、企业管理创新的措施

针对我国的经济现状，尤其我国正处于经济转型的关键时期，企业为了寻求更广泛的发展，需要健全管理机制，完善现有的管理措施，从实际出发，优化管理理念，进而促进企业的可持续发展。以下将对转型升级期间企业进行管理创新的措施进行系统的分析。

1. 建立高效的企业管理体系

规范企业产权制度、治理结构和管理制度，引导中小企业树立现代企业经营管理理念，加强基础管理，强化精益管理、现场管理，推动企业建立现代企业制度。面对现有的经济发展形势要求，企业要想在激烈的竞争市场中有一席之地，必须抓住转型升级期的机会，根据当前市场发展前景，确定完善的管理体系。通过管理创新，要求企业内部必须健全各项管理制度，将各种生产要素有机结合在一起，进而形成企业的核心竞争力。在转型阶段需要有战略目标，改变原有的管理思想，不断吸收先进的管理理念，将管理理念纳入企业经营战略管理中，尽量消除企业管理创新的障碍。此外企业管理者要以创新管理制度为突破口，从经营管理、人事管理、组织管理等多方面进行创新。同时要建立自下而上的监督管理体系，从各个部门、环节等多方面相互监督、相互制约、进而形成一个健全、合理的管理制度体系[3]。创新驱动，人才是根本。加强人才引进和培育，组织实施中小企业经营管理领军人才培训，激发企业家精神，提高企业科学化管理水平。

2. 加强技术及产品创新

增强科技进步对经济增长的贡献度，形成新的增长动力源泉，推动经济持续健康发展。

建立科技创新的协同机制，以解决科技资源配置过度行政化、封闭低效、研发和成果转化效率不高等问题。

要想提升企业发展的整体竞争力，必须从知识、技能、技术等方面入手，在培育企业核心竞争力的同时，加强技术及产品创新。积极借鉴其他优秀企业的管理经验及先进技术，保证信息的畅通性，在沟通交流的同时，不断提升自身研究能力。拥有一定的技术创新能力时，需要不断提升自身市场竞争力，建立和完善企业技术创新体系，尽力建立属于自己技术研发中心，培养创新人才和创新团队的科技人才队伍建设，增加技术研发力量，加快研究具有知识产权的技术和产品。其次积极探究新技术创新模式，让其他科研机构及大学科研力量加入企业自主研究中，实现技术上的突破，促进科研成果向现实生产力转化。最后要建立有效的技术及产品创新机制，深化企业人事制度和分配制度改革，真正实现技术、资本等生产要素相统一，创造能吸引人才的企业氛围，进而提升企业的整体发展能力。

3. 建立信息沟通平台

为了促进本企业的长远发展，需要建立信息沟通平台，在市场竞争激烈的背景下，需要实施国际化战略发展目标。在现有的市场经济发展背景下，如果企业坚持原有的发展原则，会导致失去很多发展机会。因此需要在网络的帮助下，建立信息沟通平台，尤其是大数据、云计算的应用，将人力资源管理、物流配送管理及资金管理纳入统一考虑范围内，保证信息的畅通性。推动开展中小企业管理咨询服务，探索建立中小企业管理咨询制度，帮助企业提升管理水平。在实践过程中需要建立多种渠道和方式，构建经济合理的运作方式，满足当前发展需要。

4. 提升企业整体素质

建立积极、健康、向上的企业文化是企业的重要工作之一。需要管理者从整体出发，了解员工的日常生活，不仅给予工作上的帮助，同时给予生活上的支持。尤其在转型阶段，给予适当的激励，可激发员工的工作积极性，增加员工的认同感，进而提升员工对企业的归属感。其次建立特色企业文化，根据转型原因及未来发展趋势，将企业文化融入企业管理中，更好地进行企业管理，提升企业的整体素质和发展能力。推动企业管理创新，引导中小企业参加全国企业管理现代化创新成果申报活动，加强管理创新实践和创新成果推广，提升企业管理能力。

知识被认为是和人力、资金等并列的资源，并将逐渐成为企业最重要的资源。企业需要更多地通过组织学习、知识管理和加强协作能力来应对知识经济的挑战。

5. 加快产业转型升级，应对形势发展变化

加快产业转型升级，这是经济发展新常态的倒逼。在当前"三期叠加"的大背景下，资源环境不堪重负，人口红利优势逐渐消失，过去那种拼资源、拼环境、拼投资的老路再也走不通了，除了积极探寻新的发展路径，别无他途。新旧转换间，发展动力从何而来？毫无疑问，只能从转型升级中来，从结构调整中来。唯有加快产业转型升级，走集约化、内涵式的发展道路，才能主动适应并引领新常态，充分释放发展内生动力，调动各种积极因素来对冲经济下行压力，实现有质量有效益的增长。

在较短的时间内，完成我国企业的转型升级，突破瓶颈，摆脱困境。要坚定不移地大力推进企业向依靠技术创新转变；大力推进企业向绿色发展转变；大力推进企业向服务型制造转变；大力推进企业向内外销兼顾转变；大力推进企业向知识密集型

转变。

6. 创新机遇的预测

在激烈的市场竞争中，企业面临着许多环境条件随机变化的情况，由于条件的改变，企业将面临新的挑战与机会，企业的竞争地位会受到巨大的威胁。同时，也会给企业的创新带来机遇，为企业的发展带来商机。因此，企业把握创新机遇，预测成功率，对于制定创新企业的经营战略和部署是关键的环节。

创新机遇的预测需要企业有良好的运作组织，高层决策者要有极为敏锐地观察发现能力。这是因为：不论是引人注目的创新还是微不足道的改进，大多数创造性活动不仅事先未曾计划好，而且完全出乎企业的意料。企业要充分发挥信息沟通平台的作用，利用大数据、云计算的优势，可通过宏观经济数理统计模型预测企业发展中可能出现的风险和蕴藏的机遇。

第九章 企业经济管理模式规范化与创新的方式

第一节 加强内部对经济管理的监控力度

财务管理制度作为企业经营管理的一个主要部分来说，随着市场经济的不断发展，企业应该构建一个把预算作为管理中心的财务管理模式，对企业的经营活动和发展内部生产的整个过程进行控制、计划、组织、激励，从而提高企业对财务的控制能力和约束能力，能够帮助企业更好地实现财务预算，提高财务管理能力，扩大财务管理的工作领域，进而促进全员和全方位财务管理局面的形成以及发展。

一、内部控制的相关原则

1. 重要性原则

内部控制应重点关注企业的重要环节和高风险环节。在企业生产经营管理的过程中，虽然生产经营各个环节互有联系，但各个环节面临的风险以及风险程度各不相同，这样就要求在内部控制的过程中，重点关注企业的重要环节和高风险环节。同时，各行业、各企业中各个生产经营环节所面临的风险及风险程度不同，这要求内控人员需根据职业判断来重点关注企业的重要环节和高风险环节。

2. 全面性原则

企业的内部控制应覆盖企业生产经营活动的各个环节，涵盖企业所有业务和事宜。内部控制的全面性原则要求在建设内部控制时，应充分与公司经营活动相结合，渗透企业生产经营活动的各个环节，包含企业所有业务和事宜。

3. 制衡性原则

内部控制应在权责分离、治理结构、经营环节以及结构安排方面形成相互制约的机制。若内部控制没有设置制约机制，会违背企业的整体利益。企业内部控制的核心在于通过设置制约性的岗位和岗位职责，确保企业各个部门和各个员工责任分离、相互制约，为提高企业利润做贡献。

4.适应性原则

内部控制应与企业的业务性质、经营活动、规模等相适应，并随着企业的业务性质、经营活动、规模的变化而进行相应的调整。因企业的业务性质、经营活动、规模不同，会导致企业内部风险不同，因此内部控制需与企业的发展阶段、业务范围、行业特征等相适应。

企业实施内部控制的过程中，应权衡内部控制成本和内部控制收益，尽量以较低的成本获取较高的收益。内部控制可以为企业生产经营活动提供一定的保障，但是内部控制需发生成本，例如人工成本、内部控制运作成本以及物资成本等。在内部控制运作中，需贯穿成本效益原则，权衡内部控制成本和内部控制收益，不能为了追求完美的内部控制而忽略内部控制成本。

二、内部控制在企业经济管理中的应用

1.遵循法律法规和相应规章制度

内部控制应确保企业的生产经营活动各个环节符合国家法律法规和规章制度，促使企业的经营管理合法。企业生产经营活动各个环节符合国家法律法规和规章制度是企业生存和发展的重要前提。因此，为了确保企业能良好的运作和发展，内部控制应发挥其效用，确保企业无违反国家法律法规和规章制度的生产经营活动。

2.确保企业资产安全完整

企业经营管理中最重要的要素是人力、财力、物力这三个方面。对资源的管理一方面是管理资产的控制、使用和支配，另一方面是确保企业资产安全完整，并尽量促使资产保值增值。若企业资产不完整，则会严重影响企业的生产经营活动。因此，资产安全完整是确保企业的生产经营活动前提，也是企业内部控制的主要目标。

3.确保财务报表和财务信息真实、可靠、完整

财务报告及相关信息是企业所有的利益相关者在进行与企业有关的决策时的重要依据。企业内部控制必须保证财务报告及相关信息的真实完整。卜市公司的财务报告及相关信息不真实完整，如果未发现，从短期来看可能不会给公司造成重大风险，但从长远来看公司最终会被投资者和债权人等所抛弃，其生存就会存在问题。根本就没有发展可言。此外，不真实完整的财务报告及相关信息很可能会误导投资者做出错误的决策，从而造成社会资源配置的低效或无效，最终导致社会资源的严重浪费。

4. 提高企业的经营效率和效果

企业占有各项经济资源，并运用其进行各项生产经营活动的目的是获取经济利益。在经济资源的使用中，资源的所有者及经营者最关心的是资源的使用效率和效果。提高效率就是充分合理利用现有有限的资源，使有效产出增加，也可以说，为了获得一定量的有效产出，尽量降低对资源的耗用量。提高经营效果就是要努力增加因使用资源而带来的有效产出；作为管理的重要手段，内部控制的一个重要目标就是要有助于提高经营的效率和效果，以增加利益相关者的收益。

三、完善内部控制、提高经济管理水平的对策

1. 提高内部控制制衡水平

内部控制可以在企业内设置职责分离，解决企业中管理层、职能部门之间的权责关系。为了更好地发挥内部控制的作用，完善企业的组织架构，应完善内部控制的制衡效用。完善的内部控制可以有效的确保企业生产经营活动符合国家法律法规和规章制度，有利于企业提高生产经营效率。内部控制可以为真实、完整、可靠的财务信息提供保证，有利于企业管理层与职能部门之间进行权责制衡，提高企业的经济管理水平。

2. 内部财务审计与内部控制的有机结合

企业内部财务审计是指由企业内部审计机构或审计人员依照相关的法律法规对企业的财务管理、会计核算、财务信息的合法、合规、真实、正确进行审查和评价的独立的经济监督、评价活动。内部会计控制是指单位为了提高会计信息质量，保护资产的安全、完整，确保有关法律法规和规章制度的贯彻执行等而制定和实施的一系列控制方法、措施和程序。内部财务审计与内部控制是企业财务管理的重要手段，通过在实际工作中的合理运用，能够提高企业管理的效率和效果，有效规避风险，提高企业运营的安全性。

（1）内部财务审计与内部控制之间的联系

企业之间日益激烈的经济竞争，使内部财务审计与内部控制之间呈现出相互促进、相互依存的关系。二者关系如下：

1）企业通过内部财务审计可以树立评价与监督机制，监督内部控制实施效果。

2）企业内部控制可以为企业经营目标提供措施和手段，审计能够对内部控制起到安全防控的作用，帮助企业规避风险。

3）内部控制为内部财务审计提供审计平台，审计是管理者对控制的客观评价，内部控制可以推动企业经济效益的提高。

（2）内部财务审计与内部控制的整合对策

1）提高管理者对内部财务审计的认识

企业内部管理效果好与坏的关键，在于领导层是否重视。企业管理者会关注当前企业销售情况与生产质量，却往往忽视了企业的财务管理，导致财务管理方面存在漏洞。因此，加强企业领导者与管理者对内部财务审计的重视，明确内部财务审计与生产和销售一样，是企业在市场竞争中的生存之本。进行企业内部审计之前，首先要关注企业内部控制制度是否存在漏洞，采用正确的审计方法，严格按照企业付款审批制度进行。还需要检查企业账务处理方面是否合法合理，对于小公司，建议全面检查凭证；对于凭证量大的公司建议重要性把握，从报表层次重要性细化到科目层次重要性水平，重点的细查，非重点的粗查。为了保证内部财务审计工作能够顺利展开，企业管理者与决策者需要发挥自身工作的主动权。在企业内部建立审计机构，并赋予一定的权限，为企业内部控制体系的提出起到安全保障作用。

2）加强对审计人员的选拔与培训

为了更好地落实内部财务审计工作，企业需要从内部控制入手，加强对相关人员的培训与指导。例如，某企业在上半年一直处于盈亏变动较大的状态，究其内部原因，发现目前的企业审计人员经验不足，在审计模式的选择上过多关注账目基础审计阶段、而忽视制度基础审计阶段和风险基础审计阶段。针对此类情况，该企业重新进行审计人员选拔，同时定期组织现有的内部财务审计人员进行内部和外部的交流培训。强化员工对审计软件的应用技能，提高业务能力。并将内部财务审计人员的培训和选拔纳入到未来财务管理规划中。明确内部财务审计的重要性，让审计与内部控制相结合，以此提高内部财务审计人员的职业素养和责任意识。

3）完善内部审计机构，拓宽财务审计范围

①完善内部审计控制机构

在企业发展与经营中，企业财务审计部门应属于独立性部门，完善企业内部审计机构十分重要。内部审计的目的是评价和改善风险管理、控制和公司治理流程的有效性，帮助企业实现其目标。例如，某企业在构建内部审计控制体系时，从内控建设规范、内控制度要求和内控保护制度三方面内容进行设计。形成内部控制手册，在确定内控建设规范时，该企业除参考现有国家相关规定外，结合目前企业运行规模，建立企业审计部门，负责企业内部财务审计与内部控制工作。在内控制度要求中，企业明确各审计人员日常工作内容和工作流程，使其可以严格按照制度要求开展审计工作，这样做可以降低企业内部管理成本，实现财务审计的有效性和系统性。该企业为了防止内控失效，建立相应保护制度，明确指出企业其他部门在设计工作中扮演的角色，面对审计人员提出的合理要求，需要严格执行，达到企业可持续改进的目的。

另外，该企业还向第三方审计机构寻求帮助，让第三方审计机构代为负责企业的内部财务审计工作。第三方内部财务审计机构与会计事务所可以为企业提供会计报表审计、所得税汇算清缴审计及其他专项审计等服务。系统性服务内容能够为企业内部控制与管理提供便利条件，提高内部财务审计的有效性。

②拓宽财务审计范围，强化内部控制管理

正常情况下，企业内部财务审计只针对企业财务内部审计工作，审计范围很少拓展，内部控制也难以变更。随着企业发展的不断与时俱进，内部财务审计也需要做出相应的变化，其拓展方式如下：

a.将企业内部财务审计范围拓展到企业其他方面，例如生产环节、销售环节与管理环节。充分发挥内部审计工作的作用，实现企业内部的稳定。

b.将内部财务审计贯彻在企业发展全过程。审计人员往往是在事后进行财务审计工作，对完成了的事项进行审查，这样无法对事项全过程与发展进行合理控制。因此，建议企业将事后审计改为全过程财务审计，让事前审计、事中审计与事后审计相结合，方便审计人员及时发现问题，尽可能地减少风险给企业带来的损失，为企业的正常运行起到保驾护航的作用，不仅如此，这样做也是企业内部控制的变革手段之一。

c.将评价与职能分离企业财务管理工作的最大特点就是职能分离，不同岗位的人存在不同的权利与责任，职责明确。例如企业内部财务控制中，会计和现金不能一个人管理，会计不能审核自己的账务，这些工作也不是一个人承担的。企业内部财务审计工作人员需要加强对财务管理工作的监督，不断加大监督力度。因此，内部审计人员的评价和职能需要分离，客观地评价能够为企业发展提供保障机制，职能是企业为了发展的基础性保障。评价与职能之间的关系应是相互促进、互为引导的关系，在企业未来发展与规划中发挥着无可替代的作用。

3. 完善企业的财务预算机制

内部控制已从传统的检查账务和核实资产完整向风险控制方面进行转变。企业财务活动中较重要的一项是财务预算，财务预算一方面可以预测未来企业的生产经营状况，另一方面具有事前防范和控制风险的作用。企业进行财务预算的过程中，可以根据预算划分各个部门各个员工的职责，提高各个部门各个员工工作积极性，为有效地发挥内部控制作用提供一定的保证。同时预算还是企业经济管理中重要组成部分，财务预算会促进企业生产经营合理。根据目前的企业现状，一般企业管理层决定预算方案，各个职能部门执行预算方案。通过财务预算可以为企业的生产经营活动提供一定的保证，从而确保企业正常活动的进行，从而控制企业生产经营活动中产生的风险。

财务预算是企业财务活动中的重要组成部分，财务预算可以为企业的生产经营活动提供监督的保证。

（1）内部控制和预算管理的关系

预算管理是内部控制中的一部分，加强预算管理是保证内部控制有效实施的一个有力的手段；健全的预算管理能够促进企业内部控制的有效实施，而企业内部控制的实施水平又在一定程度上影响着预算管理的水平。

1）预算管理的目标也是企业内部控制所要追求实现的目标。

预算管理承载着企业的整体目标，而内部控制的最终追求就是实现企业的发展战略，预算管理与内部控制的目标方向是一致的，也就是为了实现企业的预算管理目标，全面预算对内部控制有一定的统驭作用。

2）全面预算管理是企业内部控制的神经，其他内部控制措施要围绕全面预算管理系统来落实内部控制的措施，涉积不相容职务分离控制、授权审批控制、会计系统控制、财产保护控制、预算控制、运营分析控制、绩效考评制等，它们相互配合、相互关联，形成企业的管理控制网络。由于全面预算管理是能把组织的所有关键问题融合于一个体系之中的管理控制方法，在这个管理控制网络中，预算管理控制应处于核心地位，其他控制措施都是围绕预算管理，为实现预算目标来发挥效能的。有了预算管理体系，其他内部控制措施才能更好地统一为企业内部控制，实现企业的发展战略。

（2）预算管理在企业内部控制中的作用

1）预算管理作为内部控制中的一部分，加强预算管理是保证内部控制有效实施的一个有力的手段。

2）健全的预算管理能够促进企业内部控制的有效实施，而企业内部控制的实施水平又在一定程度上影响着预算管理的水平。

3）预算管理是涉及企业方方面面的目标体系，是整合企业实物流、资金流、信息流和人力资源流的必要经营机制，并在此基础上建立和完善全面预算管理信息系统。企业的内部控制活动就是通过信息流来控制实物流、资金流和人力资源流的过程控制系统。企业经理人员从预算管理信息系统中提取那些相对重要及其值得重视的各类信息，包括反馈和前沿信息、公司整体与各子公司信息、公司内部与外部信息，此时预算的优势才能更好更大限度地发挥出来，更加有效地为决策服务。

（3）企业集团预算管理与一般企业预算管理的区别

由于企业集团是由许多具有独立法人资格的企业组成，各独立企业独立编制其预算，因此企业集团预算管理是由各子公司的独立预算组成的一个预算系统，母公司的预算是所有子公司预算的系统整合而不是简单加减。基于价值管理的理念，我国企业集团预算管理与一般企业预算管理的不同表现在以下几个方面：

1）企业集团预算管理在组织体系上，将责任中心划分为资本经营责任中心、资产经营责任中心、商品经营责任中心和产品经营责任中心，其中资本经营责任中心是最高层次、最重要的责任中心。

2）企业集团预算管理在预算目标体系上，将资本增值、经济利润、净资产收益率、总资产报酬率、总资产周转率等价值量指标作为预算管理的最重要、最关键的指标。

3）企业集团预算管理在预算编制体系上，以财务预算为中心和向导，资本预算和经营预算都要符合财务预算目标的要求。

4）企业集团预算管理在预算报告体系上，以会计报告系统为中心，包括财务会计报告和管理会计报告。经营业务预算报告作为预算报告系统的组成部分，一方面反映各业务的预算执行情况，另一方面是对会计报告的补充和说明。

5）企业集团预算管理在预算评价体系上，主要以价值量指标为依据，包括以价值量反映效率指标和效果指标。

6）企业集团预算管理在预算激励体系上，将资本增值或经济效率与经营者的利益紧密联系，使股东价值增加与经营者报酬成正比。

7）企业集团预算管理在预算监控体系上，将监督控制重点放在对以价值为基础的预算目标、预算报告、预算评价和预算激励等环节。特别是从基于价值的监控角度出发，内部审计控制发挥了重要的作用。

（4）通过预算管理加强企业集团内部控制

我国企业集团预算管理一般采取折中预算的管理模式，这将从战略的高度选择了适合我国企业集团预算管理的模式。在这种模式下，预算管理应当而且必须成为母公司强化财务管理的重要机制。但是如何强化预算控制职能，还有好多基础性问题需要解决，其中最为关键的一项工作就是如何通过预算管理加强内部控制，使预算管理从战略的角度为提升企业集团整体价值服务。

1）设置预算管理委员会—内部控制机构

预算管理委员会是预算管理这种内部控制手段中的内部控制机构，它的设置不仅可以满足企业内部监控的需要，也可以使各部门之间的专门信息交流变得更为方便，以保证预算编制基本目标的一致性。预算管理委员会，其成员由各重要职能部门经理组成，并吸收高层管理人员以及董事会、监事会成员组成主席团，主席团根据企业的战略目标制定最终的预算。各部门对部门预算负责，管理层对企业总体预算负责，分别形成管理层与各部门的考核标准。只有这样，预算各方的利益才能得到制度保障。

2）确定预算目标—内部控制的直接目标

预算目标是企业战略的具体体现，它可以是财务指标，如净资产收益率、经济增加值；也可以是财务指标和非财务指标的结合，如平衡计分卡的指标体系。不同的预算目标反映了不同的企业价值取向。对于我国许多企业集团来说，需要思考的一个问题是：有没有明确的预算目标？战略地图为企业明确目标提供了很好的方法。战略地图是从平衡计分卡简单的四层面模型发展而来的。平衡计分卡四个层面的战略指标不是孤立，而是四个层面目标之间的一系列因果联系，这些因果关系的通用的表示方法就是战略地图。战略地图是对企业战略要素之间因果关系的可视化表示方法，它有像平衡计分卡一样深刻的洞察力。战略地图增加了一个细节层，用以改善清晰性和重点性。战略地图说明了四个层面的目标是如何被集成在一起描述战略的。每个企业都为了其特殊的战略目标订制战略地图。

一般来讲，战略地图的四个层面涉及了大约 20 ～ 30 个相互关联的平衡计分卡指标。它显示了结构适当的平衡计分卡中的多个指标如何为单个战略提供使用工具。企业能够在一个大约有二三十个指标的集成系统中制定并沟通他们的战略，这些指标确定了关键变量之间的因果关系，关键变量包括领先变量、滞后变量和反馈循环，即描述战略的轨迹。

3）预算的编制与实施—事前内部控制

预算编制是预算目标的具体落实，即将其分解为责任目标下达给各子公司的过程。预算的编制应以企业的预算目标为基础，尽量做到全面、系统、完整。凡与企业经营目标有关的经济业务和事项，均应通过预算加以反映，并要注意各项预算之间的协调平衡，以保证整个企业的各项业务均能按照预算顺利进行，进而实现对企业经营活动的内部控制。

4）预算的执行与监控—事中内部控制

预算的控制作用主要体现在以下两个方面：

①运用预算指标对各项生产经营活动进行日常控制，保证一切活动严格按预算执行；

②环境等因素的变化使得原有的预算失去存在基础时所进行的预算调整。预算编制好以后，在企业内部就具备了"法律效力"，企业的各项经营活动都应根据预算进行。需要强调的是，在预算执行过程中要重视人力资源潜能的开发利用，充分调动员工积极参与控制管理。因为企业的各项经济活动的主体是人，即员工来进行管理的，控制的主体也不应该是别人，而是每一个员工。同时，预算执行过程中还应做好预算执行情况的记录，进行有关预算信息的收集与反馈。

5）预算的修订与考评—内部控制绩效的评价

为了保证预算的科学性和适用性，必须建立合理的预算调节机制。预算调整必须要规范，既不能僵化也不能稍有变化就调整。

一般将预算调整分为两类：目标调整和内部调整。对前者应规定严格的限制条件，除了突发的特殊事项需要进行调整以外，一般每年只调整一次；后者属于企业内部资源的调整，并不影响企业的经营目标，调整频率可以适当增减。在考核的同时，企业应适应员工不同层次的要求，采用多元化的奖惩方式，根据实际情况做出调整。对于预算的激励条件，采用动态评价模式，在增加可实现难度的同时，相应加大激励力度或每隔一定时期采用以前期为基数的评价标准进行。这样做可以使之成为全体员工创造价值增值的动力，而对于预算考核可以采用平衡计分卡的方式以附加价值为依据，从财务、顾客、内部经营流程、学习与成长四个层面对业绩进行综合的计量和评价。

（5）强化预算管理应注意的问题

1）预算管理要形成"全员共识"

预算管理工作不只是上层管理人员所关心的工作，是需要中层管理人员和基层员工全员参与的一项管理工作，只有上层、中层和基层对企业整体目标和各自所应承担的目标任务形成共识，方向一致，预算管理才能实现良好的经营效果，否则，预算管理的效果会大打折扣。在现实的预算管理工作中，确实存在发生上下达不成共识的情况，上层管理者由于预算指标的压力，就将预算指标的压力简单地通过预算分解层层传递，程序过于保密，而且这样的决定往往对下级不做出合理的解释，硬是通过自己的权威来让下级服从，不认真听取下级的呼声，结果只会导致下级失去对上级及企业的责任心，不认真执行企业预算，最后只是一心算计如何从上级多搞钱、花钱，甚至导致预算管理完全失效，影响企业目标的实现。

2）要严格预算管理工作的业绩考核及奖惩

企业预算管理部门应当定期组织预算执行情况考核，并根据预算执行情况奖惩制度，严格落实奖惩措施，以提高预算管理工作的严肃性。只有全员严肃对待预算管理工作，才能严格执行预算，才能实现单位、部门分解预算目标，从而企业的整体目标也才能得以实现。一旦考核奖惩不力，就会让努力追求预算目标实现的单位、部门及员工受到伤害，让其对上层管理者及预算管理体制丧失信心，从而使预算管理流于形式，最终不利企业最终目标的实现。

3）预算指标不能作为业绩考核唯一标准

在现实的业绩考核工作中，预算目标指标往往作为衡量实际完成指标的标准，但由于预算是对计划预测的量化，往往与实际情况有或大或小的差异。因此，对于个人或部门的业绩考核不能呆板地根据实际业绩与预算目标的对比来决定，而主要通过实际业绩与以前的业绩以及内外环境的对比来决定，并把现实的战略机会和困难的因素考虑进来。这样才能保证考核结果的公平、公允和公正，保证被考核的单位、部门及人员心悦诚服地严肃对待预算管理。

4）预算管理体系不只是下传经营压力的工具

在很多时候，预算管理被一些管理层只是当成了自身的减压工具，通过预算分解的功能层层传递压力，来逃避压力和责任。

5）预算编制不能过于单纯依赖历史数据

在现实的管理工作中，有部分企业单位编制预算、分解指标过于简单，往往依据上一年度实际发生的收入、成本、利润数据，增加或减少几个百分点就当作下一年度的预算管理目标，而不是在企业战略的指导下，以上一年度实际状况为基础，结合本企业业务发展情况，综合考虑预算期内经济政策变动、行业市场状况、产品竞争能力、内部环境变化等因素对生产经营活动可能造成的影响，根据自身业务特点和工作实际编制相应的预算。导致预算与实际情况偏差过大，要么预算目标很难实现，要么实现的预算目标只是他们力所能及的一小部分。

四、财务管理在电力企业内控中有效应用的实例

财务风险的发生也即是企业在经营过程当中因财务结构的不合理或者融资行为失当致使企业收益下降，进而导致企业偿债能力下降或丧失。电力企业应当充分认识到在市场经济中，必须要树立高度的财务风险意识，从内部强化管理以提升风险防范意识以及建立相应的风险应对能力，保障企业的稳定运行。

1. 电力企业财务风险内控存在的问题与成因分析

（1）电力企业财务风险内控存在的问题

1）财务内控制度重视度偏低

由于电力企业属于"国字号"以及市场刚性需求等因素的影响，管理者对于内控制度建设与实施的重视度普遍较低。一方面，多数管理者认为财务管理仅仅是财务部门分内之事，只需财务部门做到及时记账以及核对乃至应对上级部门的检查即可；另一方面，基于上述管理理念的影响下，管理者对于财务管理的科学性、严谨性、合理性缺乏重视，致使财务管理制度在具体执行过程当中缺乏力度，不仅难以及时发现其中的问题，而且及时发现的问题亦难以得到及时的解决。此外，财务部门在内部管理当中同样缺乏对财务管理的重视，财务风险控制意识的缺乏是普遍性的现象。

2）财务内控制渡过于宽泛

目前，我国电力企业财务内控制度的制定大多是根据《企业内部控制基本规范》《企

业内部控制应用指引》等相关文件和国内外较为成熟的企业内部控制管理实践经验得出的。这种制度制定的方法中存在着不少的缺陷。一方面，电力企业在借鉴他国或相关行业成功经验的过程当中，因忽视了与本企业实际特征与需求之间的关系，所借鉴的经验与实际执行之间存在一定的出入，不足以为提升本企业效益服务；另一方面，虽然电力企业在内部管理当中建立了相应的管理制度，但在实际执行过程当中这两者之间存在间隙，执行中并没有将制度的各项要求进行量化以及严格按照标准进行实施，由此阻碍了内控制度效用地发挥。

3）财务内部控制制度老化

就国情而言，电力企业大多属于国有企业，基于我国政治体制以及管理体制的影响，电力企业内部管理理念与现代化企业管理理念之间尚存在一定的差距。一方面，当前电力企业内部管理制度以及理念相对较为传统，与现代化企业管理理念相比则处于落后的状态，存在的问题相对较多；另一方面，电力企业未保持与时俱进的状态，未能及时更新与完善财务内控管理制度。

4）财务风险控制制度缺乏风险控制

同内部控制管理是分不开的，然而在当前电力企业财务内控管理制度中，往往没有成型的财务风险预防和控制管理制度内容，对于电力企业财务风险的预防、控制、管理没有做到明确的规范和细分。由此直接导致了电力企业在内部管理当中缺乏有效的财务风险管理机制，致使企业不仅缺乏风险预警能力而且缺乏后续的应急处理能力，一旦发生财务风险，可能导致巨大的损失。

（2）电力企业财务风险内控问题的成因

1）企业财务管理的宏观环境复杂多变

财务管理的宏观环境包括经济环境、法律环境、市场环境、社会文化环境、资源环境等因素。上述因素是企业在内部管理中无力改变的，但却受到此类因素的重要影响。市场环境的变化是客观存在的，任何企业唯有积极面对并寻求应对之法，方可及时转危为安；反之，在缺乏财务风险预警制度的前提下，企业必然要遭受一定的财务风险。

2）企业财务管理者财务风险认知不足

在市场经济当中，财务风险是客观存在的且是不可消除的，只能采取一定的措施以最大限度上的预防和降低财务风险发生的概率。然而，由于电力企业的特殊性，管理者对财务风险的认知局限在只要财务工作符合国家相关标准，忽视乃至无视财务风险的存在，甚至管理者认为只需要做好财务登记与核对工作，成本的增加以及企业是否盈利则与之无关。

3）企业财务管理的内部关系较为混乱

受多种因素的综合影响，电力企业在跨部门及同部门管理过程当中存在权责不明以及管理混乱等现象，直接导致了企业资金在管理上的不明确以及使用上的乱象，不仅降低了资金的使用效率，而且危及到资金安全性以及完整性，致使企业财务风险的隐患不断。

4）财务决策缺乏科学性导致决策失误

即使电力企业具有国字号的头衔，但是在市场经济当中必然有参与各类项目的投资。在投资环节，若管理者对于市场的把控以及企业整体实力掌控不足，基于个人经验以及主观判断的影响下，则可能会导致投资失误进而将企业拖入财务危机之中。

5）企业资金结构中负债比例过高

基于我国电力企业的特性，其资本结构普遍存在不合理的现象，资产负债率偏高则是其中最为重要的体现，多数电力企业负债率达到了30%。在缺乏有效现金回笼以及投资回报的情况下，企业偿债能力得不到有效的补偿，在短期内可能导致企业陷入长假危机。同时，若长时间得不到解决，则企业必然处于财务困境之中。

6）企业财务监控管理制度缺失

财务监控是企业财务管理不可缺少的环节，应贯穿于生产经营的全过程。然而，从我国目前情况看，电力企业财务监督管理主要集中于事后控制，缺乏事前预算和事中控制而且事后控制也未必有效。

2. 财务管理在电力企业内控中的有效应用

（1）建立健全的资金管理制度

制度是规范企业行为的重要规则和绳索，解决电力企业资金管理问题，首先需要建立完善的企业资金管理制度，规范资金使用流程，保证电力企业资金管理活动能够得以高效有序地开展，为资金管理创建健康、安全的运作环境。

例如，建立健全资金使用的授权审批制度，健全资金管理的职责分离制度，健全对资金的领用、使用、支付等活动的监管制度等。同时，完善统一的资金集中支付平台，引入现代化资金管理方式和网上银行支付系统，设立总部企业或企业集团内部结算中心，推进企业资金由分散管理向集中管理转变，并由结算中心统一管理企业全部资金，建立"资金池"，实现电力企业对资金的动态管理，促进建立统一管理、集中控制、合理协调的资金管理制度。并且，总部结算中心应采取更加先进管理手段对集团子公司或企业下属单位实现集约化管理，实时了解、准确掌握企业全部资金使用和流入流出状况，进而提高电力企业资金管理的整体效率和经济效果。这不仅能够降低企业或企业集团子公司资金冗余或资金短缺的概率，提升电力企业资金使用效率，而且顺应了国内企业资金管理改革的趋势。

除此之外,电力企业还应建立健全动态安全备付机制。采用大数据、云计算等信息技术,围绕企业收支现金流的季节性、地域性等特点,构建电力企业融资缺口模型,统筹规划不同时期电力企业融资需求,测量企业最优资金备付金额,并实现安全备付金会区域、跨时期动态流动,以降低企业在不同阶段出现资金沉淀或资金缺口的可能性,进而提升电力企业资金的使用效率,为企业日常经营和投融资活动提供充足的资金储备。

(2)完善电力企业的资金预算管理体系

完善资金预算管理,是电力企业加强资金管理的关键手段和事前防范措施。一方面,健全电力企业预算管理制度,设立专门的预算管理组织机构,加强对电力企业资金预算的规范管理。例如,规范预算编制标准,设计统一资金预算审批表、预算收支表,并配备专职人员合理编制预算,将各项资金流入流出均纳入企业预算编制表,真正做到资金预算的全覆盖。另一方面,加强对预算编制和执行过程的监督,确保资金预算编制的科学性和有效性。在企业资金使用过程中,始终坚持以编制的预算为导向,真正做到"无预算不开支,有预算不超支",避免出现预算编制流于形式、预算执行不严、随意篡改预算等现象。完善电力企业的资金预算管理体系,强化对预算流程的审批和监督,有助于提升电力企业资金使用效率,降低资金闲置或短缺的可能性,促进企业正常健康运作。

(3)强化电力企业资金监督机制和风险预警机制

加强资金监督机制是保证资金安全运作的事中事后监督措施,建立健全资金管理的风险预警机制是保证资金安全运作事前防范措施,两者相辅相成、紧密联系,共同致力于促进电力企业资金有序、安全、有效运行。电力企业资金管理应建立以事前、事中管理为主,以事后资金监控为辅的资金管理模式,监管人员定期或不定期对电力企业资金使用状况实施审核和监督,确保资金使用、领用、流入等每一笔资金流动均得到有效记录和审核,并经过恰当的授权审批,约束管理者对资金随意使用,以避免资金被滥用、被挪用,保证资金安全。电力集团公司也需要对子公司的资金使用实施严格监督,按照国家相关法律法规及内部规章制度规范子公司资金使用和审批。同时,应加强监督人员职业素养培训,提升监管人员的道德素质和专业素养,并制定科学合理的绩效考核和评价机制,对资金使用不当行为给予严惩,严重者追究其法律责任,进而保障资金安全。

电力企业作为我国民经济的支柱性和基础性产业,具有资金密集型和公用性特点,肩负着促进国民经济稳定发展和保障居民日常生活的重任。在分析电力企业财务风险特点的基础上，剖析电力企业发生财务风险的原因，并由此提出相应的优化改进建议，以期促进电力企业财务风险内控制度的建设。

第二节 理念创新，营造良好管理氛围

我国现代企业经济管理水平并没有得到相应的提高，针对现阶段现代企业经济管理过程中存在的多种问题深入探究其根源主要是因为现代企业经济管理理念落后造成的，思想理念直接决定了品质高度，因此，做好现代企业经济管理模式规范化的前提条件是要创新管理理念。企业管理层需要树立先进的管理理念，对企业的各项生产经营活动进行全面指导，营造一个协同发展的内部经济管理氛围。尤其要重视企业战略和危机经济管理理念的引入和应用。经济管理战略是做好企业管理的根本，能够从根本上促进现代企业经济管理模式转变，而危机经济管理是为了解决现代企业经济管理过程存在的各种问题，通过制定相应制度，提高是现代企业经济管理质量和效率。

一、循环经济中企业管理理念的转变

循环经济是一种新兴的经济进展模式，也是实施可连续进展战略的重要途径和实现方式。随着循环经济的兴起，必定对现代企业治理理念提出了新的要求。

1. 循环经济的内涵及其特点

从人类经济进展的历史来看，大致能够分为 4 个时期：原始经济时期；农业经济时期；工业经济时期；循环经济时期（知识经济的初级时期，又称为后工业经济）。那么何谓循环经济呢？所谓循环经济确实是以物质、能量梯次和闭路循环使用为特点的，在人、自然资源和科学技术的大系统内，在资源投入、企业生产、产品消费及其废弃的全过程中，持续提升资源利用效率，把传统的、依靠资源净消耗线性增加的进展方式转变成为依靠生态型资源循环来进展的经济。循环经济具有 3 个重要的特点：

（1）循环经济是以"资源—产品—再生资源—产品"为特点的经济进展模式，其表现为低消耗、低污染、高利用率和高循环率，使物质资源得到充分、合理地利用，把经济活动对自然环境的阻碍降低到尽可能小的程度，是符合可连续进展原则的经济进展模式；

（2）循环经济在不同层面上将生产和消费纳入到一个有机的可连续进展框架中，摆脱了传统工业经济那种"舍命生产、舍命消费"的误区，提倡物质的适度消费、层次消费，在消费的同时就考虑到废弃物的资源化，建立循环生产和消费的观念；

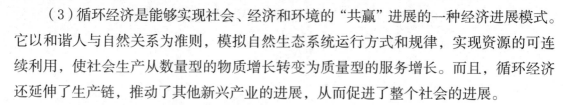

（3）循环经济是能够实现社会、经济和环境的"共赢"进展的一种经济进展模式。它以和谐人与自然关系为准则，模拟自然生态系统运行方式和规律，实现资源的可连续利用，使社会生产从数量型的物质增长转变为质量型的服务增长。而且，循环经济还延伸了生产链，推动了其他新兴产业的进展，从而促进了整个社会的进展。

2.循环经济与传统经济的区别

（1）传统经济与循环经济的经济进展方式不同。

传统经济是一种由"自然资源—产品—废物排放"的线性流程组成的开环式经济，人们通过生产和消费从地球上提取物质和能源，然后把污染和废弃物大量地排放到空气、水和土壤中，因而是一种高消耗、高排放的"牧童经济"（美国闻名生态学家哈丁的讲法）。循环经济是一种经济进展新模式，它要求把经济活动组织成为"自然资源—产品—再生资源"的闭环式流程，所有的原料和能源要能在那个持续进行的经济循环中得到最合理地利用，从而使经济活动对自然环境的阻碍操纵在尽可能低的程度。

（2）传统经济与循环经济的治理方式不同。

传统经济采纳的是事后末端处理的治理方式，而循环经济采纳的是预防式的治理方式。传统经济中人们关怀的是污染物产生之后如何治理以减少其危害，即环境爱护的末端治理方式。而再循环经济中人们注意到要采纳资源化的方式处理废弃物，同时把零散的废物回收利用和减量化的做法整合成为一套系统的、以幸免废物产生的循环经济战略。

（3）传统经济与循环经济的进展方向不同。

传统经济的进展导致资源衰竭、环境退化，迫使人们查找新的经济增长方式。循环经济是一种善待地球的经济进展新模式。循环经济要求以对环境友好的方式利用自然资源和环境容量，实现经济活动的生态化转向。

由此可见，循环经济与传统经济具有本质区不，进展循环经济是21世纪的经济进展的必定趋势，由传统经济向循环经济的转化势在必行，同时这也就要求了现代企业的治理理念必须紧随这一时代潮流，以循环经济理念为指导转变传统治理理念，促进企业的可连续进展。

3.循环经济中企业治理理念的转变

循环经济的产品生产和企业治理是企业进展的关键，按照循环经济的理念，企业在生产中应本着如下原则进行：产品设计时要考虑节约材料，尽可能利用可再生资源；在工艺流程设计中要注意尽可能节能降耗，降低废品率；企业产品应当经久耐用，使用范畴要尽可能广；企业生产的废弃物尽量回收利用，减少环境污染。因此，再循环经济的进展中，对现代企业来讲，循环经济的进展不仅增加了新的治理内容和方法，而且循环经济的理念也改变了企业产品生产和企业治理的理念，其转变要紧体现在以下几个方面：

（1）3R 制造治理法

循环经济的"3R 制造治理法"是由美国杜邦化学公司借鉴生态循环而第一创立的，即要求企业在生产治理中投入原料减量（Reduce）、原料循环利用（Recycle）和废弃物再利用（Reuse）。投入原料减量化是指在企业生产中用较少的原料和能源投入来达到既定的生产或消费的目的，从而在经济活动的源头就注意节约资源和减少污染，其常常表现为要求产品体积小型化和重量轻型化，并要求产品包装追求简单淳朴而不是豪华白费；原料循环利用是通过把废物再次变成资源以减少末端处理负荷，要求企业生产出来的产品在完成其使用功能之后能重新变成能够利用的资源；废弃物再利用是指为了提升产品和服务的利用效率，要求产品和包装物能够以初始的形式被多次重复使用。当前社会上一次性产品的流行风潮往往造成大量自然资源的白费，因此企业产品生产应当从一次性向经久耐用型转变。在那个过程中，如德国的奔腾汽车公司就独树一帜，以循环经济理念为指导转变自身的治理理念，坚持保持产品的高质量、高性能、高价位、长使用周期、良好的售后服务，从而取得了庞大的成功。

（2）从条块治理向矩阵循环治理的转变

矩阵循环治理是循环经济中企业产生的一种新型治理理念，它是指企业为了某一工作目标，把同一领域内具备相当水平的创新元素组成一个纵横交错的矩阵，通过治理使元素及行列按一定的规律变换、循环，从而制造条件，鼓舞企业创新。当前传统工业企业的集中、分工严格的条块治理，把企业分成诸多职能部门（如生产科、技术科、销售科、一车间、二车间等），差不多上为了适应工业生产的集中化和标准化的要求。然而，随着循环经济企业中产品向分散化、柔性化的转变，企业治理自然趋向于自主的柔性治理即矩阵循环治理方式转变。在矩阵治理中，创新往往被激活，鼓舞、交流循环，再产生新的创新，然后再循环。例如在条件适合的情形下，车间主任能够同技术科长进行元素置换（在一定期间内），形成循环；车间也能够和销售科形成行列组合来激发技术创新。

（3）知识治理理念的建立

传统企业往往注重的是对人、财、物的治理，其中对人的治理大多只是针对岗位上人的治理，把人看成是一台"活的设备"，这种治理是一种静态的、非创新式的治理，往往难以激发出人的自主活力，因而循环经济中的企业更加需要重视知识治理。知识治理是建立在信息技术基础之上，是要把传统企业单一的技术治理扩大到信息治理、决策治理，利用信息技术来增强并保持企业的竞争优势；同时，知识治理也是要把对人的单一培训治理扩大到学习治理和创新治理。知识治理实质上确实是对企业宝贵的知识资源进行系统的分析、研究、开发和优化配置，它涉及知识的制造、收集、组织、扩散、利用及知识资源的创新及循环。其全然目的确实是要将企业个人知识转化为组织知识，最终达到在企业内部实现知识共享、创新循环，从而使得企业知识资源得以充分运用，使得企业通过持续的创新提升自身的核心竞争能力。知识治理中人的治理是核心，企业要把人真正当成有知识、有思想、有创新能力的"活的人"来管，持续向他们灌输循环经济的理念，把企业办成循环经济的企业。

（4）从传统质量治理向循环经济的质量治理转变

传统工业生产是通过单一产品、大批量的硬性生产，从而达到提升效率、降低成本、猎取利润的目的，但如此的片面追求标准化的生产容易造成投入原料的白费，不能够加以循环利用。而循环经济的生产必须面向多样化、小批量的柔性生产转换，即向新的标准化即 ISO14000 系列标准转换。质量是产品的生命，同时也是企业的生命。

传统的 ISO9000 质量标准仅仅是在企业内部保证和提升产品质量，而 ISO14000 系列标准是在循环经济理念指导下制定的，它把对企业产品质量的治理扩大到包括企业生产环境的大系统，即企业不仅要在内部保证和提升产品质量，还要保证外部的环境质量。这就要求企业尽可能少地投入自然资源，实行清洁生产，尽可能少排放废物，同时还要保证其产品的使用寿命周期，以减少产品消费后的废弃。ISO14000 质量认证实质上是对企业治理和产品生产提出了循环经济的要求，即从循环经济大系统的理念动身，要求产品生产的经济效益、社会效益和环境效益的统一，它有利于促进企业向生态型生产和有益于环境的高新技术投资，促进企业内外效益的有机统一。

（5）企业从竞争向合作方式转变

在传统的企业生产中，企业与企业之间要紧是竞争的关系，形成这种关系的主因在于稀缺的自然资源有限、企业的技术创新能力有限、市场也有限，因此企业之间只能靠竞争来占有有限的技术、有限的资源、有限的市场以谋求生存和进展。而再循环经济的进展中，一个企业的废料完全能够成为其他企业的原料，一个企业无用的技术完全也能够成为另一个企业有用的技术，一个企业弃用的市场（如废弃物利用市场）完全能够成为另一个企业的市场。因此循环经济提倡形成网络化的循环协作关系，在企业间形成一种既相互竞争又彼此协作的新型关系。目前许多发达国家正是基于如此一种循环经济的理念，在企业间形成相互协作的新型关系的基础上，进行企业兼并或联合，做到资源互补循环、利益共享，最大限度地获得企业经济利益。

二、企业危机管理与战略创新

危机，就是危险和机遇并存，而如何转危为机取决于企业如何应对危机。但我国企业的危机管理体系仍存在许多不足，如在危机预防方面，企业对员工危机管理教育力度不够，导致员工危机意识不强；在处理危机时企业的态度过激等。而战略则是企业的发展方向，是企业在经营中所遵循的指导方针。

1. 我国企业危机管理中存在问题

在市场机制不断完善，竞争日趋激烈的今天，危机无时无刻不在觊觎企业生存与发展。很多企业没有意识到危机管理的重要性，即使有些企业把危机管理作为企业管理的一部分，但内部体系仍存在一些问题。

（1）员工危机意识淡薄

据有关调查显示，45.3%的调查对象表示没有听说过"危机管理"这个词；20.7%的人对危机管理不太清楚，16.73%的人根本没有概念，企业也没有正式培训员工和培养员工正确的危机能力。

（2）员工归属感不强

有关资料显示，45.33%的人会积极帮助企业出谋划策尽自己所能；13.19%的人表示人微言轻，什么都不会做；20.97%的人选择未雨绸缪，积极寻求跳槽机会。员工在危机时的表现与员工归属感的培养息息相关。只有员工真正地把企业当作一个家时，员工才能在危机面前与企业同心齐力，共渡难关。

（3）企业内部体制问题

该问题主要包括组织部门分工不明确，企业安于现状，缺乏危机管理体系，危机沟通渠道不畅，造成危机决策的缓慢。领导者缺乏创新自省的意识，在日常经营活动中，固守成规，不愿去做必要的调整和修正去适应时代的变化。并且目前相当多的企业没有有效的应对危机预案，也没有定期地进行危机模拟训练。一旦危机发生时，就采用紧急动员的方式，将大量的人力、物力、财力投入危机解决中，影响企业的正常运行，造成许多不必要的浪费。同时，企业平时不重视公共关系建立和维护，在危机发生时，与媒体和社会公众沟通的不畅，导致没有有效阻止危机的蔓延，贻误了战机，最后造成重大的损失。

（4）企业处理危机时存在的问题。

1）在和媒体进行沟通时策略失当

调查发现：对于媒体不利于本企业的不真实报道，11.5%的企业采取听之任之的态度；36.3%的企业要视公众的反应之后再反应；33.2%的企业要投诉该报道的记者。这些消极被动或者是过激的反应均不利于企业与媒体间良好关系的建立，不利于企业用好媒体把"双刃剑"。

2）企业在处理危机时的态度消极。

国内很多公司在面对媒体时，以无可奉告敷衍了事，企图蒙混过关。结果媒体越是得不到的正确的答案越是刨根究底，最后危机愈演愈烈。最后甚至政府出来干涉协调，企业落得不好的结果。

2.企业危机管理体系的构建

面对诸多问题，以及复杂多变的外部环境，企业不应只是在危机发生后进行被动的处理，而应在危机发生之前就做好充分的预防准备工作，建立完善的危机管理体系，以便在危机爆发时能够进行迅速高效的处理。

（1）危机预警体系

危机预警是成本最低廉的危机管理方法。危机事件处理结果的好坏很大程度上取决于危机预警，危机管理的重点应放在危机发生前的预警，而非危机发生后的处理。所以建立危机预警体系是必要的。

（2）危机处理体系

危机处理就是有效控制危机局面，最大限度地减少危机对企业的伤害。一般来说在处理危机过程中要遵循以下原则：

1）快速反应原则：危机发生后迅速研究对策，减少损失。

2）主动性原则：主动承担责任妥善处理危机；主动成为信息主要来源。

3）真实性原则：通过新闻媒体向大众提供真实信息。

4）诚意性原则：企业同公众接触，要对受害者表示同情与安慰。

5）公众利益至上原则：处理危机时，始终把公众的利益放在第一位。

根据以上原则，危机处理系统应包括以下事项：

1）启动应急方案。迅速启动危机应急方案，容不得任何延缓，否则会导致危机的蔓延和扩大，造成更大的损失。

2）稳定公众的情绪。受害者是危机处理的第一公众对象，企业应认真制定针对受害者切实可行的措施。

3）隔离危机。当危机发生后，企业临时处理小组要迅速采取积极措施，并妥善隔离危机，以利于迅速找出危机的主要原因和关键来"对症下药"。

4）充分发挥公证或权威性机构对解决危机的作用。危机爆发时，公众会对企业的说明和解释产生怀疑，而更愿意相信权威性机构所做出的调查报告，因此企业要充分利用权威机构在公众中的公信力来处理危机。

（3）危机总结体系

在危机得到基本控制后，企业的危机管理工作并没有结束，而应立即进行有针对性的分析和总结，以便在危机中发现问题，寻找不足，争取化危机为转机。因此，企业应该建立完善的危机总结体系：

1）深入调查分析

对导致危机发生的原因进行深入调查研究，并在对相关因素数据进行收集、分析、处理后，将其输入信息检测系统，提高信息检测系统日后预测危机的准确性。

2）评价当前危机管理系统

结合危机起因对当前的危机管理系统和相应工作进行全面评价，如对企业危机预警系统的组织和工作内容，危机应变处理系统的组织和执行情况，对危机管理委员会的人员组成及其工作能力等进行评价，并详细列出危机管理工作中存在的各种问题以便于改进。

3）进行整改

对危机管理系统中存在的各种问题进行相应的修正和改革，补充系统不足之处，并监督相关部门落实执行，力求最大限度地完善危机管理系统，为企业以后的经营发展保驾护航。

（4）企业恢复体系

危机对企业来说并不是一件好事，但危机的发生暴露出企业存在的问题，可以为企业的改革和前进指明了方向。在度过危机后，应及时开展相关活动以弥补危机给企业带来的巨大的财产及信誉损失，并对今后的工作重点进行调整。

1）恢复、提升企业形象

针对危机过程中企业形象的受损程度，重点开展能够弥补企业形象缺损的公关活动，尽全力恢复和提升企业的知名度。

2）趁势改进产品

如果是产品的缺陷造成的危机，应迅速地进行产品的改进，在保证产品质量和性能挺高地基础上，将产品再次高调地推向市场，借助媒体的余热伴以主动进行的一系列产品宣传来博得消费者和公众认可与好感，改善产品形象，重新占领失地。

3）整合公共资源

巩固企业在处理危机时建立起来的社会关系，进一步加强企业与传媒的沟通；与权威机构建立友好关系，确保企业的正面形象可以得到宣传和认可。

4）修正企业自身发展计划

企业之所以发生危机，是因为企业内部或企业与外部环境之间存在某些不和谐甚至冲突的因素。危机的发生可以引起管理者对这些矛盾的重视并做出相应修改，确保企业步入一个正常轨道健康发展。

3. 企业管理战略创新措施分析

（1）建立品牌，发展价值主张

企业深入思考自己的事业时，企业实际上已进入战略性营销层面来定义目标市场，评估并选择市场机会，下一步最关键的就是建立品牌和发展自己的价值主张。一个成功的品牌并非仅靠在媒体上烧钱所能建立，营销的艺术大体上也就是建立品牌的艺术，建立品牌从四个方面入手：

1）为企业、产品选一个好名字，品牌名称组好能暗示产品的某些属性、易读易记，与众不同，不能有歧义。

2）让客户建立正面的联系，包括产品的特质、优势、公司价值、品牌个性、顾客身份等。如奔驰企业就试图勾绘出性能优异、经久耐用、机械精良、驾驶快感以及成熟、尊贵感等正面联系。

3）以代名词、口号、颜色、象征等强化、凸显品牌形象，如宝洁的"优质产品"、沃尔沃汽车的"安全"、百威啤酒的"啤酒之王"，麦当劳的"金拱门"等。

4）宣传品牌故事。企业需要在诸如品质最佳、服务最优、价格最低廉、使用最方便、科技最先进、款式最时尚等利益定位中推出自己的价值主张，是品质更好、价格更高，还是品质更好、价格相同，抑或是品质相同、价格较低等等，当然，最后的赢家是那些重视品牌整体贡献度、推动全价值主张，给顾客更多利益的企业。

（2）水平营销

战术层面的营销如信息收集管理、营销组合设计、培养并留住顾客等已为人们所熟知并广泛使用，尤其是营销组合设计中的产品、价格、通路、推广已实用得过滥，似乎是一提到营销就是退出那些注定短命的新品、打价格战、拼广告、迎合分销商和顾客，而在品牌数量日增、产品生命周期日短、花样翻新越来越快以及媒体的市场细分化，广告的饱和化情况下，企业发现新产品推介越来越难，顾客越来越难以打动。一种被称为水平营销的营销思路悄然兴起，这种营销思路通过将现有产品溶进新的功能、用途。置于新的情境和目标市场，寻找目前市场的替代品等方法形成新的产品和服务，从而创造新的未被充分满足的市场和需求。

三、战略成本管理在煤炭企业中的实例应用

世界经济危机以来，各国经济复苏缓慢，国内经济结构调整不断深入，企业面临的形势依然严峻。随着国际油价大幅跳水，大宗商品价格不断走低，加之受环境承受度和新增煤炭产能等不利因素影响，煤炭企业更加举步维艰。如何从战略的角度，调整煤炭企业投资、运营理念，深化改革，加强成本管理是摆在煤炭企业面前的必要选项。在此过程中，成本管理作为煤炭企业管理的重要组成部分，是企业立足市场、提高竞

争力的必要手段。本文将从战略成本管理理念的角度，探析其在煤炭企业中的应用。

1. 战略成本管理理念

成本管理从开始单纯作为一个会计核算报告系统，到关注对外财务报告，再到追踪关键经营数据，生成更加具有相关性、精确性的成本信息以供决策者、管理者使用，由一个从财务核算向财务管理、经营管理拓展的过程。随着经济全球化、制造和信息技术进步、商业模式和管理方式的变革以及由卖方市场向买方市场转变等社会、政治、文化因素的变化，成本管理又进一步关注经营控制和决策，凸显成本管理对企业竞争优势建立的管理价值，从而产生一种新的成本管理理念—战略成本管理。

（1）战略成本管理的概念及内涵

所谓战略成本管理就是基于战略视角，通过生成、应用具有战略相关性的成本信息，以服务于企业竞争优势而建立的一系列成本控制方法、体系。战略成本管理的核心是立足预防，管理中心由成本控制、成本节约转向成本避免。相较于传统成本管理，战略成本管理应从根据商业环境变化，转向以顾客为导向，着眼于竞争优势的建立，更加注重成本的动态性、规划性和总体性控制。从企业内部的成本控制向企业外部的上下游企业延伸，从日常生产经营层面的成本控制向规划、设计阶段的成本设定延伸，拓展成本管理的空间和时间。

（2）战略成本管理的方法体系

战略成本管理的方法体系主要有价值链分析、对标管理、作业成本法与作业基础管理、目标成本法等一系列方法体系构成，且各方法体系之间存在高度融合性、互补性。

1）价值链分析

价值链是指企业价值创造过程中一系列不相同但相互关联的价值活动的总和。价值链分析，就是通过对企业研发、设计、采购、生产、销售及售后等经营活动全过程进行分析，确定企业的增值活动和非增值活动，并以此对企业价值链进行持续优化，从而达到提高企业整体价值，建立持久竞争优势的过程，具体可分为内部价值链分析和外部价值链分析。内部价值链分析就是对企业内部的主要生产经营活动进行识别，分析其成本动因（成本变动的原因）和相互间的关联性，从而找出增加价值或降低成本的机会。

以美国苹果公司的内部主要活动进行企业内部价值链分析，从而找出其竞争优势。苹果公司主要从事设计、营销和服务等附加值较高，也是最核心的业务，而将芯片生产委托给韩国三星，将主板制造交给华硕，整机组装交给富士康，从而使生产制造成本最低（低于其在美国本土自己生产），以此建立起竞争优势。耐克、阿迪达斯、梦特娇等许多国际知名品牌也都从内部价值链的角度考虑，将中国和东南亚作为代工厂，以达到降低成本的目的。外部价值链分析既包括纵向的，上下游企业间的合作；也包括横向的，行业及竞争对手分析。上下游企业的价值链分析，主要是通过长期合同、战略联盟、参股、合营等形式形成企业间的纽带关系，从而有助于节约交易成本，提高产业效率。

行业及竞争对手分析，主要是通过横向一体化发挥规模经济优势及培育发扬核心竞争力。价值链分析是企业从事战略成本管理的逻辑起点，理想的作业链是作业完成时间最短、重复次数最少的作业活动，它体现成本管理不仅是针对"成本"的管理，更是从战略的角度针对企业"业务"的管理；不仅是针对成本结果的管理，更是针对成本形成过程及成本动因的管理，这是战略成本管理的核心观点。

2）作业成本法及作业基础管理

作业成本法是一种通过对成本对象所涉及的作业活动（生产制造活动）进行的动态追踪和反映，以计量作业和产品的成本，评价作业业绩和资源利用效率的成本计算和管理方法。具体到会计业务上，简单地说，就是将制造费用按照成本动因更科学、更精确分配的成本计算和管理方法。作业成本法不仅使多产品生产中各产品的成本更加精确，也引导企业管理者高度关注成本动因，从而克服传统成本法中间接费用责任不清的不足，并施加必要的成本控制，以降低不必要的成本投入。作业成本法的逻辑依据是产品需要作业，作业消耗资源，资源消耗产生成本，因此其方法体系即：将资源消耗产生的成本按资源成本动因归集到作业中心，形成作业成本库，再按作业成本动因将作业中心的成本分配到成本对象，形成产品成本。作业基础管理就是在作业成本法的方法体系下，进行作业分析，识别增值作业、非增值作业，消除不必要或无效的非增值作业，进行作业改进，确定最优成本的内部管理方式，主要作用是优化企业内部生产制造流程和经营决策。

作业成本法及作业基础管理按价值链观点，属于企业内部价值链部分，是企业内部生产经营过程中的成本控制。

（3）对标管理

就是通过研究其他或企业内部各项作业活动的最佳实践，用比较的方法识别出企业的关键成功因素，从而提出并落实赶超计划的行动方案。我国企业在 20 世纪末就多有应用，也是一种行之有效的企业内部成本改进方式。

（4）目标成本法

目标成本法是基于某一特定产品的市场价格，在考虑必要利润因素后倒推出产品的成本，它是企业成本管理和利润规划的一种系统性管理程序。目标成本法的关键是，由价格引导，关注顾客，以产品和流程设计为中心，依赖跨职能团队，对产品成本进行设定。它从产品开发的最初阶段开始，贯穿产品生命周期始终，并将整个价值链纳入其中。目标成本法的核心理念是：在产品和流程设计时就基本确定了产品的成本，它指出了成本产生的根本原因和关键环节，这一环节一旦确定，成本在生产经营过程中就无法或难以根本改变。

2. 战略成本管理在煤炭企业中的应用

目前，煤炭企业成本管理的手段还是以事中控制和事后总结分析为主，尚局限在企业内部、日常生产经营层面的成本控制阶段。

（1）目标成本法的应用

由目标成本法的核心理念可知，在产品和流程设计时就基本确定了产品的成本，煤炭企业也不例外，在一座煤矿建成后，其大致的成本范围已基本确定了。因此在开发建设煤矿时，投资者和经营团队必须以市场为先导，根据煤炭的赋存条件、煤质情况、地理位置、交通运输等因素，合理确定预期的销售价格，再预留必要的利润空间后，设定目标成本，明确成本战略。然后利用跨职能、跨组织的专业团队，在科研、设计时，围绕目标成本，深入研究分析不同的采区布置方案、不同的巷道支护形式、不同的采煤工艺方法以及不同的设备选型方案和生产规模、工厂布局等对目标成本的影响，以期达到设计的目标成本。这一过程是不断反复、优化的过程。一旦方案确定，就要在具体的建设实施过程中进一步严格控制，以确保基本建设成本控制在概算内，并在生产经营阶段，按照确定方案，不断优化，严格控制，最终达到战略目标成本的实现。

在此过程中，必须深入的研究分析市场，将政治、经济、社会、文化、行业等多方面因素的影响考虑周全，将竞争者、潜在竞争者、供应商、顾客以及石油、天然气等替代品的行情和趋势进行充分分析，分为理想、一般、较差3种情况，清晰界定售价、成本、利润区间，做实、做深、做透可行性研究。其中用户（顾客）对煤炭品种质量的要求和资源的天然赋存情况以及后续的精加工或产品的转化延伸考量是煤炭企业在应用战略成本管理目标成本法时必须顾及的重要和关键因素。同时，在经济全球化的大背景下，跨职能、跨组织专业团队的选择以及采煤工艺、设备的选型方面，要从战略的高度和全球的视角统筹考虑。在落实目标成本控制措施时，要将大型设备生产商邀请在内，针对性地设计、制造、安装，必要时结成战略同盟，以期降低设备造价，实现双赢。

（2）外部价值链分析的应用

对煤炭企业外部价值链进行分析，主要是了解企业上下游及其竞争对手的情况，以便煤炭企业进行战略整合、转型、拓展业务和对标管理等。煤炭产品是社会各类企业进行价值创造过程中的一环，这一环节的上游，需要电力、钢铁、木材以及设备、技术的投入，而下游则是电力、钢铁、化工等行业。可见，电力、钢铁行业与煤炭行业存在明显互补性。因此，在煤炭企业进行战略整合、转型和拓展时，电力和钢铁行业是重点考虑对象。在当下煤炭行业低谷期，由于国内部分大型煤炭集团有电力企业参股、合营或投资，其综合经济效益就明显好于单纯从事煤炭生产的企业。煤炭企业受国家经济政策、经济周期和环保等因素影响较大，因此在煤炭企业进行整合拓展时，可在条件具备的情况下，考虑延伸产业链，进行新能源、煤化工方面的投资，拓展经营范围，进入逆经济周期和受经济周期影响不大的行业，以提高煤炭企业的综合抗风险能力。

煤炭企业的整合，目前多数是通过兼并重组的形式，实现横向一体化，发挥规模经济优势，但是很多现实的情况是企业规模不断做大，但却很难做强。通过价值链分析发现，即使是横向一体化，也许从瑞：战略成本管理在煤炭企业中的应用探析要分析自身及对手的优劣势，形成优势互补，培育核心竞争力，不断将企业做大做强。如资源枯竭的企业要寻求与资源储量丰富的企业整合，管理水平、技术力量薄弱的企业要寻找管理成熟的企业等。同时，地域上的限制也是煤炭企业在整合时必须要考虑的重要因素。在同行业的整合上，目前国内有些企业，本部在华东，却到华北、西北找企业整合，实际效果上形成不了规模优势。同时由于面对的市场不同，在供销价格方面也没有多大的话语权，反过来却给经营管理带来很多难度。上下游企业的整合也是一样，一个煤矿在新疆，一个电厂在上海，客观上就形成不了产业链，也就带不来整合效益，如果不是有资源占有等方面的其他考虑，就得不偿失。

（3）内部价值链分析的应用

通过对煤炭企业的内部价值链进行分析，确定其经济活动的增值性和非增值性，消除或改进不必要或无效的非增值投入，优化煤矿建设和经营管理方式，其应用前景十分广泛。首先，在内部价值链分析的辅助活动中，其基础设施建设可以多参考美国和澳大利亚煤矿的建设模式。我国的煤矿建设一般都是大而全，行政办公楼、住宅楼、生活娱乐设施等，甚至是学校、医院和许多商业、文化设施一应俱全，大大增加了矿井建设投入，造成非增值投入过大，大幅降低了煤炭企业的资产报酬率。

相对来说，美国、澳大利亚的煤矿建设就简单多了，地面除了一些必要的安全生产设施外，几乎没有什么高大上的建筑，更没有大型的广场、生活区、商业区等非生产设施。当然有国情的不同、经济发展阶段的限制等，但随着社会经济的发展、信息技术的进步和管理方式的变革，企业办社会的现象开始逐步退出历史舞台，随着城镇化的推进，不少新矿井的生活辅助设施也被纳入地方发展的整体布局。其次，在人力资源管理上。

随着我国人口红利的逐步消失，人力资源成本不断提高，而煤炭企业又是传统的脏、累、苦和风险性较高的劳动密集型行业，受此影响更加明显。目前在新疆、内蒙古等省份，由于地广人稀，距内地太远，已出现了无工可招的局面，随着未来经济形式的好转，这一局面将更加突出。通过煤炭企业的内部价值链分析，寻求可解决的渠道主要有以下 3 个方面。

（1）提高机械化程度。

依托制造和信息技术的进步，向德国等欧洲国家学习，加强煤矿机械化、智能化方面的建设，增加自动化设备的投入，减少人员，以控制人力资源成本的不断攀升。应该说，不断增加产能相关成本，以降低人力资源等直接成本是现代企业发展的方向，更是煤炭企业生存发展的必由之路。

（2）增加业务外包范围。

通过对煤炭企业价值链和作业流程分析，总体来说，煤炭企业的核心竞争力是优质的煤炭资源，关键的作业流程是对安全和销售渠道的管控。除此之外，煤炭企业的其他作业均可视情况进行业务外包，从建井、掘进、采煤、运输、洗选加工，到生成商品煤，以及发电、煤化工等二次转化，都可以选择更加专业的队伍进行业务外包。目前，国内部分煤炭企业也有这方面的尝试，这样不仅解决了人力资源问题，也提高了生产效率和相关技术瓶颈限制。

（3）在煤炭企业生产经营管理过程中，按照价值链分析和作业基础管理的理念，对业务流程进行持续优化、再造，对煤炭成本的管控也是不可或缺的。这方面，国内诸多优秀的煤炭企业都做得很好。

第三节　加强制度创新，健全经济管理制度

企业制度创新是企业经济管理的前提，能够为企业创新提供动力。对企业经济管理进行创新是为企业解决怎样合理利用资源以及将资源进行组合，也可认为是给企业建立起市场内部的一个组织框架，从而形成高效运作机制、行为激励以及产品开发活力的完整体系。

一、建构企业高效财务管理运行机制

企业经营管理过程中，企业财务管理运行机制为财务活动提供了赖以维持的基础，集中表现出企业财务资金运行的规律，与此同时也是政府宏观调控政策的关键与重点。

1. 建构企业高效财务管理运行机制的紧迫性与必要性

随着全球经济一体化进程的加快，企业所面临经营环境不确定性风险不断增大，导致企业财务管理运行机制也随之发生了很大的变化。在原有的计划经济体制下，我国企事业单位财务管理资金来源于国家财政部门的预算拨付，其财务管理运行机制也深深地烙印着计划经济色彩。但在我国市场经济体制改革不断深化的现状下，无论是企业还是事业单位的财务管理资金单一性的来源发生了结构性变化，为企业的财务管理运行机制提出了严峻的挑战。因此，构建企业高效的财务管理运行机制面对挑战是非常紧迫和必要的。

（1）企业高效财务管理运行机制的建立有利于企业体制改革

不容置疑，我国企业经营体制改革取得了巨大成绩，但是我们也要实事求是地分析，我国企业特别是大型国有企业的经营体制，计划经济色彩仍然比较浓厚，还不是很适应当今社会主义市场经济的转型需求。对于企业财务管理制度进行较为深入的改革，促进我国企业固定资产保值增值具有非常重大的现实意义。

（2）企业高效财务管理运行机制的建立有利于加强企业应对财务风险的能力

当前，我国企业财务资金来源多样化，企业的日常经营资金早与政府的财政拨款脱钩。企业从原来的资金单一性已经发展成为银行贷款、风险投资、社会集资和多方合作的局面。与以前政策性拨付相比较，多样化的资金来源为企业带来了活力，同时也加剧了企业财务风险。因而，为了加强企业应对财务风险的能力，必须要构建高效财务管理运行机制。

（3）企业高效财务管理运行机制的建立有利于化解财务部门与相关部门的矛盾

我国企业当今的经营活动越来越频繁，特别是企业的经营活动离不开财务部门与企业内部相关部门的紧密联系。这种大的背景下，财务部门如果不完善财务管理的运行机制，就无法降低服务交易的成本，极不利于与相关部门的和谐共生。为了有效地化解财务部门与相关部门的矛盾，非常有必要构建高效财务管理运行机制。

2. 构建企业高效财务管理运行机制的对策

构建企业高效财务管理运行机制，提出以下几个方面的对策。

（1）提高预算控制、风险控制以及内部报告控制等方面的意识

预算控制要求企业及时分析和控制预算差异，采取改进措施，确保预算的执行，最大限度地降低企业的成本。企业应当按照内部经济活动的责任权限进行预算控制，预算内资金实行责任人限额审批，限额以上资金实行集体审批，严格控制无预算的资金支出。风险控制意识要求企业管理层要注意加强本公司的内控制度建设，确立定期与不定期的讨论与协商机制，与时俱进地不断丰富和完善企业内控制度，以适应防范

和控制风险，促进企业长远发展的客观需要。要建立、健全全体员工实施机制，从管理层开始，一级抓一级，使所有员工都了解内部控制制度的实施机制。内部报告控制意识是指企业建立和完善内部报告制度，全面反映经济活动情况，及时提供业务活动中的重要信息，增强内部管理的时效性和针对性。这个内部报告控制体系要求全体人员而不仅仅是财务人员需遵守企业的财务管理制度，使企业的财务管理制度真正得以落实。

（2）建立完善的财务管理系统

1）应认真分析财务管理的宏观环境及其变化情况，提高企业对财务管理环境变化的适应能力和应变能力，制定多种应变措施，适时调整财务管理政策和改变财务管理方法，以此降低因环境变化给企业带来的经营损失。

2）建立和完善财务管理系统，以适应不断变化的财务管理环境。面对不断变化的财务管理环境，企业应设置高效的财务管理机构，配备高素质的财务管理人员，健全财务管理规章制度，强化财务管理的各项基础工作，使企业财务管理系统有效运行，以防范因财务管理系统不适应环境变化而产生的财务风险。

（3）企业经营者需完善经济监督制度

1）构建财务管理运行机制，必须提升财务人员职业道德水平。财务人员应在实际工作中对自己的工作范围、工作责任以及专业会计知识有所认识和提升，同时加强网络环境下的会计工作能力，与企业相关部门经常保持交流与沟通，确保财务管理工作的流畅性。

2）应严肃企业的财经纪律，建立和完善财务监督制度，加强对项目投资资金的跟踪、检查和监督。只有建设比较完善的财务监督制度，才能保障财务制度的正确执行，逐步完善财务管理运行机制。

3）企业需完善领导的经济责任制度，从而使企业经营管理者明确自己在任期的直接责任和间接责任的区别与联系，哪些方面存在不同点，以便使企业的财务审计得以贯彻执行。

（4）构建合理的财务管理绩效评价体系

构建企业高效财务管理运行机制的一个重要措施是建立一个财务管理绩效评价体系。其中定量指标包括个性指标和基本指标；定性指标包括对评价对象的执行情况、管理水平、创新能力和社会贡献。由以平衡计分卡、商务分析、财务预算、运营流程控制和监控、财务报告、竞争优势分析等组成，以财务管理绩效评价报告呈现出来。建立规范完整的财务管理绩效评价体系是建立高效财务管理运行机制的关键步骤。只有建立科学合理的财务管理绩效评价体系，才能对高校财务管理制度的改革加以权衡。

二、企业员工行为控制与激励

企业绩效是依靠员工的共同努力获得的,员工行为直接影响企业经营目标的实现,而员工绩效考评是影响员工行为的重要因素。许多企业没有科学的绩效考评管理体系,考核目标与企业目标相悖,越考核,工人行为越与企业目标背道而驰。因此,深入分析员工绩效考评体系对员工行为控制与激励作用,研究制定科学合理的绩效考评管理体系,是实现员工行为有效控制与激励、保证企业经营目标实现的关键。

1. 员工目标与组织目标

员工目标与企业目标密切相关,但并不相同。企业希望通过员工的作为实现企业的目标;而员工希望通过自己在企业的作为为企业贡献的同时,实现自身的目标。管理者的任务就是诱导员工目标与企业目标尽量重合。员工目标与企业目标并非直接挂钩,是通过岗位目标与角色目标相联系的。首先,组织目标要分解到各岗位,形成各岗位的目标,岗位目标被上岗者认同,成为角色目标,角色目标与个体目标才能直接联系。管理的对象是角色,角色目标完成的好坏是组织评价角色行为的唯一标准,个体必须完成角色目标,才能获得相应的报酬,达到自己的目标。当员工角色目标完成时,就等于其岗位目标的完成,岗位目标完成了,就自然达到了组织目标。角色目标明确,且与个体目标一致,个体才能受到激励。

2. 绩效考评的作用

所谓绩效,就是主体在营运系统时所取得的成绩和系统所产生的业绩与效能的统一。绩效考评的作用主要有基本作用、行为控制作用和激励作用。

基本作用。对员工已完成的工作业绩、业务能力和劳动态度等作出科学公平的综合评价,考评结果可作为报酬、使用、职务升降等的重要依据。行为控制作用。绩效考核指标构成及其权重分配、奖惩办法与员工利益息息相关,是影响员工行为指向的重要因素。考评结果使员工知道自己的表现如何,以便继续发扬成绩,克服缺点,告诫某些员工必须改善他们的工作表现,改进今后工作,为员工指明改进工作的方向,促进员工今后的职业发展。激励作用。通过绩效考核对员工工作成绩表示肯定和赞扬,每个员工工作绩效考核的结果可以作为公正合理的待遇和奖惩的依据,对员工的贡献公开表示肯定时,就对正确的工作方法进行了强化、对优秀的工作业绩进行了鼓励。

3. 员工行为分析

员工行为可分解为行为指向和行为强度。行为指向影响到员工行为是否与企业目标一致,行为强度影响达到目标的速度。绩效考评指标构成及其奖惩办法主要控制行为指向;而激励机制主要影响行为强度。行为产生的根本原因是心理需要,员工目标即心理需要的满足。所以，管理者必须了解员工的心理需要，提取积极需要，即与企业发展目标相一致的需要，给以产生动机的条件，诱导积极的行为。这一过程是员工行为指向的诱导与控制，可通过绩效考评机制实现。

（1）员工绩效考评对员工行为指向的影响

任何一种行为总是在一定的动机和目的驱使下产生的，并且这种目的不是在行动过程中而是在行动之前就在人的头脑里以超前反应的形式存在了。行为的目的性规定了行为的指向，并成为控制行为进程内在的参照模型。当行为达到了参照模型要求，也就达到了原定的目的，行为即告结束。相反，如果行为不能满足这个内在的参照模型要求，也就没有达到预定的目的，这时人又会采取另外一种行为，或会修正并调整这个内在的参照模型。

如何对个体行为的指向进行正确的诱导，使之与组织的行为方式协调一致，是目前管理者面临的一个重要问题。一般来说，只有最强烈的动机才会引发行为，这种动机称为优势动机。

在对组织内员工需求情况有准确了解的情况下，行为的产生还需要有外部条件的刺激，也即外部诱因。组织通过设定组织目标，分解组织目标到岗位目标、角色目标，使之与满足个体需要的目标一致，激励员工通过某些行为实现岗位目标、角色目标来实现个体目标，满足自身需要。在行为结束之后，通过有效的绩效考核，并及时将考核的结果反馈给员工，使之在行为的方式上作出有利于实现目标的调整。

（2）员工行为强度与激励

人的行为具有不同强度之分，可以通过工作绩效结果来表示，绩效越高行为强度越大。行为强度如何除了与能力有关外，还与动机及其强度（即积极性）有关。个体的能力越强，动机的强度（积极性）越大，则行为的强度越大。人的行为按其与目标的关系分为目标导向行为与目标直接行为。目标导向行为，即人们寻觅目标和选择最适合需要的目标而引发的行为。当人们的需求还没有达到满足的程度时，其内心会产生相应的驱动力，从而将行为导向追求目标的方向。目标直接行为是指目标一经确定，人们从事的直接满足自己需求的行为。由此可见，要想提高员工的行为强度，就要进行行为强度激励。首先，提高员工的能力，对能力突出的员工要进行适当的奖励，激励员工提高自身的能力，为员工创造提高能力的机会，如培训、参观、学习等。

其次，最大限度地激发员工的动机，动机越强行为的强度才越大，绩效才越好。激励是从设法满足员工现实或潜在的需求出发，通过激发个人潜在能力，以达到预定目标而采取的一系列活动。激励的最终目的是调动员工的工作积极性。严格地说，激励的对象不是行为，而是动机。所激发的动机要有利于组织目标。在员工的众多需要中，只有那些具有明确目标的需要才能转化为行为的动机。要让员工把自己的需要与组织的目标联系起来，就可能产生有利于组织目标的动机。

4. 控制与激励模型

分配制度将诱导因素集合与目标体系连接起来，即达到特定的组织目标将会得到相应的奖酬。行为规范将员工的性格、能力素质等个性因素与组织目标体系连接起来。组织目标体系、诱导因素集合和个人因素集合构成控制与激励模型中的三个支点。这三个支点通过三条通道联系在一起，构成一个完整的控制与激励模型。

（1）组织目标体系

西蒙将组织的目标分为两个：一个是能够维持组织生存下去的目标，另一个是保证组织发展壮大的目标。佩罗则详细地分析了组织的多层次目标，包括社会目标、产量目标、系统目标、产品特性目标、其他派生目标。佩罗的分层分析法比较适合于组织在构建目标体系时参考。对管理者来说，还必须充分意识到组织中的个人目标，这些目标是各不相同的。激励机制的功能之一就是能使个人在追求自己目标的同时，实现组织的目标。

（2）诱导因素集合

巴纳德、西蒙等人都指出，个人参加到组织中来是因为组织能提供个人所需要的各种奖酬，这些奖酬就成为产生某些行为的诱导因素。

（3）个人因素集合

个人因素集合包括个人需要、价值观等决定个人加入组织的一些因素。只有从人的需要出发，真正了解了人的需要，才能有效地激发、控制和预测人们的行为。

在控制与激励模型中，分配制度将诱导因素集合与组织目标体系连接起来，行为规范将个人因素集合与组织目标体系连接起来，信息交流将个人因素与诱导因素集合连接起来。因此，我们把分配制度、行为规范、信息交流称为激励机制设计模型的三条通道。通过三条通道的连接作用，使三个支点所包含的内容相互对应，形成一定的逻辑关系。

控制与激励模型中三个支点是模型的着眼点，而三条通道将三个支点连接起来，使任意两个支点相互连通，彼此对应。三个支点和三条通道构成一个稳定结构，是控制与激励运行富有成效的前提。

5. 某公司员工行为控制与激励

（1）公司员工需求状况及分析

某公司有长期从业人员20人，各类销售、技术人员15人，管理人员5人。为掌握员工现阶段的需要及其满足情况，指出员工的优势需要与其满足的差距，使员工的需要最大程度的得到满足，充分调动员工的积极性，进行了员工需要的问卷调查。按马斯洛的需要层次论，我们将工资和福利归纳为员工的生存需要；工作环境和保险归纳为员工的安全需要；灵通的信息和同事关系归纳为员工的社交需要；领导赏识和晋升归纳为员工的尊重需要；培训和工作强度及挑战性归纳为员工的自我实现需要。将"不重要""一般""重要"设定分值为1，2，3分，各项累积总分为△，将数据按生存需要、安全需要、社交需要、尊重需要、自我实现需要分类统计。

通过数据分析，可看出公司员工现阶段的优势需要为生存需要与自我实现需要。员工自我实现需要强度也远远超过其他三种需要。说明公司文化建设成就突出，员工之间关系非常融洽，全体员工对公司工作氛围的满意度较高。

为了更准确地把握和了解不同员工的需求情况，我们将调查表按员工的年龄大小、管理人员和一般员工职务的不同进行比较分析。通过分析，可以看出公司员工在生存需要及其满足之间，自我实现需要及其满足之间存在着巨大差距，这为公司工作提供了方向。

（2）公司员工目标

目标指必须在特定的时间内达到的特定状况。目标的作用之一是确保员工与组织的目标达成一致。确定绩效目标是实施绩效考评管理的第一个环节也是重要一环，前提是企业要有明确的发展战略目标。企业的总目标要与所有的部门进行有效的沟通，部门目标也要与组织内部每个员工进行有效的沟通，做到个人的努力目标与企业各级组织发展的目标相一致，以最终达到企业整体目标的统一。

从绩效考评的主要应用范围可以看出，绩效考评为实施行为控制与激励提供依据，通过对员工个体和组织绩效考评过程与结果的分析，采取相应控制与激励方法，而实施不同的激励与控制方法需要参考相应的绩效考评项目，如对于奖励、提薪、晋升三种激励方式，依据的绩效考评项目及权重有所不同。

三、产品开发活力的完整体系

新产品是企业的新鲜血液，新产品开发管理机制相当于企业的造血功能，新产品开发能力决定着这个企业生命体的活力。但目前许多国有企业的新产品开发管理机制，还没有在传统的管理运行模式上进行彻底改革，产品立项、市场调研、产品设计、工艺准备、物资采购、生产制造、工业性试验、市场推广等环节分属于不同的业务单位或部门，整个研发环节没有形成环环紧扣的完整链条，新产品研发容易受到多种因素的干扰和拖延。笔者在这里跟大家探讨通过实行新产品开发项目负责制，打通从新产品立项设计制造到销售服务改进的整个业务链，形成闭环运行管理机制，加快企业技术进步的步伐。

1. 推行新产品开发项目负责制的必要性

在经济下行的大环境下，装备市场持续疲软，石油装备市场更是极度低迷。尝试推行新的新产品开发运作机制，加强资源的有效整合和项目的统筹运作，对提高新产品开发效率和效益非常重要，特别是对于装备制造企业的可持续发展十分必要。

（1）有利于快速跟进市场需要

随着装备信息化、智能化的发展，用户对新产品安全性、可靠性、工效性等方面的要求越来越高。装备制造商只有尽快、尽量满足用户要求，才能在市场竞争中站稳脚跟。新产品开发项目负责制建立并加强了项目组与产品的直接利益关系，能有效保证新产品功能与用户需求同步协调，有利于新产品的市场开发。

（2）有利于加快新产品开发进度

新产品开发比的是技术、质量，更比的是时效。企业实施新产品开发项目负责制后，项目负责人按照新产品开发的时间要求，全面衡量项目资源和企业生产能力，迅速按照进度计划组织安排各项工作任务，及时解决设计研制试验中的问题，能有效加快新产品开发进度。

（3）有利于培养复合型人才实行

新产品开发项目负责制，有利于快速培养企业综合型人才。项目组人员参与项目的全生命周期管理，能够全面掌握新产品从市场调研到交付用户及后续改进的整个业务，促进自身技术、生产、营销、管理经验的融合，可为企业后续发展培养综合性管理技术人才。

2. 实施思路及方案建立

以企业研发部门技术人员为骨干的新产品开发项目组，实行以项目负责人为承包责任制的新型管理运行组织。项目组全程负责从项目启动、产品设计、样机制造、样机试验、改进完善、市场推广到项目验收、结算兑现的全部工作，实行全过程全要素项目管理。企业设立科技委员会对项目立项、可行性研究进行审核，并组织开展项目验收、评价和审计。

（1）组织构架

项目负责人为整个项目组中权责最高的管理者，统筹管理项目实施过程中的各项事务。项目组下设技术组、生产组、推广组三个工作组，其中三个工作组分别设置组长，负责项目对外沟通和对内业务交流。项目组中各岗位的职责如下：

1）项目负责人扮演组织领导、管理协调、沟通联络的角色，负责项目中整体人力、财力、物力的分配，以及项目整体运转的统筹协调。项目负责人是项目资源整合者和问题协调者，是项目能否成功运行的关键。

2）技术组负责新产品技术设计、工艺编制、技术指导和现场试验及改进完善；负责将用户要求转化为技术方案；负责处理项目运行过程中的技术问题处理。

3）制造组负责新产品制造过程中的生产组织、物资采购管理、外协管理等有关工作，为生产运行的顺畅性、连续性和时效性服务；负责新产品制造过程的技术问题反馈。

4）推广组负责新产品的工业性试验、营销、售后服务、货款回收等有关工作；负责收集用户反馈意见和反映市场需求意向等。项目组组织架构，可遵循效率、效益、实用为组织管理原则，适当合并或增加组别，灵活机动。

（2）项目实施流程

1）项目启动

①项目输入根据企业的新产品规划项目，技术专家、技术人员、销售人员和有关人员提供的前期技术、市场调研材料，初步确定新产品开发方案，再由科技委员会审定新产品开发课题。

②项目预可研由企业的技术研发部门采取组织确定、公开招聘、"毛遂自荐"等方式选定初步的项目负责人，组织开展项目预可研分析。预可研分析报告中重点对新产品市场需求、关键技术、开发周期、开发成本、人力资源需求等方面内容进行客观论证。

③项目立项由企业科技委员会组织专家小组对该新产品开发项目预可研报告进行评审，从该新产品开发的可行性、能否带给企业经营效益方面进行评定审核，评审合格给予立项。

④确定项目团队由公司总经理办公会确定项目负责人，总经理与项目负责人签订项目责任书对其进行授权。授权项目负责人负责整个项目的运作协调管理；项目负责人在整个企业范围内自主选择组建项目工作团队，并根据各阶段项目任务进行工作分解。项目组可邀请用户、专家加入项目组，为新产品开发提供业务帮助和技术支持。项目组人员采取灵活多样的组成方式：可专职，可兼职，可顾问，也可根据需要随时抽调；薪酬、劳务费、指导费由项目组与之协商确定。

⑤可行性研究及审批项目负责人组织项目团队开展新产品可行性研究分析，详细对市场需求、技术方案、开发周期、开发成本、物资供应、生产制造、试验方案、营销策略等进行策划和论证，并客观编制"可行性分析论证报告"。科技委员会对该新产品开发项目可行性研究报告进行评审，合格给予批准，并向项目组下发新产品开发项目任务书，对新产品开发进度、开发成本、科研经费、市场预期和产品质量提出要求，并由项目负责人书面签认后生效。

2）开发设计项目组根据新产品总体技术方案和用户要求，进行详细的技术设计。按照企业制造能力和社会资源配套情况，制定工艺方案和外协计划。根据新产品外购配套件方案，制定物资采购计划。

3）样机制造项目组根据新产品开发进度计划进行生产组织，同时实施外购配套件采购。对于企业外部的生产，由项目组自行组织安排，赋予签订合同、报检、付款的权限。

4）样机试验项目组根据新产品工艺要求，组织厂内试验和工业性试验，并全程收集试验数据和信息，及时整改落实完善；同时应当做好试验记录，建立档案资料。

5）市场推广项目组要尽早制定可行的、详细的市场开拓及推广计划，运用灵活的市场营销策略，最大程度地将新产品推向市场。首批（或前三批）订单可计入项目组研发项目成本核算及效益兑现。

6）项目收尾

①评估项目效益

首批推销产品完成货款回收后，科技委员会可组织专家小组、财务资产部门、审计监察部门对新产品开发项目的整体经济效益进行评价，对项目的各项指标达标情况进行评定。对于新产品开发项目各项指标符合预期目标的给予奖励兑现；对于新产品开发失败，给企业带来重大经济损失的，调查分析原因，根据具体情况和事前约定分别给予处理。

②实施项目奖励

项目负责人平时不拿绩效工资和各类津补贴（薪酬档案不变），可以事前预支部分酬劳，最后按项目合同书奖罚兑现；项目组专职工作人员工资奖金等由项目负责人确定；临时人员劳务费用可按件、按量、按时议定。项目组执行成本节约、效益最大化、分级管理及时发放的薪酬管理考核奖励原则。最终奖励方面，a.根据预期成本和实际发生成本对比，确定成本节约奖励；b.根据第一台（或第一批）新产品形成的利润全额奖励项目组；c.根据三年内销售情况及营销利润，按照利润的20%-30%确定项目效益奖励；d.根据长期销售情况，应当继续给予项目组长期效益奖励，促进项目组对于新产品技术的保密工作。

③项目审计

由审计监察部门对项目整体运营情况进行事前、事中、事后审计，重点审查物资采购、成本控制、资金使用等业务环节或事项。通过项目过程核查，降低新产品开发管理风险。

（3）物资采购管理

新产品开发项目组具有对外物资采购，委托签订合同的权限。在预可研阶段项目组即应考虑外购配套件价格、供货周期等因素，根据项目进度计划制定物资采购时间节点。项目实施过程中，项目组可根据项目实际进度和成本情况进行物资采购和新产品生产所需配套件的采购。

（4）资金管理

新产品开发项目实行资金专款专用和独立建账核算。由财务资产部门建立专用账目进行管理。项目费用实行销售类费用管理，给予项目组一定的灵活支配权，但须接受监督审计。

（4）质量管理

企业内生产的新产品按生产单位报检；企业外生产的新产品由项目组在成套试验单位报检。

四、企业集团财务集中管理的具体应用

1. 财务集中管理应用的准备工作

（1）实现条件

1）集团母公司对成员企业控制权和内部治理结构的完善是财务集中管理的基础

财务集中管理实质是集团母公司对成员企业财务控制权的体现，这种权力来自于集团母公司对成员企业的控股权。母公司利用其资本优势，通过资本杠杆，按照公司治理权力分配原则，确保对成员企业的有效控制。集团利用其控制权，顺理成章地将成员企业的权力地位纳入企业集团统一目标、战略与政策规范或"秩序"约束之下，在一个特定法人联合体的系统框架下进行权力与地位整合重组，为集团母公司财务集中管理创造条件。

2）有效的财务体制安排是财务集中管理实现的保证

财务体制安排即对财务组织结构和人员的安排。一般来说，为了实现集团财务集中管理，保证集团母公司管理方针政策在各成员单位的贯彻执行，保证获得真实准确的会计信息，最好的办法就是将财务组织机构"内化"，即各成员企业财务机构作为集团母公司的派出机构，但这与《公司法》中法人企业应拥有独立的财务相悖，因而大多数集团仍保留各成员单位独立的财务机构，派驻出财务负责人（财务总监或财务经理），并通过将财务负责人经济利益独立于派驻的成员单位，以及通过信息报告制度、述职考评制度等，实现对成员企业财务的控制。

3）统一财务制度是实现财务集中管理的重要方面

现代企业集团要保证成员企业按集团母公司制定的"秩序"协同运转，必须要用制度进行规范。对于财务集中管理必须制定明确的制度以保证其顺利实施，包括统一

的会计核算制度、统一的投融资管理和利润分配制度、统一的资金管理制度、统一的预算制度，通过制度明确上下的管理权限、办事程序和审批手续，保证集团及成员企业协调运转。

4）提高信息化水平，利用现代互联网和通信技术是财务集中管理取得良好效果的保障

由于现代企业集团的复杂性，财务集中管理如果没有准确及时的信息作为基础，实现企业集团高效、科学管理是不可想象的。现代集中式财务管理软件和网络软件的推广，无疑加快了会计信息的传递速度和准确性，使母公司管理人员通过网络及时了解子公司财务状况和有用的管理信息，为财务决策和控制提供信息保障。

5）加强内部审计和检查是推进财务集中管理的重要手段

内部审计在现代企业集团管理中有着不可替代的作用，通过内部审计，保证成员企业会计信息的真实性，保证各项内控制度得到有效执行，保证各成员企业认真落实和执行集团总部的政策方针和管理办法，保证了财务集中管理的实施效果。

（2）准备工作

1）树立全新的财务管理理念，利用网络进行财务管理

财务集中控制是建立在财务软件、计算机网络设计和信息技术应用达到较高水平基础上的。如果一个企业没有完备的财务软件和上下沟通便利的网络，财务管理水平和信息应用技术水平本身没有达到一定的高度，要实现财务的集中控制是不大可能的。否则信息手段的滞后将直接影响企业采集信息的质量，并由此影响企业的运行速度。

2）建立统一的会计制度

企业集团应根据国家公布的会计准则、会计制度，再结合本集团的业务特点，制订一套适合本集团所有企业的会计制度，并在此基础上制订一系列统一的财务制度。如统一会计核算科目、统一会计核算办法、统一会计工作流程、统一财务报告体系，统一投资、融资制度等。这些制度应重点突出权力机构、决策机构、执行机构和财务管理部门四层次的财务权限和责任，包括它们各自在投资、筹资、收益分配决策等各项财务活动的权限和责任，以实现企业管理的制度化和权责明确化，同时也使各分子公司的财务信息具有可比性。

3）实行财务总监委派制度

企业集团可依据产权关系，向其全资子公司及控股子公司派出财务总监。财务总监应直接归属集团总部管理，他们的工资、奖金由集团总部考评发放，使其薪资与所在单位分离，一定程度上确保财务总监的独立性。还应定期举行财务总监工作会议，加强相互之间的沟通与交流。由集团总部选派财务总监，集团总部与子公司之间即可

以保证信息的沟通，使集团的决策更加合理，同时可以使企业集团的整体战略方针在子公司得到较完全地贯彻执行，有利于企业集团整体战略目标的实现。

4）构建基于互联网的财务集中管理平台

选择支持企业成员之间实现远程点对点通信，并将数据保存在总部的数据库的 B/S 技术构架构造良好的网络环境，选择合适的财务管理软件搭建财务集中管理的应用平台。

5）进行会计流程重组

会计流程重组应打破传统的会计流程与业务流程相分离的事后核算的财务管理模式，运用已经构建的网络环境，将会计流程与业务流程有机结合，实行财务业务一体化。打破企业部门之间的界限，将财会人员纳入经济活动的每一环节当中。当一项经济业务发生时，财会人员可从"发生何事，涉及哪些资源"，"涉及何人，充当何种角色"，"业务何时发生"，"业务发生在何地"，"业务的相关风险如何"等五个方面全面获取经济业务的相关信息，这些信息经过信息系统的处理自动生成会计信息，保证了会计信息采集与加工的实时性、完整性、准确性和真实性。

6）全面提高财务人员的知识结构和知识水平

企业集团实施财务集中管理是对财务人员素质的一次检验。财务人员除具备过硬的财务会计知识外，还应具备较好的计算机基础知识，数据库理论知识。所以在实施财务集中管理的过程中，要不断加强财务会计人员在网络知识、数据库知识及财务集中管理应用软件等方面的培训，提高财会人员的知识水平，改善其知识结构，满足财务集中管理的需要。

7）企业集团内部尽量完善法人治理结构

为实施对子公司的财务集中，企业集团必须有一个法人治理结构。在这实施运转中，企业集团内部治理结构除股东大会、董事会、监事会与经理层四个层次外还可设立多个委员会，如战略发展委员会、审计委员会、投资委员会等专门对企业集团的重大决策方案进行审定。

8）对子公司财务部门的人事实行适当集中管理

在企业集团中各子公司财务主管应由母公司选派，对母公司负责。财务主管的人事关系、工资关系、福利待遇体现在母公司；对财务主管的职权和责任明确规定，以保证其开展工作、履行职责。

2.财务集中管理的具体应用

（1）会计集中核算与控制应用

财务集中核算与控制是企业集团财务管理的基础，其目的是依托网络环境，合理地规划企业集团财务集中核算的框架、内容、策略、流程，做到企业集团的财务信息实时传递、共享和集中管理，保障信息真实、准确、完整、有效，真正实现对下属各单位财务核算的监控目的。其主要职能是，一方面对企业发生的各种经济业务进行及时、正确和有效的反映；另一方面利用实时信息对经济业务进行实时控制。要实现上述职能，需要建立支持财务业务一体化的动态会计平台，其目的是使核算更接近业务前端，使控制从事后转向事中，并实现物流、资金流、信息流的集成。

1）财务集中核算与控制方案的应用价值

集中核算和控制方案带来的价值就在于解决会计信息失真和会计监控不力的问题。由于数据集中、信息集中、管理集中，各级成员的财务数据和经济信息都从经济业务发生的源头直接采集，而不是层层汇总和报送。一方面使会计信息准确实时，为企业进行科学合理的管理决策提供真实可靠的信息，同时减少了管理层次，增大管理幅度，加强垂直管理，降低了管理成本；另一方面，各级管理者在权限允许的范围内利用自己设计的控制准则对经济业务进行实时的控制。

2）企业集团中的具体应用

企业集团中每个成员企业的财务业务一体化与单个企业的财务业务一体化基本相同，但企业集团的财务业务一体化却不是单个企业财务一体化的简单集成，它必须具有以下的几点特征：

①数据的集中管理

鉴于财务集中管理模式的思想，企业集团一般在总部设立数据中心，各个成员企业在总部的数据中心上开设自己的账套，通过 B/S 网络，将各种原始数据实时、准确地传递到中心数据库。对于整个集团而言，做到数出一门，信息集中。

②统一基础设置

虽然每个成员企业在总部数据中心开设自己的账套，但这并不意味着每个成员企业可以随意设置自己的账套。无论是分权型集团还是集权型集团，母公司对子公司都有一定的管辖权限，而子公司在一定程度上也必须接受母公司的指导，所以子公司的账套不能随意设置。而且，不同从集团层面实现一定的信息统一，会造成集团信息难以集成。所以，母公司应集中建立集团单位目录，制定统一的基础设置规范。子公司必须继承母公司的基础性设置来建立自己的账套和设置其他内容。这样能够保证整个集团的基础设置上统一规范，为数据、信息、管理的集中奠定基础。

③统一设置基础科目

集团财务申报表中的合并报表是最重要也是最困难的一张报表，其最大的困难就在于各个子公司科目不统一，意义不一致，从而导致信息无法集成。所以，母公司必须利用系统中的统一基础科目的功能,指定整个集团使用的所有一级科目和特定的.明细科目。子公司在建立账套时必须以母公司设定的基础科目为基础,并根据自身的特点修改明细科目。这样使整个集团的信息既有必要的一致性,又保留了一定的灵活性;既方便于整合集团内外资源,又能发挥各个子公司的特长。

（2）全面预算管理应用

全面预算管理是财务管理的核心,是为企业管理者、投资者和股东描绘未来经营发展的蓝图,是协同部门之间工作的有力工具,在企业经营管理的各个环节进行全面控制,同时也是企业考核的标准。全面预算的解决方案是指企业集团根据自身的资源状况和发展潜力,依托网络环境制定科学合理的全面预算规划,保障在企业经营管理的各个环节进行实时、动态、全面的控制,充分发挥会计的监控职能。在网络环境下,全面预算管理解决方案主要包括以下四个部分:全面预算体系的制定;预算编制;预算执行与控制;预算分析与考评。

1）全面预算体系的制定

全面预算体系的制定是指由预算编制委员会来制定企业应该编制哪些计划,这些计划的内容是什么,这些计划之间的关系,以及预算的起点等等。在企业集团,往往首先由集团来确定全面预算体系,然后下发给下属单位。对于二级单位来说,可以在集团下发的体系的基础上,增加本单位的内容,然后再下发给下属的基层单位。上级单位在下发计划体系的时候,可以根据计划预算控制的力度,下发不同的内容:下发样表、下发计算关系、下发预算数据。

2）预算编制

预算编制是指根据预算体系编制各个计划表。在管理软件中,预算编制方法可以采用自上而下分解预算和自下而上汇总预算两种编制方法。

①自上而下的分解编制方法。

自上而下编制方法是指由预算编制委员会先制定出总的计划,然后逐层分解到各单位和各部门。各单位对计划进行相应的调整后,再进行汇总,这个过程可能反复很多次。

②自下而上的汇总编制方法

自下而上的汇总编制方法是指由各单位、部门负责人先编制计划,然后汇总生成总的计划。预算编制委员会针对汇总计划进行调整后,再形成各单位的计划。这个过程可能反复很多次。

③预算控制

预算控制就是将计划数与实际数进行对比,找出差异,分析问题,然后通过信息反馈，对经济业务进行控制。虽然预算编制比较困难，但是只要花足够的时间、人力，就能够编制预算。在网络环境下，利用预算子系统编制了预算体系、各种计划表和预算数，并存放在数据库中；当经济业务（某一事件）发生时，该事件实时驱动相应的子系统获取信息，同时驱动预算子系统的控制器接收数据；预算控制器将计划数与实际数（本次发生数＋已发生数）进行比较，根据控制方法进行有效控制。

④预算分析

在网络环境下，预算分析是计算机自动从数据库中提取数据，按照预先设计的预算分析表得出各种分析结果，包括以下几方面：

a.分析内容包括预算数与执行数比较分析，预算数多个版本之间的比较分析等。

b.分析的方式在数字表示之外，还提供了多种图形分析。

c.上级单位能够及时了解到下级各单位预算执行情况，进行分析。

（3）资金动态管理应用

资金是企业的血液，健康的资金流对企业的生存和发展至关重要。企业的资金管理从编制资金计划开始，到对经营活动、筹资活动和投资活动的资金运作进行实时控制，以达到加速资金运转，降低资金风险的目的。资金动态管理的解决方案主要考虑以下问题：

1）资金动态管理的基本框架

在网络环境下资金动态管理的基本框架包括：

①计划层，即制定资金的长期预算，通过预算管理者可以了解未来现金流入流出情况；

②日常经营层，即通过日常现金收支管理实时动态反映现金流入、流出情况，让管理者实时了解企业日常经营的现金流入流出情况；

③短期预测层，即从中央数据库中动态获取销售订单、应收款、存款到期等信息得到短期现金流入量，通过在数据库中获取采购订单、应付款、贷款到期等信息得到短期现金流出量等，自动生成短期预测表。管理者可以通过预测表动态了解近期的现金流情况，合理安排资金，有效进行经营活动。

2）资金管理的组织机构确立

随着经济改革向更深层次发展，财务公司审批越来越难，许多大型集团逐步将结算中心与内部银行合二为一，建立财务结算中心。政府对这一做法给予了充分肯定。财务结算中心作为集团公司的一个管理部门，它负责整个集团公司日常资金结算，代表集团筹措、协调、规划、调控资金。通过财务结算中心，真正做到有效调节资金流向，宏观控制资金的合理使用，盘活集团沉淀资金，挖掘资金使用潜力，加强资金周转，防止资金流失和体外循环，提高资金的使用效率。因此，要建立网络环境下的集团公司资金动态管理模式，应在集团设立财务结算中心，其具备结算中心和内部银行的双重职责。一般来讲，集团企业的每个成员无论在银行是否开设账户，都需要在财务结算中心开设内部账户，保证资金的有效管理。

3）内外部结算流程的设计内部结算是指在集团成员内部发生交易时，由财务结算中心对各分（子）公司的资金实施统一的结算。外部结算是指集团分（子）公司与外部客户或供应商进行的资金结算业务。其目的是为了减少因分散管理而导致的资金沉淀增加，提高资金的周转效率，节约资金成本。此外，内外部资金结算流程设计时应该着重考虑网络优势。

（4）全面成本管理应用

成本管理就是企业为了降低成本费用的开支所进行的一系列预测、决策、计划、组织、核算、分析和控制工作。根据成本管理的对象和核算范围的不同，管理软件提供了制造成本的管理和项目成本的管理。制造成本主要提供针对制造业产品成本的核算与管理；项目成本针对企业价值链各环节所发生的成本和费用，按照某类成本对象进行归集核算和分析。

①制造成本

制造成本所核算的对象就是企业所生产的产品，包括各种自制半成品和产成品，所核算的范围仅限于生产环节所发生的各种费用。为了达到降低成本，提高效益的目标，企业会建立起一套完整而有效的标准成本管理体制。制定标准严格的消耗定额，实行内部核算价格的市场化，并且分解和落实目标成本到车间和工作中心，核算和控制标准成本与实际成本的差异，严格考核，奖惩相应的责任者。

②项目成本

对于制造业来说，制造成本仅仅核算了其与生产过程相关的成本，但是在企业经营活动的各个环节都有成本费用的发生。在整个价值链的各运作环节中，能够带来收益，同时也消耗成本费用，需要进行投入产出分析，进行收入成本利润考核的对象也是多种多样的。我们把这类对象称为成本对象。例如张某销售订单或者销售合同的总收入、总成本或总利润；某个项目所发生的总成本费用，所带来的总收入；各成本中心、利润中心的总成本、总利润；每个员工的投入产出分析等等。值得说明的是，没有信息技术支持的财务管理系统中的成本核算是模糊的、事后的。只有在网络环境下，采用财务集中管理模式，通过信息技术手段，结合集团或项目的费用预算，才能有效地、实时地控制集团和项目的成本，能满足管理的需要。

（5）绩效评价与决策支持应用

随着财务管理的不断深入，绩效评价越来越受到关注。企业集团经营的目标是追求价值最大化，其经营活动实质上就是争取创造价值的过程，股东、管理者等利益相关者更加关注所创造的价值。因此，财务管理者应该学习和研究先进的绩效评价方法，协助管理者研究和设计满足本企业绩效评价模型，在集中管理模式支持下实现获取评价信息，生成评价结果，并通过制定有效的激励机制，激励员工为企业创造价值。在基于网络的财务集中管理模式支持下，除了核算与控制之外，会计决策成为财务的重点工作。财务管理者应该将信息技术与各种决策模型有机融合起来，在信息化财务会计与管理会计平台上搭建精彩的"节目"：根据决策需求和经济环境的变迁建立决策模型，实时从数据库中获取决策所需的信息，并通过决策模型支持经营决策、筹投资决策等。因此，任何一个公司的生存与发展都依赖于该公司能否创造价值。公司的经营管理者的责任是实现企业价值最大化。出于向投资者解释经营成果和提高经营管理水平的需要，他们需要一套实用、有效的解决方案，评价和判断企业的经营绩效、经营风险、财务状况、获利能力和经营成果。

一个有效的绩效评价与决策支持解决方案包括：分析和数据挖掘工具、数据仓库、评价指标体系、决策模型库、数据展现与发布等几部分。数据挖掘能实时获取准确的、及时地可供决策的信息，包括内部（当前数据和历史数据）以及很多外部信息（合作伙伴的数据、信息服务提供的资料、互联网上的信息等等），并保存在数据仓库中；数据展现与发布器利用数据仓库中的数据、评价指标体系、决策模型库为管理者和决策者提供决策支持；帮助管理者发现企业潜在的问题和发掘有利可图的机遇，使管理者充满自信。

（6）财务一体化应用

财务业务一体化就是将财务流程与经济业务流程有机地融合。财务业务一体化的目的是实现财务与业务的集成，保证每笔业务发生的同时，财务也能获得同样的信息。例如采购订单发送给供应商的同时，财务部门也会得到这个信息，仓库按订单收货后，信息同步传输到财务部门，产生应付账款的同时也按订单价格计入成本。信息的通畅透明，保障了财务快速、准确、实时核算，业务活动的反应周期缩短，财务就能够对其进行有效监控，为决策层提供战略和业务决策依据。

如何实现财务业务一体化，必须结合企业的信息化建设实际情况、企业人员素质及企业所在行业特点等因素。这里就企业通用模式给出解决方案，大致如下：当一项经济业务发生时，由业务部门相关人员负责业务录入信息，当信息进入系统后，立即存储入指定数据库；同时该事件通过动态会计平台生成实时凭证，经过财务人员确认后显示在所有相关的账簿和报表上，不再需要第二个部门或任何其他员工再录一遍。这样，信息为所有"授权"人员共同享用。每个业务与财务人员每天必须打开某个信息窗口，管理和控制着相关业务，做到实时迅速适应环境变化，争取主动。所有管理人员都按统一的信息来源作出决策，避免不同的决策单位或个人，信息所依据的来源不同而做出相互矛盾的决定，造成管理决策的混乱。

（7）财务总监委派制

财务总监委派制是世界各大跨国公司进行财务集权管理的基本方式之一。因具有事前控制性、审计经常性、反馈及时性、高度专业性和独立性等特点，可帮助企业集团进行有效的财务集中控制。集团公司为了实现对子公司的财务监控，可依据产权关系，以出资人的身份向其全资子公司和控股子公司派出财务总监。具体实行时可按企业与各分支机构及子公司之间的隶属关系、管理权限、逐级委派各级财务总监。其一般做法是：由委派单位设立专门机构负责财务总监的人选，委派、参评、奖惩等管理职责，所委派财务总监的人事、工资待遇由原委派单位负责。由委派单位明确所委派财务总监的职责和权限。作为母公司派出的监督者，财务总监的主要职责是：

1）监督子公司的经营管理策略，特别是财务政策是否符合母公司的总体战略，一旦发现子公司经营者的行为损害了子公司或母公司的利益时，有权责令其立即纠正。

2）监督子公司是否建立并执行了财务管理工作制度；批准或否决子公司重大的投、融资决策。

3）将影响集团长远发展的重大事项向母公司董事会及时汇报。

4）对子公司财务人员的上岗资格进行审查并报母公司备案以及母公司赋予的其他权力。财务总监应是子公司董事会成员，参与公司重大事项的决策，是母子公司之间信息沟通的桥梁。为了保证其相对于子公司的独立性，财务总监的工资、奖金和津贴应由集团公司统一管理和发放，而且应该实行财务总监定期轮岗制。

第十章　互联网背景下企业
经济管理模式的创新

第一节　互联网时代改变企业经济管理模式

在计算机技术、互联网的普及和发展之下，我国进入到了信息化社会。随着"互联网+"这一理念的提出，各行各业都投入到互联网的转型热潮中去。在这一形势下，互联网环境下的企业财务管理模式也在面临不断的转型、优化。

一、互联网时代的特征

"互联网+"用互联网思维让传统产业旧的模式焕发出新的生机，创造出互联网生态圈，呈现出融合与创新、开放与重塑、直通与廉洁的新特征。"互联网+"战略是中国经济新常态下抢占竞争制高点，引领企业创新、驱动产业转型，推动众创时代到来的重要引擎。

1. "互联网+"的时代特征

"互联网+"用互联网思维让传统产业旧的模式焕发新的生机，创造出互联网生态圈，呈现出与众不同的新特征。

（1）"互联网+"的融合与创新

"互联网+"传统产业不是简单相加而是融合。"互联网+"对传统产业不是颠覆和替代，也不是单纯地构建互联网平台，而是突出强调互联网和传统产业的深度融合，是传统产业借助互联网，解决原有业务中的信息不对称问题，实现效率重建。随着互联网技术的发展和普及，互联网产业将触角伸向各个经济领域，如制造、金融、物流等，从而实现产业融合。基于技术融合的互联网与实体经济融合，将不同产业的交叉资源进行信息化、数据化处理，开辟产业合作的新途径，可以有效整合资源，提高资源利用率，降低企业业务门槛，模糊传统产业边界，推动企业平台化、跨界化发展。

"互联网+"不仅是一种技术手段，更是一种经济形态，推动了知识社会以"协同创新、开放创新、大众创新、用户创新"为特点的新一轮创新，也引领了创新驱动发展的"新常态"。"互联网+"在一定程度上打破了地域、组织、技术的界限，促进创新成果和前沿技术及时转化，加强了创新资源的合作与共享，构建起更具活力的创新体系。传统产业长期积累形成的人力、技术、资本、管理等各种资源是"互联网+"传统产业发展模式的潜在优势，要把这种潜在优势转化为现实竞争力，就必须按照互联网经济的要求进行生产和产品的设计创新，变革企业的生产方式、组织结构以及经营理念，运用好互联网、大数据提供的供求信息，建立一整套反馈机制，用互联网思维自我革命，推动产业转型升级。

（2）"互联网+"的开放与重塑

"互联网+"向社会开放企业能力与服务。在互联网平台上，企业可以向产业链或社会开放自己的数据，过去，各行各业的能力与资源基本固化封锁在企业内部。现在，电商促进企业向消费者开放；互联网社区也促进企业向消费者开放；随着资本风投、股权激励，企业的治理结构、人才也会社会化，整个社会众多企业就如同虚拟的互联网一样连接在一起。"互联网+"用开放的思维重构商业模式和生产模式，各行各业可以结合自己的业务优势，通过"1+1>2"的跨界创新，创造出新的产品、新的服务、新的盈利模式，大家共享"互联网+"红利。如"互联网+"传统交通业诞生的滴滴打车，大大提升了乘客和司机的对接效率，既有效提高了车辆利用率，也有效促进了节能减排；"互联网+"传统医疗业，实行网上挂号和医疗信息共享，既为人们求医问药节省了大量宝贵时间，又让更多患者享受快捷便利的就医体验。

"+"就是跨界，就是重塑融合。信息技术革命、经济全球化打破了原有的经济结构、社会结构、文化结构、地缘结构，在互联网上形成了越来越多的共同利益相关者，他们组成不同的群体，构造起新的学习业态、商业生态和生活生态。"互联网+"渗透进各行各业，改变着传统产业，也在重新塑造我们的衣食住行以及生活习惯。如，"互联网+"金融，支付宝、百度钱包、微信钱包等第三方支付工具，使得我们的金融交易可以随时随地发生；"互联网+"教育，进入个性化、自主性、互动性的教育模式中，将知识的线上共享功能进一步扩大；"互联网+"家居，通过智能手机、智能手表、平板电脑甚至智能电视控制家中的智能家居系统，人们的生活质量以及生活品位得以提升。

（3）"互联网+"的直通与廉洁

"互联网+"时代，各类中介机构、中间环节、代理机构面临很大的挑战，除非他们能演变成平台型企业，否则受冲击很大。因为互联网压扁了流通渠道，厂家可以直通最终客户，让客户参与进来。由于企业直接与最终客户打交道，对中间环节构成压力。虽然企业不可能把所有的产品都通过电子商务去售卖，在销售环节可能还会使用中介机构，但是企业的市场控制力会大幅度提高。

"互联网+"还改变了市场上的信息不对称状况，一旦某个客户在互联网上发出声音，就会迅速传播到全国以至世界各地，形成巨大社会压力。企业对客户不得不有敬畏之心，消费者开始有了越来越多的选择权和话语权，商业环境日趋公平公正。"互联网+"也迫使很多权力部门改变工作方式。人们与各类机构打交道时，可以通过互联网预约，很多事情可以在网上办理，包括网上申请、网上交费、网上审核等等，这样就大大减少了权力寻租的机会，使整个社会的廉洁水平不断提高。同时，互联网作为监督约束的一个有效工具，可以方便地举报一些不法分子的行为。所以，"互联网+"的廉洁对规范市场秩序有很大帮助，必将加速中国经济社会转型。

2. "互联网+"的时代意义

"互联网+"战略是中国经济新常态下抢占竞争制高点，引领企业创新、驱动产业转型，推动众创时代到来的重要引擎。

（1）"互联网+"拓展国家竞争新内涵

在全球新一轮科技革命和产业变革中，互联网特别是移动互联网成为各行各业发展的新干线。以互联网为平台，信息技术与工业、新材料、新能源等领域的技术交叉融合，一方面催生新兴产业快速发展，另一方面通过与传统产业的融合渗透，助推传统产业转型升级，使国家间的竞争不再局限于传统产业，而是有了新的内涵。美国的《先进制造业伙伴计划》和《网络空间国际战略》、英国的《信息经济战略2013》等行动计划和战略的提出与实施，都是在谋求抢占竞争制高点、强化新优势。以"互联网+"工业为例，世界各强国纷纷提出新概念，部署新战略，落实新举措：美国提出"工业互联网联盟"，利用互联网优势激活传统制造业的创造力；德国提出"工业4.0"，部署传统制造业向互联网融合；我国制定"中国制造2025"计划，主攻方向是"智能制造"，其实质也是通过"互联网+"工业，在世界各国竞争中抢占产业变革先机，使我国由工业大国历史性跨越为工业强国。

（2）"互联网+"打造创新驱动新引擎

"互联网+"促进思维模式创新。互联网思维的突出特点是自由、平等、开放、免费、创新、共赢。随着互联网思维的不断扩散渗透，消费者逐渐形成便捷化、个性化、免费化的消费需求，这就促使企业经营者必须转变传统思维模式，对产品的生产、流通以及销售流程进行重新架构，以适应消费者这种新的消费习惯，从容应对互联网经济浪潮的冲击。"互联网+"促进生产方式创新。大数据、云计算的广泛应用，使区域内企业横向互联、上下游企业纵向互联、生产者与消费者直接互联常态化，供给端与需求端数据搜集、统计、整理和分析实时化。企业可以通过客户反馈信息改进设计，实现生产的柔性化、个性化与智能化，根据用户意见进行订单式生产，从而摆脱产能过剩困局，高效利用原材料和资金。比如，淘宝品牌商就是利用消费者的点击、收藏、购物车和评论数据，精准分析客户消费偏好和销售数据，再实时传递给工厂，工厂再根据销售和库存情况进行物料和产能调整，从销售相关数据中找出潜力畅销款，实现最优化高效生产。在生产技术上，伴随着电子信息、互联网、新材料、新能源、工业机器人、3D 打印等技术的加速推进，不同生产环节分工会进一步细化和专业化，促使生产者不断改进生产技术以淘汰落后产能。未来工业生产的发展方向是以"智能制造"为核心的工业 4.0 革命，"中国制造 2025"就在推动我国从"中国制造"向"中国制造"升级。"互联网＋"促进驱动模式创新。随着互联网平台的加速发展，大数据、物联网、云计算等新技术不断融入传统产业，出现了互联网电商、互联网金融、互联网物流、互联网教育和互联网医疗等新业态，并倒逼服务业、传统制造业甚至农业投入到创新升级的浪潮中。比如，大量农民加入农产品电子商务产业链的方式是，或者直接在网上开店，或者成为电商供应商，从而形成农产品新型流通模式，成为传统行业互联网化的典型案例。正是"互联网＋"通过网络化、平台化、信息化、智能化和扁平化，促使传统产业从要素驱动、投资驱动向创新驱动转变，促进经济结构调整，增强经济持续健康发展活力。

（3）"互联网＋"推动众创时代到来

李克强总理指出："互联网是大众创业、万众创新的新工具。只要'一机在手''人在线上'，实现'电脑＋人脑'的融合，就可以通过'创客''众筹''众包'等方式获取大量知识信息，对接众多创业投资，引爆无限创意创造。"2015 年 3 月，国务院办公厅印发《关于发展众创空间推进大众创新创业的指导意见》，部署推进"大众创业、万众创新"工作。以"互联网＋"思维和模式，可以有效改善就业环境，让更多人成为创业者，从而带动就业。在"大众创业、万众创新"的政策导向下，一批受过良好专业教育的创业者不满足于安逸的工作，以互联网思维推进个性化创新，孵化出一批高估值的新创互联网企业。以创客为代表的创业者们促进了中关村创业大街、创新工场等创新服务平台的兴起，这些创新服务平台集聚了资金、人才、科研、网络、数据等知识要素和创新要素，营造出良好的创业生态，反过来又推动相关体制机制创新，促进人们多方式、多渠道就业，助力实体经济发展。"互联网＋"真正把创业的广度扩展到了所有行业，随着互联网和各行各业进一步深度融合发展，最终所有的行业都可以统称为"互联网＋"行业。

二、互联网背景下现代企业经济发展的不足

现代企业是国民经济的重要参与者，现代企业的经济管理需要与优化产能结构相契合。经济管理工作繁杂琐碎，难以跟信息的发展速度。

1. 经济管理方法跟不上互联网的发展

互联网的快速发展产生了一系列互联网平台，现代企业经济的管理手段、运营方法发生了质的变化。现代企业虽然一直努力追求科技发展，但是在扩充过程中部分资源受到限制，软件的更新换代过于迅速，不利于经济管理工作的稳定发展。经济管理的方法发展滞落后于互联网的更新速度，导致企业的管理方法不稳定。

2. 激励体系不健全

现代企业在发展过程中并没有在激励体系中充分运用互联网，缺少与企业经济目标相适应的激励体系和有效的人才激励体制，导致企业激励体系烦琐，没有充分调动内部员工的工作积极性，导致绩效无法提升。企业内部结构不稳定，人员流动率提高，甚至存在泄露企业信息的现象，不利于企业长远发展。

3. 人员培训成本提高

随着互联网的普及，现代企业的人才流动率提高，甚至出现了"一才难求"的现象。高薪并不是吸引人才的主要因素，因为员工逐渐追求在企业中实现自我价值。企业岗位需求趋于多样化，需要员工具备多样的技术，因此企业的培训成本在总成本中所占的比例提高，加重了企业的成本负担。

4. 信息复杂化

在现代企业中，经济管理工作非常复杂，包括人才招聘、员工薪资管理、管理企业各个部门员工的档案等。传统的经济管理方法较笼统，没有系统化的操作流程，工作人员需要花费大量时间与各部门沟通，导致企业经济工作复杂化。

5. 管理者技术能力偏低

运用互联网处理工作信息，要求管理者具备专业技能。许多企业缺乏技术型人才，跟不上信息化潮流，只能培训现有的人才，增加了员工的工作量，导致员工对培训产生抵触心理，员工不满度提高。

三、"互联网 +"时代会计行业的发展趋势

"互联网 +"促进了会计服务模式的不断变化，会计业务转型的过程中受到了"互联网 +"发展的很大影响，不客气地说，现行会计服务模式甚至可以被逆转。当我国传统的会计行业遇上了具有鲜活力现代信息化"互联网 +"技术时，会计行业将会有

更好的发展。

1. "互联网+"提供个性化的会计服务

是谁使用会计报表呢？是股东。但除了股东外，公司客户，产品供应者，债权人和其他经济往来者也都是报表的使用者，投资者对会计的需求与债权人和供应商的会计需求是不同的。但是，在以前传统的会计阶段，根据会计准则只提供一种类型的会计报表，它是满足不了不同使用者的需求的，此外，无论是报表外部使用或者是内部使用者，他们并不是很懂会计知识，有的处于公司领导层的人物，有时又不好意思想下属咨询，那么他们的报表有什么意义呢？在这个阶段，财务报表简化政策正在慢慢进行。原来的报表准则对非专业的会计使用者来说，不太容易看懂，财务和会计人员在社会上不受欢迎。这就促进了多样化的会计服务的发展。

2. "互联网+"推进会计服务模式转型

原来的会计也仅仅只是财务会计，其主要工作也就是做账，编制下报表这些简单的工作。现阶段，管理方向的会计越来越受欢迎，就连财政部也在推行管理方向的会计，虽在已经取得了一些效果，但仍需进一步努力进行深化实施这个政策。现在会计从业者大多数还是简单的财务会计，而不是管理型会计。要实现低端财务人员到高端人才的成功转型，第一步就是会计人员要超越本位，不能一直停留在财务岗，而应该与公司发展需求相结合。例如公司战略会计，就是根据公司经营发展大方向目标，来进行合理配置资源。其次，要与公司生产经营和管理实施相结合。最后，管理会计不能仅仅公司内部的管理层服务，也要根据企业的发展制定可行的财务方针。

3. "互联网+"提高会计服务的及时性

传统的会计处理相对来说比较落后，但现在可以通过互联网来提高效率。传统的会计处理方法是，母公司是根据子公司编制好的报表再进行报表的合并；由于"互联网+"的发展，现在不用那么麻烦了，母公司可以与子公司同时间在网上编制报表。此外，互联网可以实时收集财务数据并共享财务数据。比如我可以立即看到该系统收入的增加。但是，由于时间上的滞后，传统的财务会计体现不出来这个作用。以财务报表为例，当月发生的经济往来下个月才会在帐中反映出来。但是，现在这个问题，可以通过在"互联网+"时代实时编制财务报表来解决。

4. "互联网+"促进会计服务平台建设

大型企业和中型企业财务管理的发展方向，是建立财务信息能共享的服务平台。建立平台的原因是财务信息用户能随时随地的查询所需要的信息，如果没有这个平台，财务信息很难为企业生产提供及时的服务。例如，一种产品在加工到一定程度后，其成为半成品，在当时想出售掉，如果没有财务数据共享平台为其提供成本信息，则出售价格不好确定。其实，财务共享服务平台就是一个最基础平台。既然中央企业也在建立财务共享平台，世界500强企业正在构建降低成本和加强管理和控制能力的平台，国家企业也都在建设，但国企的目标只是加强其控制能力。

5. "互联网+"促使财务分析大数据化

这些年以来，由于互联网技术的不断发展，财务数据有了不一样发展态势，而且呈现出一天比一天复杂的趋势。大数据已经引起了各界的普遍关注，有商界，学术界还有政府部门。同样，随着互联网的发展，财务大数据也形成了。内部管理者和外部利益攸关者成了公司财务分析信息的使用者。两类使用者之间获得财务分析数据的方式也不一样。公司内部经营者以外的人只能通过公司披露的信息进行财务了解分析。但是内部使用者不一样，他们是直接就可以进行财务信息的了进行分析，眼下，企业外部信息主要是通过互联网技术与平台进行披露。内部经营者则是根据其公司内部会计数据进行的财务分析。互联网时代的到来对会计产生了巨大且深远的影响。

自1993年以来，计算机的发展和互联网的出现和广泛应用，使用者了解财务信息就是通过互联网了解的。在现实生活中，就像公司通过证券交易所网站，企业创建的官方网站，以及财务信息官网披露财务信息。除了这些，公司还通过微博，视频等方式发布相关信息。除了公司自己发布的信息之外，其他互联网用户还会发布关于公司的信息，以及信息用户通过互联网可以找到公司相关的行业数据，公司经营状态以及人们对公司的评价等方面的信息。因此，互联网时代的到来使了财务分析数据来源和形式的多种多样。

财务分析只能基于公司内部的准确数据进行分析，要是没有互联网情况下，并不能获取到外部的数据信息；目前的财务分析和管理会计能够简单而全面获取内部和外部数据，因为利用互联网很容易收集到各行业、竞争对手、甚至政府以及国际市场上的数据。这样做出的决策就会比较精确。

6. "互联网+"提高会计的智能化水平

联网是必须在智能领域推进的一个步骤。因为没有网络是非常落后的一个时代，IBM在美国的知识比赛中，一直是NO.1，人的思维无法与其智能系统竞争的，因为它覆盖了整个互联网数据，每个答案平均需要三秒这样的速度又有哪个人可以做到，IBM仍在向更高端的智能化发展。我们的会计软件也需要智能，那么软件的智能是什么？这是进行深度学习的机器，以大量数据为基础，汇总找规律，然后再慢慢改进优缺点，智能将取代未来的标准化的重复性工作。

7."互联网+"改善会计服务资源配置

在"互联网+"的发展下，社会生产效率得到提高，社会资源也得到合理配置。这促使人们的日常生活节奏发生了不小的变化，生活方式也随之发生变化，在这种情况下，会计服务业价值也得到进一步的提升。在"互联网+"发展时代，将处理一系列与会计服务资源闲置有关的问题，会计服务资源会得到合理配置。所有财务会计事项将由会计人员在会计网络平台上处理。会计服务资源供过于求和中国需求缺口问题现在将得到改善。

8."互联网+"更新会计人员的思维

传统会计人员的思维相比较来说比较固化，不容易接受新的思维方式。在互联网时代，当会计人员遇到问题时，他们应该考虑网络手段能不能解决这个问题，社会资源又能否解决这个问题，而不是通过简单落后的方式解决问题。传统思维和方法不是一种科学管理。他们所说的"互联网+"思想是指，你需要知道通过调整社会资源基本能解决任何事情，任何事情都可以被实现。如果使用"网络预约审计"，会计事务公司不再需要成千上万的审计员进公司工作，这样一来，企业的成本就会降低，潜在的业务水平也会提高。所以，在"互联网+"发展下，也促使着会计人员的思维转变。

四、"互联网+"环境下财务会计受到的影响

1."互联网+"环境下财务会计受到的积极影响

"互联网+"为会计行业的快速发展提供了多种途径。通过建立网络金融中心和财务软件的创新设计，使企业的资金流向公开，透明，直观地反映企业的经营状况。企业的管理人员通过远程控制，实现了对子公司和部门资金的出处和流动的统一管理，实现会计的利润率，并实现财务管理的网络化。在网络环境中，与分散在地区的部门互相联系，加工并处理财务数据来满足管理人员的需要。

随着企业规模的扩大，随着跨国企业和地区经营的广泛运营，互联网和财务平台发挥的作用日益扩大。网络会计技术将企业管理转换成阶段性转换的方式。如果这样，企业可以进一步强化会计信息能力，报告书透明度会逐渐增强。企业可以通过网络直接获得大量的数据和信息资源，并通过完善财务运用的程序，加快财务运用的速度，并提供更确切的财务报表，让相关人员能够做出决定。在互联网飞速发展之后，会计处理信息的时间越来越多，运算过程简化、透明，使得财务计算规则化，程序化，财务监督是科学的，正确的。云计算、数据等信息技术背景下，会计从业者发挥管理职能，进行数据库设计行业的会计数据交换，反馈必要的信息，交易和决策都可以实现绿色化。同时，从经济效益角度和时间成本角度观望，"互联网+"改变了会计报表的传

递方式，使得财务信息的传递更加顺畅，且具有成本效益。

2."互联网＋"环境下财务会计面临的挑战

"互联网＋"环境下财务会计面临的挑战将会是经济转型的挑战。随着"互联网＋"和大数据时代的到来，会计人员要应对不断的变化。在这个时候，传统的会计管理与越来越规范的系统管理相比较而下，前者已经跟不上时代发展的步伐。会计人员的日常工作内容不仅是粗略的数据收集，而且是信息化数据的处理。在过去，会计人员的知识水平是有限的，企业数据统计分析工具的老化，企业财务分析总是根据内部历史数据，不能避免数据的老化和不完整性。"互联网＋"的迅速发展趋势正在风靡全球。各行业多多少少都会受到其影响当然，会计行业也受到很大的影响。因此可以看出，财务部门在公司发展中还是占着举足轻重的地位。虽然互联网给会计行业带来诸多的便利和帮助，但是就当前互联网在会计行业的发展状况来看还仍然处于起步阶段，应用还不算成熟，因此还要做出诸多的努力。

（1）会计信息资料存在的安全隐患问题

网络是一个相对现实来说比较虚拟的世界，在这个虚拟的领域中，缺乏很多特定的监督和管理人员，因此，会有很多安全风险。所以，相比而下，磁盘上存储的会计信息资料的安全性还是没有写下账本上的信息安全性高。所有的会计信息都存储在网络上，正因为网络资源共享性和延展性，使得会计信息受到极大的安全威胁，一旦会计信息丢失将会对企业经济利益带来极大的消极影响。

（2）会计人员专业技术水平问题

在传统的会计环境下，会计人员工作方式非常简单。工作日常基本就是整理整理账目，核算数据，检查一下数据是否正确等工作，尽管互联网在现代会计工作中被广泛使用，但互联网环境下的会计人员不仅需要会计专业知识。还应该拥有更扎实的电脑技能，否则会降低整个企业的效率。处在传统的会计环境下，会计人员需要掌握的成本会计知识也随之发生了变化。在新的环境下，订单方模式经济的发展导致了非库存生产的发生。因此，除了掌握成本会计知识外，会计人员还需要了解企业相关行业的知识。另外，现阶段商誉，知识产权等无形资产的经济纠纷层出不穷，会计人员面临着拓宽法律知识，开发创新能力的艰巨任务。

（3）会计国际化的问题

现时代，使得人们关系紧密相连的原因之一，是互联网的逐渐普及和电子商务的快速发展，经济全球化的发展为电子商务经济市场的发展提供了巨大的支持。人们可以通过网络在短时间内完成数千万甚至数十亿美元的大量业务，并且拥有数千里以外的客户。在一定程度上而言，地球村正在逐步形成。这也就代表着公司即将展开全球化的同行业竞争，而且强度正在增加。因此，为了长远发展，企业必须加强核心竞争力，包括改革管理体制，引进创新人才，提高技术水平。因此，企业必须走向国际，想要发展自己，就必须先了解别人。保持前进方向上与国际一致的前提条件是，必须在符合中国国情的基础上，包括熟知国外通行的会计制度，核算方法，财务报告制度，并由此形成一个适合自己，通行于国际的会计程序和制度。只有这样做才能更好地应对全球化的竞争。

五、LJ 科技线上线下渠道整合模式

1.LJ 渠道整合的必要性和可行性

LJ 的渠道冲突导致渠道效率下降，渠道所有参与成员的利益受损。基于家居行业的特点，LJ 重新审视和调整目前运行的传统电商 B2C 模式的紧迫性和必要性是不言而喻的；而更加贴合 LJ 行业和产品特征的 O2O 模式，一定会成为 LJ 渠道整合的可行之路，也是必由之路。

（1）发展传统电商的困局

1）传统电商 B2C 的局限性

随着近几年电子商务的高速发展，使得大批的网络消费者的消费行为越来越成熟与理性，而传统纯电商 B2C 所暴露的问题和不足也逐渐显现出来，阻碍和影响着电子商务的良性发展。多年的实践表明，质量和售后服务是网络消费者最担心的两个问题。线上商家为了增强商品的感官效果和说服力，通过摄影、灯光、制图以及夸张的文字等手段，使消费者享受到超越现实的网络体验。由于网络消费者不能如实体店消费那样见到实物商品，所以当把东西真正拿到手时，经常会感到名不副实。比如我们都有这样的体会，在网店上看到服装漂亮的色彩与实际拿到手的一比较，常常是有差别的，甚至是大相径庭。另外，由于销售地域的限制和物流费用的影响，纯电商的一些售后服务也经常流于形式。

目前来看，价格的优惠依然是人们选择网上消费的主要动因。对于价值较低和购买频次较高的商品，人们愿意在一定程度上牺牲对真实体验和有效售后的需求、而去追求价格的优惠。而对于高价值的商品，传统的 B2C 电商模式不能满足消费者对体验的真实性和优质售后服务的要求时，他们就会转而到线下实体店去了解和消费。

2）LJ 发展传统电商的制约因素

首先，LJ 的寝具产品由于其科技性和功能性强，属于中高档耐用消费品，主销床垫的价格都在 2 万元左右。它不同于服装服饰、日用品等低值易耗品，它一旦购买，少则使用几年、多则十几年的使用周期，使得消费者在消费时会异常的谨慎，这也使

得 LJ 的传统电商之路不但引发渠道冲突，而且电商本身也是举步维艰。

其次，伴随人们生活水平的提高，对个性化的需求越来越彰显。消费者对床垫产品的规格、包括尺寸大小、厚度的要求，还有色彩和款式是否与床架和卧室风格搭配，以及对 LJ 床垫较为复杂的功能特色的了解，都不是单纯的线上服务能够解决的。还有，纯电商的物流系统面对 LJ 的大件床垫产品，体积大、重量沉、物流成本高企；更重要的是，由于纯网购的局限性产生的消费体验偏差，一旦发生退换货问题，它可不同于体积轻巧的小件产品，其操作难度和费用是可想而知的。

最后不得不提的是，LJ 床垫是分区组合型产品，而且有的产品分冬夏两面使用，是需要送货上门和安装售后的。纯电商由于地域的问题，只能通过网络指导和用户靠说明书安装，很容易装错而使用户利益受损和公司形象下降。综合以上因素分析，原先在日用品、书籍和服装行业运行良好的传统电商的 B2C 模式，直接套用在家居寝具产品上是不合时宜的，LJ 要想跟上互联网经济的大潮，还需探索适合自身企业和行业特点的渠道模式。

（2）渠道整合的必由之路——O2O 模式

O2O，就是线上线下电子商务模式，是继 B2B、B2C、C2C 之后的全新电子商务模式，指的是把线上消费者带到线下实体商店中去，消费者采用线上支付方式购买线下的商品或服务，然后再去线下体验商品和享受服务。O2O 模式的特色是，把信息流和资金流放到线上，把商流和物流放到线下。通过 O2O 线上线下一体化平台，消费者可以在线上搜索商品和服务的信息，挑选并支付购买所需的商品，并且获得比线下更优惠的价格，同时在线下实体店的配合下，可以享受到放心的实物体验与售后服务，规避诚信风险和提升物流配送的能力；商家可以充分运用互联网无边界的特点，扩大宣传范围，提升集客能力；导流更多的消费者去线下实体店消费，并且能够极大提升对消费者的服务效果，同时降低线下实体门店对店面位置等高成本因素的依赖，降低线下运营成本。O2O 模式特别适合于餐饮、家居、旅行以及各类生活服务行业。

从营销渠道整合的基础理论来讲，O2O 模式也特别符合交易成本理论、资源基础理论和关系营销理论的要求。LJ 寝具产品的销售一直依靠线下的特许加盟专卖店，客户在消费过程中特别重视消费体验的效果，LJ 的寝具产品由于具有生态睡眠养生和卧室空气净化的效果，有的客户还要睡在床垫上体验和感受床垫的功能效果；同时，寝具产品的配送、安装和售后又过度依赖于线下专卖店，致使 LJ 寝具的网络销售一直无法与其他行业和产品一样火热发展，更为严重的还引发线上线下的广泛冲突。O2O 模式的出现使 LJ 科技既可以发挥网络优势，吸引线上客户；又能通过线下实体店的体验和服务保证客户的消费质量，定然成为 LJ 科技解决渠道冲突、实施渠道高效整合的必由之路。

（3）LJ 实施 O2O 模式的优势

1）强大的筛选功能，节约客户时间成本。客户线上浏览 LJ 产品，足不出户就可以尽览无遗，而且还可以和相关同类产品做对比，省去了传统线下疲劳战式地走街串巷。

2）互联网是最经济的传播媒介。LJ 产品可以在网店中最大限度地展示，它没有实体店的面积限制，极大地发挥了网络经济的效益。

3）在 O2O 模式下，LJ 线下的体验店由于无需承担主要的集客功能，所以可以把体验店开到相对偏僻但交通便利的区域就可以了，可以有效地降低线下的门店成本。

4）运用 O2O 模式，LJ 总部可以直接线上销售，并结合线下体验的模式，这样总部和经销商可以同时面对终端客户，更有利于及时了解和满足客户个性化的需求。

2. 传统家具企业 O2O 成功案例解析

（1）喜临门床垫的 O2O 模式

喜临门，上海证交所的 A 股上市公司，国内床垫行业的领军企业。旗下不仅拥有"喜临门""法诗曼""BBR"三大线下品牌，还拥有"爱倍""城市爱情""呼噜噜"等线上品牌；线下实体店巩固传统客户，线上在天猫和京东开设品牌旗舰店吸引年轻人的消费。通过微信、微博甚至微电影推进全方位线上营销。统一产品定价，融合线上线下；喜临门分阶段推出统一价格的新产品替代价格不一的旧产品，逐步实现线上线下同价。发放睡眠护照，协同线上线下；喜临门在双十一时，在线上网店预售每本99 元睡眠护照，包含一张价值 500 元的抵用券和一个乳胶枕，但只能到线下门店去领，巧妙的引流客户到线下。喜临门线上线下协同的 O2O 模式，线上支付和售出的产品、线下加盟商只需承担床垫的配送、安装等售后工作和相应的成本，便可获得出厂价和零售价之间的利润。这样的双赢的分配机制是厂家和加盟商都愿意接受的。

（2）酷漫居：用 O2O 模式做儿童家居

成立于 2008 年的酷漫居是一家主打迪士尼漫画主题的儿童家居线上线下服务商，已全面入驻天猫、京东、唯品会等第三方平台，再加上自有的官方商城，完成了线上电商的全面布局，并实施线上线下产品的同产品同价格同服务。利用二维码技术，打通线上线下。随意走进酷漫居的线下门店，就会发现每一件陈列的家具上都会有一个二维码，这就是其打通线上线下的关键。当有线上客户通过引流来到实体店体验产品时，导购员便会用手持的 ipad 扫码，就会看到这件家具详细的资料，补充门店展示空间的不足；而且，对于看中产品的客户，客户也可以使用移动设备扫描二维码在线下实体店完成线上支付的功能。同时，客户的订单信息马上汇总到酷漫居客服中心的

CRM 系统，以利于客服人员分析客户数据，改善营销推广水平。此外，工厂也会接到订单信息，开始生产和备货；随后由物流公司打包发运到线下门店，由门店到客户家中安装和售后。整个消费过程线上线下协同一致，形成闭环O2O系统，给客户以优质、放心的购物体验。

3.LJ 科技 O2O 模式的选择

O2O 这种新型的线上线下相结合的渠道模式，其具体的实施形式因企业而异，不同规模不同行业不同特点的企业需采用不同的运作模式，一般有以下几种模式可供选择：

（1）官方商城＋专卖店模式

此模式适合大型的品牌制造商，此类公司品牌知名度高、财力雄厚、线下拥有广覆盖、高密度的品牌专卖店，有实力建设功能强大的官方商城。这样的企业具有在线下多年经营传统专卖店的强大实力，O2O 模式的导入使企业的渠道模式如虎添翼。凭借强大的线下实力，线上客户和线下客户同享线下的配送、安装及售后等服务。这种模式的消费流程如下：官方商城发布商品和促销信息—客户线上浏览筛选商品—客户线上下单（或先去专卖店体验再下单）并支付—官方商城与线下专卖店沟通订单内容和款项分配—线下专卖店安排配送安装和售后服务—客户返回线上官方商城评价。采用此种模式的企业重点解决线上官方商城与线下专卖店之间的产品定价和利益分配等问题。

（2）官方商城＋体验店模式

此模式适合中小型企业，此类企业实力有限、资金不足，介于旺铺租金的压力，难以在黄金地段开设足够多的专卖店。这样的企业可以发挥 O2O 模式的优势，线上的官方商城承担主要的集客作用，而线下原有的专卖店可以弱化集客功能，向线下体验店转化，体验店的选址也就无需依赖黄金地段了，并且由于线上的无边界的产品展示的支持，面积也可以小一些。同时线下体验店可以依靠原来的配送、安装和售后人员来实现线下服务。此模式的应用流程如下：官方商城发布商品和促销信息—客户线上浏览筛选商品并初步确定购买意向—客户到线下体验店体验商品并确定最终购买意向—客户线上下单并支付—线上官方商城安排线下体验店配送安装等工作—客户返回官方商城评价。采用此种模式的企业重点应放在更优惠的价格和提升知名度上来。体验店的位置调整和面积减小后，节约的租金可以让利于客户，有价格优势，即使位置偏一些，客户也愿意来体验和消费。中小企业的品牌知名度低，他们可以和高德地图、百度地图等导航系统合作，以使客户更容易找到体验店。

（3）第三方平台＋专卖店模式

此种模式适合小微型企业，它们的实力更弱，没有能力建立自己的官方商城，线下专卖店的数量少，覆盖范围小。此类企业可以借用成熟的第三方平台，如天猫、京东、美团等，来实现自身的 O2O 改造。此模式的应用流程如下：企业在第三方平台发布商品和促销信息—客户线上下单（或先到专卖店体验再下单）并支付—第三方平台向客户发放数字凭证，如验证码等—客户凭数字凭证到线下专卖店体验—专卖店负责配送安装及提供售后—客户返回第三方线上平台评价。此种模式的核心是企业提高产品的性价比。

综合以上三种 O2O 模式，结合 LJ 的规模和特点，LJ 科技最适合的是第二种模式无疑，官方商城＋体验店模式。

4. 基于 4P 理论的 LJO2O 实施策略

（1）O2O 下的渠道策略

1）线上渠道的调整和优化 LJ 原有的线上渠道是公司直营的第三方平台的天猫旗舰店与中间商经营的天猫专卖店的格局；另外，还有线下加盟商未经公司允许、私自开设的淘宝店。为了 LJ 渠道 O2O 改造的成功：

①第一步，严格按照特许合同的规定，坚决要求加盟商关掉私开的淘宝店；如不服从，将暂停此类加盟商的供货权，以确保执行的效果。

②第二步，LJ 线上中间商数量少，且都是短期合同，随着合同的陆续到期，取消线上中间商的天猫专卖店，可以帮助他们在即将建设的 LJ 官方商城预留端口，同时开设线下体验店，以实现 O2O 模式的改造。

③第三步，保留公司直营的天猫旗舰店，虽然它作为第三方平台，不能为线下的每个门店提供服务支持端口，但仍可作为 LJO2O 模式下、线上平台的有益补充，借用天猫的品牌效应和巨大流量进行宣传和集客。

④第四步，也是最重要的步骤，借鉴曲美家具的模式，建立自主的 LJ 官方商城，运用官方商城可以为线下所有的加盟店和直营店接通端口优势，来构建 LJO2O 模式强大的线上核心平台。互联网时代，"非互动，不营销"，随着移动互联技术的迅猛发展，社交媒体的交互式、互动式营销越来越重要，LJ 已经建立了微信的官方商城，利用微商城也可开放端口、连接线下所有实体店的优势，辅助互联网官方商城，强化O2O 的线上平台功能。

2）线下渠道的调整和优化

LJ 由于寝具产品所具有的健康和养生功能特征，本身就需要很强的产品体验功能，再加之又是耐用消费品，销售量少而单件金额大，门店位置并不是核心盈利要素，因此很多门店的位置本身就比较偏，房租成本也不高；对于此类门店，很容易就直接转化为O2O的线下体验店。而对于LJ少数处于黄金地段的加盟店和直营店，它们是起品牌拉升效应的线下旗舰店，主要分布在居然之家等知名家居卖场内和街边的黄金地段；而由于O2O模式的需要，这些门店要调整到租金相对实惠的非黄金地段，并可以适当减少门店面积，但需要交通比较便利。这项工作已经在LJ全面展开，高端家居卖场内的门店已经全部撤出。

3）实现线上线下渠道的链接

线上链接线下借鉴国美模式，以LJ官方商城为主，并以LJ微商城为辅，开放端口，连接所有线下实体店；消费者在线上初步预定了某商品，就可以通过商城的连接端口，迅速找到距离最近的实体店，及时去线下体验和验证。线下与线上的链接可以借鉴酷漫居模式，在线下实体店所有的LJ展示产品上，粘贴二维码；工作人员和消费者都可运用ipad、手机等移动终端，直接扫描二维码而进入官方商城，延展产品展示和比对价格等。

（2）O2O下的产品策略

1）瞄准线上平台，打造年轻化品牌

LJ的产品构成目前主要是适合线下实体店销售的以寝具产品为主、以空气净化产品和水处理产品为辅的架构。产品用料考究、功能全面、成本和价格也高，属于中高档耐用消费品，适合的目标市场是40-60岁的中年中产阶级以上的客户群。借鉴喜临门的O2O产品策略，LJ也需要瞄准线上、开发适合于线上销售的产品线系列。线上的目标客户以80后90后的青年和青少年为主，因此产品应具备青春活力的韵味，成本和价格要低，功能不必全面、但要聚焦，计划开发两款床垫系列，一是适合新人的婚庆系列床垫，其特点是面料生态环保、并能释放负离子净化卧室空气，适合于新人新居的环保健康之需；二是开发专供学生的护脊床垫，关爱青少年的健康成长；同时设计LJ网上卡通形象"嘉嘉"来活跃以青少年为主的线上目标市场。

2）实施线上线下同产品策略

为保证O2O模式的长远发展，LJ原有的线下渠道主销产品要全部上线、运用网络无局限的空间优势，全面展示LJ产品，强化线上向线下的引流作用；LJ线下的实体店也要展示LJ线上主推的青少年产品，以实现线下引导线上消费的O2O互动效应；线上产品的全面展示可以弥补线下实体店展示面积不足的问题，而线下实体店一是通过实物展示，二是运用移动互联终端设备、通过二维码与线上链接的补充展示相结合，全面实现线上线下产品的全面一致化展示。

（3）O2O下的价格策略

1）统一产品定价，融合线上线下

LJ作为传统企业，布局O2O模式，线上线下价格不统一是很大的障碍，也是线上线下渠道冲突的主要原因之一。LJ应参照喜临门床垫的成功做法，分阶段推出线上线下所有渠道同品同价的新产品，逐步替代原有的不同价的老产品；通过促销支持的经济杠杆作用，对原来的线下价格较高的产品实施较大的促销补贴，促动价格的降低；逐步实现线上线下全渠道价格的统一。

2）加盟商暴利差价观念的转变

随着互联网电子商务的蓬勃发展，产品和价格的信息越来越透明，LJ传统加盟商通过信息不对称获取高额利润的时代已经一去不复返了。LJ实施O2O策略，线上的集客和促销功能的加强，会使线下加盟商的门店租金、人力成本等显著下降，为线下加盟商接受比以前低20%左右的线上线下统一的零售价格腾出了空间。另外，随着O2O线上集客导流功能的增强，LJ线下实体店的客源数量也会得到提升和改善，也许单品利润会下降，但销量的增大，会弥补价差的减少，从而呈现同品同价下、销售效率提高后的整体利润增长效应。

（4）O2O下的促销策略

O2O下的LJ促销策略，区别于以往线下和线上经常处于分割状态的促销政策，关键的不同点是：O2O下的促销特色在于，一定要通过促销的牵引，实现把客流从线上导入线下。参照上文所谈到的喜临门床垫运用"睡眠护照"的促销方式，成功把大量线上客户引流到线下的成功案例，针对线上客户通过打折卡、抵用券、入店有礼等方式，限制只能在线下实体店领取或享受，这种链接式促销的导流效应是O2O模式实现的重要策略和手段，既能促进实体店的销售增长，又能从根本上弥补客户对LJ电商的不信任，从而促进实现O2O线上线下的双赢局面。

（5）O2O模式的运营流程

综上所述，LJO2O模式的运营流程有以下两种方式：

1）主运营流程：线上发起，引流线下官方商城/微商城/天猫旗舰店发布商品和促销信息—线上客户浏览筛选商品并初步确定购买意向—客户到线下体验店体验商品并确定最终购买意向—客户线上下单并支付—线上商城协调线下体验店配送安装等工作—客户返回商城评价产品和服务。

2）辅运营流程：线下发起，引流线上实体店发布商品和促销信息—线下客户体验遴选商品并初步确定购买意向—客户到线上网络店比价/比优惠/了解客户口碑反馈并最终确定购买意向—客户线上下单并支付—线上商城协调线下体验店配送安装等工作—客户线上商城评价产品和服务。LJ 以上两种主辅 O2O 运营流程的交互运用，将实现全渠道线上线下 O2O 的双闭环效果，助力 LJ 渠道整合变革走向成功。

5.LJ 实施 O2O 策略的支持与保障

（1）便捷的交易支付系统客户

确认订单后即可在 LJO2O 线上平台在线支付款项，其实所谓的线上支付它不受时空条件的限制，在实体店运用支付宝、微信等扫二维码的方式，都可以实现在线支付；而对于那些不习惯或不放心网上支付的客户可由线下体验店收款后代为进行线上支付，并打印缴费凭证交付消费者。这种交易支付方式在使客户获得最大便利的同时，可以使 O2O 网站平台具有统一的支付管理功能，有助于提升 O2O 网站平台的整体协调运作能力。

（2）合理的线上线下分账系统

LJ 经过上述的 O2O 模式改造后，主要是设计好线上官方平台与线下经销商之间的分账机制。LJ 的网络官方商城和微商城都可以设置端口，来连接线下所有的实体店，线上客户在浏览筛选商品后，可通过线上端口就近选择线下实体店进行体验和验证，自然线下的分账归属就可以一目了然；而线下客户引流到线上下单支付，只要在线下门店扫了二维码，分账归属也更是清清楚楚。在分账归属明确的情况下，分账的额度可参考喜临门床垫的政策，在实体店承担客户线下体验和验证接待、配送、安装和售后服务的前提下，其可以享受出厂价与零售价的差额，这显然是 LJ 总部和加盟商都乐意接受的。

（3）高效的物流配送系统

物流配送是 LJ 作为家居床垫大件产品行业实现 O2O 的重要保障。像京东一样自建物流系统可为消费者提供更为优质快捷的服务，但是物流体系的前期建设需要的投入非常大，这对 LJ 不太现实也没有必要。"现代大物流"的兴起为家居行业提供了绝佳的支持环境，LJ 可以根据需要随时选择购买第三方外包物流服务，实现以第三方物流企业的配送为主、自有小规模物流部门的对接为辅、双方信息与资源共享的物流配送模式，可最大限度地借力专业的第三方物流，减少物流总支出，降低 LJ 运营成本。

（4）完善的用户管理系统

关系营销理论告诉我们，在渠道整合（O2O）过程中，必须搭建线上线下一体化的用户管理系统（CRM 系统），即全渠道用户管理系统。以用户为中心，统一记录用户的消费信息，实现线上线下全渠道大数据共享。LJ 拟建立全渠道的 CRM 系统，打通线上线下。它通过手机注册即可成为会员、享受会员的各项专属服务；一方面，可以加强 LJ 客户的黏性，提高重购率和转介率；更重要的是，用户信息在全渠道共享，实现对用户服务的高效协同。

第二节　互联网时代推动企业
经济管理模式持续创新

一、创新经济管理思维

在"互联风+"时代，企业要想更有效地开展经济管理工作，必须在创新经济管理思维方面狠下功夫，重中之重就是要牢固树立"互联网+"思维，大力推动经济管理网络化、信息化、智能化水平，特别是要着眼于提升经济管理的系统性和效能性建设，进一步健全和完善经营管理体系，改变传统的经济管理思维，着眼于推动"管理型"向"服务型"转变，进一步拓展经济管理领域。比如通过运用信息化手段，大力加强企业经济管理资源的整合力度，特别是在应用 ERP 系统开展经济管理的过程中，应当将大数据技术、云计算技术、电子商务技术等进行有效融合，使企业经济管理更具有资源整合性、战略支撑性。创新经济管理思维，还要高度重视发挥广大员工的积极作用，比如通过网络化管理模式建设，使广大员工参与到经济管理当中。

1. 适应新的竞争形势

市场在很早以前就已经存在，从人类进入商品经济时代就有了各种各样的市场交易方式，因为当时交易手段很少，市场空间又小，所以当时市场的交易人数和辐射范围都很有限。如今随着互联网时代的兴起，传统的市场发生了翻天覆地的变化。在互联网经济的环境下，地域垄断的现象已经彻底消失，交易信息的来源不再受限制，变得及时、广泛、准确。

如今，商业信息不论是在广度方面，还是在深度以及速度方面都有了空前的提高。有些互联网通过快速聚集大量消费者和供应商用户迅速提高了互联网平台的现实价值，同时互联网平台的潜在价值的厚度也提升到空前状态。在互联网经济的环境下，企业在经济市场的竞争形势也正逐渐发生变化，向着更高层次跃进，平台竞争形式如今已经成为新的制高点。

从整体的商业发展史分析，企业的竞争主体是一个变化过程，从产品竞争，到产业链竞争，再发展到以后的平台竞争。在最开始的产品竞争阶段，企业之间进行的是对产品和服务性价比的竞争；在之后的产业链竞争阶段，企业之间进行比拼的是企业对产业链的掌控能力和由此而获得的议价能力；在如今的平台竞争形势下，各企业进行竞争的资本就是商业生态系统的构建和孵育能力。

为适应当下的经济市场竞争环境，各企业要结合自己的行业特点，通过对互联网手段的运用，构想出自己的平台竞争优势，把各个企业之间以往传统的合作模式向网络组织模式转化，向供应链协作模式转化、向虚拟企业以及国际战略联盟等模式转化。企业一定要意识到形势的严峻性，要么屈于平台，要么成就平台。企业能不能很好地适应平台竞争这种新的竞争方式，是企业能否在互联网经济环境下获取竞争地位的关键所在。

2. 开拓互联网战略新思维

随着科学技术的快速更新和互联网经济的发展步伐的进一步加快，瞬息万变的市场经济使企业所处的环境更加具有复杂性和多变性。在这种没有基本规律的动态多变的市场环境中，企业管理者必须调整以往的企业战略思想，改变企业战略对策，对企业的发展目标和发展重心进行从新定位，使其与互联网经济有效融合，摒弃以往的企业生存状态和企业的发展节奏，把企业运营管理的整体水平提高到一个新的层次，并有效地提高企业的运营效率，形成一个能够很好适应互联网经济环境下的企业运营体系。

为了迎合互联网经济市场的多变性和不稳定性，对企业的管理模式、企业的竞争策略以及企业的营销策略要不断地创新，不断追求和探究能够适应当前社会消费移动化、需求个性化的发展趋势。在互联网经济环境的影响下，企业互联网化已经成为未来市场发展的必然趋势，所以企业产品、企业服务、企业营销以及企业运营都要向着互联网化的方向转化。

3. 跨界创新战略的实施

企业对跨界创新战略的实施是促进企业发展的亮点，同时也是关键点。如今跨界创新概念还没有更深入地渗透到企业的运营思维当中。因此，有很多做了很久的运营商到头来连自己的竞争对手是谁都不清楚。现实当中就有很多比较典型的跨界创新的实例，如支付宝和于银行，微信和于运营商等等。如今电商对平台实施开放性运营，正在实现从品类的跨界、平台的跨界到行业的跨界的飞跃，进而形成更新的电商商业模式。通过对各个方面跨界创新的实现，淘宝网已经打破自己的运营边界并且在不断下沉，如今，淘宝网的整体覆盖范围整已经发展到整个电子商务生态链。跨界竞争现在已经企业之间进行竞争的热点、关键点。如今在互联网的新时代，产业边界正在打开，从一个行业领域，到另一个可能相互之间不存在很大联系的领域，产业之间以迅猛的速度融合，企业和企业之间的异质化竞争正在不断加剧。受互联网经济的影响，因为传统的创新思维已经不能适应市场经济竞争的需求，放开企业思维，打开创新思路，实施跨界创新战略，使其成为企业更长远发展的新动力。

4.革新企业管理模式

在互联网时代的环境下，以往受时间和空间限制的传统信息传递方式已经成为过去。现如今随着互联网信息平台的不断发展以及推广使用，进一步完善了企业和用户之间的互动交流机制。通过互联网信息平台可以给人们提供所需要的各种信息和数据资料，同时对企业的技术革新和产品升级有极大的促进作用。信息渠道的不断网络化加快了网络新经济的变化速度，缩短了网络新经济变化周期。

为了更好地适应瞬息万变的网络新经济态势，同时达到客户各种多样化和个性化的要求，企业对技术革新和产品升级速度都要进一步加快。当然，这种高成本，快节奏的运营模式对企业传统的管理又是一个新的挑战。企业在面临更大更严峻的挑战时，一定要做好充分准备，紧跟市场的更新步伐和技术的革新速度。所以说企业的管理机制要向着快速运转、团队作业、反应灵活的方向发展，创建出客户为主体，结果为指导，具体高度灵活性的企业管理模式。

5.ERP 在企业经济管理中的作用

（1）ERP 系统基本概念

ERP 这个概念最初是 20 世纪 90 年代末期首先由美国提出的一个全新的企业管理理念，具体的内容主要是：针对现代企业内部所有资源开展系统化的管理，从而使得企业综合性资源变得更加平衡。通过将 ERP 系统应用于现代企业管理之中，可以促使企业的各个部门的业务活动开展得更加协调，同时也能够使得企业在市场竞争过程中自身实力显著提升，从而能够最大程度地促使企业的经济效益得以显著提升。特别强调的一点就是，ERP 系统是一种全新的企业管理系统，主要包括了很大软件包以及ERP 的各个功能模块，在信息以及数据得到共享的前提下，可以对企业经济管理过程当中所出现的问题加以解决，以确保企业内部各个部门的信息以及资源变得更加优化。

（2）ERP 系统在企业经济管理之中的作用分析

1）促使企业成本管理水平上升

对于企业而言，其成本管理能够使得企业的总体发展以及经济战略目标尽早实现，作用较大。企业若要尽早实现经济目标，最重要的便是使得企业的生产经营成本水平显著降低，从而扩大企业的利润空间。这是企业生产经营活动之中的一个重要的目标，同时它也是企业能够在激烈的市场竞争中崭露头角的一个重要前提。若要使得企业的成本管理水平显著提升，那么就需要将 ERP 系统深入地融合至企业的成本管理过程当中。强化 ERP 系统与企业成本管理之间的互相融合与渗透，可促使企业能够更好地把握市场、了解行情，并根据自身发展特点来改善自身产品的质量以及服务质量等。ERP 系统可以促使企业生产经营中的各个环节的成本得到有效地控制，强化成本管理工作的精细化管理，在人机合作的条件下，能够更好地规避过多的人为因素对企业经济管理所产生的影响。

2）节省企业运营成本

在企业的各项经济管理之中，ERP系统之所以得到最为广泛的应用，主要是该系统能够最大程度地促使企业的经营成本水平显著降低，而且还能够将其控制在最低水平。其中，ERP系统的一个十分重要的基础就是运用现代化的计算机技术，可对企业内部的各种资源进行优化处理及整合，从而能够很好地构建全面的企业资源以及解决方案信息储存库。在这其中，包含了企业的生茶、采购与销售等方面的环节，在综合应用信息技术的条件下，可以对企业的经营状况进行全面的把握与了解。此外，对于不同的经营状况，采取相应的调控策略，从而对企业运营成本进行有效地节省。由于ERP系统属于一种现代化的管理系统，很多丰富的经验集中在一起，可以更加深入地促使企业运行效率显著提升，企业自身经济效益也随之而不断提高。将ERP系统应用于企业的经济管理之中，企业的各项管理功能可以得到丰富与强化。

（3）ERP在企业经济管理中的应用对策

1）业务流程的有效重组

企业在实际管理之中，ERP系统可以对企业自身的业务流程很好地进行重组，它是系统自身的一项十分重要的功能。其中，ERP系统在实际操作过程中，应该注意对传统的业务流程与ERP系统的业务流程进行对比分析。然后，应该与ERP系统有机地结合，并对其加以判断，对于系统管理方面所存在的缺陷进行严格地检测分析，一旦检测出现问题，那么就务必要将ERP系统与企业的业务流程之间有机地整合，唯有如此，才可以根据企业的生产业务流程中所存在的缺陷，给予相应的处理以及调整，以确保企业的工作效率显著提高。

2）促使相关工作人员的业务素质水平的提升

在企业实际的经济管理过程当中，ERP系统逐渐发展成为一种可靠性的管理方法。而为了能够将ERP系统的作用发挥至极致，且将其进行灵活地运用，依然需要依靠工作人员，应促使其更为深入地对ERP系统的相关内容加以了解。在此种条件下，应该定期地组织相关工作人员参加培训，以增强其业务水平。在培训教育方面，应该对技术以及专业方面的培训内容加以明确，进而科学合理地将ERP系统应用于各个环节之中。

3）加强成本管理

企业只有不断加强成本管理，才能推动企业健康稳定发展，才能落实企业经济战略目标，才能提高企业经济管理水平。随着市场经济的快速发展，企业为了处于市场最前沿，实现经济效益最大化，就需要在提高产品与服务质量的同时，使用尽量少的生产经营成本，不断强化自身的市场竞争实力。这是现代企业生产经营过程中必须重点关注的目标之一，还是提高企业应对各种竞争与挑战的前提条件。以往中，企业成本管理经常受到众多的因素干扰，尽管实际成效较好，但同时也发生了一些问题，对企业整体发展带来不利。所以要想获得更高的成本管理效率，企业管理层就必须充分认识到 ERP 系统的重要性，将其全面渗透到成本管理各环节中，起到一种相辅相成的作用。企业在 ERP 系统的功能优势下，可对现代市场发展情况及其需求深入掌握和分析，以此调整优化产品质量及服务性能，找准企业发展方向。

二、创新经济管理平台

企业要将创新经济管理平台作为推动"互联网+"时代经济管理模式创新的重要战略性举措，大力加强经济管理平台的改革和创新，更加重视网、云、端三者之间的协调和配合，并且要在技术支持和服务方面取得突破，要从"管资金"向"管资金、管资产、管风险、管发展"的方向努力，可以运用信息技术和大数据技术，通过构建财务"风险点"监测和排查机制，及时发现财务工作中面临的各类针对性。创新经济管理平台，还要高度重视经济管理平台的融合创新，比如企业应当将各类管理平台进行系统的整合，使各类资源和数据能够实现共享，进而在开展经济管理工作的过程中更具有系统性，同时也能够促进经济管理模式的重大变革。

1. 构建原则

集团大多为跨地区、跨行业、跨所有制甚至为跨国经营的资本运营实体，是由多个具有独立法人资格的企业组成的企业群体。为此，集团的财务管理要在保持集团利益的前提下，既发挥集团的整体优势，又充分尊重子公司的法人地位，不宜采取过度集权的方法，以免影响子公司的积极性和主观能动性。基于此，集团的财务集中管理模式构建应遵循如下原则：

（1）信息对称原则

集团子公司经营信息上要取得对称，如同股东对管理者的监控一样，这是集团型企业对子公司管理的基础。只有在此基础上，其他的管理措施方可生效。这些经营信息要尽可能地做到全面及时，对于重大的异常事项，有自动的触发与上报机制。

（2）预算控制体系原则

集团财务核算体系应建立在一个高效率的预算控制体系的基础之上。从强化资金控制入手，加强对现金流量的监控。在加强业务预算的基础上，推行全面预算管理，合理地筹集和使用资金，确保资金占用和资金成本最低。预算是计划工作的成果，它既是决策的具体化，又是控制生产经营活动的依据。集团财务预算体系必须以市场为龙头，以效率和效益为核心，以财务管理为枢纽。一方面要对下属单位的预算进行实时控制，另一方面要能及时对预算数据进行汇总和分析。

（3）核算型向管理型转变原则

传统的会计核算是按照会计主体、会计分期、持续经营、货币计量来进行会计的记账、算账和报账工作。主要是资金支付、会计核算和会计报表，集团应通过核对各单位预算指标情况，严格控制各单位的用款进度，对预算指标实行即时控制，合理控制超预算计划用款。加强事前预算、事中控制、事后分析，使集团从核算型向管理型转变，彻底扭转单纯的核算机构的观念。

（4）财务集中管理原则

随着企业组织形态的发展，经历了集中—分散—再集中的历程。而今的集中，不再是小规模企业的简单集权，而是基于现代信息技术手段的内部控制流程的再造。集中财务管理是现代生产力的产物。一方面，现代经济催生了复杂结构的大型企业集团，产生了集中财务管理的需求；另一方面，现代科技为其提供了技术上的可能。

2. 构建方式

传统的集团财务管理是一个分散的管理流程：企业下属各个子公司组织财务人员，设立独立的会计账簿，进行会计核算，并在会计期末结账后向上级单位递送书面报表。企业最高管理层在会计期末经过合并报表，得出整个集团的经营状况。这种"分散"式的管理流程依据传统的四个会计假设—会计主体、会计分期、货币计量、持续经营，以反映单个会计主体的经营信息为中心，通过合并报表实现对整个集团经营情况的了解。在这种分散的集团财务管理模式下，集团整体的财务信息只有经过合并生成的三张财务报表，并不存在整个集团的明细账和总分类账，在这三张报表之外，对集团企业更有价值的经营信息不能清楚地得到，降低了财务信息的完整性和价值。

另外，在这种模式下，只有到会计期末，各个会计主体结账后才可得到有关子公司经营情况的报表，也才能汇总得出整个集团的经营情况和财务状况，而市场情况瞬息万变，要求集团总部随时做出决策，并实施必要的调整，这种滞后的信息很难对集团总部的决策起到有效的支持作用。互联网技术的高速发展为数据信息的集中提供了可能，集中财务管理的思想开始出现，要求对传统的财务管理流程进行修订，由集团总部统一设立"一账式"会计账簿，统一制定会计科目、人员权限、业务流程等，各子公司在上级公司规定的范围内增设会计科目、人员等，并基于互联网在异地独立录入数据，电子数据集中存储于集团总部数据库，并由集团统一结账，编制会计报表。这种模式的改变实现了集团公司的会计集中核算，使集团公司能够实时查询与处理相关信息，实时生成合并报表和账务数据，并能实现跨账簿、跨企业和多维的数据统计和分析。其实，集团财务的集中管理在国外企业集团已经得到了广泛的应用，在上世纪 80 年代末 90 年代初，以 BPR（业务流程重组）为改革契机，全球绝大多数大型企业集团（全球 500 强中的 80% 以上）均建立了集中式财务管理模式。下面以美国杨森制药集团和 Motorola 公司进行简要的说明。

美国杨森制药集团的财务管理模式是一个二级的集中管理模式，如图 10-1 所示：

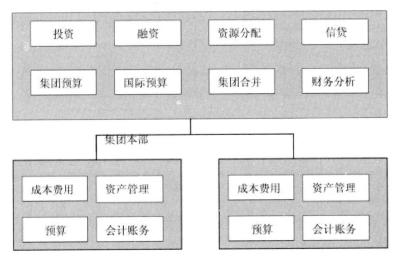

图 10-1　美国杨森制药集团的财务管理模式

设在各地或各国的制药公司，在本地将财务与业务数据输入后直接通过远程通信传输到集团总部，集团总部按照不同的岗位职责分别设专人进行审核，审核后进行记账处理。业务正常进行均以年初预算为依据，非常规性的成本或费用支出均要申述理由报集团批准后执行。

在这种模式下，集团总部可以完全掌握和控制各地公司的业务与财务信息，各地公司按当地本位币进行财务核算，总部则可以按不同的货币进行记账处理，并进行各种成本与收益的比较分析，同时可以随时生成合并报表，掌握整个集团的财务状况。Motorola 公司的财务管理模式是一个三级的集中财务管理模式，如图 10-2 所示：

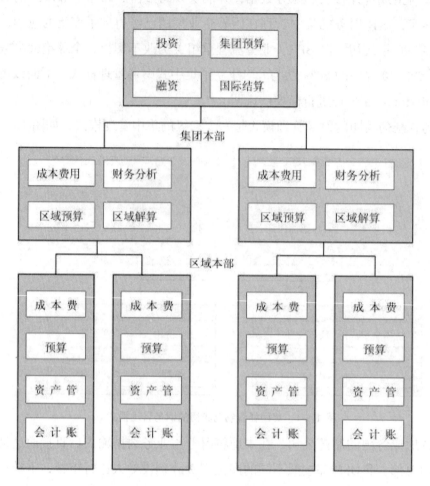

图 10-2　Motorola 公司的财务管理模式

　　Motorola 公司在美国总部设立一级财务管理中心，负责全球的投资、融资、贷款与全球结算工作。在全球各大区分设二级财务管理与结算中心，负责本区域的预算审批、财务管理、成本与费用控制、地区级结算等工作。各地的公司只单纯负责财务与业务数据的录入工作。企业集团的特点是跨地域、跨行业、经营多元化，在非网络环境下，要实现信息资源的集中是几乎不可能的，集中管理也成为空中楼阁。信息技术的迅猛发展，能够使信息打破空间、时间的界限，为企业集团从根本上实现集中管理提供保障。因此，要实现财务集中管理模式，必须研究网络环境的构建问题。一般说来，企业集团财务集中管理模式构建主要包括信息平台的构建、财务一体化的构建和会计组织的重构。

3. 构建的主要内容

（1）信息平台的构建

1）网络平台

进入 20 世纪 90 年代，计算机网络已成为全球信息产业的基石，高度发展的互联网络为大范围的信息交流和资源共享带来了前所未有的良好环境。通过企业内部网络、企业间网络和国际互联网可以跨越信息传输的时空障碍，对社会各个领域，包括人们的日常生活都产生了变革性的影响，同时为企业管理和事中控制的发展和创新带来了机遇。在信息需求的驱动下，将各自独立的计算机连在一起，构成各种各样的计算机网络，提供信息传递、信息共享的平台，为达到有效的管理和控制的目的奠定了基石。

2）数据库平台

数据库有广义和狭义的概念：从狭义上说，数据库使一个数据或信息的集合，这些数据按照逻辑结构进行存储。从广义上理解，数据库为数据库管理系统，它是能够定义数据库的逻辑组织结构，并对数据库进行存取访问，并对数据进行存储和管理的系统。数据库不仅仅是为了存放数据，更重要的是在数据库中能够定义数据、处理数据、管理数据，为管理者利用数据对业务流程进行实时控制。为有效地利用和管理资金、降低成本、保障企业战略目标的实现提供支持。

3）管理软件

从网络环境看，管理软件是基于网络和数据库平台，将先进的管理思想和方法与信息技术相融合，为企业管理的主体—人（业务及财务人员、业务及财务主管。企业高层管理者）提供直接服务的应用平台，即企业管理主体应用管理软件对经济活动中的物流、资金流和信息流进行管理的应用平台，为财务集中管理的实现提供了友好的界面。管理软件的功能随着企业需求的增长而不断增长。从横向看，企业管理的各个方面都有相应的管理软件或子系统的支持，这些子系统可以相互独立运行，解决企业管理某一方面的问题；同时这些子系统又可以集成起来，相互联系，相互作用，共同为企业管理提供支持。比如 SAP 侧 3 管理软件有财务会计、资产管理、成本控制、后勤系统、销售和分销、生产计划与控制、物料管理、质量管理和工厂维护等九大模块。

4）网络环境的技术构架

构建网络环境并非是将网络、数据库和管理软件这些要素任意堆积就可以，而是需要对网络、数据库、管理软件等进行有机集成，建立满足管理需求的应用体系结构，即技术结构。随着以计算机网络为代表的信息技术的发展，国内外技术构架经历了文件 / 服务器系统（F/S）、客户 / 服务器系统（C/S）以及浏览器 / 服务器系统（B/S）等的发展和变迁。目前，客户 / 服务器系统（B/S）成为当今技术构架发展的趋势和主流结构。德国 SAP、美国 Oracel、英国的 Sunsysetm、中国的用友软件公司等都推出了基于 B/S 技术构架的管理软件。可以说 B/S 技术构架时支持协同商务集中管理的基础。总之，现代企业协同商务、集中管理、实时控制的管理要求只有在有效的网络环境支持下才能真正得以实现。

（2）财务一体化的构建

1）基本思想

财务业务一体化是指在网络环境下，将财务会计流程与经济业务流程有机地融合在一起；当一项经济业务（事件）发生时，由相关部门的一位员工负责录入业务信息；同时利用相关信息对经济业务的正确性、有效性和合理性进行实时控制；当经济业务被确认后，立即存储在指定的数据库；同时，该事件通过动态会计平台，生成实时凭证，自动或经财务人员确认后显示在所有相关的账簿和报表上，不再需要第二个部门或任何其他员工再录入一遍。这样，信息为所有"授权"的人员共同享用。每个业务与财务人员每天必须打开某个信息屏幕，管理和控制相关的经济业务，做到实时、迅速响应环境变化，争取主动；所有管理人员都按照统一、实时的信息来源作出决策，避免了不同的决策单位或个人由于信息来源的不同而做出相互矛盾的决定，造成管理决策的混乱。

2）基本原理

要实现财务业务一体化，不仅需要网络环境，而且需要建立一个支持一体化的动态会计平台其工作原理如图 10-3 所示。

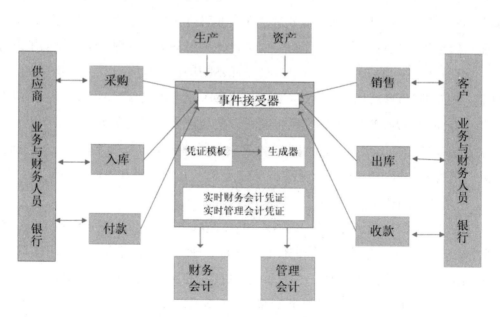

图 10-3　动态会计平台动态会计平台

基本要素包括：事件接收器、凭证模板、生成器和实时凭证。

①事件接收器

事件接收器的功能是当一项经济业务（事件）发生时，该事件通过相应的业务模块驱动动态会计平台接受事件信息。动态会计平台的事件接收器接收事件信息时包括以下五个基本特征：What—发生了何事，涉及哪些资源？ When 一何时发生？ Who—涉及何人，充当何种角色？ Wheer—事件发生的地点？ why 一事件发生时为什么出错，风险是什么？

②凭证模板

凭证模板包括两种：财务会计凭证模板和管理会计模板：

a.财务会计模板是严格按照财务会计借贷规则要求而设立的，各经济业务所对应的入账科目及凭证分录结构的模板。

b.管理会计凭证模板是按照内部管理要求，按照责任中心和绩效评价的需求而设立的模板。

③生成器

生成器的功能是根据经济业务事件信息和凭证模板，自动生成实时凭证，并传递到财务会计和管理会计相应的模板中。

④实时凭证

实时凭证也包括两部分，其一是根据财务会计凭证模板生成的实时会计凭证，它是登记会计账簿和报表的依据；其二是根据管理会计模板生成的实时管理会计凭证，它是登记企业内部管理需要的责任会计账表的依据。实时凭证具有实时性和强制性等特点。

（3）会计组织的重构

会计组织是企业组织结构的重要组成部分，但它又是一个相对独立的要素，是财务集中管理的组织基础，财务集中管理模式只有附着在会计组织及其结构之上，并通过一定的手段和方式才能有效运作。会计组织又是内部环境交叉作用的产物。由信息技术所引发的环境的变迁不但影响着会计工作的手段、方式，更是直接冲击着传统的会计组织管理原则，要求通过组织的重构来提高会计工作效率和效果，进而提高企业整体的效率和效益。在集中管理模式下，组织是围绕业务流程运行的，职能单元则是为业务流程的运行提供服务性的支持。因此集中管理模式下的会计组织实际上是一种二维的组织结构：即流程维与职能维。

1）组织重构应以流程为中心

针对以往会计内部分工过细的做法，财务集中管理模式下的会计组织围绕业务流程进行重建，将具有逻辑关系的会计活动连接起来，由流程小组来完成整个流程，流程小组实际上是会计组织的基本单元。改革后的会计组织不再存在一个个以功能划分的岗位或职位，原先的若干个不同的岗位或任务被整合或压缩成一种，避免了各个岗位间相互扯皮、重复劳动、协调调整。同时，取消没有增值意义的岗位或职位。最后根据流程的需要设立新的岗位。从组织的表现形式上看，企业可表现为各种工作团队、动态联盟、虚拟企业等，其根本目的是为了赢得市场机会而将企业所需内外资源迅速整合、集成，以适应各种未知的市场变化需求，实现对市场的迅速占有和动态多方合作。

2）组织重构的扁平化

随着流程小组负责流程的实际操作，对流程的管理也成为其工作的一部分。流程小组被赋予更多的权力，可以自行计划、安排、检查本流程的工作。而这些原属于管理层的职责现在转移到流程小组肩上，对控制性管理层的需求消失了。流程小组也因为可以根据实际情况，在其所授权的范围内独立地进行思考分析、作出决定，而不必事事请示上层或等待指示，使得会计事务可以更好地面向决策。扁平化的另一个体现是管理幅度的加大。由于原属于管理层的许多权力下放到流程，管理人员也不必事事亲力亲为，在财务集中管理模式下的会计组织中，管理人员的作用在于协调、指导各流程的工作并对流程进行设计或修改。

3）组织重构应面向客户

这里的客户包括内部客户和外部客户，内部客户即各业务流程，外部客户指的是供应商与顾客。

①会计组织与供应商之间协作关系

体现在相互开放、共享资源，加强对市场需求预测及生产计划的交流以降低存货成本、避免缺货风险；双方通过交流各自的成本信息，寻求降低成本的途径；会计组织通过及时足额付款，提高企业的信誉度，赢得供应商的信任，获得更优惠的信用政策，采用更多的结算方式从而提高企业资金的利用率。另一方面会计组织利用会计信息系统收集的资料，评价供应商的行为方式给企业带来价值增值的情况，据以对供应商进行分类，对不同类别的供应商采取不同的政策：对于普通的合作伙伴，重在低成本控制；对于有影响力的或竞争性/技术性的合作伙伴，财务经理应着眼于企业的中期利益；对于战略性的合作伙伴则是从长期角度进行考虑。

②会计组织与顾客之间的协作关系建立顾客的信用档案，对不同信用状况的顾客制定不同的信用政策、采用不同的结算方式；定期与顾客核对应收账款，减少或避免错误、舞弊事件；加强与顾客的沟通，以了解如何能提供更好的服务。

③会计组织与内部各业务流程之间的协作关系

在这种关系下，会计组织将业务组织视为内部客户并为之提供最佳的服务，会计组织及时收集基本流程及竞争对手的流程信息，并将之反馈给业务经理，帮助其进行横向比较、采取措施改进流程；协助业务经理对业务流程的绩效，每个员工的业绩进行评价。

第三节 互联网时代拓宽企业经济管理渠道

"互联网 +"的出现，使得人们的生产生活发生了巨大改变，因此也对企业产品的发展提出了更高的要求，企业在"互联网 +"的影响下，积极创新经济管理模式，选择适合自身发展的经营方式，运用多种经济管理手段不断促进企业的经济发展。"互联网 +"技术的发展，还为企业经济管理模式的创新提出了更高的标准和要求，为了适应"互联网 +"的发展，企业不得不完善自身经济管理模式的不足，优化产品与服务，拓宽经济管理渠道，总之，"互联网 +"的发展，使企业的经济管理渠道变得更加个性化与多元化。例如：某企业根据"互联网 +"的发展，将其内部工作人员大致分为三类：平台主、小微主、创客，让他们全部以用户为中心。将管理者变成资源提供者、平台主、服务者；员工不再只听从管理者的管控，而是转变成了创客、创业者；再由他们构成新型小微创业公司，结合社会资源形成并联生态圈，共同构建新的市场，发掘新客户。使其内部组织架构得到最好的调整，完成促进企业的经济发展的目标。拓宽经济管理渠道是创新经济管理模式的重要手段，在"互联网 +"技术的影响下，企业从宏观角度出发，了解现阶段市场的真正需求，充分利用各种营销手段，突破传统经济管理模式的束缚，将"互联网 +"技术与企业经济管理模式相结合，不断拓宽自身的经济管理渠道，开设微信、微博等多方面的网络营销平台。

一、互联网使品牌传播和品牌建构更加精准有效

互联网的"精准"，使得它可以大胆地宣布"按效果"收取广告费用，这在传统媒体的品牌传播中几乎不可为。越来越多的企业开始选择互联网，也是因为传统媒体的广告效果实在难以评估。传统媒体在线上线下结合进行品牌传播上，远远落后于互联网。企业选择互联网构建品牌，互联网在帮助企业构建品牌的同时，越来越多地参与企业的决策和经营。在未来的互联网品牌构建整合策略中，我们将越来越多地看到这一情形的发生，有学者称之为"互联网与电子商务的融合"。

1. 互联网时代的特点与品牌战略调整

（1）媒体向分众化趋势明显，企业品牌战略需及时调整。

新兴媒体主要包括移动电视媒体、网络媒体和手机媒体，与传统媒体相比，其属性和指向都发生了很大的变化。互联网时代一个主要的特点就是分众化趋势明显，在互联网时代下，大众被分成许多个小受众群体，新兴受众群体表现出规模小、个体之间相似度高的特点，这使得小群体成员间更容易达成价值共识，而受众群体之间的差异又有利于媒体传播的创新，更有利于媒体个性化的发展。为了达到创新效果，企业要对自己的品牌战略设计作出适当的调整，力争为让更多受众认可自己的品牌，努力扩大品牌效应，不断提升品牌价值。

（2）"事项化生存"的影响，导致品牌战略必须有所创新。

"事项化生存"理念的出现，使得形象成为最主要的信息传播手段。随着新兴媒体的不断出现，社会中的许多信息以各种各样的形式出现，它促进了大众的消费，促进了社会商品经济的发展，在这些信息中，事项化信息表现得尤为突出，通常情况下，被认为是有价值的信息资源，基本是事项化信息。这就导致了越来越多的人将在"事项化"的环境和氛围中生存和发展，这就要求品牌战略必须做出适当的调整，进而使品牌的识别系统设计更加完善，这也要求企业要以品牌战略的创新带动品牌资源管理的创新，进而不但扩大企业品牌的影响力。

（3）传媒方式的变化，致使品牌战略必须有所创新。

媒体的国际化以及传播的相对专注向过量化的转变，将会长期影响品牌战略的调整。大众现在接受信息的方式已经发生了很大的转变，人们可以通过广播、移动电视、广告牌、网络、报刊等各种方式获取信息，甚至随时可以拿出手机来获得想要的信息，人们获取信息的方式受到的束缚越来越小。所以品牌传播的调适已成为必然，品牌战略调整已成为必然，品牌战略只有进行适当地创新，才能适应时代的变化。而且，随着时代的发展，大众对广告传媒已经有了新的认识，几乎所有东西都可成为广告传播的媒介，这也为人们筛选信息带来了很大的困难，所以，要想让大众认可自己的品牌，就必须对品牌战略进行调整和创新。

（4）资讯专制化向民主化的转变，将导致品牌战略的调整。

资讯专制化向民主化的转变，使得社会大众的表达权越来越被尊重，会导致品牌战略的调整。随着互联网时代的到来，社会舆论的影响力越来越大，所以在制定品牌战略时，要改变传统的思维方式，要避免传统品牌设计中出现的错误，在设计中要融合多种现代化因素，努力创新，不断扩大品牌的影响力。

2. 互联网时代的品牌战略创新要点

（1）创新品牌设计，增强品牌价值

在进行品牌创新设计的过程中，企业应该将品牌战略和企业战略有效地结合在一起，规避因企业急于多元化和扩张造成的品牌价值链断裂。现代企业在经营管理过程中，要将品牌战略作为企业管理的重点，要统筹规划企业所有价值活动，要注意优先选取高效的品牌战略，要充分利用现有的品牌资产，在此基础上要进行积极创新。

在进行品牌创新设计的过程中，企业应该注意企业形象识别与企业品牌识别的有效融合。企业在进行品牌创新设计时，可以结合企业识别设计的成果，在战略上进行适当的调整与革新。品牌文化和企业文化存在一定的矛盾，而且双方战略的侧重点也不同，但是企业可以通过战略调整使两者在利益层面上得到化解。如品牌识别系统的设计模块与企业识别系统的设计模块是否相同，而怎样来解决企业设计模块存在缺陷的问题。对此，可以在企业识别系统的基础上增加事项化信息识别系统，从而满足互联网时代对品牌创新的要求。

在进行品牌创新设计过程中，企业还应该将流程再造与企业品牌基因补强有效地结合在一起，从而防止企业品牌基因在流程再造中遭到流失。企业在进行品牌创新设计时，要注意企业品牌的核心价值对企业文化的升华和渗透。

（2）促进媒体契合和互联网开发，提升品牌影响力

企业在制定品牌战略时，首先要进行规划，接着要就是品牌传播，品牌传播对提升品牌影响力以及树立企业形象有着重要的意义，所以，品牌传播工作是否能落到实处，对企业实施品牌创新战略有着直接的影响。在传统的媒体时代，媒介整合至关重要，企业通常会借助电视、广播德国进行品牌传播，如果要进行创新，也只是调整广告的投入时间点，或是增加广告数量。在互联网时代，人们获取信息的方式非常多，大众传播已经失去了原先的优势，媒介整合的性质和对象已发生很大的转变。所以，企业在实施品牌战略时，要注重媒介资源的契合，而且要注重对新媒介的开发利用，通过利用新媒介的特殊功效，使得企业品牌能够被有效传播，从而实现企业品牌的延伸，从而实现品牌战略创新的目标。如某食品品牌进驻某市市场，企业可以根据该市的特点，开展文化营销活动，通过电视、广播等媒介分阶段推销自己的产品，通过开展"食品文化传播"活动，再通过网络、手机等新媒介传播本企业的品牌，力争让更多的人了解我们的品牌，进而认可我们的品牌。

（3）激活市场，推进品牌终端策略变革

随着互联网时代的到来，信息传播过量化、资讯民主化等问题逐渐受到人们的关注，所以企业的品牌策略也要做出相应的变革。品牌战略是否有效，最终要看消费市

场的变化情况，可以说品牌战略的指向就是消费者这市场终端。所以，企业在实施创新品牌战略时，要注意把握好终端这个品牌目标，在市场上，努力使消费者认可本企业的品牌，进而促成品牌战略在市场价值上与互联网时代对接。

企业在进行品牌战略创新时，要注意优化品牌终端战略。企业要注重品牌文化的传播以及品牌文化的渗透，努力突出创新效。企业品牌文化的传播一定要在市场和消费者层面进行改善，在这个过程中，首先要做到的就是企业品牌文化必须与社会价值观相适应，如某奶制品的广告语"每天一杯奶，强壮中国人。"其二就是要能够打动人心，如某饮料公司的广告语为"买一瓶饮料，为希望小学捐一分钱。"企业在传播品牌时，要注意品牌文化的时尚性和亲民性，要让消费者认同企业的品牌文化和价值。企业品牌与消费者共存，在互联网时代已成为主流，手机购物、电视购物、网络购物已成为企业品牌传播的新方式，这也反映出品牌终端的变化。所以，企业在进行品牌传播时，要注意产品的应用价值，也要注意产品所包含的历史、文化、潮流等因素。

在互联网时代，企业在传播品牌的过程中，也要注意市场发散，这也体现了品牌战略的创新。企业要通过品牌传播，先获得一小部分消费者对品牌的认可，然后以这一部分消费者为基点，带动另一部分消费者，进而带动整个消费群体。通过这种市场发散的形式，去摸索市场终端的规律，进而创新市场终端策略，这就是品牌战略终端创新的有一个重要原因。在互联网时代，企业可以主打高端品牌，可以推出贵宾体验卡，通过使用爱心卡，去打动一位可能不会进行长期消费的消费者，他也许现在只是体验者，但是很可能会顺势发展为后续消费者，也可能将这一产品推广给其他人，从而为企业创造更多的消费者。所以，企业应该不断创新品牌战略，通过优化品牌终端策略，不断拓展企业的产品市场。

互联网时代的品牌战略创新，对一个企业的发展意义重大。在互联网时代到来之际，企业要想获得长足的发展，就必须适应时代的特点。在实施品牌战略时，要根据产品特点以及消费市场的特点，及时进行调整，而且要对品牌战略进行不断的创新。在进行品牌创新时，企业要注意品牌价值的保护，要注意自身品牌文化的传递，也要注意对终端市场的把握，通过战略创新活动，努力提高企业品牌价值，努力提升品牌影响力，进而不断推动企业的发展。

二、信息传播方式彰显互动

在这个崇尚体验、参与和个性化的时代，毫无疑问，互联网营销迎合了现代营销观念的宗旨，与消费者的沟通更加便捷，更容易构建关系营销，使得精确营销和数据库营销成为可能，消费者的个性化需求容易得到满足，从而获得更好的营销传播效果。

1. 互联网时代消费者购买行为分析必要性

消费者是市场发展的主要动力，也是重要的组成部分。商家在市场中的生存发展需要通过消费者购买行为才能够实现。对于消费者购买行为的分析，也是商家获取利润，分析市场变化发展的重要问题。消费者购买行为受到心理变化支配。不同消费者会受到不同因素的影响，产生复杂的心理变化，购买行为能够反映出心理变化特点。差异性购买行为需要通过对消费者进行商业刺激能够实现。在现代社会中，消费者需求具有多样化特点，复杂程度直接导致市场规模、消费种类的持续扩大。商家营销活动也受到一定的影响。互联网在技术、信息传播上具有及时性。特别是对消费者心理影响效果更为明显。互联网时代消费者购买行为需要不断地被满足。这也是互联网时代商家的销售核心。消费者购买行为在内部催动和外部刺激下共同产生心理变化。商家要利用这种变化对消费者开展推销，能够起到意想不到的效果。购买行为越是接近心理需求，消费者越是能够感受到满足。

2. 互联网时代消费者购买行为变化

（1）需求多元化

受到传统媒体的影响，消费者的需求更多限制在周边产品。朋友推荐、商业广告、促销信息等是消费者购买行为的主要影响因素。但是在互联网时代中，消费者接触产品的信息渠道更加的广阔。互联网能够为消费者提供搜索系统，这样消费者可以根据自身的需求进行信息搜索。社交网站、购物网站、移动终端等都能够为消费者提供个性化服务。消费者购买行为也更加具有复杂性特点。通过不同的传播媒介能够获取到大量的产品信息。消费者的需求也会随着互联网技术的发展更加的多元化。互联网时代中消费者产生自我意识的觉醒。利用微博、微信等开展的营销活动越来越受到人们的关注。消费者通过这种传播媒介进行的产品选择空间不断地扩大。不再局限于物质等的需求，同时还注重精神的享受。不同空间、时间消费者都能够进行消费。

（2）专家型购买的形成

消费者购买行为在互联网中呈现专业化发展。消费者在传统媒介中开展的购买行为与整体环境有着直接的联系。消费者在这种环境中很容易受到误导。但是互联网时代中，消费者的购买渠道等发生显著地变化。消费者受到的影响因素数量明显降低，通过信息评价等获取到产品的质量问题。对于产品的选择有着直接的影响作用。网络营销为消费者购买行为能力的提升发挥着巨大的作用。消费者通过对不同产品的对比，能够选择到最适合自己的产品。消费者还能够利用网络虚拟社区发布相应的产品使用感受，信息传递能够保证消费者对产品的了解越来越熟悉。

（3）理性与感性的相互转变

在互联网时代中，消费者的行为模式、心理特点等都在发生着变化。购买载体由实体店向虚拟店铺转变。在被动接受广告转变为主动接受广告。互联网能够为消费者提供购买虚拟产品的服务。开展的即时聊天能够获取到产品的基本信息。互联网能够通过滚动播放、积分返现、促销优惠等形式吸引到更多的消费者。消费者借助提供的关键词搜索到自己需求的产品。消费者在互联网影响下购物周期发生明显的变化，冲动消费增强。互联网时代消费者的购买行为将不会受到地域等方面的限制。消费者会将更多的时间消耗在网络产品选择上。消费者购买行为感性化发展，直接受到网络评价的影响。消费者在购买上实现理性与感性的自由转换。对于自身的购买决策更加具有信心。商家要利用消费者心理变化通过互联网传播了解到大量的消费信息。注重市场细节充分利用互联网的优势，制定出具有针对性的营销方式。

互联网时代下消费者与商家之间的互动更为频繁，商业活动实现多元化发展。消费者的购买行为发生变化反映出商业信息多样化。消费者根据自身的个性对商品进行选择。通过互联网传播了解到大量的消费信息。商家也能够利用互联网技术开展营销方式的创新。消费者购买行为变化符合互联网时代特点。注重市场细节充分利用互联网的优势，制定出具有针对性的营销方式。消费者根据自身的喜好满足需求，同时也能够实现商家的利益最大化。商家开展绿色营销，要适应互联网时代的大环境，结合网络营销和构建品牌效应，这样才能够吸引到大量的消费者。对于互联网时代消费者购买行为的分析能够为市场经济的变化发展提供重要的数据参考。

三、信息传播方式更加多元

互联网的出现与不断发展使企业在整合营销传播过程中可使用的手段变得更加多样化。公众传播、数据库营销、精准营销、口碑营销和形象营销等营销手段并不是相互孤立存在的，在 IMC 过程中，为了营销传播效果最大化的目标得以实现，企业可通过探寻这些营销手段之间的联系，并在此基础上将各种营销手段巧妙地整合起来，从而产生相比于之前只使用单一的营销手段更好的效果。

同时，互联网是一种集多种传播形式于一体的媒体，在互联网环境中，由于网络技术和数字技术迅猛发展，所有的传播内容既能以文字形式在各媒体进行传播，也能以视频和声音的形式进行传播。因此，在互联网平台上，整合营销传播更加复杂化，要实现传播效果最大化可使用的手段也更加多样化。以《博物》杂志为例，该杂志运用互联网进行的整合营销传播便是成功的案例之一。《博物》杂志是《中国国家地理》杂志社出版的一本科教类杂志，出版定位主要面向青少年，以传播知识为自身目标。作为一本纸质版杂志，《博物》并没有在互联网发展的大潮中淹没，相反，它运用以微博为主，微信为辅的新型整合营销传播方法吸引了一批忠实的顾客，也正在以其自身魅力发展着新的目标受众。博物杂志微博截至 2016 年 4 月拥有粉丝 333 万，微博平均评论量 1500 条。2015 年新增开微信公众号，推送阅读量平均 10000+ 人 / 条。

1. 专业的良性互动

《博物》杂志微博账号分工明确，3 个账号专分别负责营销传播，售前提问以及售后服务。其中，主题账号即粉丝量最大的账号，博物杂志的主要职责，一方面是通过回答日常中微博用户有关博物的提问与受众互动，满足部分受众对知识的需求，同时，风趣而又详细地回答展示了杂志接地气的专业形象；另一方面，通过平日里与粉丝的互动累积受众的数量，不定期发布杂志销售的相关推送以及推出与杂志或博物知识有关的周边产品，吸引受众购买。

2.CIS 塑造《博物》杂志克服纸媒产品的障碍，通过将微博账户拟人化来对自身进行 CIS 的塑造

在 MI（理念识别）的塑造上，微博账号坚持杂志"博学成就梦想，知识改变人生"的理念，以传递博物知识为己任，十分重视自己的专业形象。对于发出的博物知识会确保其科学性，对于偶尔出现的差错，必定第一时间承认错误并进行修正。在 BI（行为识别）方面，该账号紧跟网络步伐，塑造出一个"高冷但可接近"的形象，传播正确的博物知识，同时与继续提出疑问的粉丝进行互动。除了直接传播知识外，该账号还会与其他公众微博一起"科学辟谣"，对于一些传播错误知识，谣言的行为，博物杂志也会选择与自己专业知识相关的部分进行纠正、辟谣，传播正能量。在 VI（视觉识别）方面，杂志结合现代设计简洁化的特征，以一个蓝色的人形图案"博物君"作为杂志的形象，同时结合当期的杂志主题或者受众反映较为强烈的主题来更换人物场景。整体塑造出一种专业而又亲民的形象。

3. 营销与传播结合

互联网时代的整合营销传播的精髓即是将营销与传播等各种功能结合并协调发展。《博物》杂志便做到了这一点。由于日常的专业良性互动以及 CIS 的塑造，其微博账号已经维持住了原有的忠实顾客并在不断吸引着新的潜在受众。杂志首先潜移默化，有意或无意中集中宣传某几种特殊的动物或植物，在有足够的关注者了解后，紧跟受众需求，推出反响最高的周边配饰，达到了开售即售罄的效果。其次，通过结合网络语言，紧跟青少年文化和心态的博物知识宣传提高了互联网用户中青少年及部分年长者对于博物知识的兴趣，达到受众主动要求购买期刊以及不反感关于期刊营销的效果。同时，通过义务解答网友的问题，树立了社会公益的形象。

4.多个互联网平台结合在微博中受到好评后，《博物》杂志开通了微信公众平台进行进一步的整合营销

首先，杂志通过主动发布希望粉丝关注微信公众号的信息，或者在其他信息中隐性宣传有关公众平台的消息，来吸引首批受众的关注。在有了一定的粉丝基础后，微信公众号开始进行每日一则科普信息的发布。微博与微信平台的作用既有重合，也有区别。微信平台也塑造出了与微博统一的CIS形象，保证了企业对外宣传活动的一致性。同时，微信公众号也会与微博同步发布有关杂志销售和周边发布的营销信息。但微信平台的分工又区别与微博，它主要是通过发送每日的主题科普贴，在文末进行关于当则科普知识的小测试与受众互动。这样的方式既能够辅助杂志传递知识理念的实现，也能够让受众感受到其与众不同的互动体验，来提高顾客黏度，增强阅读的有效性。

四、微博与微信在企业营销传播中的应用价值

1.微博在企业营销传播中的应用价值

根据新浪发布的《中国微博元年白皮书显示》，微博的用户群体中，"使用率最高用户中很大一部分是中高层白领和月收入6000元以上的中高收入群体。他们平均每天发布微博11条以上，热衷于传播个人观点。微博用户中，'70后'占29.4%。'80后'占59.1%"1。这意味着，微博抓住了目前的主要消费阶层和未来的消费主力军。聚集了最有市场价值的群体。另一方面，微博在信息传播上的独特优势以及多种应用类型，不仅满足用户的信息需求，更适应了企业在营销传播上的需要。企业可以在微博上直接与消费者进行沟通，形成密切、长久的关系。不仅能了解到消费者的产品需求，还可以提高对企业的忠诚度，为企业带来更多利润。本文从沟通服务、成本、品牌公关、社会营销四个方面归纳了微博在企业营销传播中的应用价值。

（1）微博的沟通价值

1）对内沟通平等微博支持

多样、个性的沟通表达，运用在企业内部，可以成为员工有效沟通、有意义互动的平台。通过微博，员工能找到志同道合的伙伴，密切同事关系，提高团队凝聚力。微博的沟通机制，还有利于打破各部门、各层级沟通的隔阂，让团队运作更灵活，提升工作效率，利于公司形成自由交流的企业文化，整合部门力量实现企业经营目标。IBM公司活跃在twitter上的1000多位员工便是最好的例子。他们的员工每天在twitter上参与的对话达到数千起。他们不仅相互交流，也同合作伙伴、客户、零售商、媒体、分析师，以及公司的生态系统的其他成员交谈。IBM总部负责社会性媒体沟通事务的高级经理亚当·克里斯滕森认为，"员工们在twitter上建议的私人网络有着比企

业组织架构内的传统沟通体系更多信任感"，"对员工向公司内外同行学习的能力有显著积极意义，twitter 使与员工变得更聪明"。

2）对外沟通

便捷谢尔·以色列在《财富博客》一书中预言，"所谓的'传播时代'即将寿终正寝，一种全新的'交流时代'即将来临"。长久以来企业习惯的由上而下的单向操纵沟通模式被微博打破，许多企业微博已经意识到消费者反馈的价值性。虽然博客也具有互动性，但是企业占据最大空间的博客，和发布、评论都限于 140 字的微博相比，显然微博更具平等性。微博"1toN"的交流模式，方便了企业同时与消费者群体进行沟通交流。在微博上，企业与用户的互动，可以通过多种方式实现：开展微博话题，引发讨论活动；举办线上活动；回复或转发关注者的评论等。美国的 Jetblue 航空公司已经开始用微博与客户互动，发掘消费需求。"作为 Jetblue 的客户，如论你是需要咨询航线，还是要订购机票，都可以通过发送 twitter 消息去解决。在遇到任何问题的时候，如航班延误滞留在机场、行李丢失、也可以通过 twitter 消息进行反馈"。

微博在营销中的最便利之处就是可以把客户关系管理作为重点，捕捉用户最新的潜在需求，进而提高产品的销售量。在微博上，粉丝可以自主交流、沟通、分享产品，而且还可以进行售前咨询、售后服务。例如，联想为了更方便地服务消费者，在新浪微博开通了"联想服务频道"的账号，专门为联想客户解决各种问题，同时也提供咨询服务，为联想客户提供了一个便利的服务渠道。

（2）微博的成本价值

1）广告宣传费用低

企业微博的火爆，正是因为广告主、第三方厂商看到了微博媒体的营销价值。微博的建立和信息发布均有运营商免费提供。微博发布审核流程快捷，与传统广告繁琐的程序相比，既有时间成本优势，也有人力成本低的优势。由于微博病毒式的裂变传播模式，使得微博传播拥有庞大的用户基数，因此可以摊薄广告成本。此外，发布内容和维护微博的操作简单，企业使用成本低。著名咖啡连锁店"星巴克"以植入式营销手段进行的微博营销传播，便利用了微博成本低、回报大的营销优势。在微博上风靡一时的"狗和咖啡杯"图片，因为迎合了文艺青年心理，引起大量转发。咖啡杯上不经意地星巴克 LOGO，在图片流行中，不知不觉为星巴克品牌推广作出贡献。

2）市场调研准确高效

企业要了解旗下产品或服务现状，必须通过市场调研获取数据，或高额聘请第三方咨询公司，或大量人力物力进行问卷访问。不仅容易使受访对象产生抵触心理影响回答客观性，而且耗时耗力，成本高昂。微博便可以用较低成本进行市场和用户行为的研究。首先，用户的评论内容和微博的数据指标，都是很好的分析样本，可以获得用户的潜在行为和消费心理特征。还可以在微博上直接发起投票调查，不仅互动效果好，而且成本低。任何一个品牌都可以通过对微博用户评论进行数据分析、数据挖掘，找到新的市场机会。例如苹果公司在推出新款 ipad 后，twitter 上有很多用户跟帖反馈遇到的问题，比如系统故障、硬件冲突、软件安装故障等。"苹果公司会根据用户反馈问题的严重性、数量多少，尽快修复解决、推出解决方案，还会纳入到下一期产品优化需求中，实实在在将微博的沟通价值延伸到产品研发上"。

（3）微博的品牌公关价值

1）塑造品牌形象

企业以官方身份出现在微博上，本身也是对品牌的一种曝光宣传。对于大型企业来说，由于品牌在微博出现之前就已经得到了广泛的传播，在消费者心目中有比较明确的认知度，而微博是使其进一步完善形象、稳固地位的工具；对于中小企业，微博则是树立和推广其品牌形象的一个良好的途径。由于微博自身的趣味性、时尚性，企业在微博上进行的品牌形象推广活动自身也能显示出企业的亲和、时尚的形象。因此，企业可以灵活利用微博，给自己的品牌形象中添加新的元素，通过微博去逐渐改变和影响消费者对品牌的固有认知，给企业品牌营销增添新的活力。

2）监测网络舆情

微博快速高效的传播对企业而言是把双刃剑，意味着负面信息的传播同样快速。

3）及时危机公关

企业面对危机事件，保持信息通畅和透明是极为重要的，要利用好微博平台，准确、及时地表明企业态度和立场。面对负面消息，人们在好奇心驱使下都想了解真相。大众媒体由于审查制度或媒体把关，在信息发布诸多受限。而微博的即时更新、随时随地发布消息，具备公开、可信的特性，更能迅速传播真相，粉碎谣言。

（4）微博的社会化营销价值

社会化营销指"利用社会化网络、在线社区、博客、百科或者其他互联网协作平台和媒体进行营销、销售、公共关系处理和客户服务维护及开拓的一种方式"。像Facebook、Twiter、开心网、人人网、豆瓣、各家微博网站就是社会化营销的经典媒介。其营销方式一般有口碑营销、病毒营销、事件营销、关系营销等。

1）病毒营销在微博上，信息内容的传播是通过人与人之间的"关注"、"被关注"网络，一层层传播开来的。既有传统媒体覆盖面广、速度快优势，也有传播效果好、信息接受度高的优势，因为人与人之间有信任关系存在。可以说，微博的聚合性和分享体验为企业进行病毒营销创造了得天独厚的条件。通过用户的口碑宣传网络，信息像病毒一样传播和扩散，利用快速复制的方式传向数以千计、数以百万计的受众。新浪微博本身的营销推广，就是利用网民好奇心理和口口相传的传播原理进行的病毒营销。新浪在微博内测期间，给每位内测用户 20 个推广名额。一旦邀请某人开通微博，系统便自动认定他／她成为你的粉丝。"1—20—400—,,,,"的传播速度，加之明星名人等"意见领袖"开通微博的推广效应。

2）精准营销

随着社会发展带来的物质丰富，消费者的消费需求也日益个性化，在传统的营销模式中，企业很难与消费者就个性需求进行沟通。在微博上，由于产品的功能设计，用户只会关注自己感兴趣的企业，可以说企业微博的粉丝都是企业的目标受众。因此，如何通过微博对挖掘消费者内心的潜在需求，是提供个性化服务，扩大业务范围的关键。营销人员应该意识到微博信息的重要性，对顾客在微博上发布的信息进行统计、分析，进而细分客户市场，锁定目标客户进行精准营销。

3）关系营销

关系营销的核心是建立起与消费者、公众之间的良好关系。因此，要将营销活动看作是企业与消费者进行互动的过程。网络营销兴起之初，客户关系维系主要是通过电子邮件，在即时通讯工具普及之后，QQ 和 MSN 一方面方便了企业与客户进行即时交流，但另一方面，也给客户需要及时回复的沟通压力。而在微博上，由于兼具单双向传播特性，用户不会在意你是否及时回应了他们在微博上发布的言论。万瑞数据报告显示，"89% 的用户主要关注朋友、同学、同事及业内人士的微博客，因此微博客上传递的信息，具有较高的可信性和接受度"。具体在对微博应用上，可以实现为客户提供追踪服务，快速响应客户需求，还可以通过话题关注、好友关系、兴趣关系和购物分享与客户实现营销方式互动。不仅提高用户的好感度，还可以建立长久的客户关系，实现关系营销，带来商业价值。

2. 微信在企业营销传播中的应用价值

互联网的发展，在许多方面改变了人们的生活方式，它已经渗透到了人们的工作、生活等各个领域。特别是微信时代的到来，更是改变了人们日常交流的方式。可以说，微信就是在这个平台上衍生出来的虚拟的社交软件实体，它把大家紧紧地捆绑在一起。

在这种趋势的影响下，大众的消费理念在慢慢地改观，尤其是在如今以市场需求为主导的经济时代，消费者的需求呈现出更精细、更多样的变化，因此，企业为了适应市场发展的需要，就不得不寻求另一条实现盈利之路，寻找与互联网时代同步的营销方式。于是，"微信营销"应运而生，它顺理成章地成为继微博营销之后的又一种颇具吸引力的网络营销模式。

1. 微信及微信营销

（1）微信

微信是腾讯公司于 2011 年初推出的一款手机聊天软件，它的功能十分强大，用户可以通过微信快速发送语音短信、视频、图片和文字等，更重要的是它支持跨通信运营商、跨操作系统平台。因此，微信的出现，在一定程度上开启了语音短信的新纪元，并且提供了一个新型的网络社区。

（2）微信营销

1）微信营销的定义

微信营销就是通过微信这种工具和平台进行营销，达到宣传产品或形象的目的。通过微信强大的功能，企业通过微信向网友传播企业、产品的信息，树立良好的企业形象和产品形象，最重要的一点就是，它可以实时互动，随时交流，避免了沟通不畅所引起的一系列误会。

2）微信营销的优劣势分析

①优势。

a. 庞大的用户群。从微信交流平台的发展来看，截至 2020 年，微信注册用户已突破 9.36 亿，可见，微信已经成为或者超过市场上出现的主流信息接收工具。它的广泛性和普及性为企业市场开发奠定了坚实的基础。

b. 微信免打扰功能使用户可主动接受信息，免除垃圾信息的打扰。微信强大功能之一就是其用户都是属于一对一互动的关系，这种关系是私密的，去中心化的。因此，微信的粉丝都是主动订阅而来，信息也是主动获取，完全不存在垃圾信息招致抵触的情况。

c. 随时随地获取信息，方便商家实时推送最新信息。相对于电脑来说，智能手机不仅拥有电脑所能拥有的大多数功能，而且携带方便，用户可以随时随地获取信息，而这会给商家的营销带来极大的方便，因此，移动终端的便利性增加了微信营销的高效性。

d. 拥有超强曝光率。众所周知，在营销行业中，信息、广告等的曝光率高低与否直接影响企业信息发布的效果，而微信是由移动即时通讯工具衍生而来，天生具有很强的提醒力度，比如铃声、通知中心消息停驻、角标等，随时提醒用户收到未阅读的信息，曝光率高达 100%。

②劣势

目前，许多商家都在广泛地使用微信作为营销工具，而且还总结了许多成功的微信营销案例。但是，狂热过后我们是不是应该冷静思考一下，微信营销究竟能走多远？

a. 私密空间向商业化演变，易引发用户反感情绪。微信平台对于它的用户来说，是一个私人的私密空间，它在移动端中和短信类似。用户使用微信注重的是与朋友间的交流，虽然公众平台的信息是可以由用户自己选择，但接受信息还是处于被动的状态，其表现在用户只要稍微多关注一些公众账号，就不能免除各种被动打扰。

b. 真正的个性化推送还有待解决。微信平台虽然推出了分组推送等功能，但实际上它还是无法针对每个用户提供个性化推送，而且从运营的时间成本和效率也没办法解决这个问题。由此衍生出另外一个问题，就是微信的推送"精选"消息，能在多大程度上满足不同用户之间差异化需求？而对于企业发来的消息，沦为垃圾短信式的骚扰的可能性也就出现了。

（3）微信营销的应用

那么，微信营销的前景究竟如何？品牌疯狂涌入的同时又有多少可以最终留在这个平台？我们总结了时下最有效的六种营销应用模式。

模式一：活动式微信—漂流瓶

营销方式：微信官方可以对漂流瓶的参数进行更改，使微信营销的合作商家推广的活动在某一时间段内抛出的"漂流瓶"数量大增，普通用户"捞"到的频率也会增加。加上"漂流瓶"模式本身可以发送不同的文字内容甚至语音小游戏等，如果营销得当，也能产生不错的营销效果。

模式二：互动式推送微信

营销方式：通过一对一的推送，品牌可以与"粉丝"开展个性化的互动活动，提供更加直接的互动体验。

模式三：陪聊式对话微信

营销方式：现在微信开放平台已经提供了基本的会话功能，让品牌用户之间做交互沟通，但由于陪聊式的对话更有针对性，所以品牌无疑需要大量的人力成本投入。

模式四：O2O 模式—二维码

营销方式：在微信中，用户只需用手机扫描商家的独有二维码，就能获得一张存储于微信中的电子会员卡，可享受商家提供的会员折扣和服务。企业可以设定自己品牌的二维码，用折扣和优惠来吸引用户关注，开拓 O2O 营销模式。

模式五：社交分享—第三方应用

营销方式：微信开放平台是微信版本推出的新功能，应用开发者可以通过微信开放接口接入第三方应用。还可以将应用的 LOGO 放入微信附件栏中，让微信用户方便地在会话中调用第三方应用进行内容选择与分享。

模式六：地理位置推送—LBS

营销方式：品牌点击"查看附近的人"后，可以根据自己的地理位置查找到周围的微信用户。然后根据地理位置将相应的促销信息推送给附近用户，进行精准投放。

无论是对个人还是企业，微信从单纯的聊天工具变成移动的社交平台都是一个好的演变。于是，微信开始走向开放平台，希望通过服务用户生活，实现产品的真实价值，以期长远发展。通过微信进行营销更大程度地推动了市场营销模式的发展和思考，目前微信正处于初级阶段，还有很大的发展空间，希望微信营销的模式会越来越完善，越走越远。

参考文献

[1] 陈静.我国企业经济管理在新形势下的创新策略 [J].经济师，2017（11）：264-265.

[2] 王建国.新形势下企业经济管理的创新策略 [J].中小企业管理与科技（下旬刊），2017（09）：5-6.

[3] 孔永和.新形势下企业经济管理的创新策略问题的初探 [J].现代经济信息，2017（14）：123.

[4] 苗蔚.企业管理创新对经济效益的影响研究 [J].会计师，2012，13：20-21.

[5] 蒋荣平.试论实现企业创新管理对提高企业经济效益的影响 [J].经营管理者，2014，15：50.

[6] 韩林凤.人力资源管理对于企业经济效益的影响探讨 [J].人才资源开发，2014，14：65-66.

[7] 罗平.浅析企业财务管理对企业经济效益的影响 [J/OL].企业改革与管理，2014（15）.

[8] 周慧欣.技术创新对企业经济效益的影响 [J].商，2015，18：122.

[9] 何伟，张亮.浅析在油气田企业中科技创新对经济效益的影响 [J].中国总会计师，2015，08：84-85.

[10] 陈元志，谭文柱.创新驱动发展战略理论与实践 [M].北京：人民出版社，2014：307.

[11] 李洪文.我国创新驱动发展面临的问题与对策研究 [J].科学管理研究，2013（6）.

[12] 罗晓梅.我国创新驱动发展战略的理论基础和学术渊源 [J].探索，2016（5）：5-13.

[13] 芮明杰.超越一流的智慧—现代企业管理的创新 [M].上海：上海译文出版社，2011：190-193.

[14] 游博，李素霞，游翔.宏观经济数理模型在企业管理中的应用 [J].海外文摘，2018（9）：90-95.

[15] 吴德庆，王保林，马月才.管理经济学 [M].第6版.北京：中国人民大学出版社，

2014：155-170.

[16]徐纤纤，孟呈祥．经济转型期中小企业管理创新研究 [J].企业管理，2011（12）：100-103.

[17]吴群．转型升级期中小企业管理创新的思考 [J].经济与管理，2011（14）：200-204.

[18]周敏．电力工程施工成本控制与工程财务管理分析 [J].现代经济信息，2019（03）：168-169.

[19]邓娟，李俊杰．电力企业财务风险内控措施研究 [J].经济研究导刊，2019（01）：106-107.

[20]王兰君．电网企业内部审计的转型与发展 [J].电力与能源，2018，39（06）：845-848.

[21]卞广益．基于财务风险管理的企业内控体系构建分析 [J].现代经济信息，2018（24）：271.

[22]魏胜男．企业内部控制制度在财务管理中的作用 [J].中外企业家，2018（36）：18.

[23]张颖．互联网企业薪酬管理 [M].北京：人民邮电出版社，2019.

[24]李晓莉．新互联网时代招聘实战 [M].北京：清华大学出版社，2018.

[25]彼得·德鲁克．管理前沿 [M].北京：机械工业出版社，2018.

[26]林泽炎，李春苗，马淑萍．中国企业人力资源管理调查报告（续）[J].人才资源开发，2004（9）：5-11.

[27]林泽炎，王继承，李春苗．中国企业人力资源管理调查报告（续）[J].人才资源开发，2004（8）：5-9.

[28]马克秀．互联网对箐口村民日常生活的影响—基于传播人类学的调查研究 [J].东南传播，2016，01（01）：66-69.

[29]马俊涛．互联网经济发展对浙江经济的影响—基于浙江省各地级市的面板数据分析 [J].商，2016，03（06）：273-274.

[30]张建云．"五大发展理念"提出的时代背景与深远意义—互联网时代的全新发展观 [J].桂海论丛，2016，01（05）：17-21.

[31]韦路．论新媒体时代的传播研究转型 [J].浙江大学学报，2013（4）：93-103.

[32]刘先根，董娟娟．网络社群化的媒介特性与管理模式 [J].新闻战线，2011（12）：34-38.

[33]（英）麦奎尔．大众传播理论 [A].张国梁．20世纪传播学经典文本 [C].上海：

复旦大学出版社，2002.

[34] 李武，黄佩，李小静.基于知识图谱的新媒体国际研究进展分析 [J].北京邮电大学学报，2013（2）：18-24.

[35] 梁索平.新媒体时代科学传播的问题和策略研究 [D].渤海大学，2013.

[36] 符岩.新媒体视域下的电视新闻传播刍议 [J].新闻研究导刊，2015（6）：111-111

[37] 李季冉.新媒体视域下的新闻传播特点 [J].山西农经，2016（4）：100-100

[38] 杨萍.新媒体视域下新闻传播特点及策略研究 [J].中国报业，2014（10）：87-88.

[39] 王楚琛.国内外数据新闻比较与启示 [J].中国记者，2016（4）.

[40] 喻国明.互联网环境下的新型社会传播生态 [J].中国广播，2016（9）.

[41] 陈力丹，林羽丰.继承与创新：研读斯图亚特·霍尔代表作《编码／解码》[J].新闻与传播研究，2014（8）.

[42] 习近平论"三严三实"——十八大以来重要论述摘编 [J].党建，2015（6）.

[43] 王灿发.名家、名作与社会正能量传播——从穆青谈当代新闻工作者的社会责任担当 [J].新闻爱好者，2014（9）.

[44] 徐娜.新闻传播学科发展的文献保障与实践基础 [J].科技传播，2016，18：22+55.

[45] 张涛甫，王智丽.新闻学的创新与重建——基于 2015 年中国新闻学研究的考察 [J].山西大学学报（哲学社会科学版），2016，05：63-68.

[46] 李红燕.新媒体在企业危机公关中的路径选择及运用策略 [J].价值工程，2012（27）.

[47] 万智杰."解铃还须系铃人"——航空公司新媒体危机公关对策研究 [J].江苏商论，2015（18）.

[48] 邢烨.新媒体环境下政府危机公关对策研究 [J].决策探索月刊，2016（08）.

[49] 苗欣.浅谈自媒体视野下企业危机公关的对策 [J].郑州牧业工程高等专科学校学报，2015（01）.

[50] 黄守峰.企业自媒体在企业危机公关中的应用策略研究 [J].贵州广播电视大学学报，2016（01）.

[51] 李阳.论新媒体环境下企业危机公关策略 [J].新教育时代电子杂志：教师版，2014（10）.

[52] 菲利普·科特勒等著，营销管理[M]，吕一林等译，北京：中国人民大学出版社，

2010，402，426-427.

[53] 伯特·罗森布洛姆著，营销渠道：管理的视野 [M]，宋华等译，北京：中国人民大学出版社，2014，8，357.

[54] 屈云波等，营销方法 [M]，北京：企业管理出版社，2005，217，415.

[55] 百度百科，网络营销渠道 [EB/OL]，Baike.Baidu.Com，2016.11.15.

[56] 菲利普·科特勒等著，营销管理 [M]，卢泰宏等译，北京：中国人民大学出版社，2009，473-474.

[57] 赵明媚，电子商务环境下渠道冲突的管理 [J]，对外经贸，2013（4）：119-120.

[58] 陈妍，关于市场营销渠道的冲突和管理探索 [J]，商业研究，2016，（12）：13.

[59] 牛全保等，网店与实体店的渠道冲突探索 [J]，管理学刊，2012，（4）：74-77.

[60] 李先国等，营销师 [M]，北京：中国环境科学出版社，2003，169-193

[61] 王海燕等，传统营销渠道与网络营销渠道的整合研究 [J]，商业研究，2010(10)：109-110.

[62] 张文，互联网＋战略思维—传统企业 O2O 改造与落地 [M]，北京：人民邮电出版社，2016，26.

[63] 罗森，基于 4P 理论的网络营销策略研究 [J]，中小企业管理与科技（上旬刊），2011，（11）：63.

[64] 百度百科，营销渠道 [EB/OL]，Baike.Baidu.Com，2016.11.18.

[65] 陈春华，电子商务与传统渠道的冲突与协调 [J]，时代金融，2012，（4）：276.

[66] 百度百科，交易成本理论 [EB/OL]，Baike.Baidu.Com，2016.12.2.

[67] 储益翔，家居行业的 020 模式分析研究 [J]，中国管理信息化，2013，（6）：68-70

[68] 徐文萍，网络营销渠道冲突和合作模式研究 [D]，西安电子科技大学，2009

[69] 张彦，家具企业 O2O 模式探讨 [J]，技术与市场，2013，（7）：282-285.

[70] 谢穗坚，O2O 下的家具销售终端发展探析 [J]，家具与室内装饰，2013（5）：24-25.

[71] 王思楠，家居行业 O2O 模式探索与发展 [J]，商场现代化，2014（6）：44-45.

[72] 胡斌等，O2O 实战 [M]，广州：广东经济出版社，2015，192-209.

[73] 陈友艳，O2O 模式在家具行业中的应用前景分析 [J]，经营管理者，2015（4）：308.

[74] 李骞，决胜 O2O 的七大支柱 [M]，北京：企业管理出版社，2014，131-142.

[75] 戴春山，营销渠道冲突的起因与控制 [J]. 经济研究导刊，2014，（25）：98.

[76] 钟敏，渠道冲突的管理与控制 [J]. 现代营销（学院版），2014，（4）：18.